Michael Urban, Tobias Roßmann

Abenteuer Hallertau

Micro Adventures im Hopfenland

SüdOst Verlag

ABENTEUER HALLERTAU

MICRO ADVENTURES IM HOPFENLAND

Bibliografische Information der Deutschen Nationalbibliothek

Die Deutsche Nationalbibliothek verzeichnet diese Publikation in der Deutschen Nationalbibliografie; detaillierte bibliografische Daten sind im Internet über http://dnb.dnb.de abrufbar.
ISBN 978-3-95587-794-1

empfohlen vom LBV
www.LBV.de

MIX
Papier aus verantwortungsvollen Quellen
FSC® C014138

Für uns, die Battenberg Gietl Verlag GmbH mit all ihren Imprint-Verlagen, ist Nachhaltigkeit ein wichtiger Teil unserer Unternehmensphilosophie. Daher achten wir bei allen unseren Produkten auf den Einsatz umweltschonender Ressourcen und Materialien.
Dieses Buch wurde auf FSC®-zertifiziertem Papier gedruckt. FSC (Forest Stewardship Council®) ist eine nicht staatliche, gemeinnützige Organisation, die sich für die verantwortungsvolle und ökologische Nutzung der Wälder unserer Erde einsetzt.

Unsere Partnerdruckerei kann zudem für den gesamten Herstellungsprozess nachfolgende Zertifikate vorweisen:
- Zertifizierung für FOGRA PSO
- Zertifizierungssystem FSC®
- Leitlinien zur klimaneutralen Produktion (Carbon Footprint)
- Zertifizierung EcoVadis (die Methodik besteht aus 21 Kriterien in den Bereichen Umwelt, Einhaltung menschlicher Rechte und Ethik)
- Zertifikat zum Energieverbrauch aus 100% erneuerbaren Quellen
- Teilnahme am Projekt „Grünes Unternehmen" zum Schutz von Naturressourcen und der menschlichen Gesundheit

Bilder: Falls nicht anders angegeben: Michael Urban, Tobias Roßmann.
- S. 9 © Christo Förster
- S. 61 (2. v. oben), 63, 192 (oben), 192 & 193 (Bilder mittlere Reihe), 194, 206, 210 (oben), U4 (re. oben) © Mathias Esser
- S. 65, 66, 67, 209 (re. oben), U4 (unten, groß) © Dominik Kappelmeier
- S. 117 (2. v. oben), 118 (1., 3. und 4. v. oben) © Thomas Greifenstein
- S. 207 (li. Spalte, 3. v. oben) © Alois Riederer
- S. 08 © Johann Roßmann
- S. 89 (re. oben) © Kosmos-Verlag

Zitate aus Der Herr der Ringe: *Der Herr der Ringe*, J. R. R. Tolkien. Klett-Cotta. Stuttgart 1997.
- Bilbos Zitat für Frodo, S. 196 (Erstes Buch | *Der Ring Wandert*, S. 97)
- Legolas über Lorien, S. 198 (Zweites Buch | *Der Ring geht nach Süden,* S. 145)
- Legolas Fangorn-Zitat, S. 203 (Drittes Buch | *Isengarts Verrat*, S. 100)
- Frodos Lied zum Gasthaus, S. 206 (Erstes Buch | 2x *Der Ring Wandert*, S. 195)

Zitate von *Andy Goldsworthy* (S. 188, 190): *www.brainyquote.com/authors/andy-goldsworthy-quotes* (zuletzt aufgerufen: 26.1.22)

Hinweise zum Wildschwimmen: *www.naturerlebnis.bayern.de/naturvertraeglich_unterwegs/ratgeber_freizeit_natur/baden_recht.htm (zuletzt aufgerufen am 20.1.22)*

Hinweise zum Übernachten im Freien und Feuer machen: *www.naturerlebnis.bayern.de/naturvertraeglich_unterwegs/ratgeber_freizeit_natur/zelten.htm (zuletzt aufgerufen am 20.1.22)*

Die Aktivitäten in diesem Buch bergen Risiken und können gefährlich sein, einige der besuchten Orte sind abgelegen. Die Autoren und der Verlag haben sich große Mühe gegeben, alle Informationen akkurat abzubilden, können aber für Unfälle, Verletzungen, Verluste oder Unannehmlichkeiten, die ggf. im Zusammenhang mit den beschriebenen Aktivitäten entstehen, weder juristisch noch finanziell verantwortlich gemacht werden.

1. Auflage 2022
ISBN 978-3-95587-794-1

www.battenberg-gietl.de

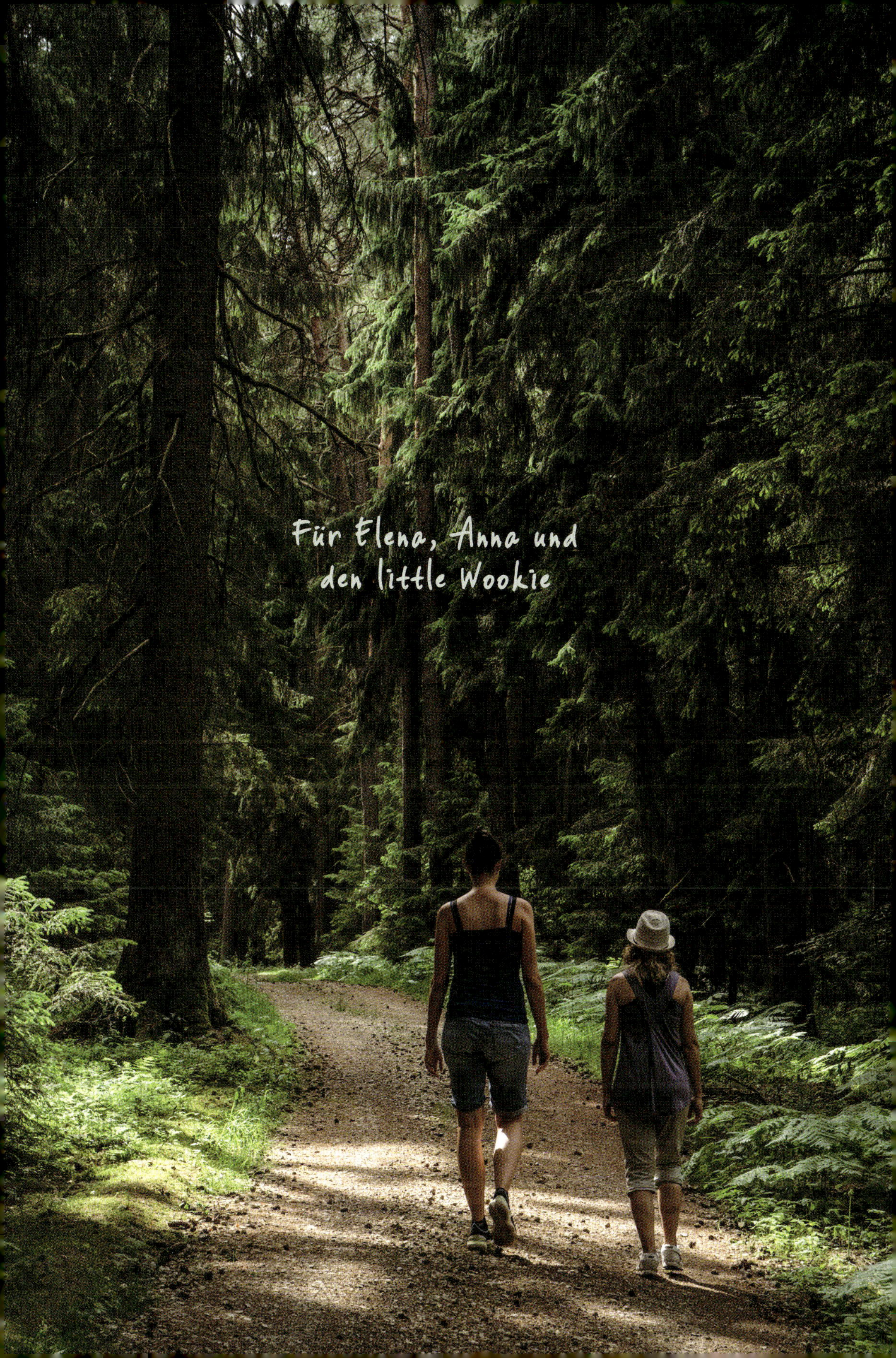

Für Elena, Anna und
den little Wookie

INHALTSVERZEICHNIS

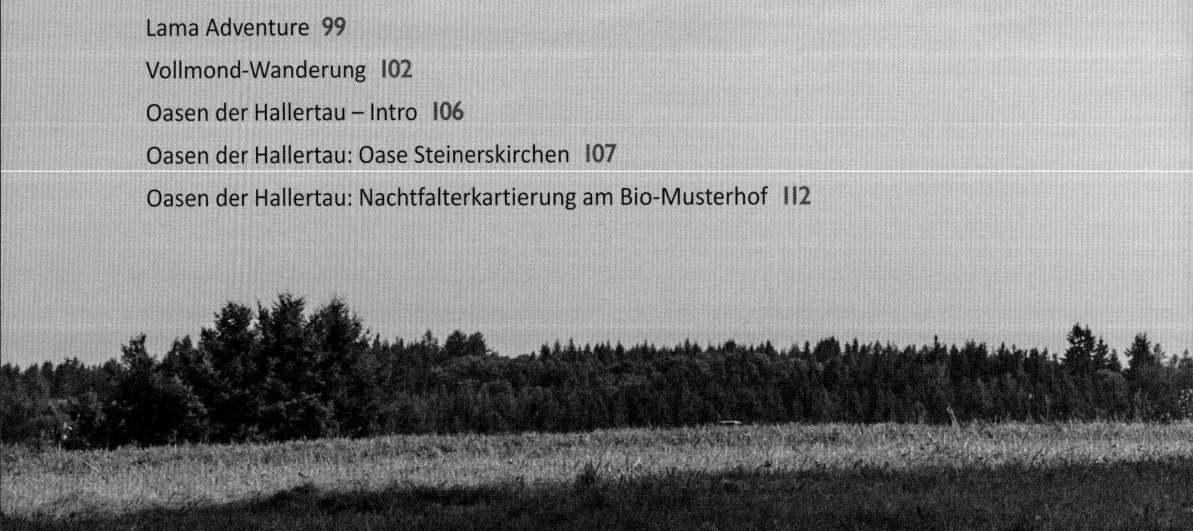

ESSEN & TRINKEN

SPORT, SPIEL & KREATIVES

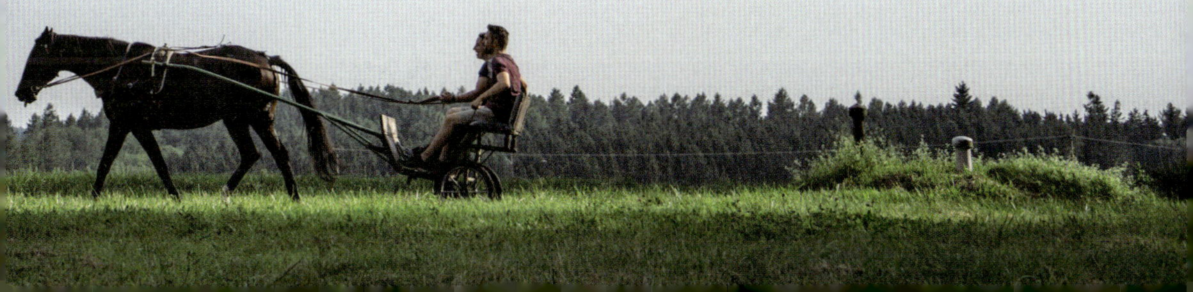

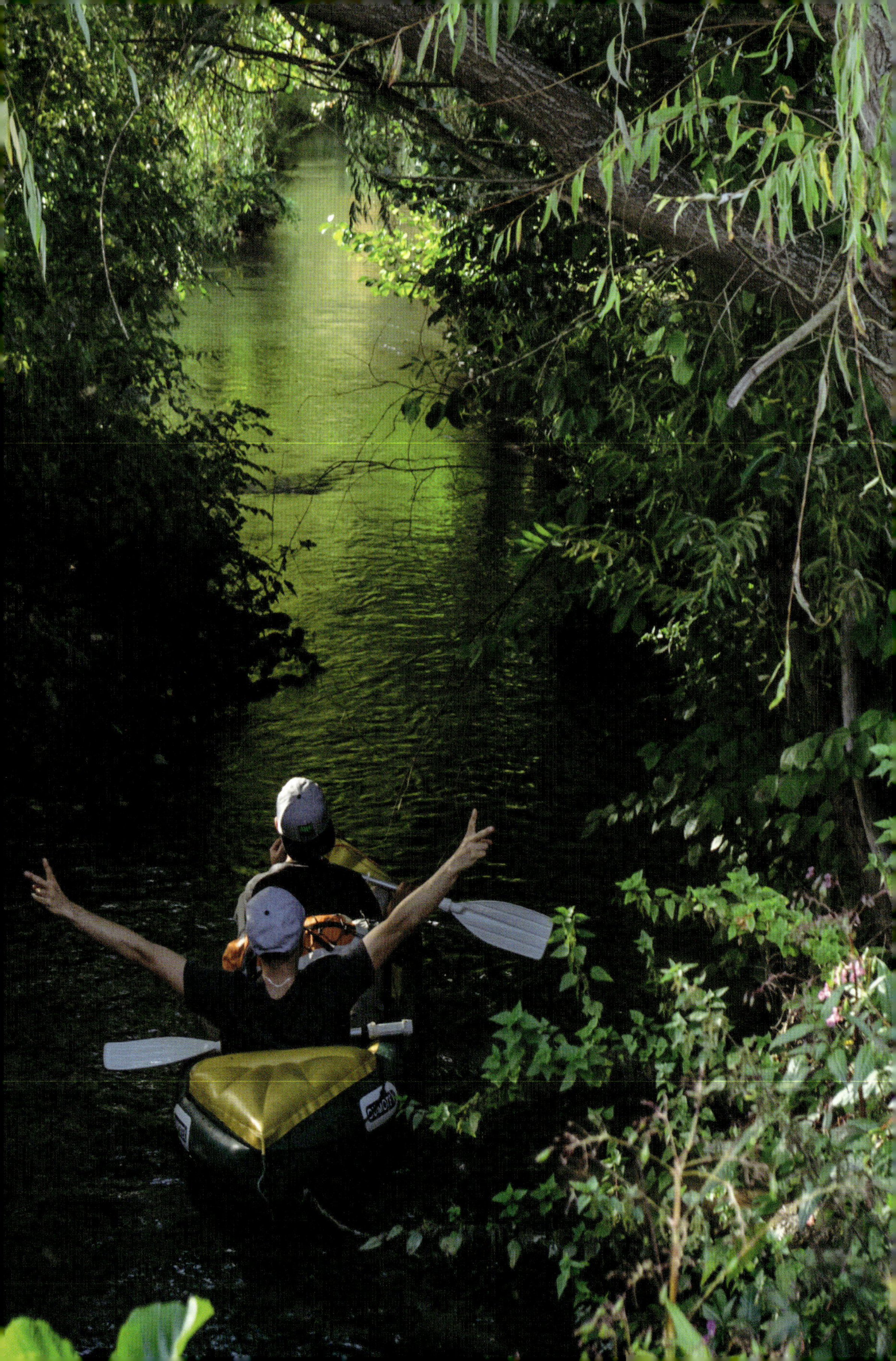

VORWORT

Ein Mikroabenteuer, was ist das eigentlich? Diese Frage wird mir ständig gestellt. Meine Antwort ist immer gleich: Es ist zuallererst ein Abenteuer. Ob klein oder groß, das ist eigentlich gar nicht entscheidend. Was zählt, ist die Einstellung, mit der wir an unsere Unternehmungen in der Natur herangehen. Damit diese zum Abenteuer werden, müssen wir Dinge anders machen als immer schon, wir müssen uns Herausforderungen stellen, Ungewissheiten akzeptieren und mit offenen Augen entdecken. Und – jetzt kommt der „Mikro"-Teil ins Spiel – für all das müssen wir entgegen der weit verbreiteten Vorstellung nicht weit weg. Wir brauchen auch nicht viel Zeit, Geld oder eine Himalaya-Ausrüstung. Wir müssen einfach nur da raus und die Abenteuer aufsammeln, die vor unserer Haustür liegen.

Im Sommer des Jahres 2021 bin ich auf meiner Deutschland-Expedition auch durch die Hallertau gekommen und war begeistert von der ursprünglichen Kraft, die von der Landschaft ausgeht. Nur wenige Hundert Meter entfernt von Touristen-Spots wie dem Kloster Weltenburg oder der Altstadt von Pfaffenhofen fand ich mich plötzlich ganz allein wieder und konnte völlig im Hier und Jetzt versinken. Ich freue mich deshalb sehr, dass dieses Buch entstanden ist. Es ist voll von Inspirationen, eine einzigartige Region ganz neu zu erfahren.

Die Abenteuer-Ideen in diesem Buch sind nicht nur kreativ, sondern auch akribisch und mit großer Sorgfalt ausgearbeitet. Sie sollten allerdings nicht den Fehler machen, sie als Gebrauchsanweisungen zu verstehen. Denn: Abenteuer – die kleinen genauso wie die großen – leben auch von Selbstverantwortung. Sehen Sie die beschriebenen Abenteuer deshalb als Anstöße, aufzubrechen und Ihre ganz eigenen Varianten zu entwickeln.

Die vielleicht wertvollste Funktion der Mikroabenteuer ist, dass wir mit ihnen unseren Alltag verändern können. Große Abenteuer und Urlaube sind immer auch eine Flucht aus dem Alltag, mit kleinen Abenteuern vor der Haustür kann es uns gelingen, den Alltag umzugestalten. Im besten Fall verschwindet dann der Wunsch, so oft wie möglich abzuhauen. Aber natürlich sind Mikroabenteuer auch eine nachhaltige Art, unsere Umgebung zu entdecken (vorausgesetzt, wir halten uns an die Regeln zum Schutz der Natur!), sie stärken unsere Beziehung zu Flora und Fauna und lassen uns als Persönlichkeiten wachsen. Sie sehen: Es gibt jede Menge gute Gründe, so schnell wie möglich loszuziehen!

Christo Foerster

Podcast-Host, Autor, Abenteurer

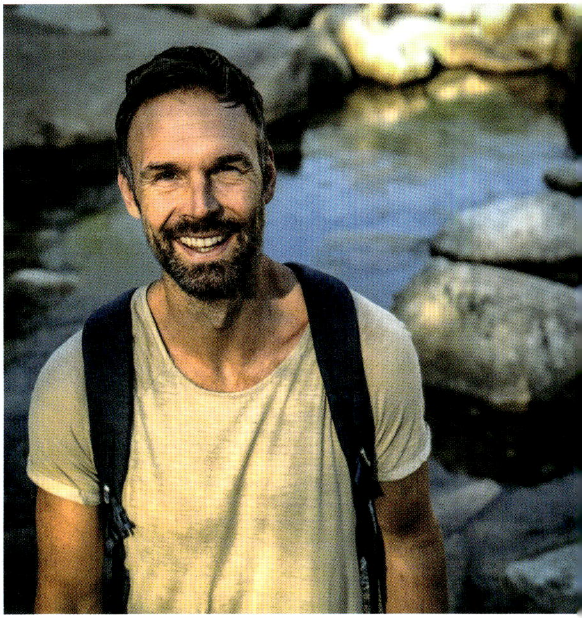

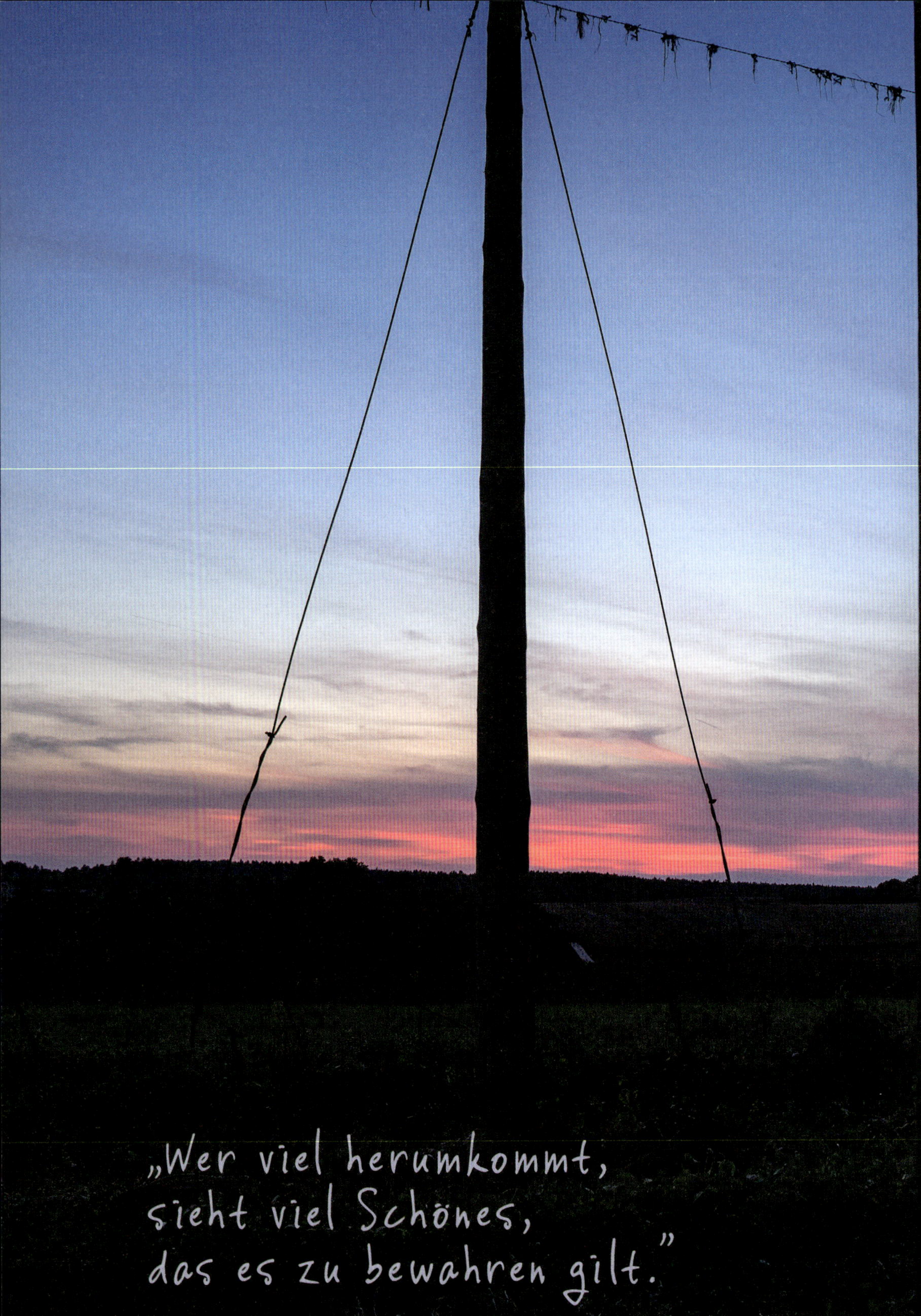
„Wer viel herumkommt,
sieht viel Schönes,
das es zu bewahren gilt."

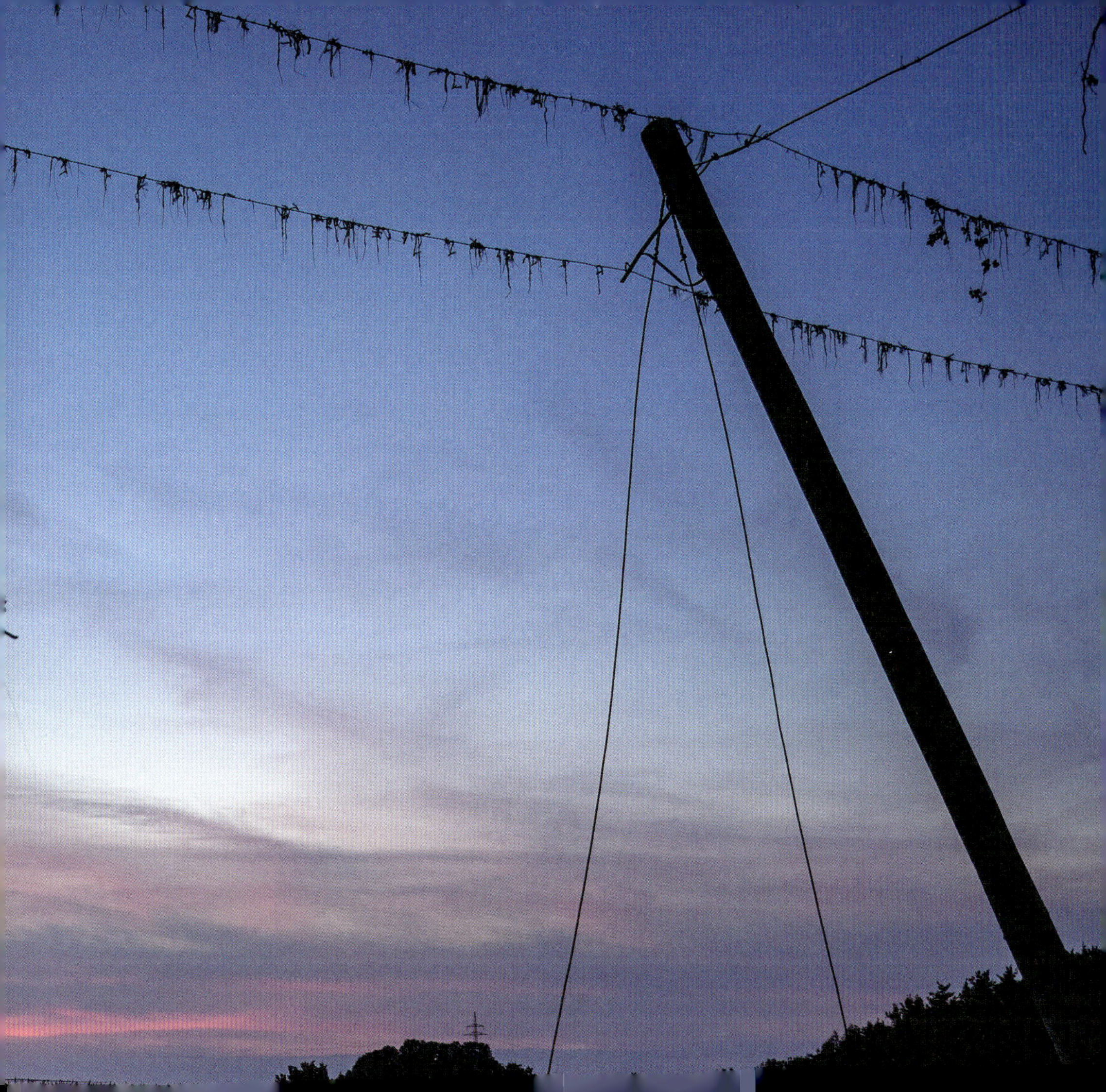

EINLEITUNG

Die Hallertau – das Hopfenland im Herzen Bayerns. Wiesen, Felder, Hopfengärten und Kirchlein in einer von Dörfern und Weilern besiedelten Region. Im Norden ragt der Naturpark Altmühltal ein wenig in die Hallertau, das Kloster Weltenburg am Donaudurchbruch und der Gillamoos-Jahrmarkt in Abensberg sind Besuchermagneten. Ansonsten ist der Tourismus sanft und überschaubar, es gibt kein prunkvolles Märchenschloss à la Neuschwanstein, keinen malerischen Chiemsee und keine wilden Berge zum Skifahren oder Wandern. Und doch zieht es immer mehr Menschen hierher, der Grund: die hohe Lebensqualität mit der Nähe zur Natur. Wer einen fancy Job, kulturelle Abwechslung oder einfach mal ausreißen will, braucht nur 30 bis 45 Minuten auf der Autobahn und schon ist er in der Metropolregion München, in Regensburg, Ingolstadt oder am Flughafen. Im Grunde ist die Hallertau ein kleiner, gemütlicher Garten, in den man geht, wenn man seine Ruhe haben will, ohne auf Komfort und Anschlussmöglichkeiten verzichten zu müssen. So ganz und gar nicht abenteuerlich, möchte man meinen. „So ein Schmarrn!", meinen wir.

Wir sagen das deswegen so deutlich, weil dieses Buch ein Weckruf sein soll. Es soll mit der Vorstellung aufräumen, man müsse jede Menge CO_2 in die Atmosphäre ballern und an weit entfernte, einsame, wilde Orte reisen, um richtige Abenteuer zu erleben. Schon mal versucht, den höchsten oder tiefsten Punkt eurer Umgebung zu erwandern? Kennt ihr ihn überhaupt? Wie würdet ihr ihn herausfinden? Schon mal jede Straße in eurem Ort erkundet? Den nächsten Bach zum Ursprung verfolgt? Nach der Arbeit mit den Spezis auf den nächsten Hügel, gemeinsam etwas gefuttert und dort biwakiert? Eine Wanderung in jedem Quadranten einer Karte eurer Umgebung gemacht? Oder im Radius von drei Kilometern einen Kreis um euer Haus gegangen? Vorsicht, das sind gut 19 Kilometer ($U = 2 \cdot \pi \cdot r$)! Ihr werdet staunen, wieviel Neues und Unbekanntes ihr dabei in diesen rund vier Stunden seht und erlebt. Ideen gibt es genug, man muss nur kreativ werden.

Außerdem wollen wir die Pluspunkte von Abenteuern betonen. Einmal sind sie ein Gegenmittel für berechtigte und unberechtigte Ausreden. Viel zu schnell sagen wir, wir seien zu erschöpft, beschäftigt, nicht fit oder schlicht pleite, um frischen Wind in unser Leben zu bringen. Dabei ist genau in solchen Fällen ein kleines Abenteuer, ein „Mikroabenteuer", meist eine effektive Auszeit, um auf ganz andere Gedanken zu kommen und sich wieder besser zu fühlen. Denn Mikroabenteuer sind so gestrickt, dass sie als Ergänzung zum ganz „normalen Leben" funktionieren, egal ob nach oder vor der Arbeit oder am Wochenende. Sie holen einen aus der Komfortzone heraus. Neben der Regeneration der Kräfte und einer Erfrischung ist der zweite große Vorteil die Schulung der eigenen Fähigkeiten. Es geht dabei darum, die Vorteile eines gewissen Abenteuergeistes mitzunehmen: offen, lernbegierig, enthusiastisch und mutig zu sein. Die daraus entstehende lösungsorientierte Denk- und Handlungsweise hilft, die persönlichen Ressourcen auch mit Blick auf das mögliche Scheitern eines Abenteuers aktivieren zu können – vor allem dann. Eine Haltung, die einem auch in anderen Lebensbereichen weiterhilft.

Entwickelt und geprägt wurde der Begriff „Micro Adventures" vom Briten Alastair Humphreys, nachdem er sich von seinen großen Abenteuern abgewandt (Radtour um den Globus etc.) und 2014 das Buch „Micro Adventures" herausgebracht hatte. Es ist ein motivierender, ausführlicher Leitfaden, wie Micro Adventures funktionieren und wie wirklich jeder, vom kleinen Kind bis zum „eingerosteten" oder körperlich beeinträchtigten Erwachsenen, seinen Weg zu einem Leben mit mehr Abenteuer finden kann. Humphreys Ansatz hat aber nicht nur uns inspiriert. 2018 brachte Christo Foerster, Deutschlands wohl bekanntester Fürsprecher für das Thema Micro Adventures, das Buch „Mikroabenteuer: Raus und machen!" heraus. Seitdem ist das Thema hierzulande mehrfach aufgegriffen worden, wobei der Abenteuerbegriff recht unterschiedlich interpretiert wird.

Ausführliche Hinführungen zum Thema Abenteuer, rechtliche Hintergründe, Tipps für Ausrüstung und Ähnliches haben andere schon hinreichend erörtert (z. B. Alastair und Christo, beide inspirierende Abenteuer-Freaks). Das brauchen wir

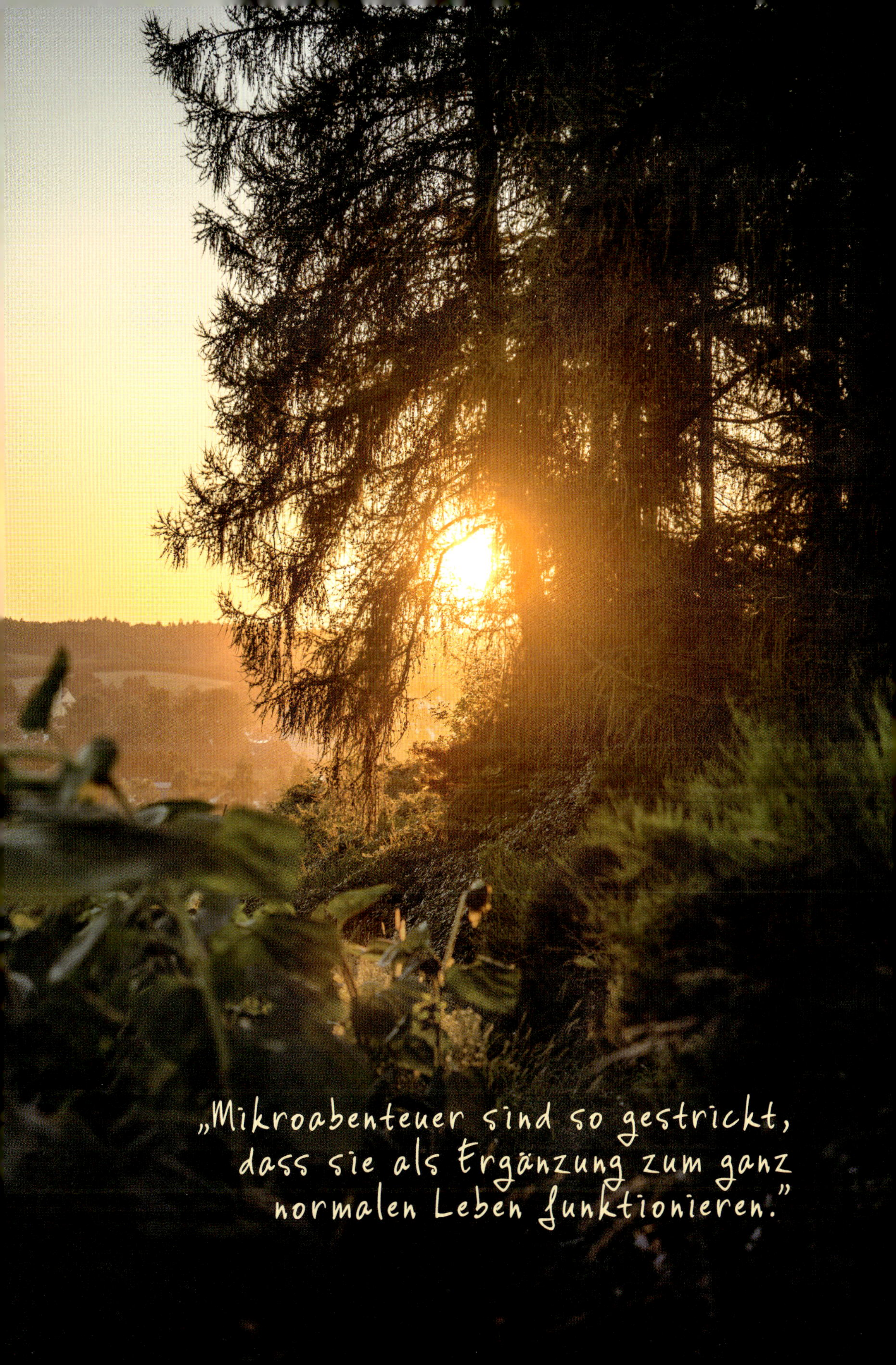
„Mikroabenteuer sind so gestrickt,
dass sie als Ergänzung zum ganz
normalen Leben funktionieren."

nicht zu wiederholen. Stattdessen wollen wir in diesem Buch folgende Schwerpunkte setzen:

1. eine pragmatische, kleine Anleitung für Micro Adventures, damit ihr gleich loslegen könnt,
2. das Erkunden und Aufzeigen der Hallertau im Abenteuermodus (Wir haben festgestellt, dass Micro Adventures sich hervorragend dazu eignen, eine Region zu erforschen. Ihr werdet überrascht sein!),
3. den Aspekt Naturschutz. Wer viel herumkommt, sieht viel Schönes, das es zu bewahren gilt. Das heißt, den eigenen Fußabdruck gering zu halten oder auch mal zu verzichten.

Je mehr wir uns mit dem Thema beschäftigten, umso logischer erschien uns die „grüne" Konsequenz dieser Aspekte. Vor allem die Oasen-Thematik hat in uns die Vision eines Naturerlebnisguts in der Hallertau zum Glühen gebracht. Uns schwebt ein regionales Umweltbildungszentrum nach dem Beispiel des Gutes Herbigshagen der Heinz-Sielmann-Stiftung am Grünen Band vor. Ein wenig träumen wird ja wohl noch erlaubt sein...

Doch weg vom Träumen, hin zum Tun! Denn schließlich soll euch dieses Buch dazu inspirieren, eigene Ideen für Micro Adventures zu entwickeln und umzusetzen. Dazu sollte dann nicht mehr als ein erster Schritt nötig sein – raus aus der digitalen Bubble, runter vom Sofa und raus vor die Haustür. Egal ob alleine oder mit Familie und Freunden. Speziell in der Coronazeit waren und sind die Micro Adventures eine geniale Alternative. Wir waren draußen, brauchten uns nicht um irgendwelche Corona-Hotspots zu scheren, hatten so gut wie keine Gesellschaft mit Ansteckungsgefahr, kaum Ausgaben und bekamen eine erfrischende Abwechslung zum häuslichen Lagerkoller. Manchmal konnten wir sogar unsere Mädels mit auf eines der Abenteuer nehmen, wenn sie genügend Geduld mit den damit einhergehenden Fotografier-Einheiten hatten. So haben wir in zwölf Monaten neben unseren Vollzeitjobs und familiären Verpflichtungen 45 Abenteuer geplant und umgesetzt (nicht alle haben ihren Weg in dieses Buch gefunden). Ein Beweis dafür, dass Micro Adventures so ziemlich immer mit dem „normalen Leben" vereinbar sind.

WAS IST EIN MICRO ADVENTURE?

Der Begriff „Abenteuer" hat natürlich eine große Bandbreite. Da uns aber, wie schon erwähnt, ein

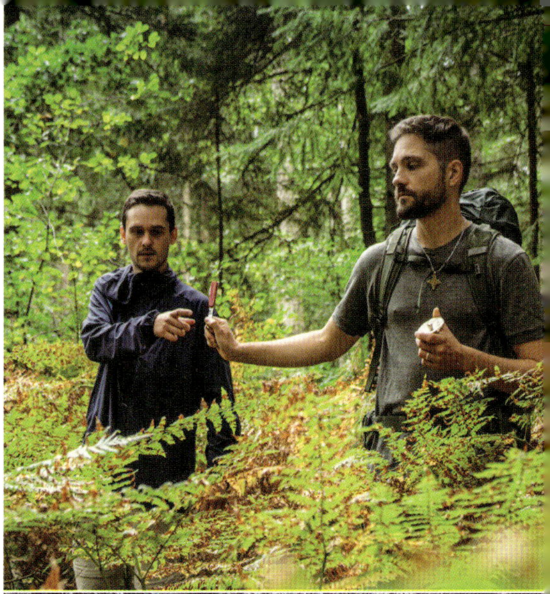

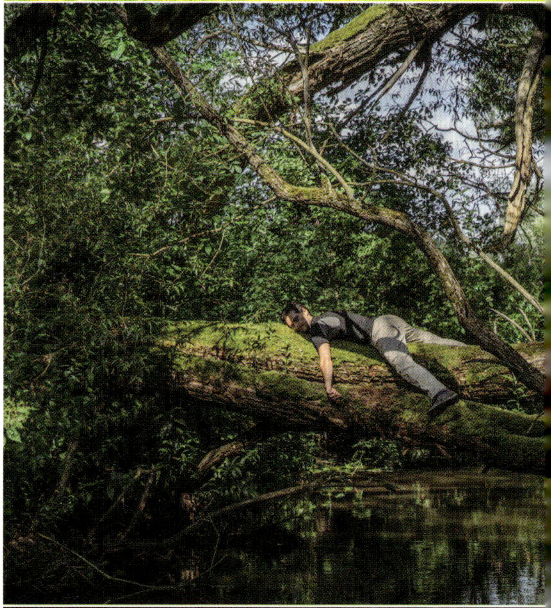

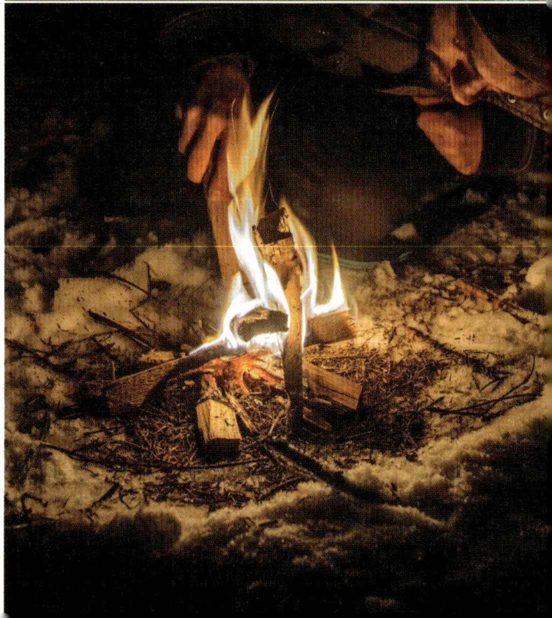

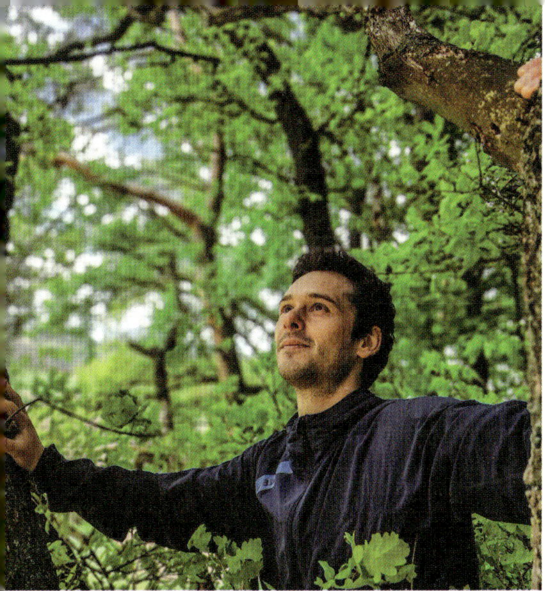

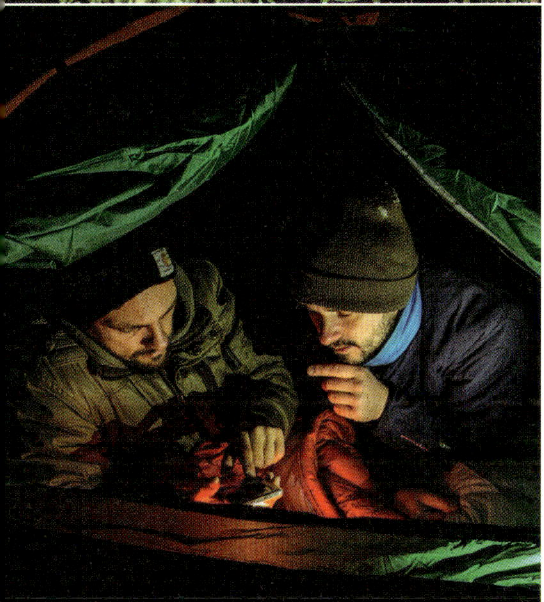

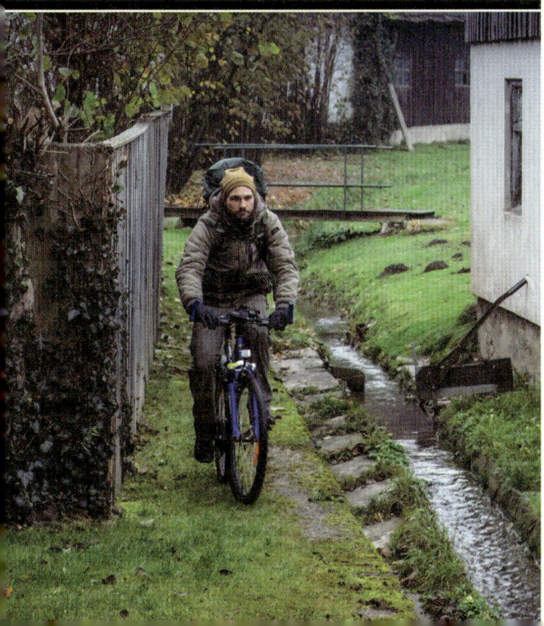

gewisser Nutzen- und Spaßfaktor vorschwebt, haben wir uns entschlossen, uns an Alastair Humphreys und Christo Foersters Philosophie zu orientieren und folgende Definition für ein Micro Adventure entwickelt:

- es soll lokal und naturschonend sein („leave no trace"/ „hinterlasse keine(n) Spuren/Müll/Zerstörung") und möglichst ohne Auto, Motorrad oder Flugzeug auskommen;
- es soll erschwinglich und einfach sein (300 Euro für einen guten Schlafsack klingt erst einmal teuer, aber wenn er einem bei 30 denkwürdigen Abenteuern hilfreich ist, geht die Rechnung mehr als auf);
- es soll kurz sein (ein paar Stunden bis ein paar Tage);
- es soll den „richtigen" Grad an Herausforderung, Unbekanntem oder Ungewissheit haben.

Ob eine Herausforderung mental, physisch oder kulturell geartet ist und wo für jeden Einzelnen die Grenzen liegen, ist letzten Endes egal. Entscheidend ist, dass nicht alles bis ins letzte Detail ausgeplant und Routine ist, sondern dass es auch eine reelle Chance gibt, dass es mal nicht klappt. Also weg von der per Eintrittskarte erkauften Fremdverantwortung in Abenteuerparks und Hochseilgärten, aber auch weg vom blinden Risiko. Hin zur mutigen Umsetzung eigener Ideen, eben immer mit gesundem Menschenverstand.

Um diesen Kern der Micro Adventures herum könnt ihr natürlich eigene Kriterien entwickeln, zum Beispiel eine gewisse Mindestdauer bestimmen, erlaubte Transportmittel definieren, ein Budget festlegen oder eine Übernachtung im Freien mit einschließen. Da wir die Hallertau recht ganzheitlich zeigen wollten, reichten in unserem Fall Fußmärsche oder Radtouren als logistische Lösungen nicht aus. Wir waren immer mal wieder auf das Auto als Transportmittel angewiesen, da es hier nur ein sehr begrenztes Netz an öffentlichen Verkehrsmitteln gibt und durch das ausführliche Fotografieren alles deutlich länger dauerte. Im Prinzip sollten aber alle Abenteuer für Bewohner der Hallertau zu Fuß, mit dem Rad/E-Bike oder in abgewandelter Form in eurer direkten Umgebung realisierbar sein. Ein paar Tipps, worauf bei Micro Adventures und bei Outdoor-Aktivitäten zu achten ist, gibt es weiter hinten im Buch (S. 208–213). Und jetzt nichts wie rein ins Abenteuer Hallertau!

DIE HALLERTAU

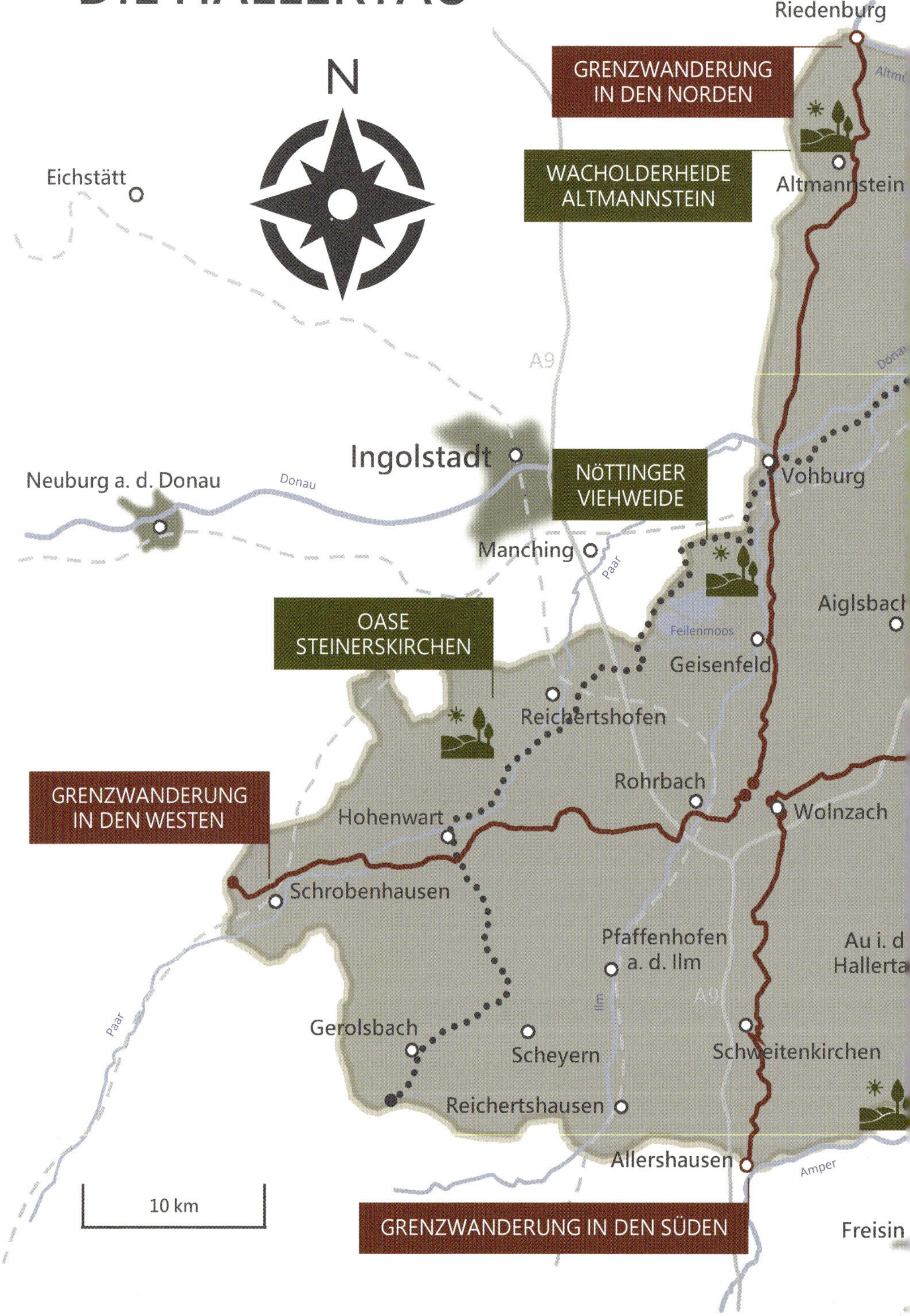

Karte: Eigene Darstellung. Grundlage: Karte des Hopfenland Hallertau Tourismus e. V. (https://www.hopfenland-hallertau.de/die-hallertau/deutsche-hopfenstrasse, letzter Aufruf am 13.02.2022) und © mapz.com – Map Data: OpenStreetMap ODbL.

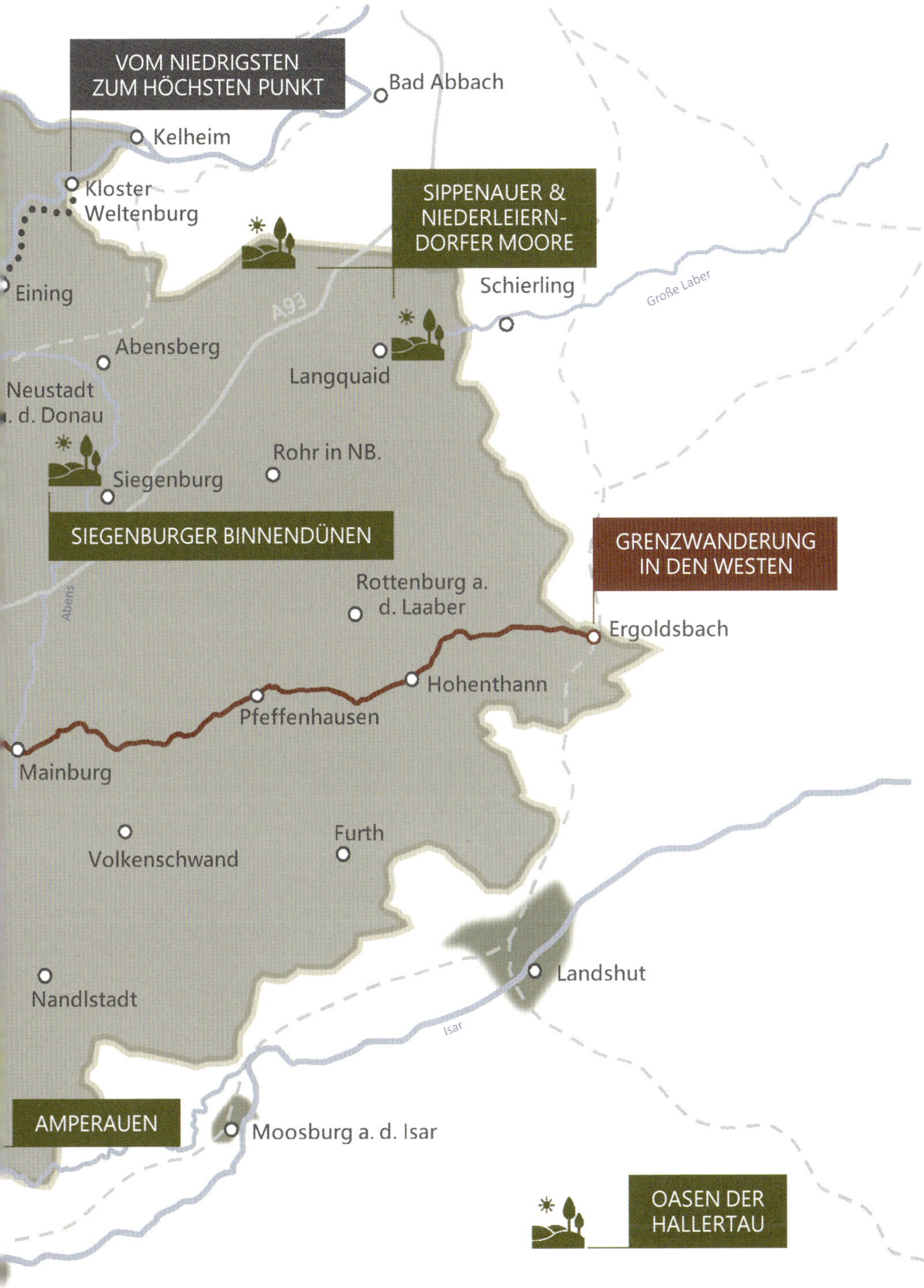
VOM NIEDRIGSTEN ZUM HÖCHSTEN PUNKT
Bad Abbach
Kelheim
Kloster Weltenburg
SIPPENAUER & NIEDERLEIERN-DORFER MOORE
Eining
Schierling
Große Laber
A93
Abensberg
Langquaid
Neustadt a. d. Donau
Rohr in NB.
Siegenburg
SIEGENBURGER BINNENDÜNEN
GRENZWANDERUNG IN DEN WESTEN
Rottenburg a. d. Laaber
Abens
Ergoldsbach
Hohenthann
Pfeffenhausen
Mainburg
Furth
Volkenschwand
Landshut
Nandlstadt
Isar
AMPERAUEN
Moosburg a. d. Isar
OASEN DER HALLERTAU

GEOGRAPHIE & GESCHICHTE

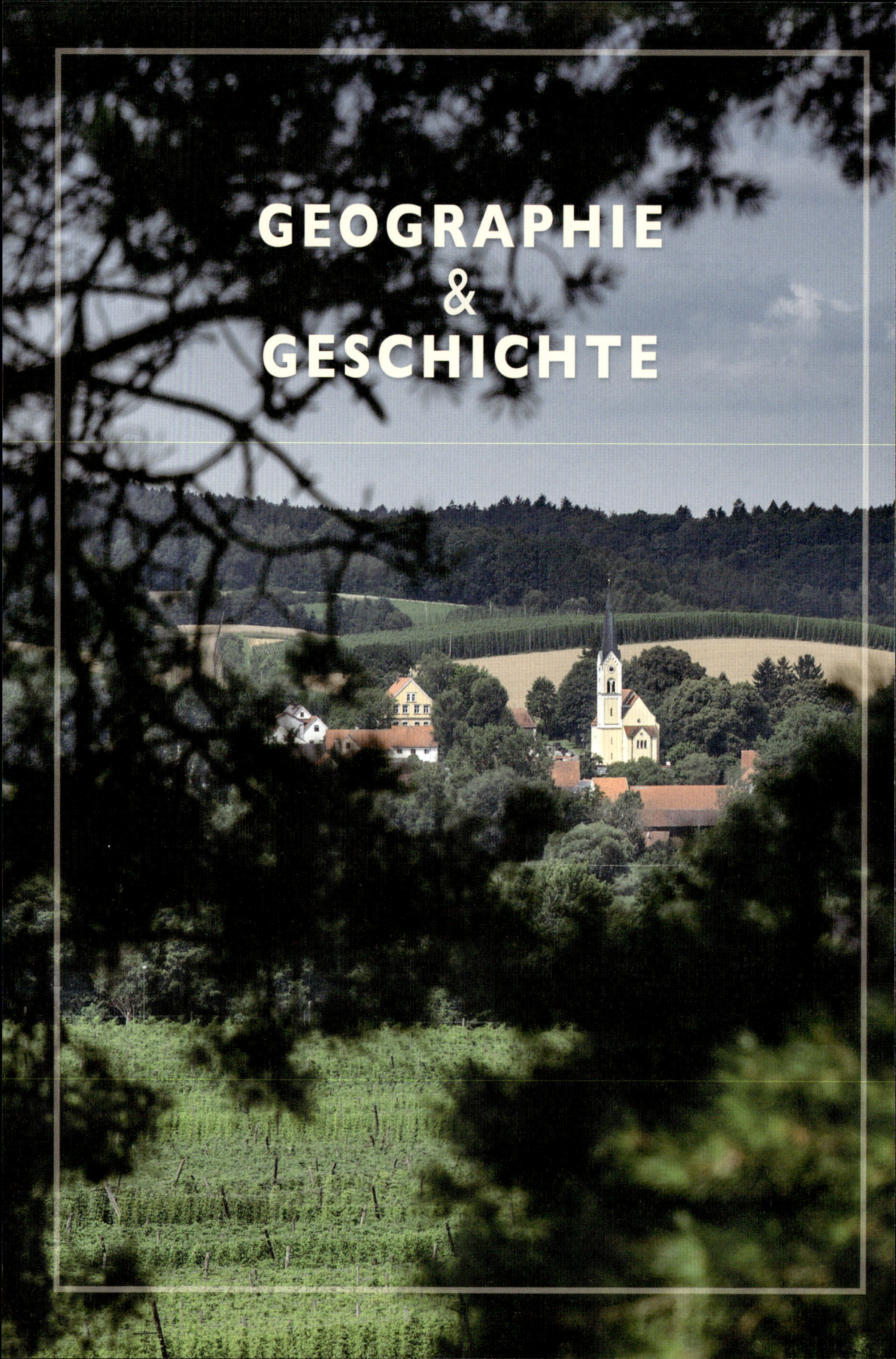

GRENZWANDERUNG – INTRO

Die Hallertau. Das größte zusammenhängende Hopfenanbaugebiet der Welt. 14 200 Hektar, knapp 20 000 Fußballfelder. Irgendwie schwierig vorzustellen. Vor allem, weil die Definitionen und Karten variieren. Manche sagen, die Hallertau reiche so weit, wie noch Hopfen angebaut wird. Das hieße, die Grenze würde sich ständig verändern, denn die letzten Jahre hat sich die Anbaufläche vergrößert. Der Grund dafür: der Boom bei der Craft-Bier-Szene. Andere verlassen sich auf die 15 Hopfensiegelbezirke, denen jeweils verschiedene Gemeinden zugeordnet sind. Tobi und ich wollen dem Rätsel genauer auf den Grund gehen und von unserem – Gott sei Dank recht mittig gelegenen – Heimatort Wolnzach aus solange in jede Himmelsrichtung marschieren, bis wir die jeweilige Grenze der Hallertau gefunden haben. Und wenn nötig unsere eigenen Grenzen ziehen.

Von Anfang an hatten wir Respekt vor diesen Abenteuern. Die Hallertau ist kein Wandergebiet im herkömmlichen Sinne und Fußwege, die sich nach Himmelsrichtungen richten, gibt es schon gleich drei Mal nicht. Alleine für die kürzeste Tour (Süden, 24 Kilometer) brauchten wir acht Stunden, die Zeit fürs Fotografieren, Entdecken, Orientieren, Ratschen und Pausieren machte dabei ungefähr die Hälfte der Zeit aus. Dieser Faktor war also nicht zu unterschätzen. Die längste Wanderung (Osten) war mehr als doppelt so lang (50 Kilometer), deswegen überbrückten wir sie mit einer Übernachtung im Zelt. Unsere vier Erkundungstrips zeigten uns einerseits, wie schlecht wir uns eigentlich bei uns daheim auskannten, und andererseits bildeten sie bald eine Basis für weitere Abenteuer, denn wir haben dabei viele kuriose, geheimnisvolle und schöne Plätze gefunden sowie aufgeschlossene und hilfsbereite Menschen kennengelernt. Unserer Erfahrung nach dürfte die Hallertau circa 80 Kilometer breit und 70 Kilometer lang sein. Daraus entstand die Königsabenteueridee: die 250-Kilometer-Wanderung um die Hallertau herum. Leider konnten wir sie (noch) nicht umsetzen. Sie brennt uns aber unter den „Hufen".

ÄHNLICHE IDEEN

- Die Grenzen eurer Stadt, eurer Gemeinde oder eures Landkreises erkunden.
- Von Grenze zu Grenze wandern.
- Das Grüne Band gehen (ehemalige Grenze zwischen BRD und DDR).
- Testet eure eigene Grenze: Wie weit kommt ihr an einem Tag?

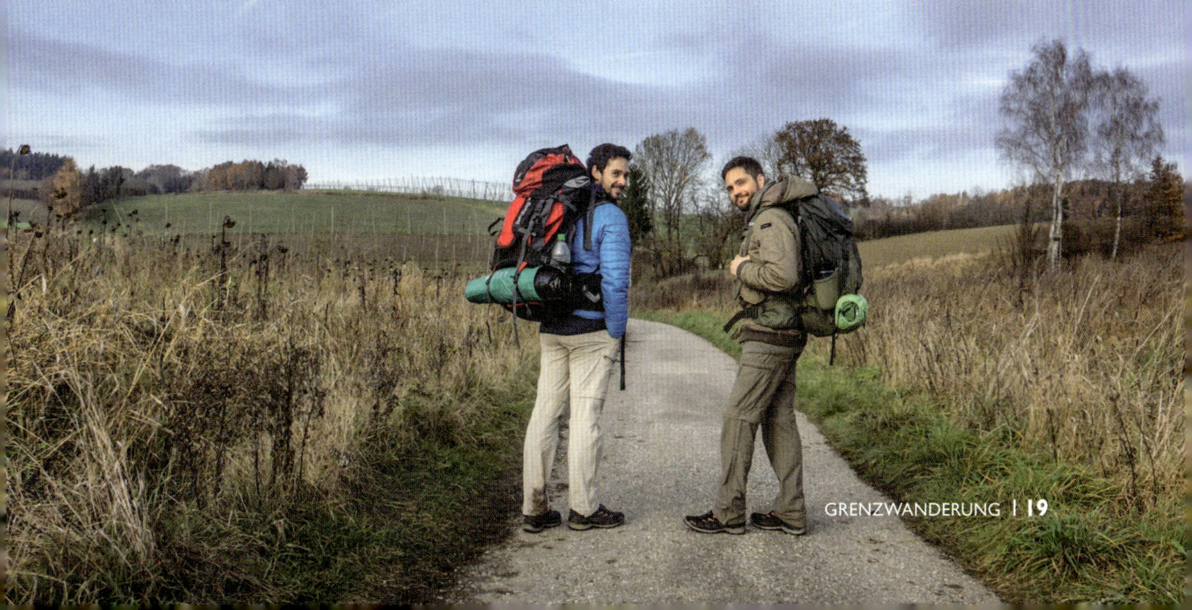

GRENZWANDERUNG

IN DEN SÜDEN

Dauer:	**ca. 5 – 6 h**
Distanz:	**23 km**
Schwierigkeitsgrad:	**mittel**
Fortbewegung:	**zu Fuß**

Autor: MU

Da unser Ausgangsort Wolnzach nicht ganz mittig liegt, prüfen wir unser Vorhaben der Grenzwanderungen erst einmal auf Machbarkeit und Überheblichkeit und beginnen mit der kürzesten Route, der in den Süden. Auf der Karte sieht das Amperknie in Allershausen, wo die Glonn und der Mühlbach in die Amper fließen, nach einem zufriedenstellenden, ja sogar idyllischen Ziel aus. 23, 24 Kilometer Fußmarsch von Wolnzach aus – das sollte an einem Tag gut realisierbar sein.

Nach einem sehr wechselhaften Februar mit Temperaturschwankungen von 30, teils bis zu rekordverdächtigen 40 Grad ist es so weit: Über uns lacht ein strahlend blauer Sonntagshimmel, das Thermometer soll heute bis auf angenehme 8 Grad klettern. Perfektes Wanderwetter. Um 09:00 Uhr geht es beschwingten Schrittes los. Kaum haben wir Wolnzach verlassen, sind wir fasziniert vom Raureif. Überall in der Landschaft setzt er in schattigen Lagen noch weiße Akzente, kombiniert sich mit dem sanften Winterlicht, das filigran die weitgehend kahlen Wälder durchzieht. Zwar sind schon einige Vögel zu hören, aber im Großen und Ganzen ist es noch recht feierlich und ruhig draußen.

Wir folgen der Wolnzach nach Geroldshausen, Anna, meine bessere Hälfte, sieht eine Nutria im Bach abtauchen, was die Löcher, Rutschspuren und Höhlen am Ufer erklärt. Es geht viel zu viel Zeit fürs Fotografieren drauf und bald geben wir den Plan, nebenbei Kräuter fürs Abendessen zu

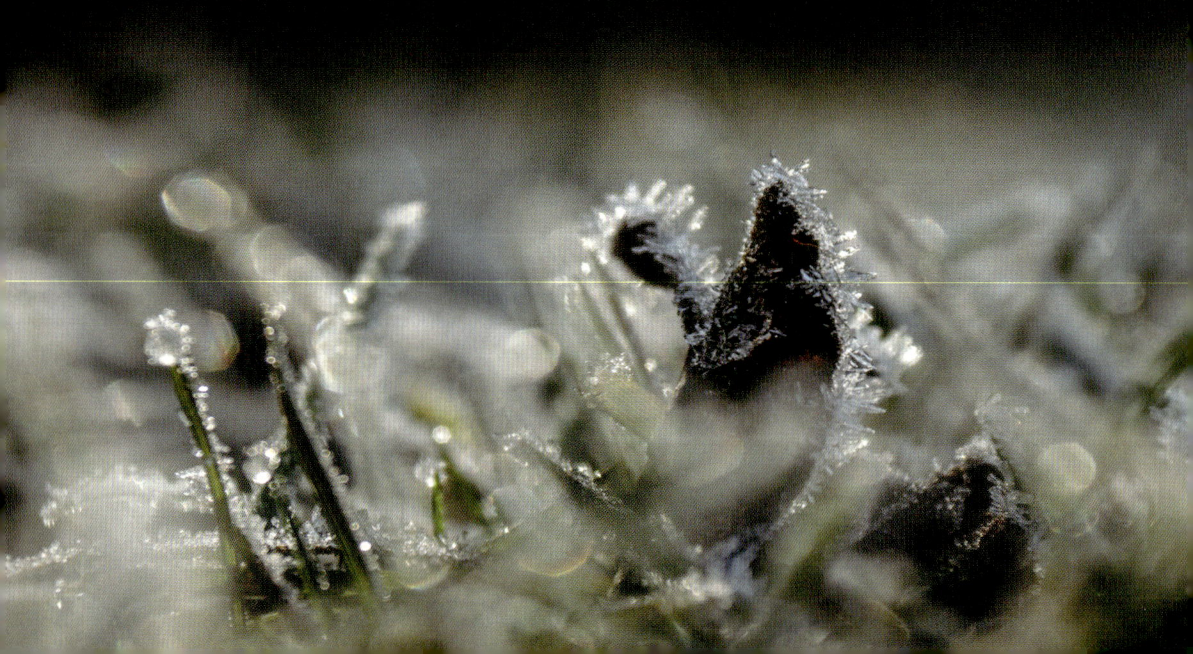

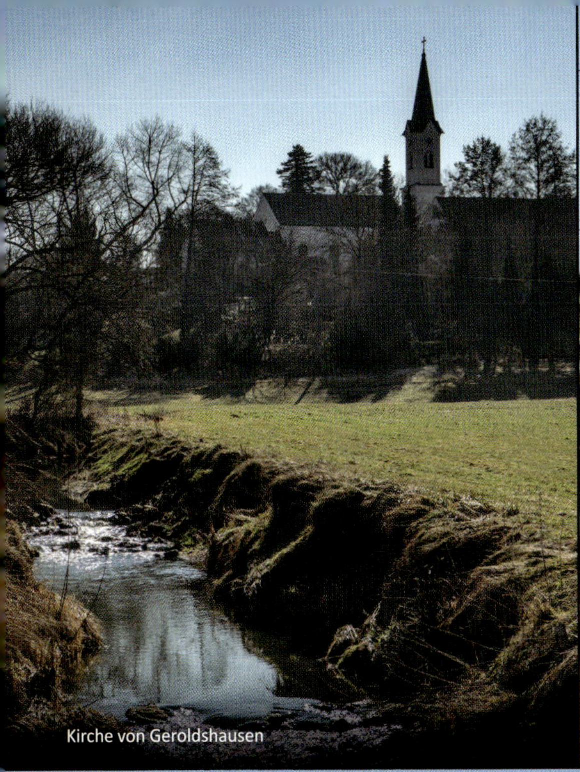

Kirche von Geroldshausen

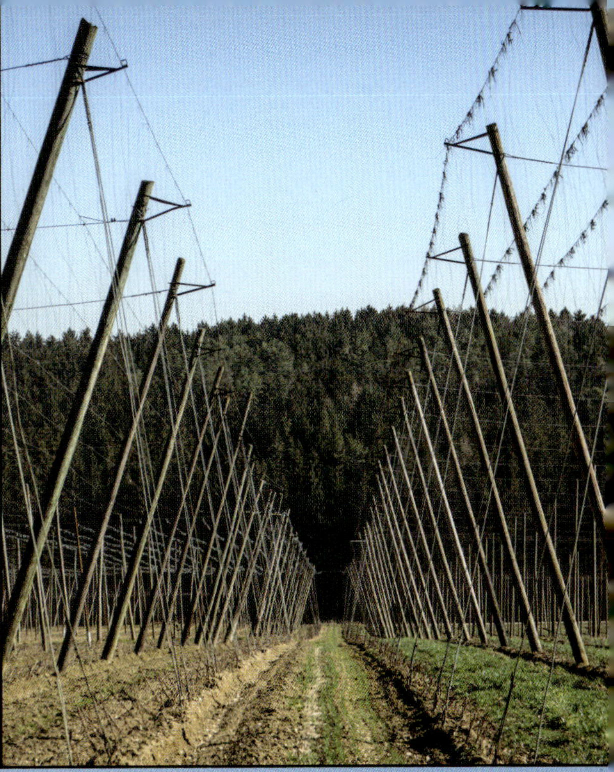

„IHR ERINNERT EUCH AN DEN ZÖGERLICHEN SAMWEIS GAMDSCHIE, ALS ER IM ‚DER HERR DER RINGE' DAS AUENLAND ZUM ERSTEN MAL VERLÄSST? GANZE 5,5 KILOMETER UND SECHS KAPELLEN UND KIRCHEN HAT ES BEI UNS GEDAUERT."

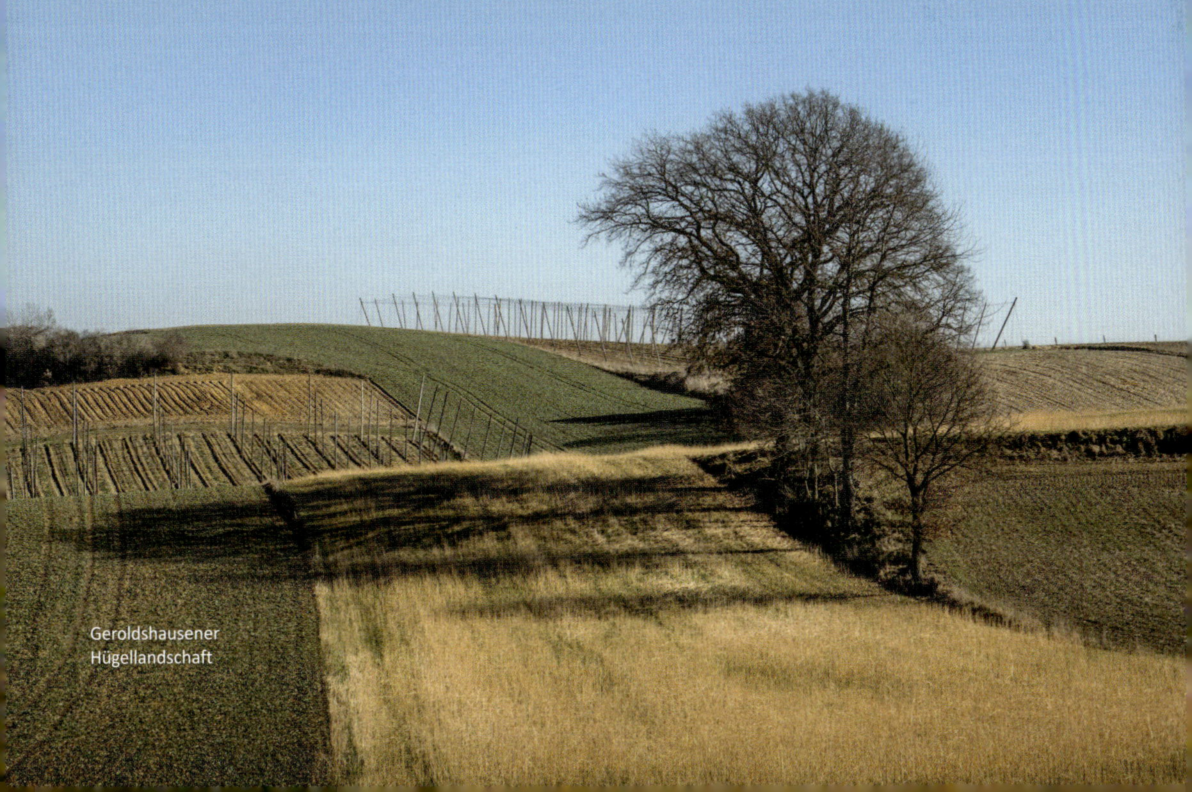

Geroldshausener Hügellandschaft

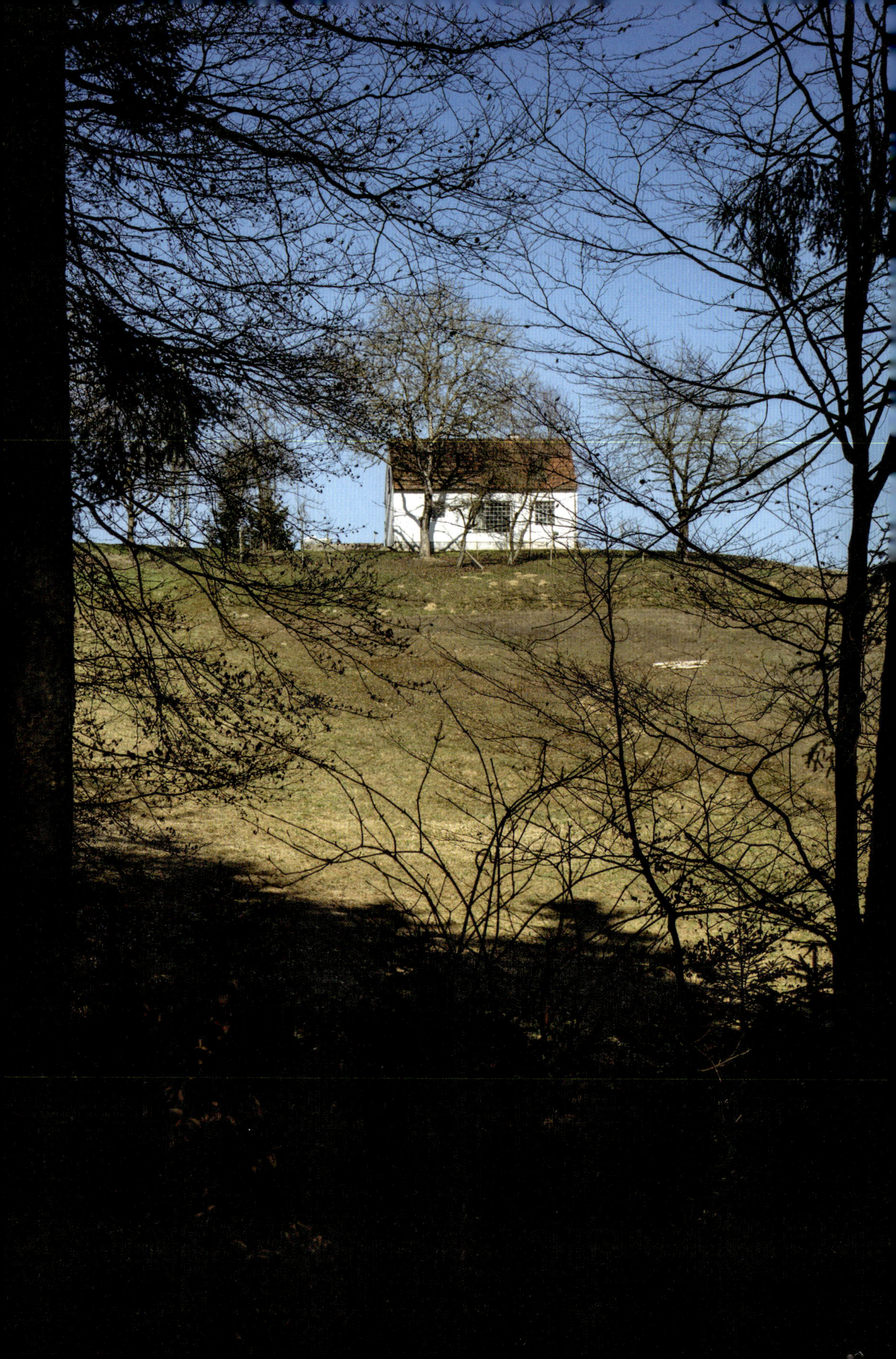

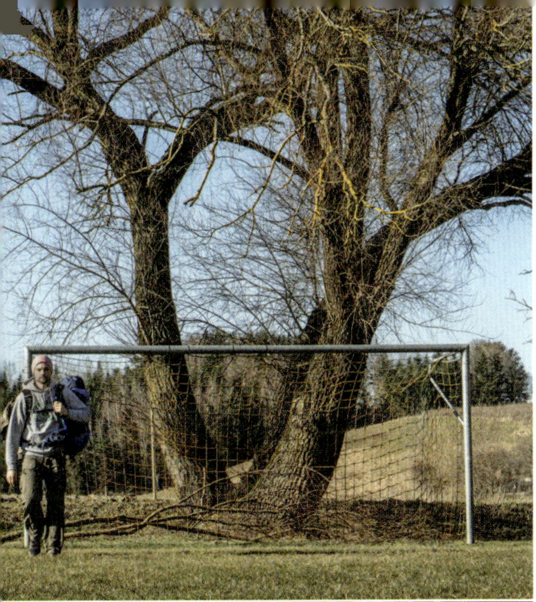

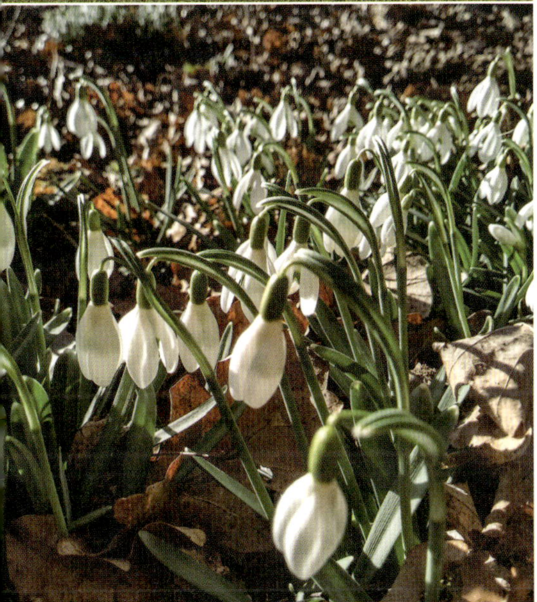

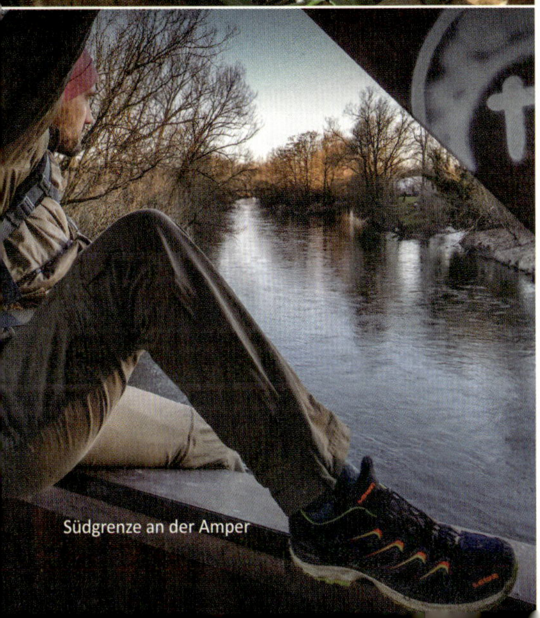

Südgrenze an der Amper

sammeln, auf. Auch für die schwangere Anna ist hier Abschied angesagt, die kühle erste Etappe reicht ihr heute. Dann gibt es einen besonderen Moment, der für die Grenzwanderungen bezeichnend ist: Nachdem Tobi und ich Geroldshausen südwestlich verlassen haben, kommt plötzlich der Punkt, an dem wir unbekanntes Terrain betreten. Ihr erinnert euch an den zögerlichen Samweis Gamdschie, als er im *Der Herr der Ringe* das Auenland zum ersten Mal verlässt? Ganze 5,5 Kilometer und sechs Kapellen und Kirchen hat es bei uns gedauert. Tobi ist es fast ein wenig peinlich, aber dieses Gefühl weicht bald dem euphorischen Abenteuergeist – es geht ins Unbekannte! Und zwar mit ordentlich Verspätung und noch gut 18 Kilometern vor der Brust. Challenge accepted, das Mittagessen muss wohl noch ein wenig warten. Der Wind ist stark genug, um die Hopfendrähte um uns herum zum Sirren und uns zum Weitermarschieren zu motivieren.

Wir verlassen die ebene Tal- und Auenlandschaft und betreten das mit langen Schatten weichgezeichnete Hügelland. Zwischen dem Füllberg und Feldhof geht es in einen Wald, der uns vier Kilometer lang Gesellschaft leistet. Mittlerweile ist uns richtig warm geworden, die Jacken werden verstaut. Ganz nebenbei schnellt der Vogel-Counter in die Höhe: Buchfink, Kohlmeise, Bluthänfling, Rabenkrähe, Dohle, Feldsperling, Grünfink, Star, Amsel, Bussard, Tannenmeise, Blaumeise, Waldbaumläufer, Grünspecht, Buntspecht, Haubenmeise... Wie kann sich Tobi die ganzen Vogelstimmen nur merken? Doch es gibt nicht nur etwas auf die Ohren. Ein frisch aufgeschichteter Holzstoß versorgt uns mit einer Prise harzig-würziger Frische. Der letzte Kilometer im Wald verläuft auf einem kleinen, mit rostbraunem Buchenlaub bedeckten Pfad, rechts unter uns schimmert ein kleiner Bach durchs Gehölz. Die Zivilisation um uns herum scheint für kurze Zeit nicht zu existieren.

Nach einer zur Viehtränke umfunktionierten Badewanne und dem Einsiedlerhof „Blasl" (ein Hoch auf das Bayerische!) geht es rechts Richtung Schmiedhausen und der wohlverdienten Mittagspause entgegen. Fast 12 Kilometer haben wir hinter uns, an die Ankunft im Ampertal ist noch lange nicht zu denken. Mit dem Rücken an einer warmen Mauer gibt's Brot der Kräuterhexe unseres Vertrauens und Müsli mit Naturjoghurt und selbstgemachtem Apfelkompott. Wie es der Zufall so will, entdecken wir an unserem Sitzplatz doch noch einige essbare Kräuter wie Vogelmiere, Gundermann, Löwenzahn, Gänseblümchen und Labkraut, mit denen wir unsere Mahlzeit ein wenig verfeinern können. Immerhin. Zu unserer Rechten zieht ein Rotmilan elegant und wie schwerelos über den Feldern seine Kreise. So einen habe ich bis jetzt nur am Grünen Band, also ein paar hundert Kilometer weiter nördlich in Deutschland gesehen. Hoffentlich fliegt er nicht in das hinter ihm aufragende Windrad.

Von unserem lauschigen Mittagsplätzchen aus geht es 60 Höhenmeter nach oben, bis wir in Schweitenkirchen einen der höheren Punkte der Hallertau mit 533 Höhenmetern passieren. Zwischen Güntersdorf und Aufham entdecken wir einen verlassen wirkenden, von Maulwurfhaufen übersäten Bolzplatz – zwischen Feldern, direkt neben der Straße. Trotz seiner Lage im Niemandsland weckt er sofort Nostalgie in uns. Tobi und ich sind quasi auf dem Bolzplatz aufgewachsen, jeder im Dorf hat beim Fußball mitgemacht. Einer wurde zum „Einsagen" geschickt und zwei Stunden später spielten wir vier gegen vier. Old School eben. Vielleicht täusche ich mich, aber mittlerweile sehe ich nur noch wenig Action auf unseren Bolzplätzen. Als wir Aufham in südwestlicher Richtung verlassen, erwischen wir über den Rücken eines Feldes hinweg einen fantastischen Blick auf die St.-Nikolaus-Kirche, deren Turm in der Sonne glänzt.

Bald geht es an den letzten Hopfengärten vorbei, einen letzten bewaldeten Hügel hinab, an einigen Rehen vorbei und hinüber in den Landkreis Freising. Beim Versuch, in der Sonne tanzende Schwebemückenschwärme zu fotografieren, geben unsere Akkus den Geist auf. Nun müssen wir unsere Ankunft wohl oder übel mit dem Handy festhalten. Bei einer kurzen Pause in Aiterbach zieht ein Hauch Vergangenheit in Form eines weißen Busses mit einem achtspitzigen weißen Kreuz auf rotem Grund an mir vorbei. Ich erinnere mich: Vor einem halben Leben war ich selbst einmal der Fahrer eines solchen Malteser-Busses und brachte auf genau dieser Strecke Schulkinder nach Hause. Wow, wie die Zeit vergeht. Mit den Erinnerungen an den Zivildienst in Freising und im Angesicht der plötzlich „brettl-ebenen" Landschaft wird uns schlagartig klar, dass wir nun wirklich bald ans Ende unseres Erkundungstrips und der Hallertau kommen.

Rechter Hand sehen wir die A 9 so deutlich, wie wir sie den ganzen Tag nicht gesehen haben. Von Hopfen ist keine Spur mehr, als wir durch das weitläufige Ampertal nach Allershausen spazieren. Langsam machen sich unsere Beine bemerkbar. Allershausen kenne ich eigentlich nur als Abfahrt, um Stress auf der A 9 zu vermeiden. Zu Fuß bin ich noch nie hier gewesen, dieses Eck wirkt friedlich und sympathisch. Am Amperknie finden wir einen eigenen Mikrokosmos vor: Zuerst ein Landschaftsschutzgebiet, dann überbrücken kleine Stege zwischen den Häusern den Mühlbach, der uns Richtung Amper führt. Gegenüber liegt ein großes Sportgelände inklusive Skatepark, den Tobi aus seiner Vergangenheit auf dem Brett noch kennt. Hier ein Kinderhaus, dort ein Spielplatz, dann die St.-Josefs-Kirche, über deren Friedhof wir ans Ufer und an eine überdachte Holzbrücke gelangen, die über die 20 Meter breite Amper führt. Was für ein Unterschied zur kleinen Wolnzach am Anfang unserer Reise ...

Das sanft fließende Wasser zieht uns in seinen Bann, wir genießen die letzten Sonnenstrahlen. Flussaufwärts sehen wir die Stellen, wo der Mühlbach und die Glonn in die Amper münden. Hier wollten wir hin. Und hier wollen wir wieder hin – wenn das Grün der Bäume der sich schlängelnden Amper samt ihrer Ufer, Auen und Kiesbetten Leben einhaucht. Das Ampertal scheint uns an dieser Stelle eine gute südliche Grenze für die Hallertau, wir fühlen uns ein bisschen in einer anderen Welt. Da die Rückkehr mit öffentlichen Verkehrsmitteln zur aktuellen Zeit eigentlich unmöglich ist, freuen wir uns über Annas Erscheinen mit dem Auto. Wie schnell nun die Landschaft und der wolkenlose rosa-blaue Sonnenuntergang auf der Autobahn an uns vorbeizischen... Zuhause beim Dehnen meiner schweren Beine regt sich die Fantasie wieder. Wie es wohl am Ende der anderen Grenztouren sein wird? Wie schaffen wir deutlich längere Strecken, wenn dieser Trip mit allem Drum und Dran schon acht Stunden gedauert hat? Fragen für einen anderen Tag. Schnell schlafe ich ein, im Gesicht den ersten, leichten Sonnenbrand des Jahres.

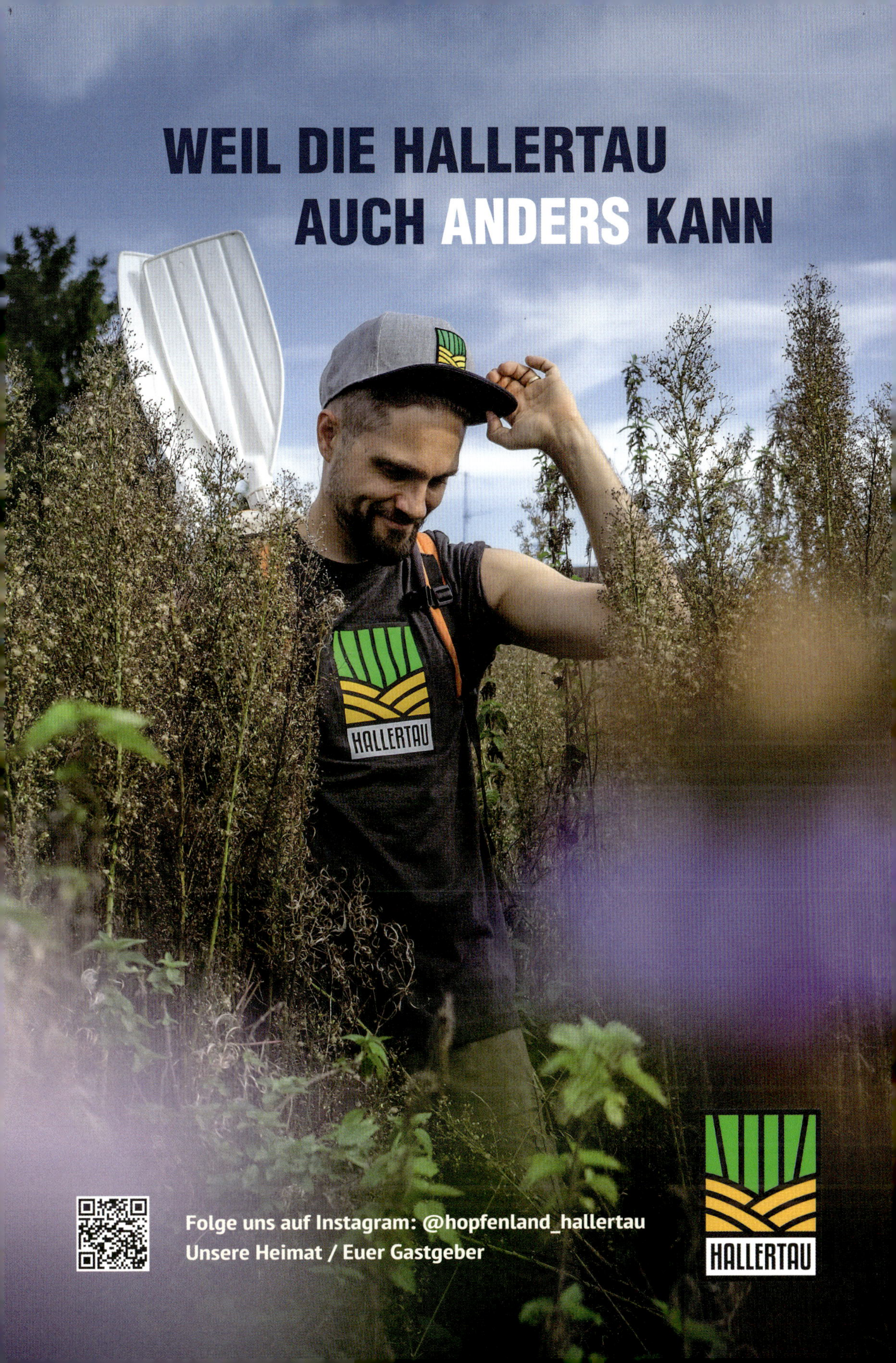
WEIL DIE HALLERTAU
AUCH ANDERS KANN
HALLERTAU
Folge uns auf Instagram: @hopfenland_hallertau
Unsere Heimat / Euer Gastgeber
HALLERTAU

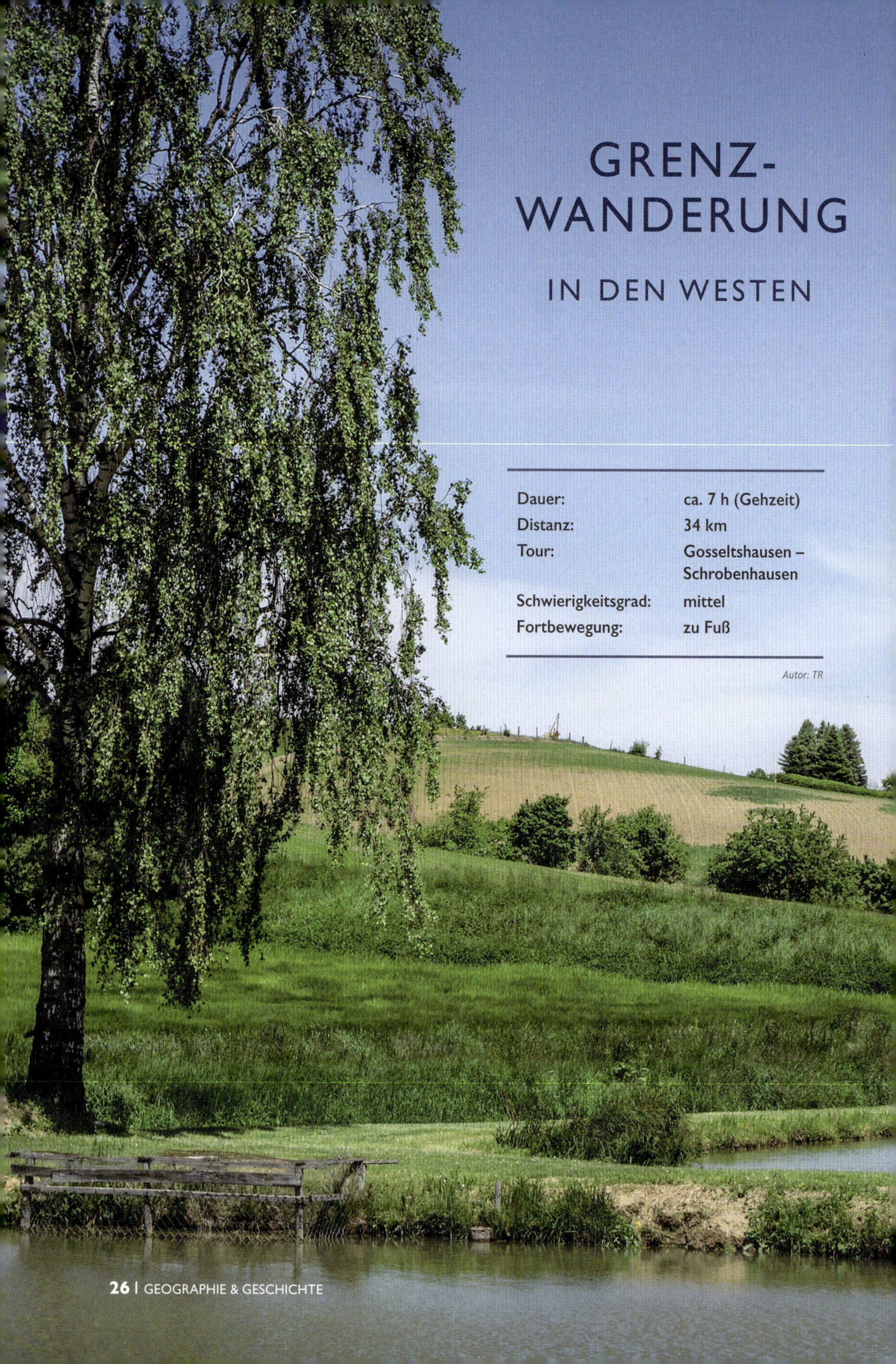

GRENZ-WANDERUNG

IN DEN WESTEN

Dauer:	ca. 7 h (Gehzeit)
Distanz:	34 km
Tour:	Gosseltshausen – Schrobenhausen
Schwierigkeitsgrad:	mittel
Fortbewegung:	zu Fuß

Autor: TR

Über drei Monate sind vergangen, seit wir Ende Februar die südliche Grenze der Hallertau erwanderten. Eine erste wichtige Lektion: Wir schaffen nicht mehr als drei Kilometer in der Stunde, wenn wir nebenbei noch fotografieren, die Gegend erforschen und mit ein paar Leuten quatschen. Dies bedeutet, dass wir heute für die 34 Kilometer zur Westgrenze wohl rund elf Stunden brauchen würden. Das ist zu lange, denn es ist ein Dienstag Anfang Juni und wir müssen erst noch ein paar berufliche Dinge erledigen, bevor wir um 13:00 Uhr die Hufe schwingen können. Die Sonne wird um circa 21:00 Uhr untergehen, also nehmen wir uns vor, heute straffer unterwegs zu sein und die Tour in acht Stunden zu schaffen. Ob das klappt? Es ist ein sonnig-warmer Tag und in meinen Rucksack packe ich nur das Nötigste, meine Skepsis kann ich trotzdem nicht ganz abschütteln.

Zumindest von der Dorfidylle in Lohwinden mit seiner Wallfahrtskirche direkt am Hopfengarten, dem Dorfweiher und den umliegenden Pferdekoppeln lassen wir uns dieses Mal nicht aufhalten. Das erste richtige Hindernis lässt aber nicht lange auf sich warten. Südwestlich von Rohrbach ist die Unterführung der Autobahn aufgrund einer Baustelle gesperrt. Auch für nette Wandersleute gibt es keine Ausnahme, wir müssen südlich ausholen, um nach Waal zu gelangen. Soviel zu unserem Plan, heute nicht unnötig Zeit zu verlieren …

Von der Ilm geht es 50 Höhenmeter hinauf zum Haindlberg, von dort haben wir einen fantastischen Ausblick auf das ergrünende Hopfenland. Der Hopfen hat stellenweise die 3-Meter-Marke erreicht und der Roggen streckt seine braunen Ähren gegen den Himmel. Ein leichter Wind wiegt das Getreide hin und her – schon fast hypnotisierend wirken die daraus entstehenden Wellen auf den Feldern. In den letzten Tagen hat die Natur gewaltig angeschoben: Der Raps blüht langsam aus und die erste Sommermahd ist erledigt. Auf dem Feld vor uns werden Heuballen zusammengerollt, ein feiner, süßlicher Duft steigt uns in die Nase. Das weckt Erinnerungen an lang vergangene Kindheitstage, als wir im Heu spielten oder auf den Silagen herumkraxelten. Vor Rohr kommen wir an Fischweihern vorbei, die friesisches Campingflair verströmen: Ein schwedenroter Kleinbus steht direkt zwischen den Gewässern, mit ausgefahrener Markise genießt eine Familie dort ihr Kaffeekränzchen unter blauweißem Himmel. Die einen gönnen sich

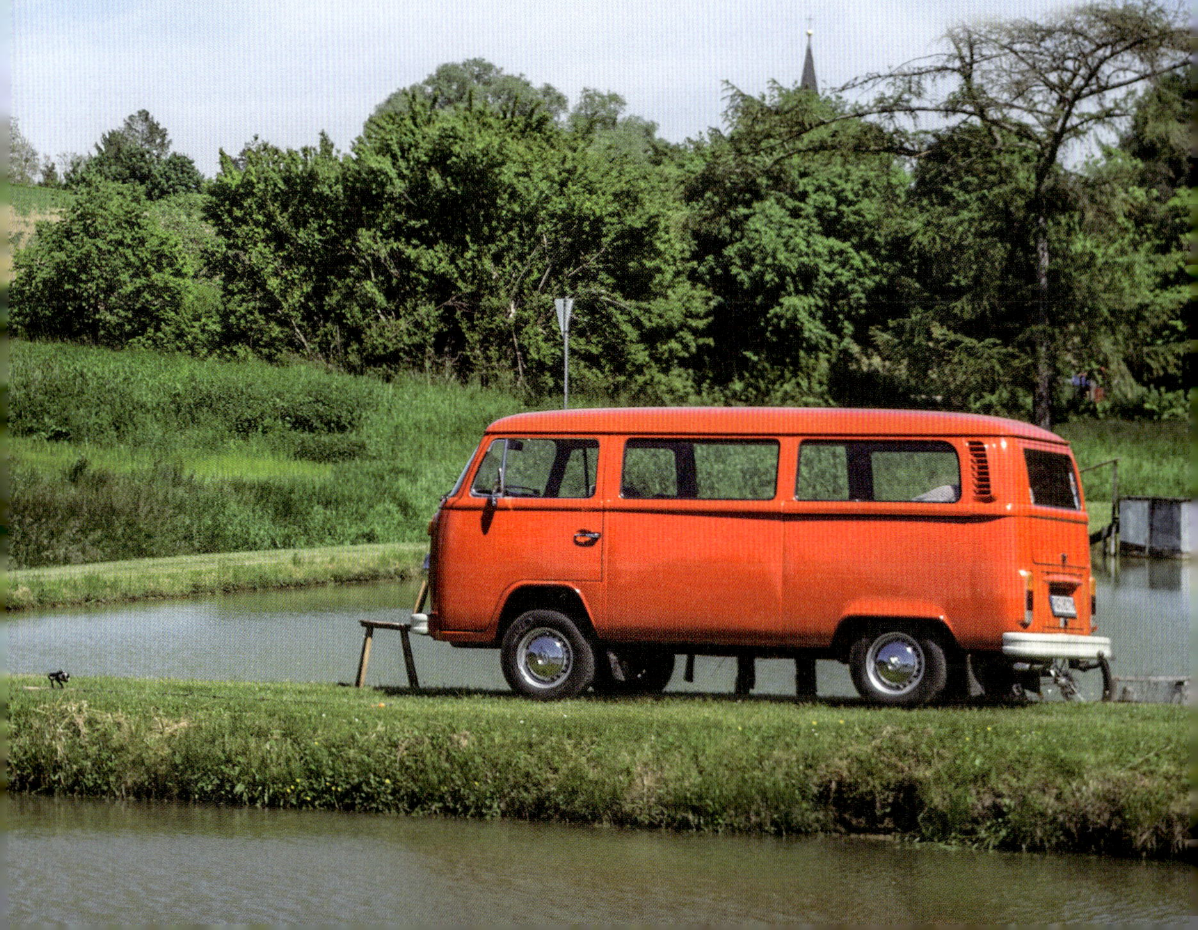

einen Urlaubsmoment, die anderen gehen auf Abenteuer – beides eine lohnende Auszeit. Ein paar hundert Meter weiter westlich sieht die Lage schon weniger verträumt aus.

Wir tauchen in einen dichten Fichtenwald ein, der hier laut topografischer Karte mit düster klingenden Namen wie „Toter Mann" oder „Armenseelenholz" gekennzeichnet ist. Aber obwohl wir mit Karte (und notfalls moderner Navigation) unterwegs sind, verfranzen wir uns ein wenig. Alte Forstwege wachsen zu, neue werden angelegt. Auf einer Lichtung machen wir kurz Pause, genießen die Ruhe und das Summen der Bienen in den Linden. Ein altertümliches, bemaltes Schild weist uns darauf hin, dass hier irgendwo ein Brunnen sein muss. Zu gern würden wir uns auf die Suche begeben, aber dieses (Kleinst-)Abenteuer werden wir ein andermal angehen müssen. Wir verlassen uns auf unsere Intuition und erreichen den Waldrand – später als erwartet. „Das ist doch der Kirchturm von Pörnbach!", stöhne ich. Eigentlich wollten wir den Wald möglichst nah bei Raitbach verlassen, sind aber zu weit nördlich gelandet. „Huift nix!", entgegnet Mike. Wir korrigieren unseren Kurs und dürfen immerhin das Blütenmeer einer angrenzenden Wiese bestaunen. Ihre Blütenpracht aus Salbei, Margeriten und Lichtnelken ist eine willkommene Abwechslung zum umliegenden Ackerland. Hier sehen wir nun auch zum ersten Mal sandige Spargelfelder. Rund um Pörnbach wechseln sie sich mit dem Hopfenanbau ab.

Etwa einen Kilometer von Weichenried entfernt wollen wir noch einmal unsere Route prüfen. „Wenn wir bis Waidhofen nicht ständig auf Asphalt gehen wollen, müssen wir uns irgendwie durch die Feldflur schlagen", mutmaßen wir. Unser Zögern bemerkend hält ein Bauer mit seinem Traktor neben uns an und fragt: „Konn ma eich heifa?" Wir ernten einen skeptischen Blick, als wir ihm unser Vorhaben erklären. Die Skepsis weicht aber bald wieder der Erkenntnis, dass den beiden leicht Irren geholfen werden muss: „Steigt's auf, i fahr eich a Stückerl!", bietet er uns an. Wir können unser Glück kaum fassen und nehmen ausnahmsweise das Angebot angesichts der fortgeschrittenen Stunde dankend an. Improvisieren gehört zum Abenteuer dazu. Das letzte Mal bin ich als Kleinkind auf dem Bulldog mitgefahren, ich kann mich kaum mehr erinnern. Was für ein Spaß! Ein echtes Hallertau-Taxi hilft uns heute aus der Patsche! Unser Chauffeur Schorsch weiß selbst einige Anekdoten zu erzählen und wir feiern die lustige Fahrt und die unerwartete Wendung. Gut durch-

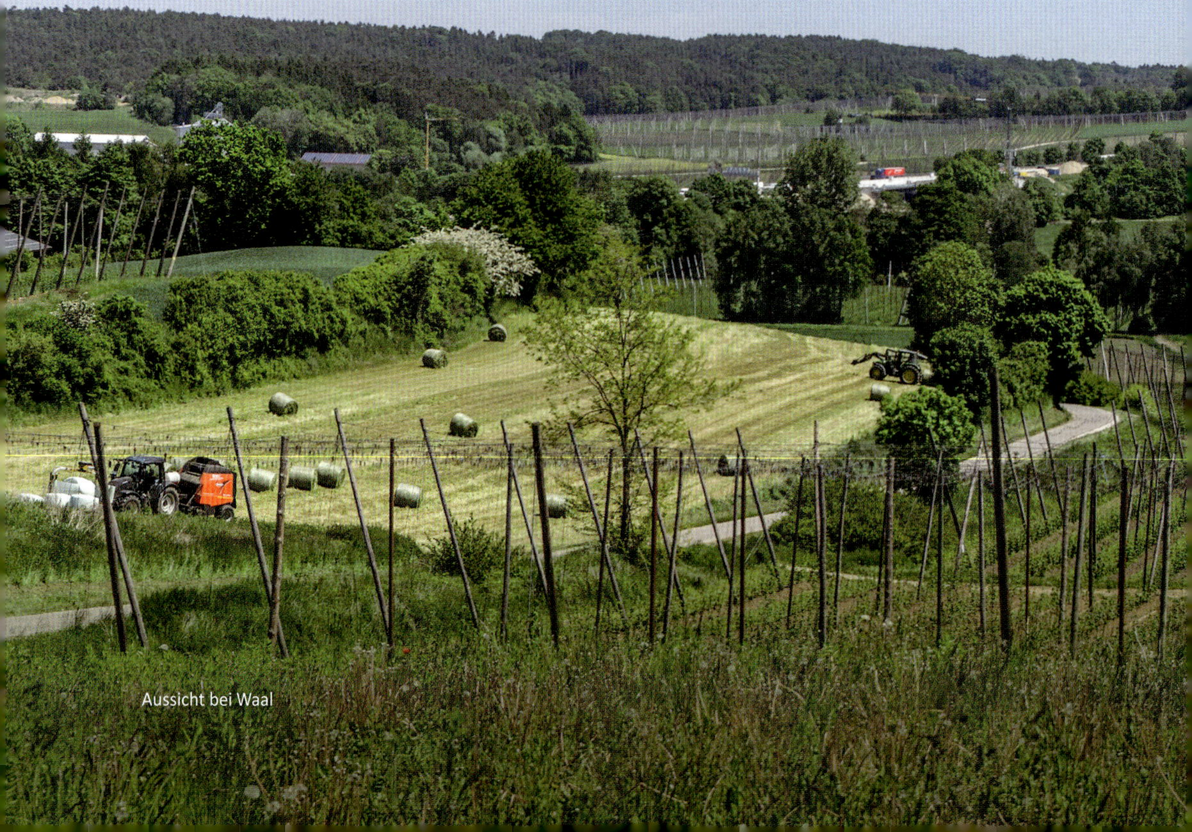

Aussicht bei Waal

gerüttelt setzt uns Schorsch zwischen Hohenwart und Waidhofen ab.

Wir haben nun knapp acht Kilometer in einer Viertelstunde hinter uns gebracht und damit ungefähr eineinhalb Stunden gutgemacht. Das Landschaftsbild hat sich entsprechend verändert: Das kleinteilige Hügelland ist dem brettebenen Paartal gewichen. Wir drehen uns noch einmal um in Richtung des Klosterbergs in Hohenwart, auf dem die Kirche des Heiligen Georg trohnt. Dort befindet sich auch die Regens-Wagner-Wohngemeinschaft für Menschen mit Beeinträchtigungen, wo meine Frau gerade im Schichtdienst steckt. Schade, mit mehr Zeit auf der Uhr hätten wir ihr einen Besuch abstatten können.

Fast ein Drittel der Gesamtstrecke haben wir noch vor uns. Von Waidhofen aus streben wir dem Paartal zu und überqueren den stark mäandrierenden Flusslauf. Wieder erwischt mich das Nordsee-Feeling: Nach dem Wasser begleiten krumme Holzpfosten den sandigen Trampelpfad an einer Wiese entlang. Zarte Gräser schaukeln in der Brise, es klingt wie sanftes Meeresrauschen. Ein perfekter Moment für eine ausgiebige Pause an der nah gelegenen Marienkapelle, auch wenn es bereits 19:00 Uhr ist. Raus aus den Schuhen,

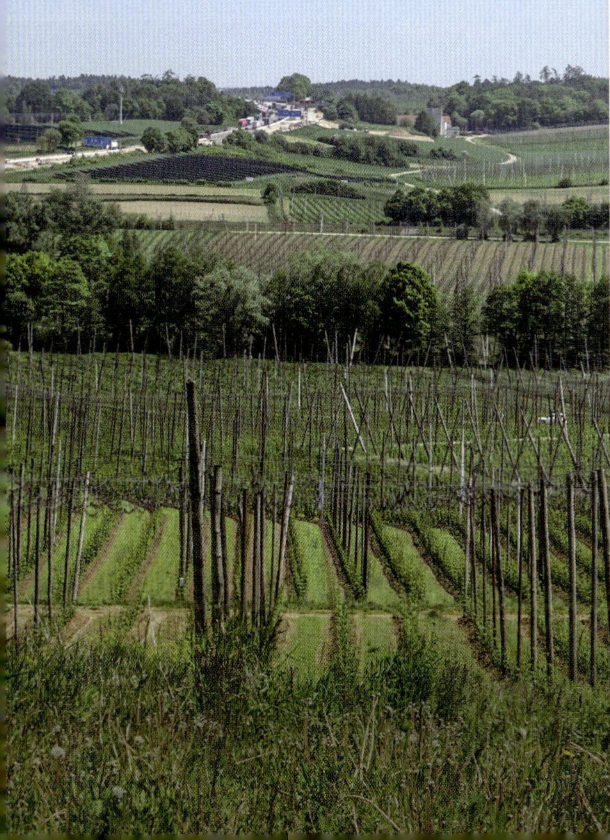

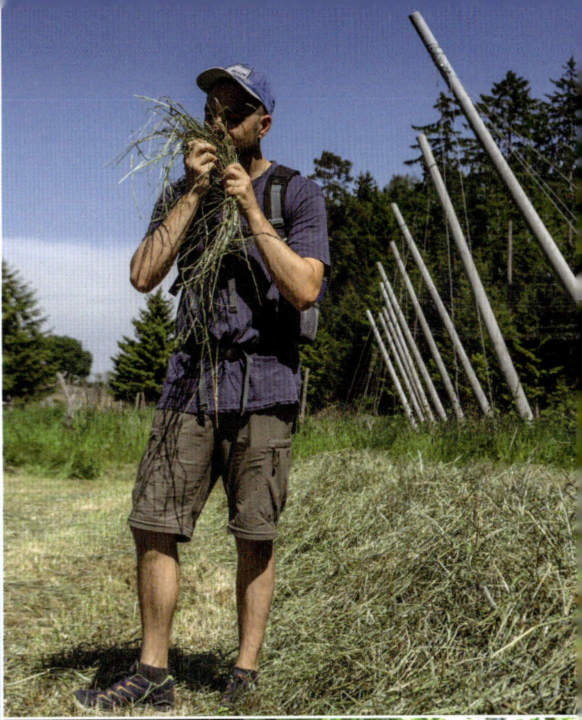

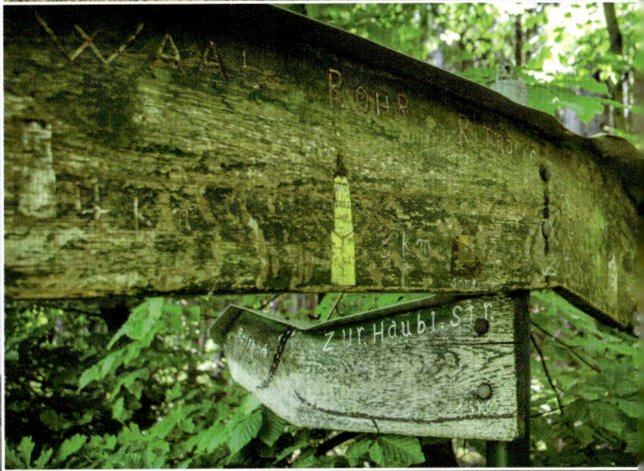

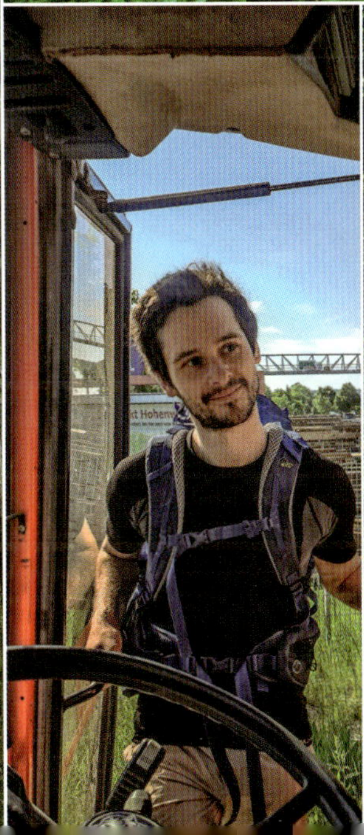

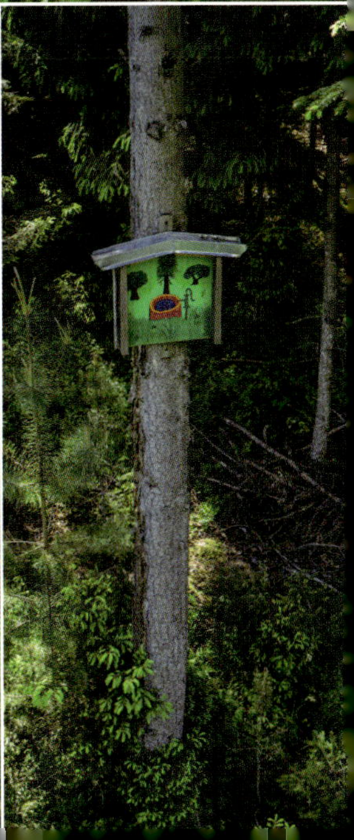

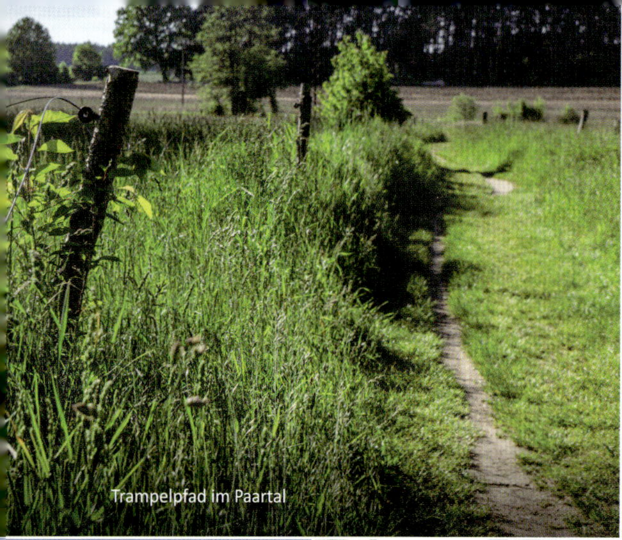

Trampelpfad im Paartal

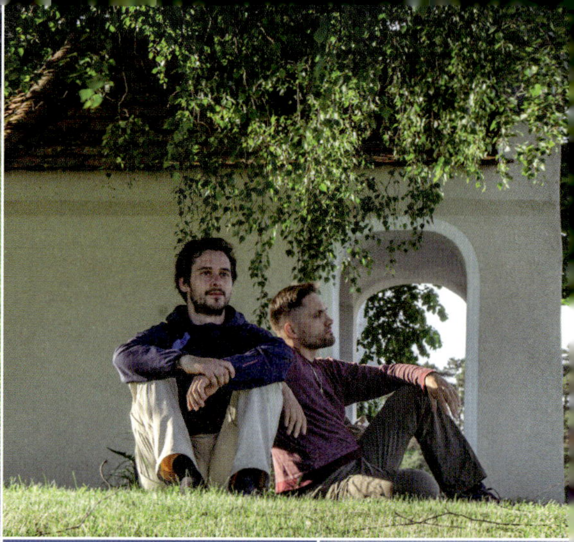

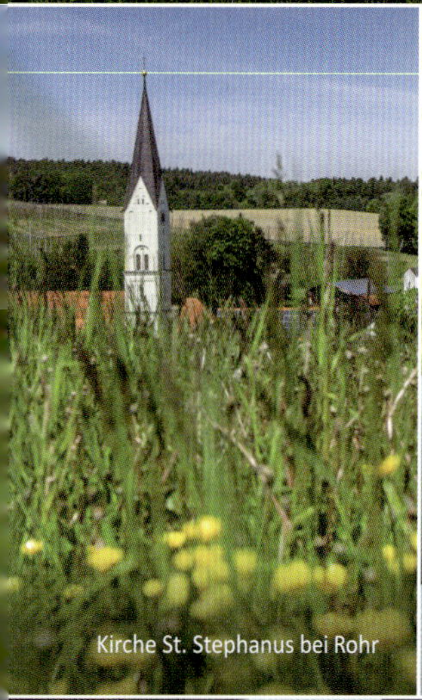

Kirche St. Stephanus bei Rohr

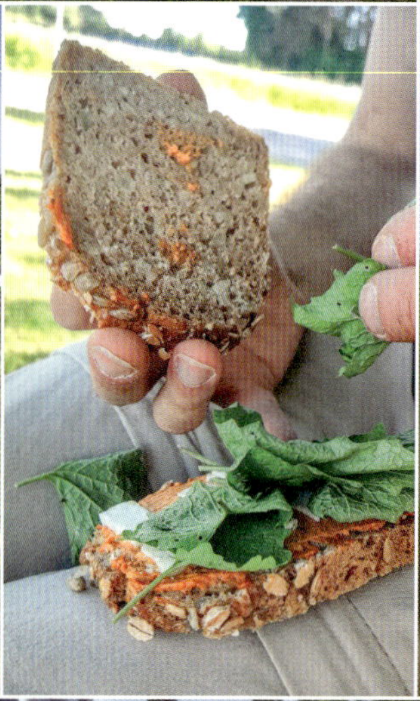

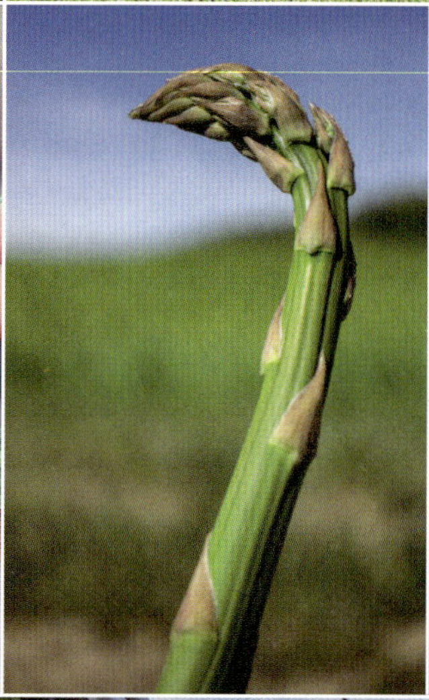

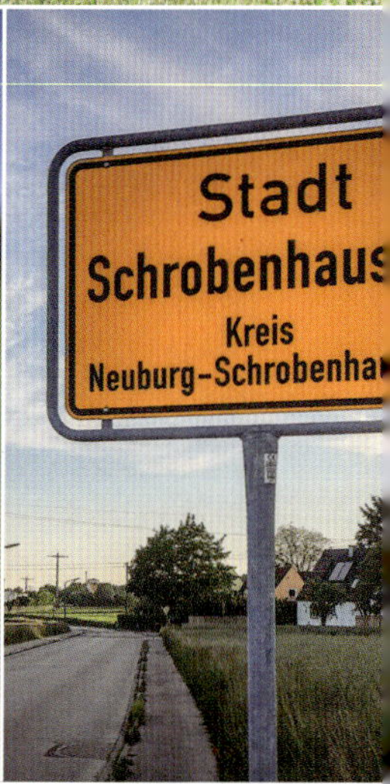

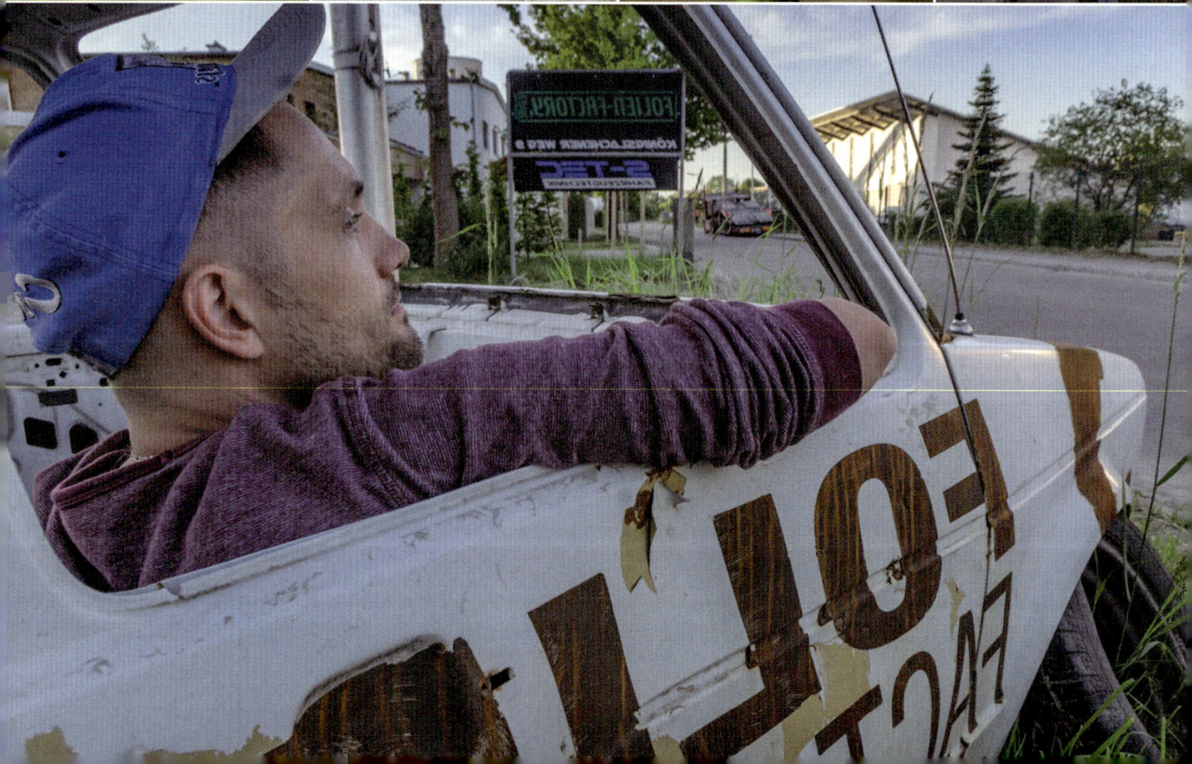

essen, dehnen und Füße massieren. Wir machen es uns im Schatten der alten Birke gemütlich, es ist eine der bisher schönsten Pausen.

Mit frischer Energie geht es in die Schlussetappe. Wir marschieren 500 Meter südlich an der Andachtsstätte Hinterkaifeck vorbei, die an den dramatischen Mehrfachmord von 1922 erinnert. Bald darauf bekommen unsere Füße eine wohlverdiente Abwechslung, denn eine akkurat gepflegte Wiese lädt uns ein, das kommende Wegstück barfuß zu gehen. „Moment mal ... das ist doch gar keine Wiese! Das muss der berühmte Schrobenhauser Rollrasen sein", schießt es mir plötzlich durch den Kopf. Dieser Rollrasen wurde schon in so manch bekannter Arena verlegt: so zum Beispiel im Berliner Olympiastadion, im Westfalenstadion in Dortmund und im Stadion von Juventus Turin. Die urige Hallertau kann eben auch anders, den sandigen Humusböden sei Dank. Ein kurzes Stück noch durch den Wald und schon laufen wir von Norden kommend im Industrieviertel von Schrobenhausen ein. Dessen Blechfassaden glänzen im letzten Sonnenlicht des Tages und bilden einen krassen Kontrast zu den sich anschließenden Schrebergärten, in denen gemütliche Terrassenlampen leuchten, Feuerschalen qualmen und Hundegebell ertönt. Diese beschauliche Kulisse passt zum Ausklang unserer Wanderung, auch wenn wir unser eigentliches Ziel, das Ausloten der Grenze, noch vor uns haben.

Wir verlassen den Siedlungsgürtel und nehmen den Fahrradweg nach Sandizell, welcher schnurstracks in den Hagenauer Forst führt. Irgendwo hier muss gemäß unserer Recherchen die westliche Grenze der Hallertau sein. Wir suchen hierfür rein aus symbolischen Gründen einen markanten Grenzpunkt. „Dort im Wald ist das Gelände des Rüstungsunternehmens MBDA ...", schlage ich vor. Die an einen Militärstützpunkt erinnernde Zaunanlage wäre vielleicht eine passende Stelle. Aber wie so oft bei einem Abenteuer ist Improvisieren gefragt. Hinter mir höre ich Mike fragen: „Was ist das dort drüben für ein Steinpfeiler?" Anscheinend sind wir auf einen Waldlehrpfad gestoßen. Auf dem Monolith sitzt ein Adler aus Stein, als wäre er der Wächter dieser Hallertau-Grenze. Wir beschließen, unsere Expedition hier in der Dämmerung enden zu lassen. Es ist 21:19 Uhr, wir haben tatsächlich unseren Zeitplan eingehalten, auch wenn wir nie vorhersagen hätten können, wie das zustande kommt. Während wir auf den Abhol-Service von Mikes besserer Hälfte warten, blicken wir die Staatsstraße 2045 entlang, die sich wie ein Tunnel kerzengerade durch den Hagenauer Forst erstreckt. Dahinter beginnt das größte Niedermoor Süddeutschlands, das Donaumoos, das sich Richtung Neuburg und Ingolstadt in den Norden erstreckt. Kein schlechter Fleck für eine Grenze.

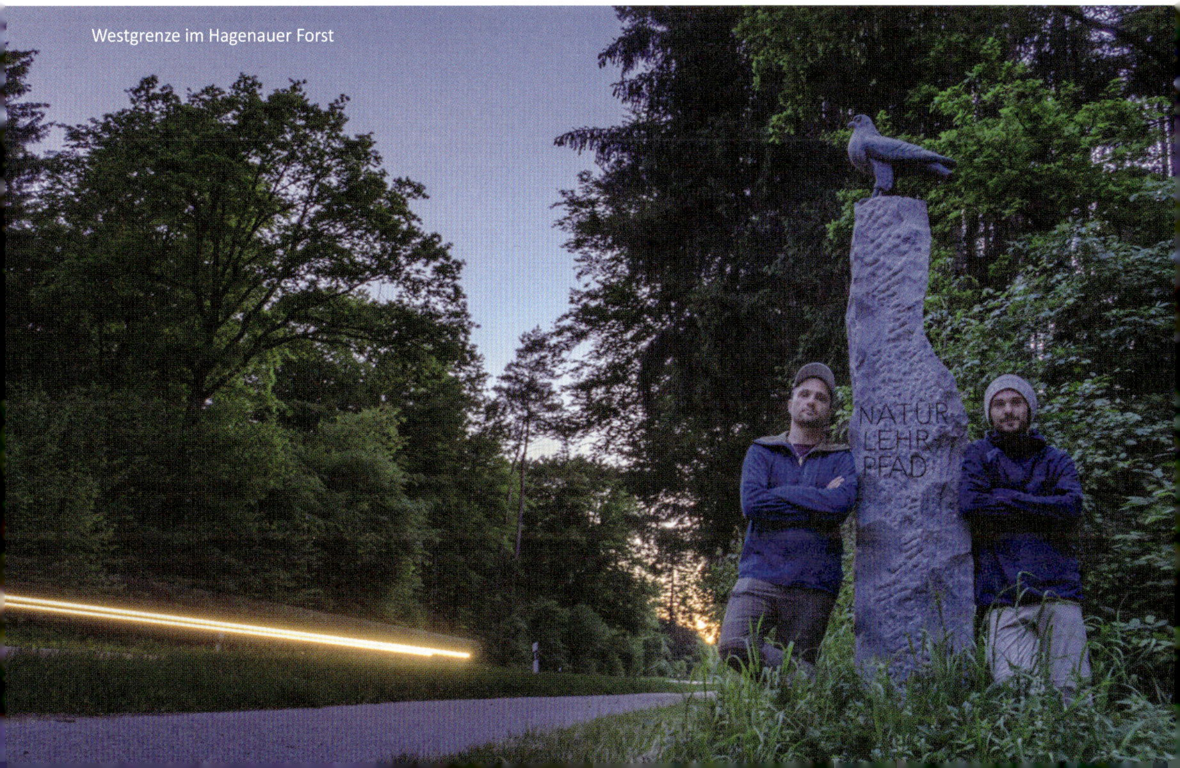

Westgrenze im Hagenauer Forst

GRENZ-WANDERUNG

IN DEN NORDEN

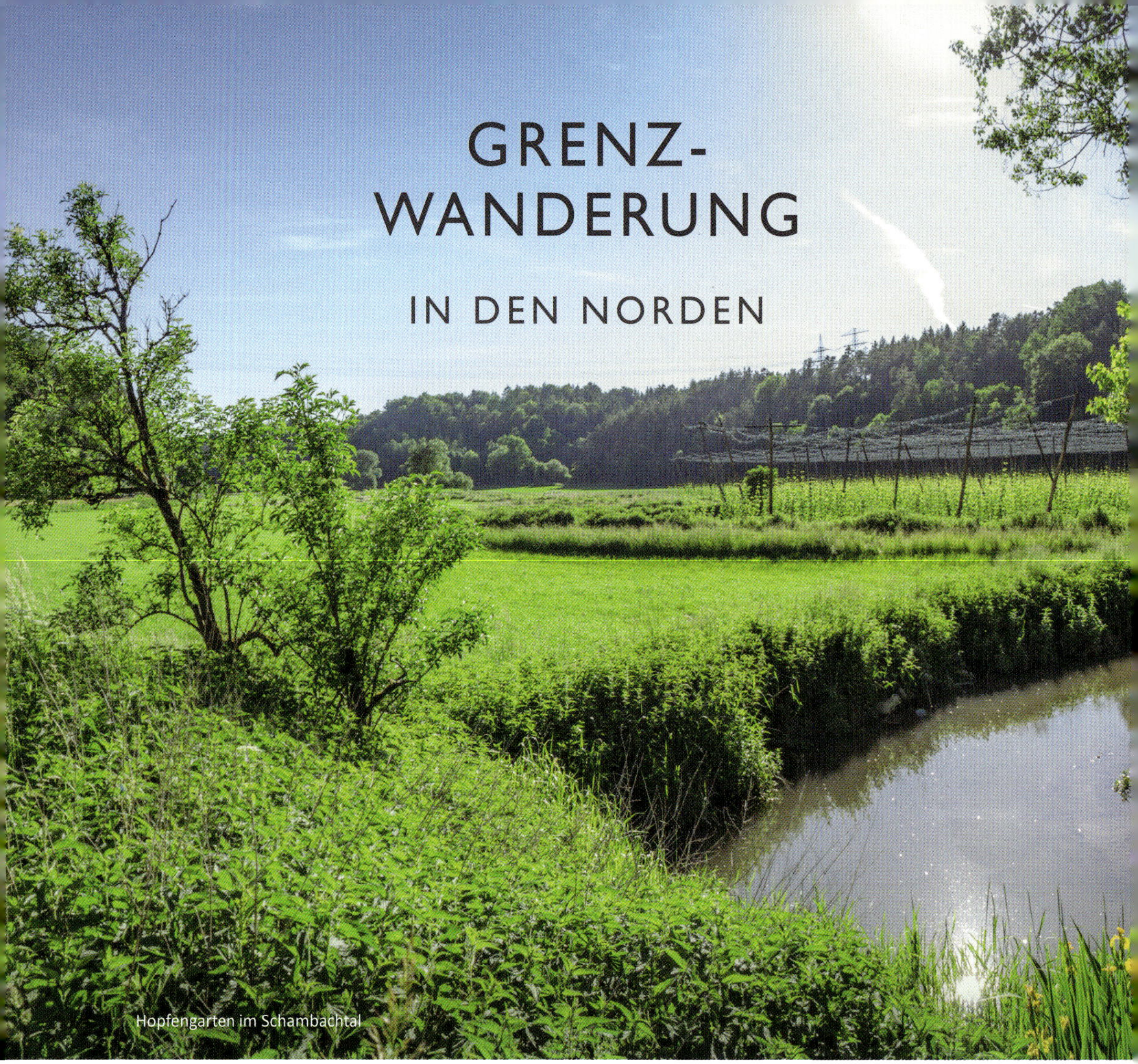

Hopfengarten im Schambachtal

Dauer:	ca. 9,5 h (Gehzeit)
Distanz:	47 km
Tour:	Gosseltshausen – Riedenburg
Fortbewegung:	zu Fuß
Schwierigkeitsgrad:	schwierig

Autor: MU & TR

Gerade mal zwei Wochen sind vergangen seit unserer Entdeckungstour zur Westgrenze der Hallertau. Nach dem Ampertal im Süden und dem Rand des Donaumooses im Westen wollen wir dieses Mal schauen, was das Altmühltal als Nordgrenze der Hallertau zu bieten hat. Wir peilen Altmannstein an, aber insgeheim hegen wir die Hoffnung, es noch ein gutes Stück weiter zu schaffen und die Nordgrenze bei Riedenburg in Augenschein zu nehmen. Das sind saftige 47 Kilometer Fußmarsch, also fast zehn Stunden reine Gehzeit – eine Distanz, die weder Tobi noch ich bisher an einem Tag abgespult haben. Nicht einmal bei meinen Fernwanderungen am Grünen Band war so eine Distanz dabei.

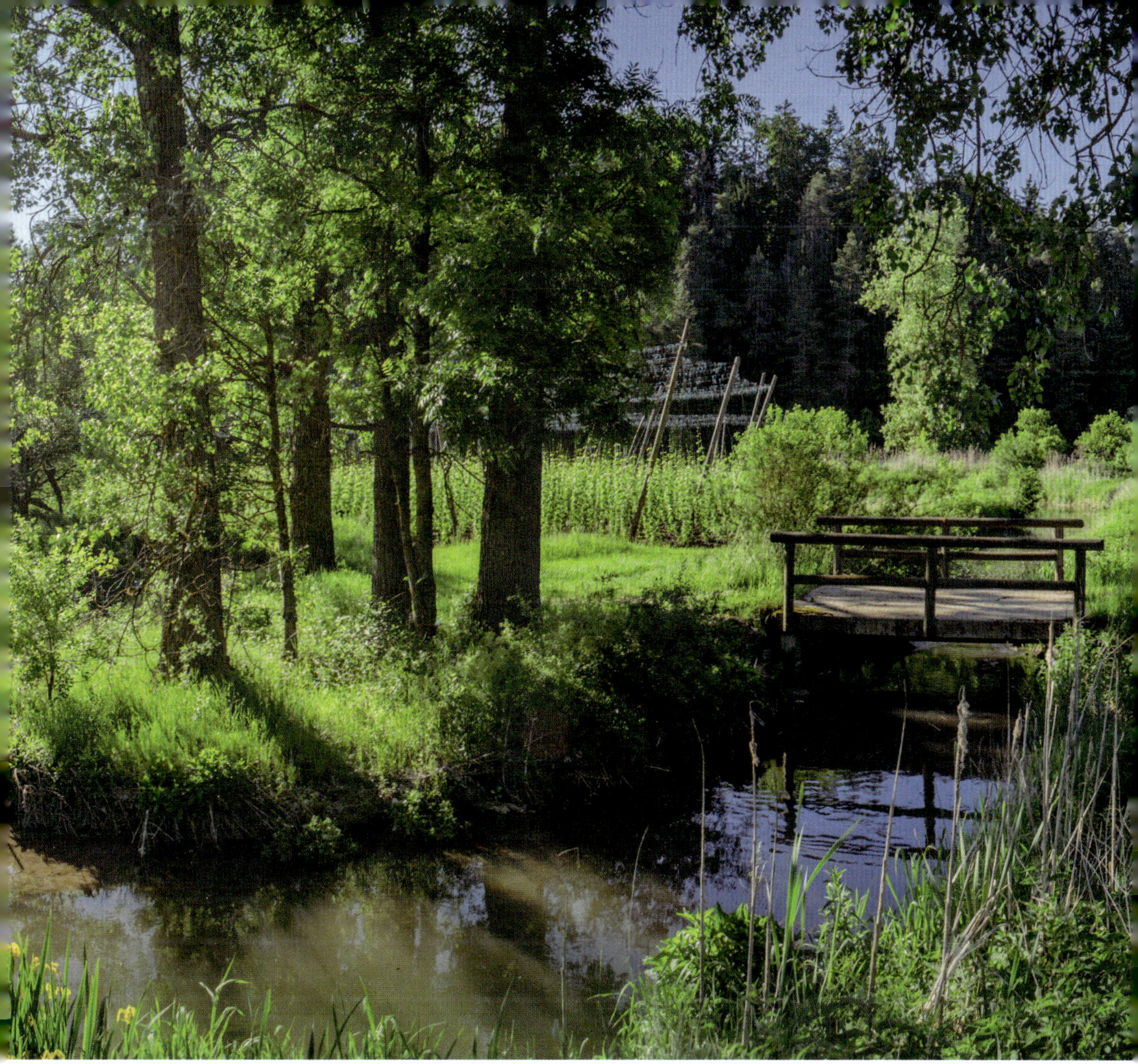

Wir sind dieses Mal also nicht nur auf der Suche nach einer geographischen Grenze, sondern auch nach unserer persönlichen. Wir haben uns bewusst dagegen entschieden, die Strecke mit dem Rad zu absolvieren. Wir wollen alle Grenzwanderungen so weit möglich zu Fuß umsetzen, um einen besseren Vergleich zu haben.

Das Wetter könnte auf jeden Fall nicht besser sein: Es soll bis zu 23 Grad warm werden, mit viel Sonne und ein wenig Wind. Unsere Rucksäcke sind so leicht wie möglich gepackt, Essen wollen wir uns unterwegs kaufen. Unser Marsch beginnt mit den Stationen Starzhausen und Königsfelder Holz. Obwohl wir hier öfter unterwegs und eher Fichten-Monokulturen gewohnt sind, überrascht uns der Wald mit einigen dicht und wild bewachsenen Stellen. Die Unterschicht besteht aus Heidelbeeren, Moos und sich gerade entrollendem Farn, die Mittelschicht bilden junge Fichten, die Oberschicht gehört den Kiefern – ein schönes Waldbild. Man sollte einfach immer mal ein paar Schritte abseits der bekannten Wege gehen. Ich bitte Tobi, hier einige Vögel zu identifizieren und wir halten fest: Rotkehlchen, Zilpzalp, Buchfink und Sommergoldhähnchen singen uns ihr Lied.

An einer sonnenbeschienenen Lichtung gibt es einen dieser Momente, bei dem die Zeit stehenbleibt. Wenn man ein anderes Wesen sieht, das sich gerade voll in seinem Element befindet und nicht merkt, dass es beobachtet wird. Es ist wie im Film *Prinzessin Mononoke*, als der Waldgott (ein übernatürliches Hirschwesen) zum ersten Mal völlig lautlos in Erscheinung tritt und über einen Teich wandelt. Nur dass es in unserem Fall ein paar Rehe sind, die sich in aller Ruhe auf der Lichtung sonnen. Und das nur einen Steinwurf entfernt. Lautlos und langsam rücken sie irgendwann aus der Sonne ab und verschmelzen mit dem Wald. Wir lösen uns aus unserer Beobachtungsstarre, schauen uns an und dann auf unsere Uhr. Aber was will man da machen, wenn es bereits auf den ersten zwei Kilometern solche Momente gibt?

Auf dem Weg nach Geisenfeld lassen wir zuerst die 3500 Jahre alten Hügelgräber rechts und dann die schmucke romanische Kirche St. Ulrich bei Ainau links liegen. In Geisenfeld kaufen wir Wasser und ein paar Sandwiches, Mittagessen to go im wahrsten Sinne des Wortes, so dass wir um 12:30 Uhr in Nötting ankommen. Drei Stunden und erst etwas mehr als 12 Kilometer liegen hinter uns. Da es Richtung Donauniederungen geht, ist die Landschaft hier schon flach, also kommen wir auf die glorreiche Idee, die nächsten vier Kilometer bis Ilmendorf zu joggen, um wieder Zeit gutzumachen. Ein, zwei Fotopausen gibt es trotzdem, denn links von uns fließt in schönen Mäandern die Ilm, an der man immerhin in Ufernähe den schönen, ursprünglichen Auencharakter erhalten hat mit Weiden, Brennnesseln, ein paar verblühenden Rosen und dem gerade richtig aufblühenden Holunder. Kaum vorzustellen, dass gleich hinter der Ilm mit dem Lorenzisee und der dazugehörigen großen Wassersportanlage das komplette Gegenteil zu diesem natürlichen Flussbild vorzufinden ist. Nur ein paar hundert Meter weiter westlich beginnt die Nöttinger Viehweide, eine unserer Oasen, die wir für dieses Buch besucht haben. Es dauert nicht lange, dann sind wir am Vohburger Marktplatz unter blühenden Robinien und mit kühlem Brunnenwasser für die Füße – Zeit für eine wohlverdiente Mittagspause.

Ab Vohburg geht es für mich in unbekannte Gefilde. Die zehn Kilometer nach Mindelstetten sehen allerdings auf der Karte landschaftlich nicht besonders attraktiv aus. Zudem hat es mittlerweile gefühlte 30 Grad, die sich bei so viel uns noch bevorstehendem Asphalt deutlich bemerkbar machen. Nach Riedenburg sind es noch etwa 24 Kilometer, es ist kurz nach 15:00 Uhr

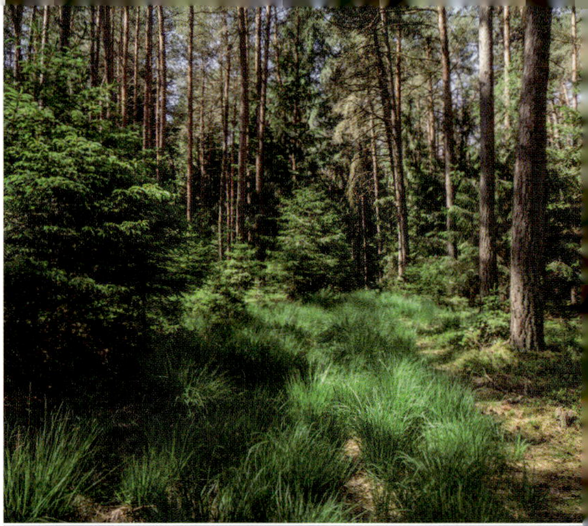

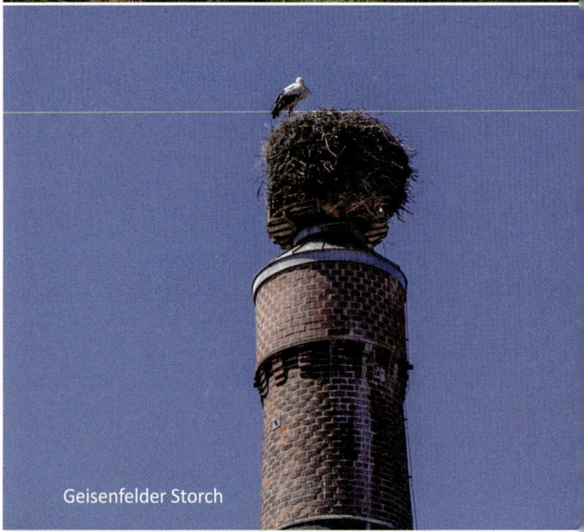

Geisenfelder Storch

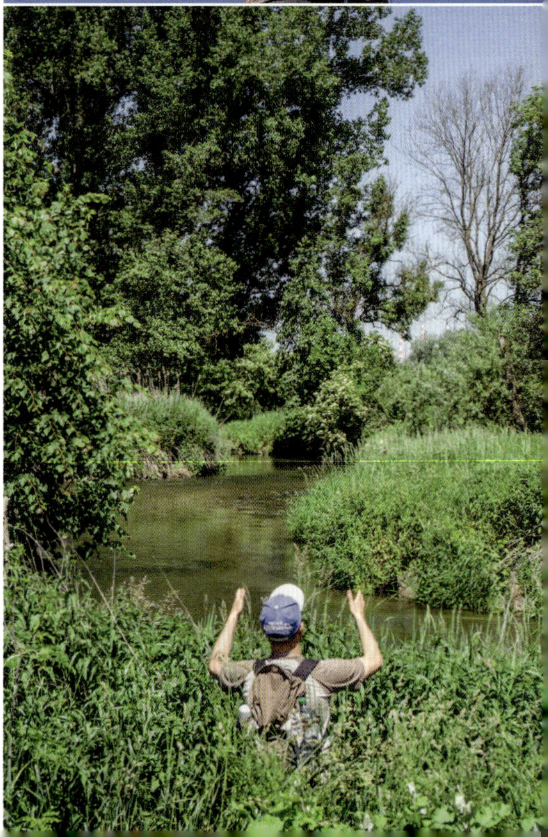

„Man sollte einfach immer mal ein paar Schritte abseits der bekannten Wege gehen.“

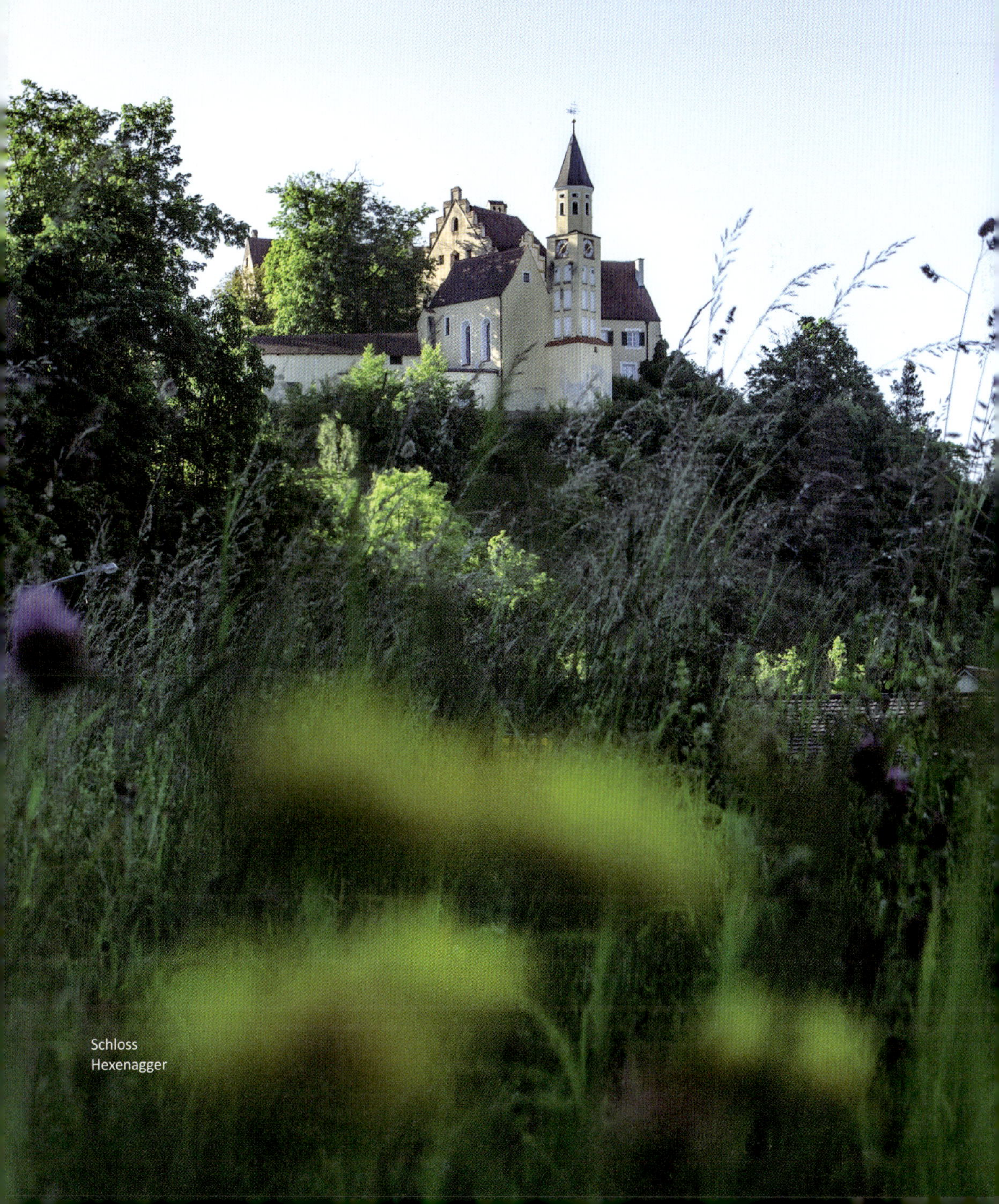

Schloss Hexenagger

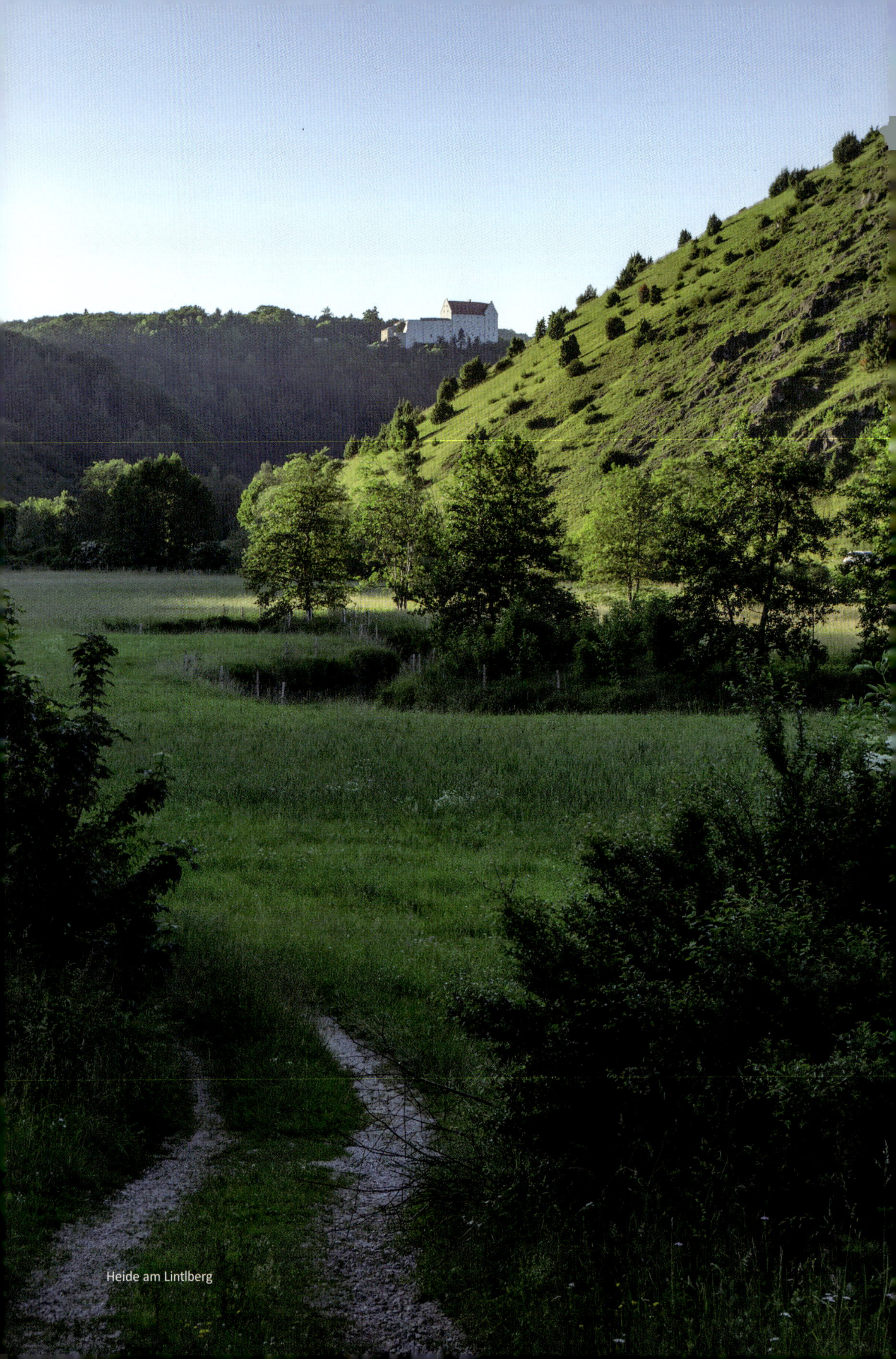

Heide am Lintlberg

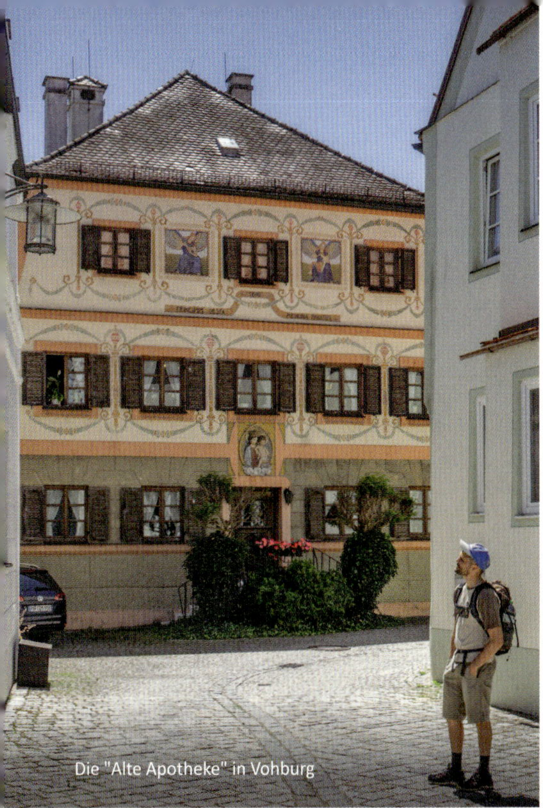

Die "Alte Apotheke" in Vohburg

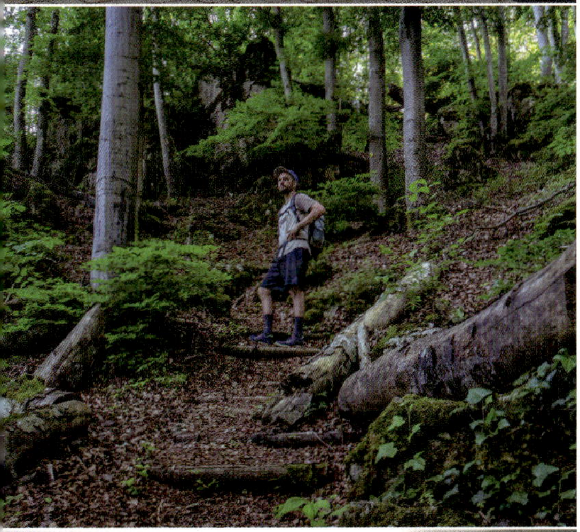

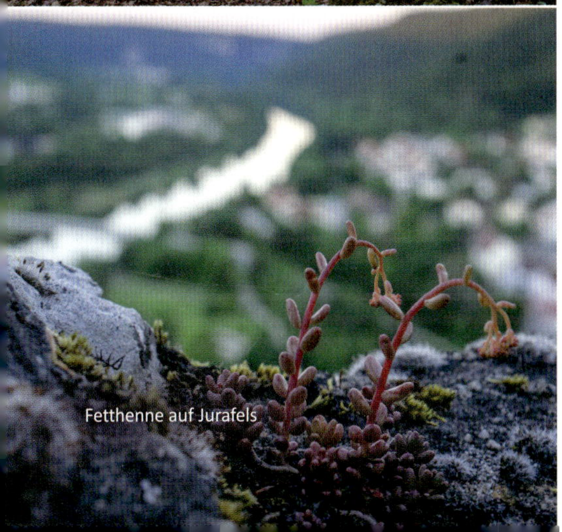

Fetthenne auf Jurafels

und wir sind nach sechs Stunden ungefähr bei der Hälfte des Weges angelangt. Wir müssen eine Entscheidung treffen – die sich jedoch wie von alleine ergibt, als das Glück in Gestalt eines Schornsteinfegers daherkommt. Neben uns hält ein Kombi, drinnen sitzt Kaminkehrermeister Werner, der anbietet, uns nach Mindelstetten mitzunehmen. Besser hätte das Timing nicht sein können, auf diesem Streckenabschnitt verpassen wir nicht viel und unsere Chancen steigen gewaltig, es doch noch zu einer einigermaßen zivilen Uhrzeit bis zu unserem Wunschziel Riedenburg zu schaffen. Wir nehmen Werners Angebot für die nächsten neun Kilometer dankend an, denn wie schon bei der Tour nach Schrobenhausen freuen wir uns auf den Ratsch mit einem ortskundigen „Chauffeur".

Werner enttäuscht uns nicht, kein Wunder, Schornsteinfeger kennen jede Menge Leute und Geschichten. Er erzählt, wie nördlich von Vohburg die kleinen Hopfenbauern mehr und mehr verschwinden und hier wohl mit die größten Hopfenbauern der Hallertau aktiv sein dürften. Im Moment steht der Hopfen erst fünf bis sechs Meter hoch, seit einigen Wochen ist es schon sehr trocken. Zu lange sollten die Niederschläge nicht mehr auf sich warten lassen. Dann berichtet er uns voller Stolz, dass sich in Vohburg ein Storchenpaar niedergelassen hat. Genau in demselben Jahr, als auch Wolnzach von einem anderen Paar auserkoren wurde. Als er uns in Mindelstetten aussteigen lässt, legt er uns noch wärmstens die Wallfahrtskirche vor Ort ans Herz, in der die heilige Anna Schäffer beigesetzt ist. Da schauen wir natürlich vorbei – wer widerspricht schon einem Schornsteinfeger?

Da unsere Hoffnung auf das Erreichen der Endstation Riedenburg nun wieder gewachsen ist, marschieren wir über das kleine Grashausen, das sich malerisch an den Waldhang des Eichelbergs schmiegt, und östlich an Altmannstein vorbei. Die Gegend ist von langgezogenen, sanften und landwirtschaftlich genutzten Hügeln geprägt. Vor lauter Feldern und Hitze kommt Tobi auf die hervorragende Idee, „mit 100 km/h barfuß und blind in den nächsten Kartoffelacker zu sprinten". Nur so, um zu schauen, wann es uns zerlegen würde. Es wird höchste Zeit für eine Pause, bevor uns die Sicherungen durchschmoren. An der östlichen Flanke des Naturschutzgebiets am Kreutberg finden wir ein schattiges Plätzchen mit einem Ausblick wie ich ihn noch nie hatte: eine Kombi aus Heide mit Trockenrasen, Wacholdern, Felsen und Hopfen im Hintergrund. Aber die Heide muss warten, dorthin machen wir dann eine extra Oasen-Expedition!

Vom Kreutberg aus geht es 80 bis 90 Höhenmeter bergab ins Schambachtal, wo bereits das nächste Kleinod auf uns wartet. Kurz vor der Hanfstinglmühle entdecken wir den für diesen Marsch nördlichsten Hopfengarten und zugleich den schönsten, den wir je gesehen haben. Er ist nur etwa 50 auf 140 Meter groß und wirkt im 100 bis 200 Meter breiten Schambachtal irgendwie exotisch. Gerade als wir beginnen, uns landschaftlich mehr und mehr auf die Frankenalb einzugrooven, gibt es einen kleinen Reminder, dass wir eben doch noch in der Hallertau sind. Eine kleine Brücke führt über den von Brennnesseln, Holunder und Schilf umstandenen, leise vor sich hin gluckernden Schambach hinüber zu einer Halbinsel mit schattenspendenden Erlen und Vogelbeeren. Gleich dahinter beginnt der Hopfengarten, auf der anschließenden Wiese legt ein Bauer gerade Heu auf. Links und rechts ragen die bewaldeten Steilhänge auf und am stahlblauen Himmel ziehen ein Bussard und ein Reiher vorbei. So einen stimmungsvollen, urigen Ort hätten wir uns im Traum nicht besser ausmalen können. Deswegen geht man auf Abenteuer!

Den Euphorie-Schub können wir gut gebrauchen, denn bald fängt Tobis Knie an, ungut zu zwicken. Allerdings will er sich sieben Kilometer vor dem Ziel jetzt nicht von so etwas ausbremsen lassen. Die Gangart wird einfach auf Seeräuberveteran mit Holzfuß umgestellt, so geht es dann durchs idyllische Schambachtal. Tobi erspäht am Wasser einen Eisvogel, immer ein ganz besonderer Moment. Wohl eine Art „signature moment", ein charakteristischer Moment, für unsere Unternehmungen in der freien Natur. Daran könnte ich mich gewöhnen, nachdem ich vor unseren Abenteuern nie einen gesehen hatte.

Der Schambach führt uns nach Hexenagger, wo wir leider aus Zeitgründen die 1000-jährigen Eiche nicht mehr mitnehmen können. Das schmerzt, denn sie hätte nur ein, zwei Kilometer Umweg bedeutet. Aber das hätte auch 120 zusätzliche Höhenmeter bedeutet, die wir uns mit Tobis widerspenstigem Knie lieber sparen. Dennoch: der 28 Meter hohe Riese mit acht

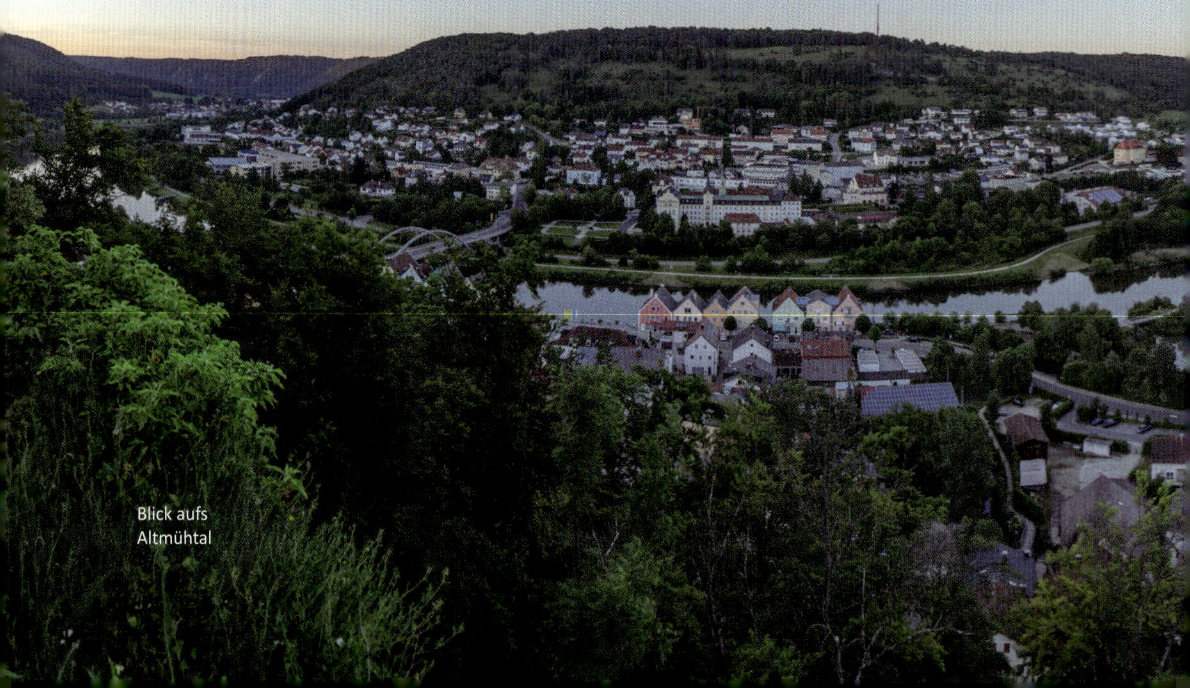

Blick aufs Altmühltal

Metern Stammumfang kommt auf unsere Merkliste. Um ein paar Höhenmeter kommen wir trotzdem nicht herum, denn wir steigen zum Schloss Hexenagger hinauf, um die Aussicht auf der Schlossfeld-Anhöhe mitzunehmen. Die liegt immerhin auf dem Weg. So gelangen wir nach etwa zwei Kilometern zum Ende des Schambachtals, das im Licht der untergehenden Sonne noch einmal all seinen Charme entfaltet. Der Bach schlängelt sich durch Feuchtwiesen mit leichtem Auwaldcharakter. Rechts davon ist der Lintlberg mit seiner Wacholderheide und links vorn am letzten Steilhang die weiß leuchtende Rosenburg. Gleich daneben liegt laut Karte die etwa 800 Jahre alte Burgruine Rabenstein, die wir als möglichen Grenzpunkt anpeilen und von der wir eine tolle Aussicht auf das Altmühltal und Riedenburg haben sollten.

Wir haben noch ungefähr 30 bis 45 Minuten, bis die Sonne ganz untergegangen ist. Zu meinen schmerzenden Fußsohlen hat sich mittlerweile eine kleine Blase am rechten Fußballen gesellt. Aber ich kann mich wohl kaum beschweren, wenn ich den hinkenden Seeräuber neben mir anschaue. Nach den letzten Kilometern auf dem Radweg kämpfen wir uns auf einem Waldpfad zwischen moosbewachsenen Felsen und efeuberankten Buchen einen letzten Steilhang hinauf. Wir passieren die Rosenburg mit ihrem Jagd- und Falknereimuseum und sind kurz vor 21:00 Uhr an der Ruine Rabenstein. Punktlandung – nach 47 Kilometern Anreise.

An der Ruine finden wir allerlei Wildblumen, zum Beispiel den Natternkopf, das Fingerkraut und die Fetthenne. Die letzten Sonnenstrahlen scheinen in das Altmühltal und beleuchten im Osten die Burg Prunn. Die nur rund 6000 Einwohner große Stadt Riedenburg liegt an einer weitgezogenen Kurve des Main-Donau-Kanals. Die Landschaft hat sich im Gegensatz zu unserem Startpunkt im tertiären Hügelland enorm verändert. Wir befinden uns mittlerweile im südlichen Teil der Frankenalb, die von tief eingeschnittenen Bächen, Flüssen und Trockentälern durchzogen ist und von Felsen, Dolinen, Karstquellen und Höhlen geprägt wird. Ihrem besonderen botanischen Merkmal, den Trockenrasenhängen, sind wir heute schon mehrfach begegnet. Eine deutlichere und imposantere Grenze der Hallertau hätten wir uns kaum vorstellen können.

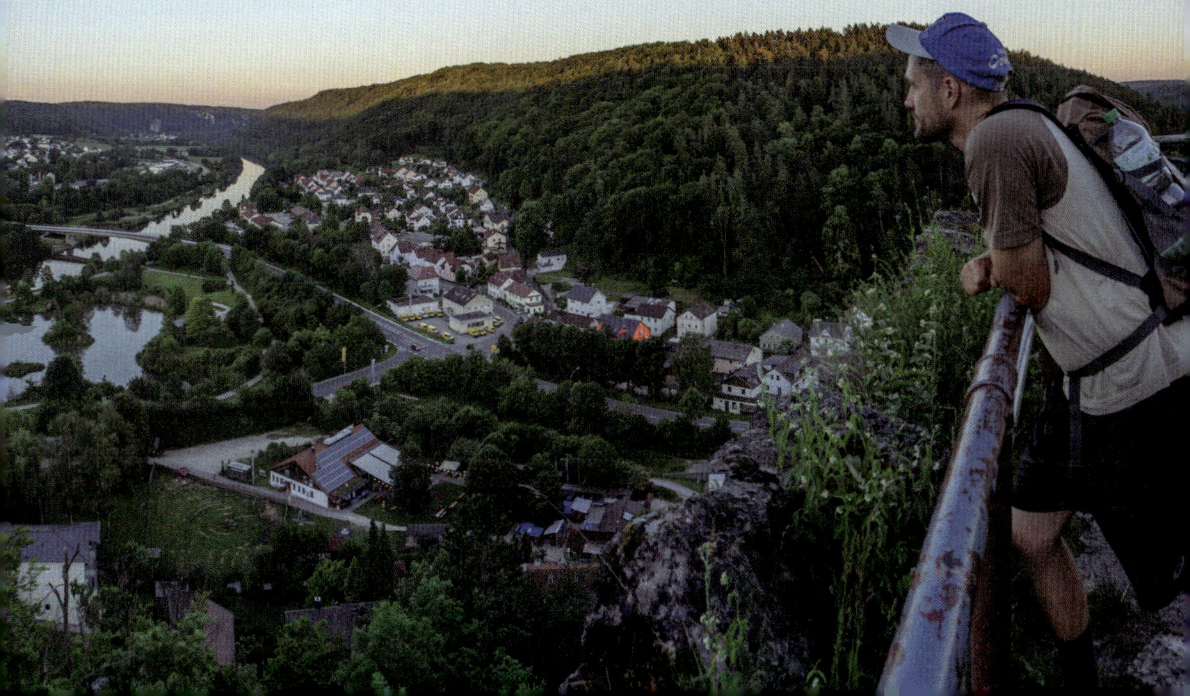

GRENZWANDERUNG

IN DEN OSTEN

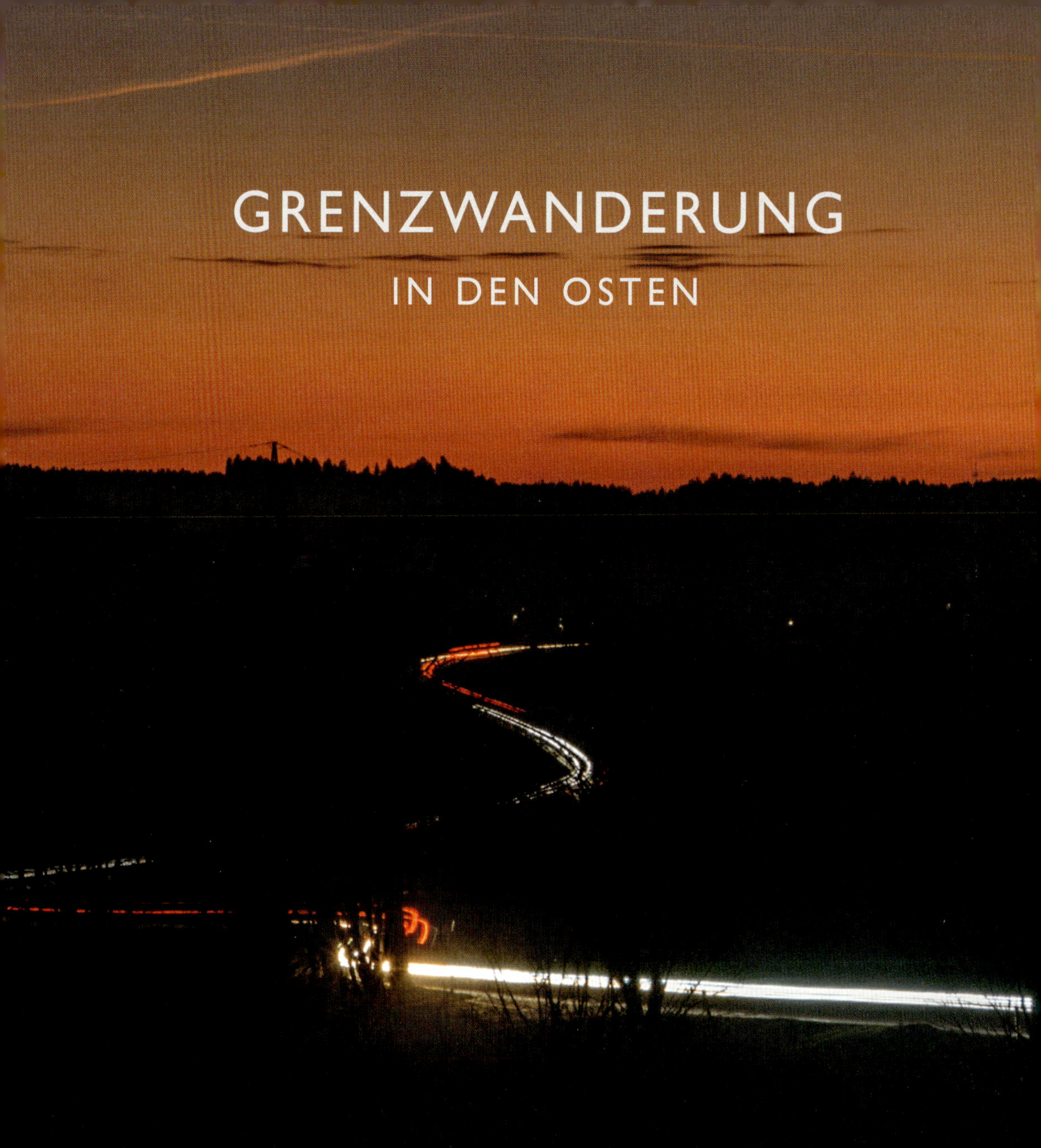

Dauer:	ca. 10 h (Gehzeit)
Distanz:	50 km
Tour:	Wolnzach – Ergoldsbach
Fortbewegung:	zu Fuß
Schwierigkeitsgrad:	schwierig
Ausrüstung:	Zelt/Biwaksack, Isomatte Schlafsack, Stirnlampe

Den Big Boss zum Schluss – wie im klassischen Western: die letzte Grenzwanderung, die weiteste Strecke, deftige 50 Kilometer. Die Tage sind jetzt recht kurz (es ist Ende November), das ist schlecht fürs Fotografieren und fürs Wandern. Diese Unternehmung lässt sich nicht mehr mit einem harten Tagesmarsch wie dem nach Riedenburg lösen. Stattdessen nutzen wir die Gelegenheit, noch einmal eine Nacht draußen zu verbringen und planen, in Attenhofen einen Stopp mit Zelt einzulegen. Der Verlauf der Ostgrenze gibt uns

[illegible]
ınd wir sehen keine Naturräume, die bei einer Grenzfindung behilflich sein könnten.

Um die Spannung noch ein wenig zu steigern, starten wir mit zwei satten – selbst verschuldeten – Stunden Verspätung an einem Freitagnachmittag um 14:00 Uhr. Es hat sechs Grad, in der Nacht soll es bis auf ein Grad runtergehen. Beste Voraussetzungen also. Unsere Aufbruchstimmung lassen wir uns trotzdem nicht verderben. Die Sonne scheint, es stehen nur ein paar Wolken am Himmel. In guter alter Bilbo-Beutlin-Manier winken wir unserem Gartentor zum Abschied noch einmal zu und ziehen los. Dieses Mal mit Rucksäcken, die deutlich schwerer sind als bei den Grenzwanderungen davor. Schließlich haben wir Zelt, Schlafsack und Isomatte dabei. Noch trägt der Wald sein Herbstgewand, das verschiedenste Braun-Gelb-Rot-Varianten zeigt. Kurz vor Oberlauterbach treffen wir einen Mann mit Old-School-Traktor und Kettensäge, der seine Tannenplantage pflegt. Richtig, das sind Christbäume, die er bald verkaufen wird. In einem Monat ist ja schon Weihnachten. Das fühlt sich heute weiter weg an, als es tatsächlich ist.

Wir versuchen, möglichst wenig Zeit zu verlieren, durchqueren den Haselriedwald und folgen dem Unterempfenbacher Bach Richtung Mainburg. Einen halben Kilometer vor Mainburg biegen wir links ab und gehen um etwa 17:00 Uhr die Flanke des Schwellbergs hinauf. Der Vollmond ist als Riesenscheibe im Osten aufgegangen, wir erhoffen uns von einer kleinen Anhöhe aus einen guten Ausblick auf die Landschaft, über die sich die Dunkelheit ausbreitet. Im Westen leuchtet der Horizont in kräftigem Orange. Darunter bewegen sich die kleinen weißen und roten Lichter der Autos des Feierabendverkehrs auf der A 93. Im Süden leuchten uns die dicken Firmenlogos des Industriegebietes entgegen.

Begleitet von Hundegebell und einem seltsam umwölkten Vampir-Mond laufen wir nach ein paar Fotografier-Einheiten in Mainburg ein. Die finstere Stimmung von unterwegs verfliegt aber bald, als wir nach den ersten 13 Kilometern im Seidlbräu sitzen. Echt cool, dass wir trotz erneuter Corona-Problematik hier gemütlich einkehren und unsere Graupensuppe mit Speck und Lauch löffeln können. Das Lokal ist zu einem Drittel besetzt, es ist schön warm, der Gastraum bayerisch-traditionell eingerichtet (unter anderem mit Kachelofen) und die Wirtin um keine schlagfertige Antwort verlegen. Als [illegible]

„ES G’HEAD’S JA G’HAUD!“

— WIRTIN VOM SEIDLBRÄU

wir heute noch in einem Zelt am Waldrand schlafen wollen, ernten wir ein süffisant-entsetztes: „Es g'head's ja g’haud!“ (zu Hochdeutsch: „Ihr gehört ja gehaut!“, was meint: „Ihr spinnt ja!“). Als Alternative bietet sie uns eines ihrer Zimmer an. Wir geben zu, wir kommen ordentlich in Versuchung. Es ist bereits 18:30 Uhr, stockfinster und schon sehr sehr „griabig“ (behaglich, lauschig) hier. Aber wir haben noch ein Date in Attenhofen, und zwar mit Bürgermeister Franz Stiglmaier, den Tobi über den Hopfenerlebnishof ausfindig gemacht hat. Und Franz hat einen Zeltplatz für uns in petto. Also lehnen wir trotz der großen Versuchung dankend ab und genießen dafür den Burgunderbraten vom Bio-Rind mit Rosenkohl, Preiselbeeren und Rahmspätzle umso mehr. Ein Gedicht.

Derart gestärkt packen wir die letzten fünf, sechs Kilometer guten Mutes an. Wir steigen die 50 Meter zum Salvatorberg hinauf, biegen in der Hackerlohe links Richtung Nordosten ab. Obwohl es am Horizont diesig und die Sicht auf etwa drei Kilometer beschränkt ist, ist der Himmel über uns richtig klar. Auf dem Mond können wir ein paar Konturen ausmachen, dementsprechend leicht wandert es sich in der hellen Nacht. Die leeren Hopfengärten am Wegesrand wirken mit ihren Stangengerüsten und Drähten bizarr und hexenhaft. Die Nacht beflügelt unsere Vorstellungskraft und bald befinden wir uns in einem viktorianischen Schauer-Setting, in dem Graf Dracula die Schädel seiner Gegner auf den Hopfenstangen aufspießt. Es geht einfach nichts über einen gepflegten Nachtspaziergang.

Um 21:30 Uhr laufen wir vom Geldberg bei Rannertshofen kommend in Attenhofen ein, wo Franz uns mit einer Selbstverständlichkeit und Freundlichkeit empfängt, die ihresgleichen sucht. Er bietet uns an, im Vorgarten am Feuerwehrhaus unser Zelt aufzubauen, was zwar praktisch wäre, aber wir bleiben bei dem ursprünglich besprochenen Platz in der freien Natur. Immer wieder erstaunlich und schön zu sehen, wie freundlich die Menschen zu Wandersleuten sind. Franz führt uns zu einem Platz an einem Weiher, wo wir heute Nacht unser Zelt aufbauen dürfen. Dort suchen wir uns eine [illegible]

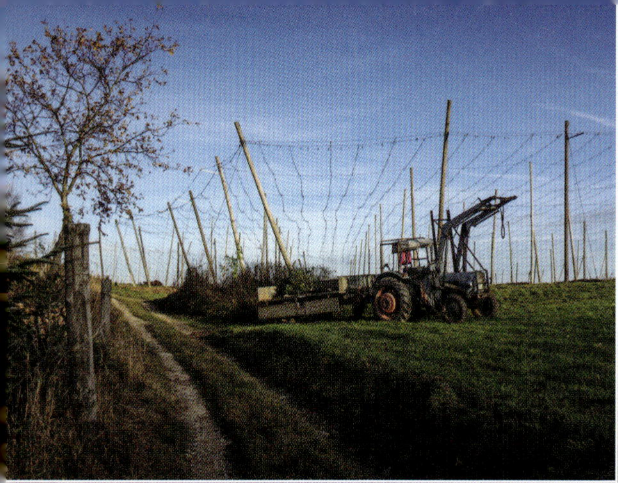

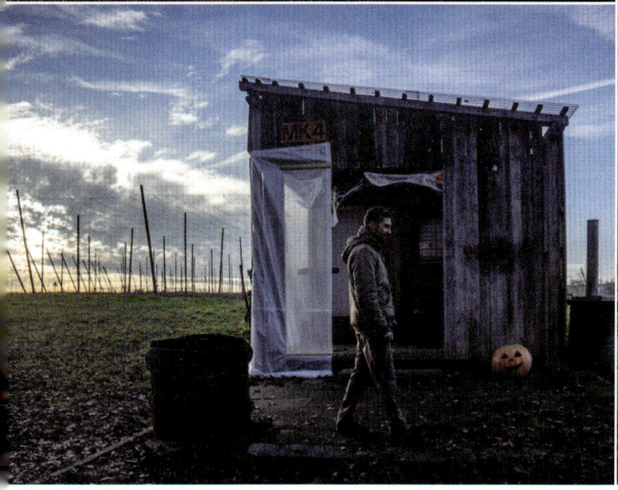

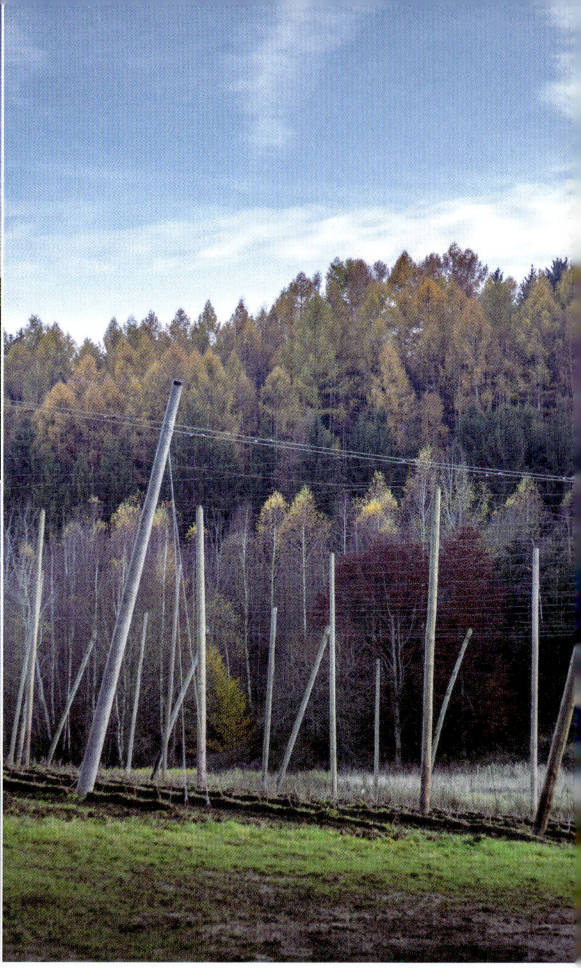

Wie sich herausstellt, habe ich einen Schlafsack dabei, der den Temperaturen heute nicht gewachsen ist, was eine äußerst unangenehme Nacht mit sich bringt. Ich ziehe zwar meine Hose wieder an und baue mir mit einem Rucksack einen kleinen Schutzschild, aber ich komme früh morgens mit ordentlich Schlafdefizit und kalten Knochen aus dem Zelt gekrochen. Nur um aufmerksam von den Kühen gegenüber begrüßt zu werden, die schon gemütlich am Grasen sind. Hallo, ihr Guten! Da kann man schon gar nicht mehr grantig sein. Jetzt bei Tageslicht sehen wir, dass wir an einem traumhaften Fleck gelandet sind, einem kleinen Tal, das von Wald umrahmt ist. Dazu der kleine Weiher mit Holzbänken und dem herbstfarbenen Waldrand dahinter. Auf dem Steg am Wasser lassen wir die Füße baumeln und besprechen die weitere Tagesplanung, im Hintergrund vernimmt Tobi einen Specht und das laute Trillern des Zaunkönigs.

Schweren Herzens verabschieden wir uns von diesem Nachtlagerplatz und marschieren zum Bäcker in Attenhofen, der jeden Samstag von 06:00 bis 11:00 Uhr offen hat – das Karma bleibt uns hold. Eine köstliche Nuss-Kokos-Mohn-Schnecke kauend schlendern wir vorbei an einigen Insektenhotels und begegnen Elisabeth, der Frau vom Franz. Sie ist Hopfenbotschafterin, Bier-Sommelière und führt den Hopfenerlebnishof in Attenhofen. Sollten wir mal die volle Ladung Hopfen und Hallertau brauchen, sind wir dort bestens aufgehoben. Beim Verlassen des Ortes holt uns Franz mit dem Traktor noch mal ein, er war „Hoiz macha" und wollte sich verabschieden. Wir kommen ins Ratschen und er erzählt uns, dass die „Holledau" laut alter Schriften früher ziemlich verrufen war. Erst als man mit dem Hopfenanbau richtig Geld verdienen konnte, sagte jeder: „Jawohl, ich gehöre auch zur Hallertau." Als wir nach den Grenzen der Hallertau fragen, hat Franz auch noch einen guten Spruch von früher auf Lager: „Wenn du beim Wirt in Zolling bei der hinteren Haustüre rausgehst, bist du in der Holledau."

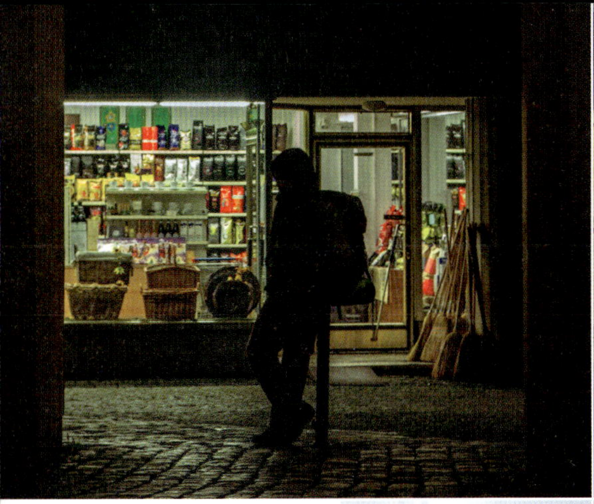

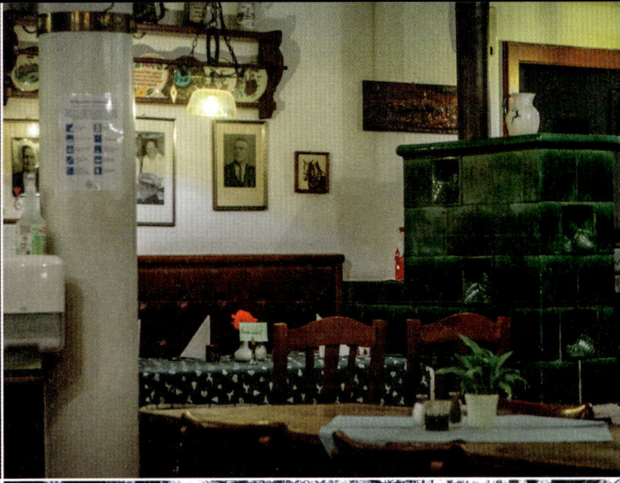

„WENN DU BEIM WIRT IN ZOLLING BEI DER HINTEREN HAUSTÜRE RAUSGEHST, BIST DU IN DER HOLLEDAU.“

– EIN ALTER SPRUCH, ERINNERT VON FRANZ STIGLMAIER

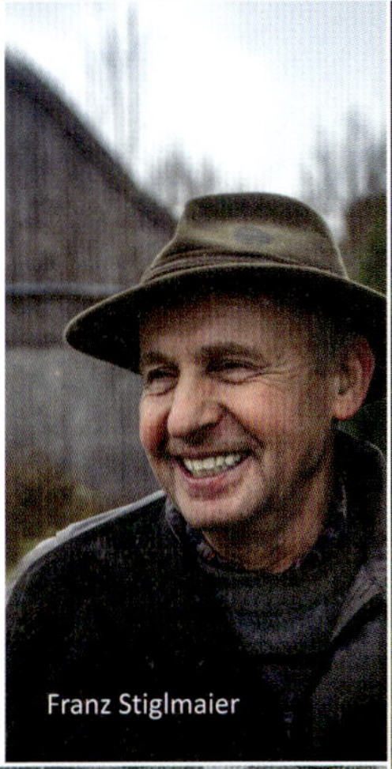

Franz Stiglmaier

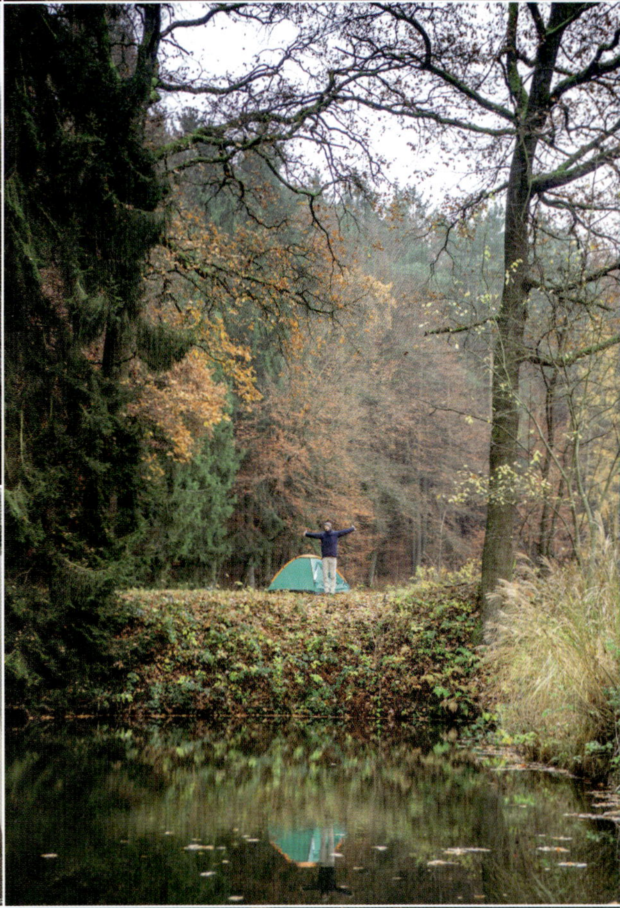

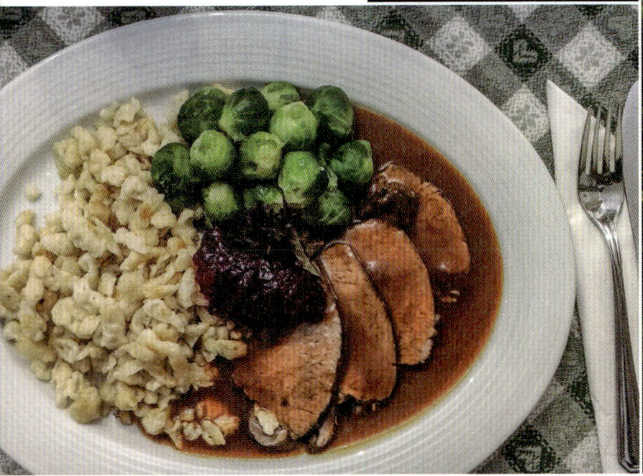

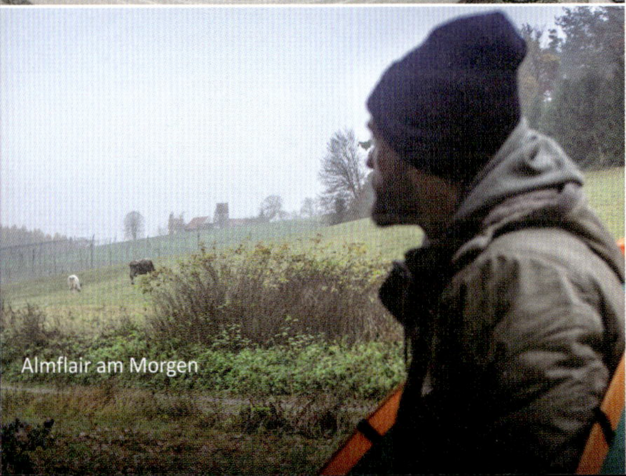

Almflair am Morgen

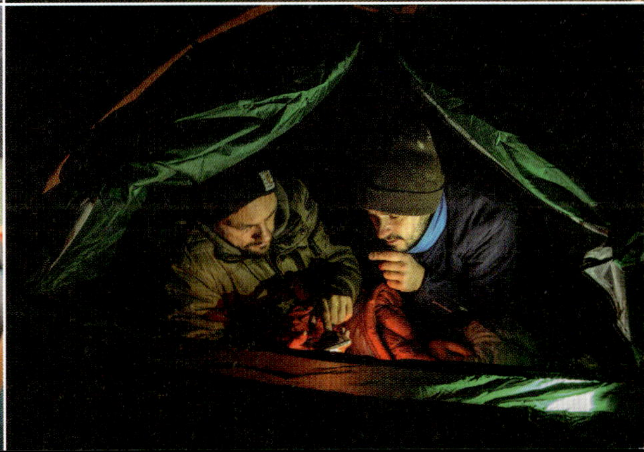

Um etliche Fotos und Anekdoten reicher, dafür aber wieder mit ordentlich Verspätung, geht es nun mit Volldampf Richtung Landkreis Landshut. Im Heisinger Tal überqueren wir die Landkreisgrenze und stellen fest, dass wir im Rahmen unserer Abenteuer das erste Mal im Landkreis Landshut unterwegs sind. Die erste Zehn-Kilometer-Etappe des Tages bringen wir in zweieinviertel Stunden hinter uns. Pfeffenhausen macht heute einen traurigen, abgerockten Eindruck. Manche Gebäude wirken verlassen, es sind nur wenige Menschen unterwegs und je weiter wir durch den Ort gehen, desto schlechter schätzen wir unsere Chancen auf ein warmes Mittagessen ein. Der einzige Laden, der noch offen hat, ist Manus Sportbar, das „Café Zentral". Aber auch sie wird in ein, zwei Tagen coronabedingt wieder schließen müssen.

Manu berichtet, dass der knapp 5000 Einwohner große Markt früher 13 Restaurants und Kneipen hatte, diese Zahl habe sich halbiert. Bei den Brauereien sei der Schwund noch krasser, da sei von sieben nur eine übrig geblieben. Corona spiele auch ihr übel mit, die Leute trauen sich einfach nicht mehr raus, selbst wenn sie es dürften. Immerhin vertreibt die Pause Tobis Migräne und wir machen uns wieder auf den Weg, wir haben erst ein bisschen über die Hälfte geschafft. Wir sind gespannt, ob wir den Big Boss bezwingen, nachdem klar ist, dass es erneut eine spannende Schlussphase in der Dunkelheit geben wird.

Ab Schmatzhausen folgen wir der kleinen Laber und passieren beim riesigen Kirchengut Heiligenbrunn den letzten Hopfengarten für heute. Der Wegweiser zeigt Ortsnamen, die für uns ziemlich fremd klingen: Asbach, Wochesland, Vorthan. Keine Frage, die Gegend ist komplettes Neuland für uns, was beim zermürbenden Kampf mit den Kilometern nicht besonders hilfreich ist. Vor allem an solch tristen, diesigen Tagen, an denen es obendrein früh dunkel wird. Zwölf Kilometer haben wir noch vor uns, das klingt eigentlich nicht nach viel. Aber die Uhr zeigt 16:30. Selbst wenn wir die Zähne zusammenbeißen, sind wir vor 19:00 Uhr nicht am Ziel und uns steht noch ein gutes Stück durch den Westen-Forst bevor. Die Beine schmerzen von oben bis unten, meine Schienbeinmuskeln komischerweise schon seit gestern Abend. Aufgeben kommt aber nicht in Frage, also einfach weiter, immer weiter. Ein paar Minuten später sehen wir einen Wegweiser, der Rottenburg, Landshut und Neufahrn anzeigt. Da klingelt etwas: Erst vor acht Tagen haben wir bei der Hofladen-Rallye Nudeln aus Neufahrn gegessen. So schließt sich ein weiterer Kreis.

Über die Burg Kirchberg, die zur Gemeinde Hohenthann gehört, biegen wir ein auf die Zielgerade nach Osten in Richtung Ergoldsbach. Die Burg steht hier seit ungefähr 1200 Jahren und ist angeblich auf einer alten Römerfeste aus dem 3. Jahrhundert gebaut.

Als wir endlich die Ortsgrenze von Ergoldsbach erreichen, lassen wir zur Feier des Tages Mucke vom Soundtrack von *Once Upon a Time in Hollywood* laufen. Das bringt wieder Pep in den Step. Wer den Film nicht kennt: Es werden viele Füße beim Gehen gezeigt. Mit *Bring a Little Lovin'* von den Los Bravos und dem Sound der 60er machen wir uns auf die Suche nach einem guten Schlusspunkt unseres Erkundungstrips. Ich frage eine Passantin, ob sie uns sagen kann, ob wir hier noch in der Hallertau sind. Fehlanzeige, „puh, da habe ich keine Ahnung". Wir entscheiden uns dafür, unsere Grenze an der St.-Peter-und-Paul-Kirche zu setzen, die direkt vor dem Goldbach liegt. Wir befinden uns leicht östlich der Luftlinie Regensburg – Landshut. Besser wird's (heute) nicht mehr.

Mit der Weihnachtsbeleuchtung in den Fenstern der Häuser, zwischen der bunten Tom&Jerry-Dönerbude, einem grellen Norma-Schriftzug und der Kirche im Rücken endet unsere letzte Grenzwanderung in leicht schrägem Ambiente – was aber zu den letzten eineinhalb Tagen passt. Denn die waren dieses Mal weniger von Naturschönheiten geprägt, sondern eher eine Momentaufnahme des teils schon vergangenen Zeitgeistes, ein wilder Marsch durchs bayerische Lokalkolorit: vom riesigen verfaulenden, ausgehöhlten Halloween-Kürbis an einer Holzhütte, über gut ein Dutzend verlassener, abgewrackter Bushaltestellen, eine schöne, gemalte Sonnenuhr auf einem alten blauen Scheunentor (Aufschrift: „Gott gab dir Zeit, nütze sie weise!"), eine Sargfabrik, ein Thai-Massage-Schild mitten in der Pampa bis hin zu tibetischen Gebetsfahnen in einem verwilderten Garten. Diese unerwarteten Funde haben uns immer wieder zum Nachdenken und Schmunzeln gebracht. Vielleicht haben sie auch geholfen, als vor drei, vier Stunden die Kilometer einfach nicht weniger werden wollten und wir schon ziemlich ernüchtert waren. Da haben wir den Big Boss letztendlich doch bezwungen – quasi im Vorbeigehen oder besser: im Immer-weiter-Stiefeln. Und auf einmal waren wir da.

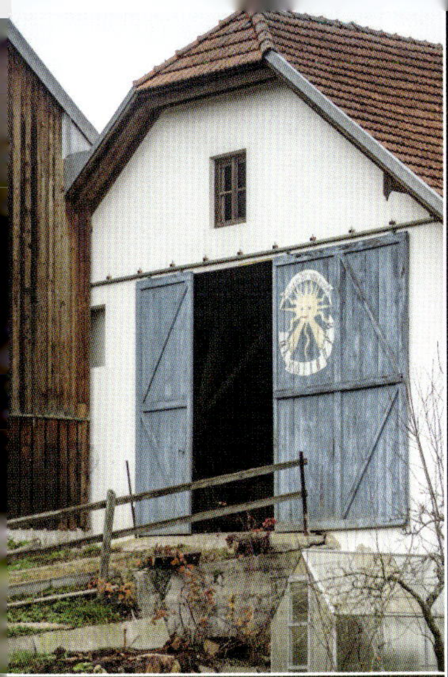

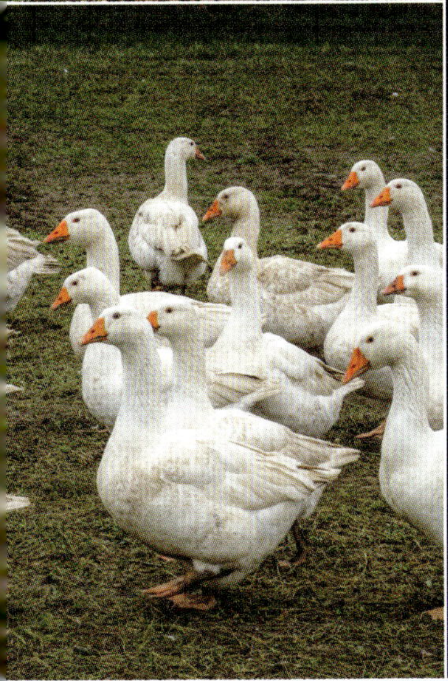

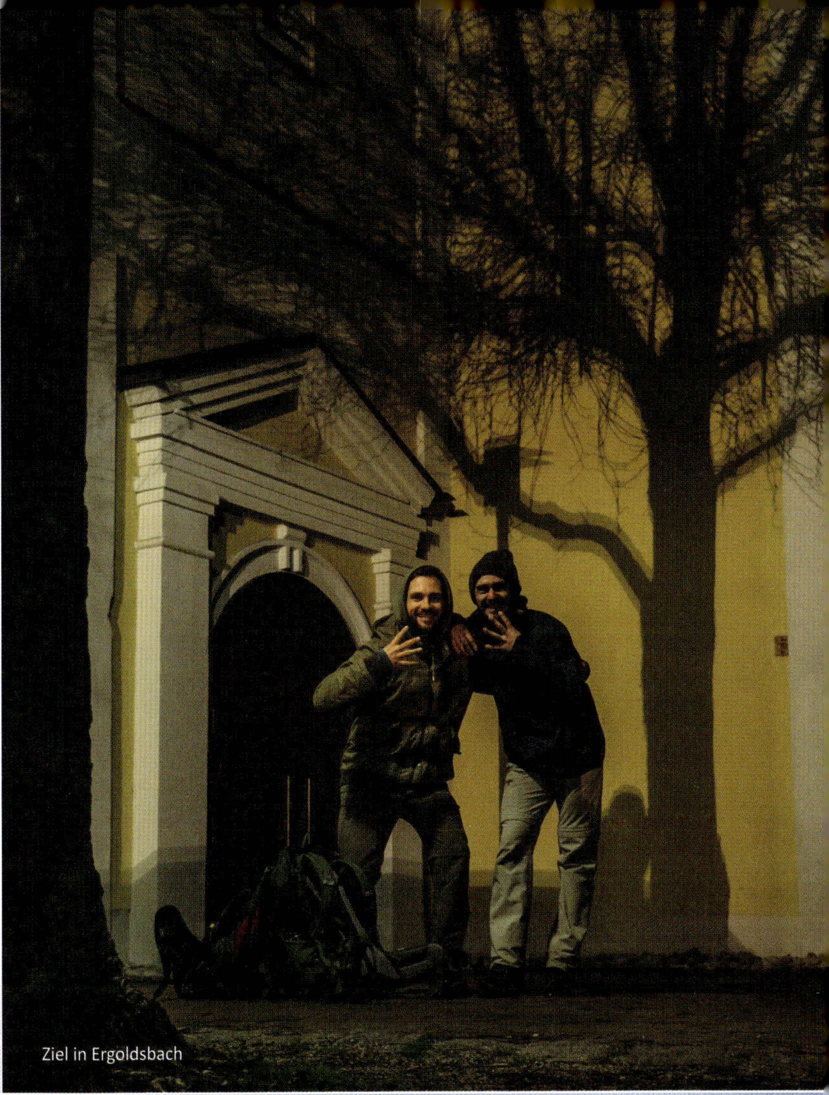

Ziel in Ergoldsbach

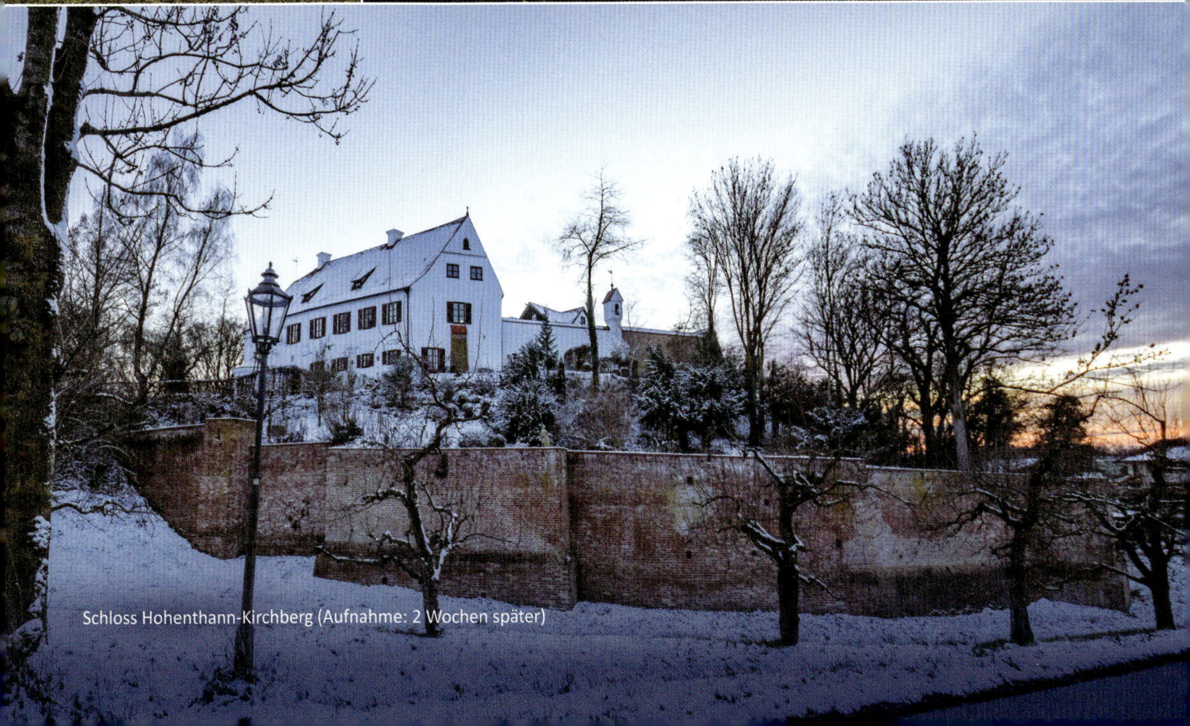

Schloss Hohenthann-Kirchberg (Aufnahme: 2 Wochen später)

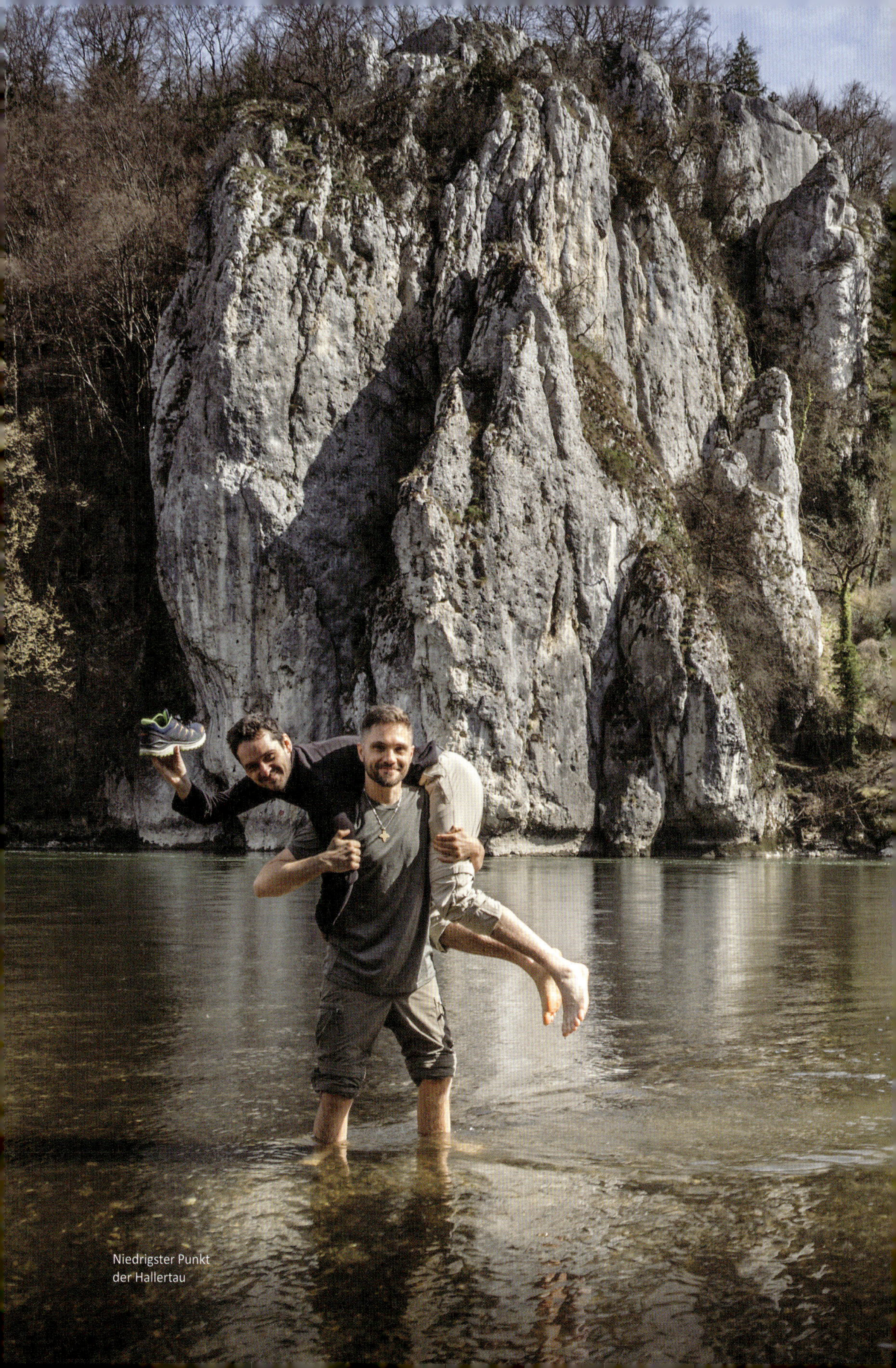

Niedrigster Punkt
der Hallertau

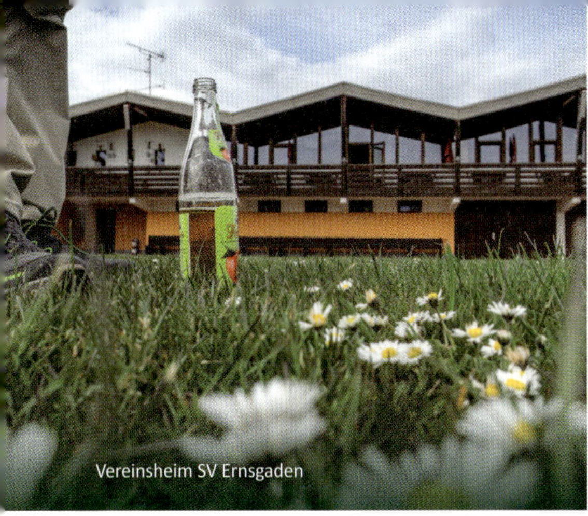
Vereinsheim SV Ernsgaden

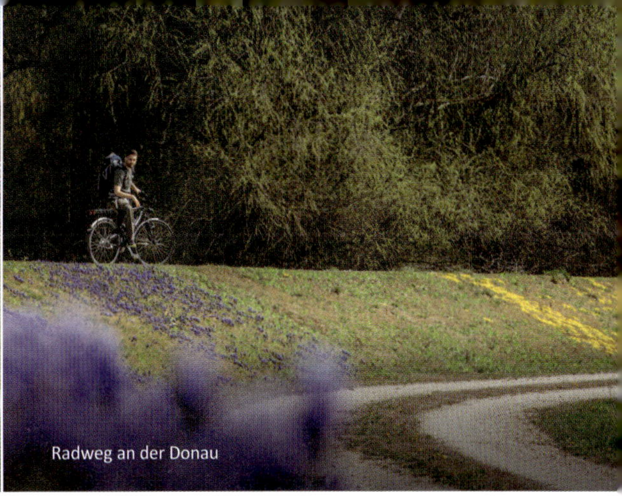
Radweg an der Donau

VOM NIEDRIGSTEN ZUM HÖCHSTEN PUNKT DER HALLERTAU

Dauer:	ca. 5 h (Fahrzeit)
Distanz:	78 km
Schwierigkeitsgrad:	herausfordernd (Rad)
Fortbewegung:	Rad & Auto (An-/Abreise) und/oder Bahnhof Saal (Bahnhofstraße 36, 93342 Saal an der Donau; 10 km östlich von Weltenburg)
Höhenmeter:	391 m (bergauf) 169 m (bergab)

Autor: MU

Abgefahren. Das ist sie, sprichwörtlich und buchstäblich, die Tour vom niedrigsten zum höchsten Punkt der Hallertau. Die Punkte selbst kennt wahrscheinlich kaum jemand, ihre Erkundung ergab unser bisher anstrengendstes Abenteuer: eine Nordost-Südwest-Diagonale, 78 Kilometer lang, die im Durchmesser fast das ganze Hopfenland durchmisst. Die Tobi und mich an wunderbaren und verschiedenen idyllischen Landschaften und Naturschutzgebieten vorbeigeführt hat, aber auch an riesigen industriellen oder militärischen Bauten. Eine unheimlich anmutende Komposition aus gewachsener Schönheit, Geschichte und großen menschlichen Eingriffen, die an die Mystery-Serie *Dark* erinnert – und einem erst auffällt, wenn man sie unmittelbar, in unserem Fall mit dem Fahrrad, und über eine gewisse Distanz oder Dauer hinweg erlebt.

Erste Schwierigkeiten begannen bereits bei der Planung. Der höchste Punkt der Hallertau ist meist mit 534 Höhenmetern „auf der Kren" in Osseltshausen angegeben. Andererseits haben wir im Internet im Landkreis Pfaffenhofen von einem Punkt mit 545 Höhenmetern gelesen. Verflixt, das bedeutet suchen. Nach ein paar Telefonaten und strategischem Herumgeklickere im Bayernatlas haben wir unser Ziel schließlich gefunden: versteckt direkt an einem Funkturm in einem Wäldchen südwestlich von Gerolsbach. Den niedrigsten Punkt zu finden, dauerte nicht ganz so lang, denn wir folgten einfach der Donau flussabwärts, bis sie die nördliche Grenze der Hallertau kreuzt, und kamen bei einem Kiesstrand am Kloster Weltenburg (341 Höhenmeter) heraus. Puh, recht viel weiter hätten Anfangs- und Endpunkt unserer Strecke nicht auseinander liegen können. Noch dazu waren wir radtechnisch eher lauwarm aufgestellt, damit meine ich: nicht eingefahren und mit alten Drahteseln, die sicher nicht für so eine Strecke gemacht sind. Aber hey, wer nicht wagt, der nicht gewinnt.
Auf jeden Fall strotzen wir vor Enthusiasmus, als wir an einem Sonntagvormittag Mitte April an der Wel-

„MIT SO VIEL GASTFREUNDSCHAFT HÄTTEN WIR NICHT GERECHNET – GERADE WENN ES DIE RESTAURANTS WÄHREND DES LOCKDOWNS SO SCHWER HABEN.“

tenburger Enge das Herr-der-Ringe-Flair des Donaudurchbruchs aufsaugen. Es ist noch nicht viel los. Wie die Hobbits auf dem Fluss Anduin paddeln ein paar Kajakfahrer an uns vorbei, die Dohlen ziehen über uns hinweg zu den Felswänden, wo Kletterer die 50- bis 60-Meter-Wände erklimmen. Der große Fluss führt einiges an Wasser und schlängelt sich im sanften Frühlingslicht zwischen den Steinformationen hindurch. Ein erhabener Anblick. Es soll sonnig mit bis zu 18 Grad werden, Urlaubsfeeling kommt auf. Ein besonderes Flair ergeben die Laubbäume, die auf den Felsrücken und am Ufer stehen und vielerorts von Efeu umrankt sind, – ein Anblick, den man ohne Laub jetzt noch genießen kann. Die dunklen, fingerartigen Äste, Zweige und Kronen wirken durch die ersten apfelgrün sprießenden Blätter wie feine Pinsel, die die Landschaft säumen. Wir steigen barfuß in die kalte Donau, um auch ganz sicher den tiefsten Punkt der Hallertau erwischt zu haben.

Das 12:00-Uhr-Läuten des Klosters erinnert uns, dass es höchste Eisenbahn wird, in die Pedale zu treten. Bald finden wir uns in einer wunderschönen Auenlandschaft wieder. Es geht flach dahin, ein dankbarer Start. Links sehen wir ein paar Anhöhen, die mit heideartigen Wiesen und einzelnen Bäumen bedeckt sind und auf das nahe Altmühltal hinweisen. Wir fahren auf Feldwegen und dann auf einem langen Damm dahin, durch parkähnliche Wiesen mit Schilfgras, Weiden, grasenden Kühen und Schafherden. Die Via Nova, ein europäischer Pilgerweg, der Donaupanoramaweg und die Donauschlaufe locken die Leute hier in die Natur. Der Biergarten an der Fähre Eining – Hinheim wirkt einladend, ist aber coronabedingt leider geschlossen. Wir passieren das Römerkastell Abusina – eine flüchtige Begegnung, die uns zu einem späteren Abenteuer inspirieren sollte. Weiter geht es an der Abens entlang, wir treffen nach zehn Kilometern auf den ersten Hopfengarten bei Sittling, direkt nördlich von Bad Gögging. Es dauert länger als erwartet, bis wir die zauberhaften Donauauen verlassen und nach Vohburg kommen. Die Fotografie fordert erneut ihren (berechtigten) Preis. Wir nehmen in Vohburg das stattliche, sogenannte „kleine Donautor“ (Baujahr 1471) mit und ma-

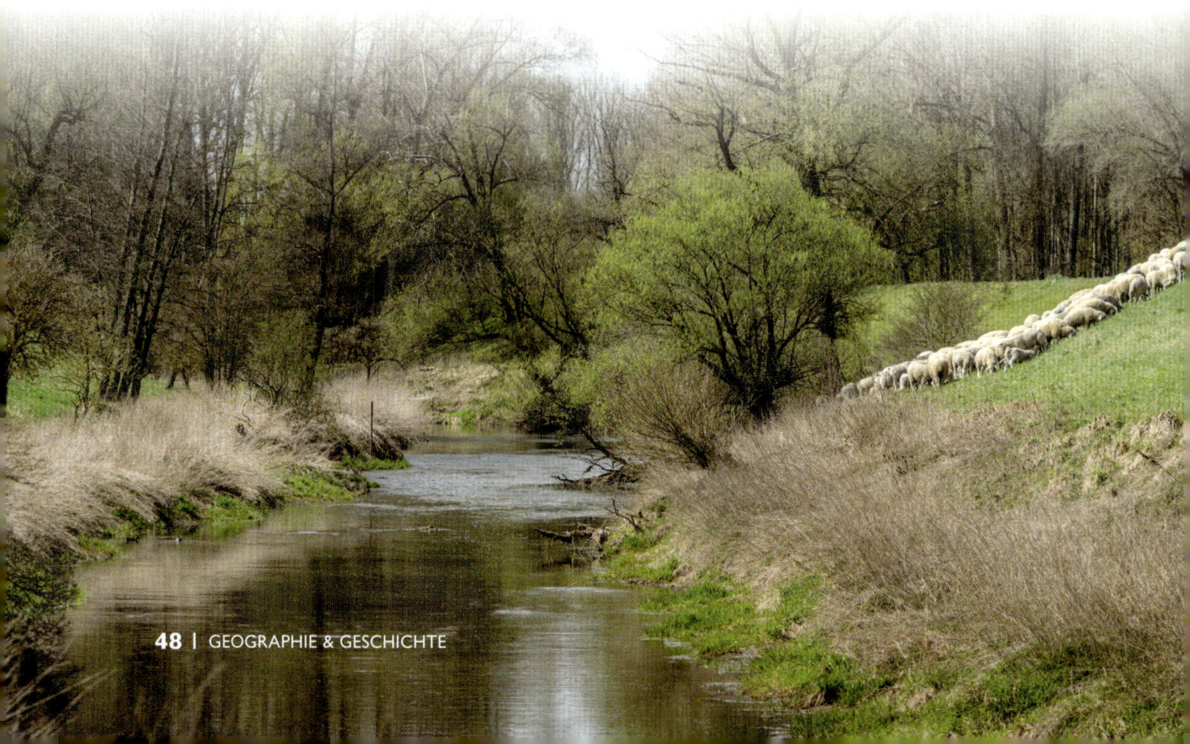

chen nach der Ortschaft an einem kleinen Weiher Mittagspause. Es ist bereits 15:00 Uhr und wir haben erst 27 Kilometer hinter uns. Das passt zur leicht postapokalyptischen Stimmung der dürren, braunen Schilfgräser, die eine einzelne mächtige Fichte umgeben, hinter der wiederum die rot-weißberingten Schlote der riesigen Bayernoil-Raffinerie emporragen.

Als rettende Station erweist sich 5 Kilometer weiter das „La Oma" im Vereinsheim des SV Ernsgaden, das im abgerockten 70er-Jahre-Look neben der Straße vor sich hinschlummert und selbst während des Lockdowns Pommesduft verbreitet. Ich habe viel zu wenig zu trinken dabei, deswegen hoffe ich, etwas kaufen zu können. Im verlassen wirkenden Restaurant schenkt uns die Wirtin allerdings gleich zwei Apfelschorlen. Diese Geste verstört Tobi für die nächsten Kilometer ordentlich, mit so viel Gastfreundschaft hätte er nicht gerechnet. Südlich von uns befindet sich das für Wiesenbrüter so wichtige Naturschutzgebiet Nöttinger Viehweide.

Nur ein paar Kilometer weiter westlich, bei Streckenkilometer 34, liegt ironischerweise der Fliegerhorst Ingolstadt/Manching. Sein Bau begann 1936 und zerstörte große Teile einer prähistorischen Keltenstadt. Mittlerweile ist der Horst ein Militärflugplatz mit ziviler Mitnutzung. Als wir ihn erreichen, landen gerade ein paar Sportflugzeuge vor einer beeindruckenden sonnengefluteten Wolkenkulisse. *Top Gun* lässt grüßen. Wir fahren neben der Landebahn entlang, rechts die großen Transall-Maschinen und das Airbus-Defence-and-Space-Gelände, links die Weiher des Feilenmoos, die durch Kiesabbau entstanden.

Wir biegen links ab, lassen den Fallschirmabwurfplatz Manching links liegen, passieren einige Weiher und den Biergarten am Fuchsbau, durchqueren das nordwestliche Eck des Feilenforstes und erreichen nach 47 gefahrenen Kilometern um 17:00 Uhr die Autobahnbrücke über die A 9. Ähnlich wie der Flughafen ist die Autobahn im Wesentlichen schon in den 1930er Jahren gebaut worden, sie wurde zur Zeit des Nationalsozialismus als Reichsautobahn konzipiert. Auf der Brücke sitzt eine blonde Frau. Ende 20, Getränkedose in der Hand, Pullover untergelegt, kein Wort zu uns. Allein wenn ein Gefährt mit so viel Geschwindigkeit unter der Brücke hindurchjagt, dass sie zu vibrieren beginnt, dreht sie sich grinsend und mit vor kindlicher Freude leuchtenden Augen um. Stranger Times, stranger Hobbies. Das wird sie sich vielleicht auch über uns denken, als wir auf der anderen Seite den spektakulären Balzflug der Kiebitze verfolgen und Richtung Paartal weiterradeln.

Um 17:30 Uhr entdecken wir bei Starkertshofen die ersten Hügelformationen, darauf ein großes Spargelfeld. Einen Kilometer weiter südwestlich nehmen wir uns die Zeit, um den Windsberg bei Freinhausen hinaufzusteigen, der zugleich ein Naturschutzgebiet ist. Der Windsberg entstand in der Würmeiszeit vor 20 000 Jahren, als heftige Winde lockeres Material aus der Talfüllung aufwirbelten und es an Hügeln anlagerten. Um den Berg ertragreicher zu machen, legte der Mensch Terrassen an. Nun hat die riesige Flugsanddüne ein Gesicht wie ein Flickenteppich aus Äckern, Brachen und Naturschutzgebiet, der gute Bedingungen für selten gewordene Blühpflanzen (z. B. Flockenblume, Thymian, Enziane, Malve, Ochsenzunge, u. v. m.) bietet. Diese Nahrungsvielfalt versorgt zahlreiche Insekten, alleine 103 bestimmte Wildbienenarten gibt es hier, darunter 14 Sandbienenarten. Weidende Schafe verhindern, dass die Pflanzen alles überwuchern, und scharren mit ihren Klauen den Sand heraus, so dass die Sandbienen dort ihre Brutnester anlegen können.

Oben angekommen, erblicken wir die ehemalige Stellung des amerikanischen HAWK-Flugabwehrraketensystems, das aus der Zeit des Kalten Krieges stammt (circa 1959/60). Später wurde die Stellung zur Test- und Referenzanlage für das Patriot-Verteidigungssystem, 2011 wurde der Standort für acht Millionen Euro zu einem modernen Testzentrum für integrierte Luftverteidigung umgebaut. Das Gelände schließt einen Wachturm mit Testfläche für Großgeräte sowie Wartungs- und Montagehalle und eine Radarteststation ein und liegt versteckt auf der Hügelkuppe. Ihm zu Füßen erstreckt sich das Landschaftsschutzgebiet des Paartals. Die vielseitige Umgebung des mäandrierenden, auenhaften Flusslaufs ist ein bayernweit bedeutendes Zuhause für den Brachvogel und verläuft parallel zur sandigen Dünenlandschaft mit ihren Magerrasenterrassen. Weiß leuchtet uns im Osten die Wallfahrtskirche St. Kastulus entgegen, dahinter liegt unsere Homebase in Gosseltshausen. Sie wäre nur rund 15 Kilometer entfernt von dem Bänklein, auf dem wir gerade über dem Paartal thronen. Eine verlockende Vorstellung im Vergleich zu den 26 Kilometern, die wir noch vor uns haben. Doch wir bleiben beim ursprünglichen Plan.

Es geht erstaunlicherweise immer noch flach weiter, was auch gut ist, denn der konstante, leichte

„DER PUNKT DER VERZWEIFLUNG IST ÜBERWUNDEN, WIR WERDEN ES DURCHZIEHEN. WIR HABEN DIE GRILL-FLEISCHDÜFTE DER KLEINGÄRTEN UND HOFFNUNG AUF DEN SONNENUNTERGANG AM ZIELORT HINTER UNS GELASSEN.“

Südwind kostet uns eh schon den ganzen Tag Kraft. Richtung Hohenwart gibt es für eine gefühlte Unendlichkeit nur uns, eine meilenlange Birkenallee und den Gegenwind. In Hohenwart ist wieder eine kleine Pause angesagt, mein Sattel beschert mir seit ein paar Stunden immer wieder einschlafende Weichteile. Ein ungutes Gefühl und wahrscheinlich nicht sonderlich gesund. Die Unterlage muss nächstes Mal verbessert werden. Aufgrund der fortgeschrittenen Stunde verfällt Tobi in den Rage-Modus und gibt derart Gas, dass er am Ortsausgang gar nicht die Eisdiele „La Corona" bemerkt, die nicht zeitgemäßer heißen könnte.

Nach Hohenwart beginnt die schon länger gefürchtete Hügellandbezwingung. Richtung Seibersdorf und Göbelsbach geht es an ein paar Hopfengärten vorbei und 60 Meter bergauf, wir merken die vergangenen 55 Kilometer ordentlich. Stumm schieben wir ein, zwei deftigere Steigungen hinauf. Auch Tobis Rage-Phase verpufft mit der ernüchternden, frostigen Feststellung: „Wir hätten die letzten zwei Kilometer laut Navigation in sechs Minuten schaffen sollen – und haben 30 gebraucht." In mir löst sich ein aberwitziges Lachen ob dieser trockenen Aussage, die doch ein ordentliches Maß an Verzweiflung und Enttäuschung durchscheinen lässt. Eine kleine Snackpause später gibt es bei Euernbach einen Euphorieschub, als uns urplötzlich der altrosafarbene Turm des Klosters Scheyern über die Hügel hinweg grüßt und uns daran erinnert, wie weit entfernt das Kloster Weltenburg ist und wie weit wir schon gekommen sind. Der Punkt der Verzweiflung ist überwunden, wir werden es durchziehen. Wir haben die Grillfleischdüfte der Kleingärten und Hoffnung auf den Sonnenuntergang am Zielort hinter uns gelassen und radeln Gerolsbach und einer riesigen dunkelblauen Wolkenfront entgegen, welche die Sonne frühzeitig verschluckt und perfekt zur andersweltlichen Stimmung des Tages passt. Nach 71 gefahrenen Kilometern wird es jetzt (19:45 Uhr) frisch. Es ist an der Zeit, meinen Pullover anzuziehen.

Wir kämpfen uns vor Wolfertshausen einen letzten Anstieg mit einem nicht ganz jugendfreien Kampfschrei hinauf und biegen in der Dämmerung rechts ab, Richtung Junkenhofen und Wald. Der Funkturm ist über den Wipfeln schon zu sehen. Endlich! Auch ein Wackelkontakt meiner Radlampe kann uns nicht mehr stoppen. Im Wald biegen wir noch ein letztes Mal links ab, dann gibt es eine triumphierende Umarmung. Es ist 20:30 Uhr und nach 78 Kilometern Radeln und 9,5 Stunden Entdecken, Kartenlesen und Fotografieren haben wir es geschafft. Unsere Endstation könnte nicht unterschiedlicher sein zum Start am idyllischen, märchenhaften Donaudurchbruch, der vom historischen Kloster und von Touristen umlagert war. Vor uns türmt sich der circa 40 Meter hohe, einsame, im stockfinsteren Wald versteckte Funkturm auf, ein von Graffiti übersätes Kontrollhäuschen, ringsherum Stacheldrahtzaun. Ein unwirtlicher Ort, kein Ort für Menschen irgendwie. Gegen den blauen, von Sternen bedeckten Nachthimmel und zwischen den schwarzen Fichten wirkt das Stahlkonstrukt abstrakt, bereit mit dem Äther rätselhafte Botschaften auszutauschen. Gott sei Dank haben wir ein Privattaxi, Elena ist zur Stelle. Eine Rückkehr mit öffentlichen Verkehrsmitteln oder eine Rückfahrt mit dem Rad ist zu dieser Zeit und von diesem Ort aus unmöglich – zumindest für uns heute. Ein ungewöhnliches Abenteuer, bei dem wir an einem Tag mehr über unsere Heimat gelernt haben, als in vielen Jahren davor.

IDEE ZUR WEITERENTWICKLUNG

Dieses Abenteuer ist beliebig skalierbar. Es kann genauso spannend sein, sich vom niedrigsten zum höchsten Punkt eines Bundeslandes, Landkreises, einer Gemeinde, einer Stadt oder eines Waldes durchzuschlagen, oder gar Wegpunkte zu nehmen, die man vom Fenster aus erspähen kann. Die Wahl des Fortbewegungsmittels und das Ausfindigmachen der Start- und Endpunkte sind der halbe Spaß.

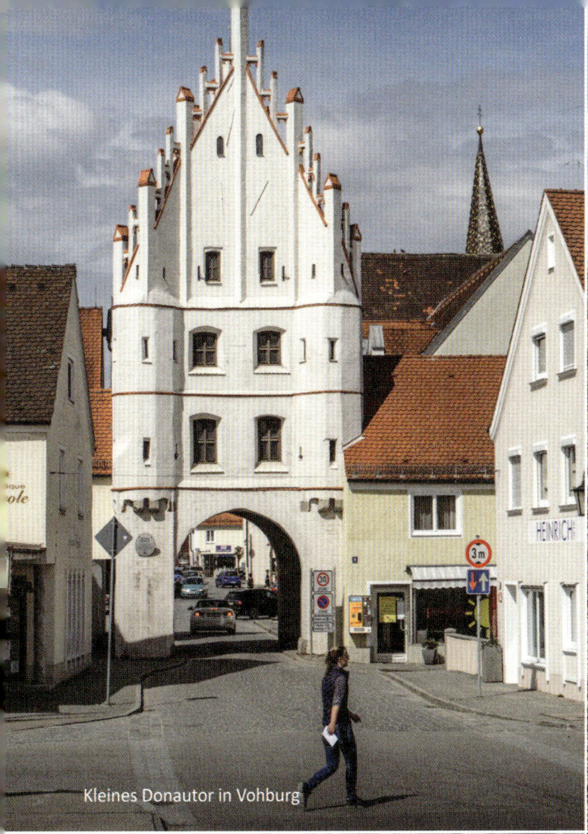

Kleines Donautor in Vohburg

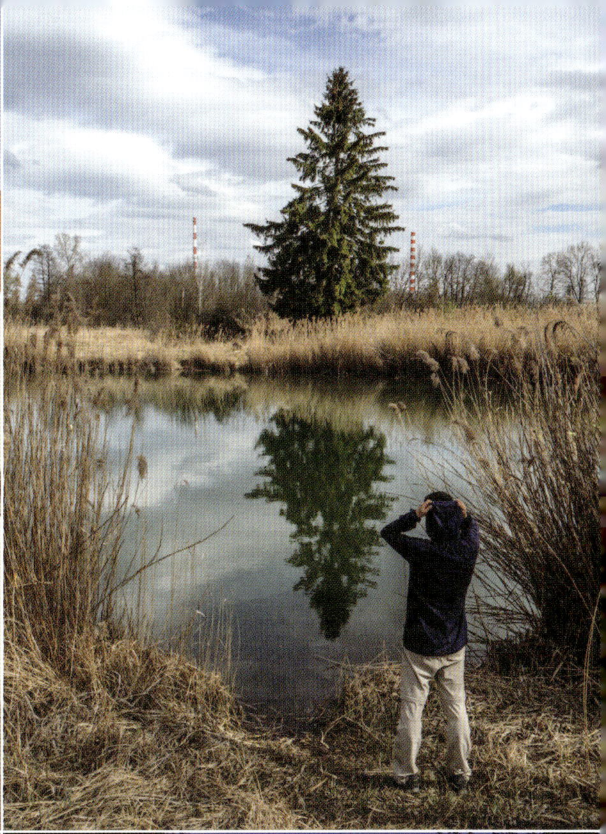

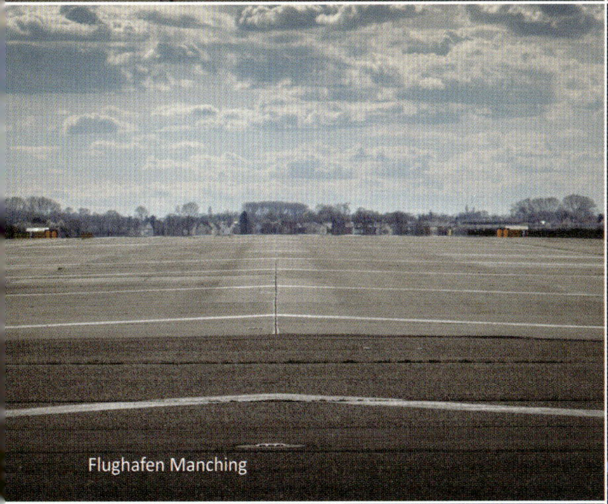
Flughafen Manching

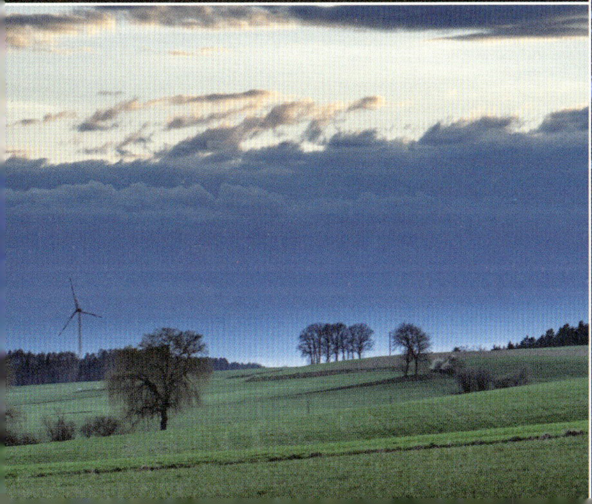

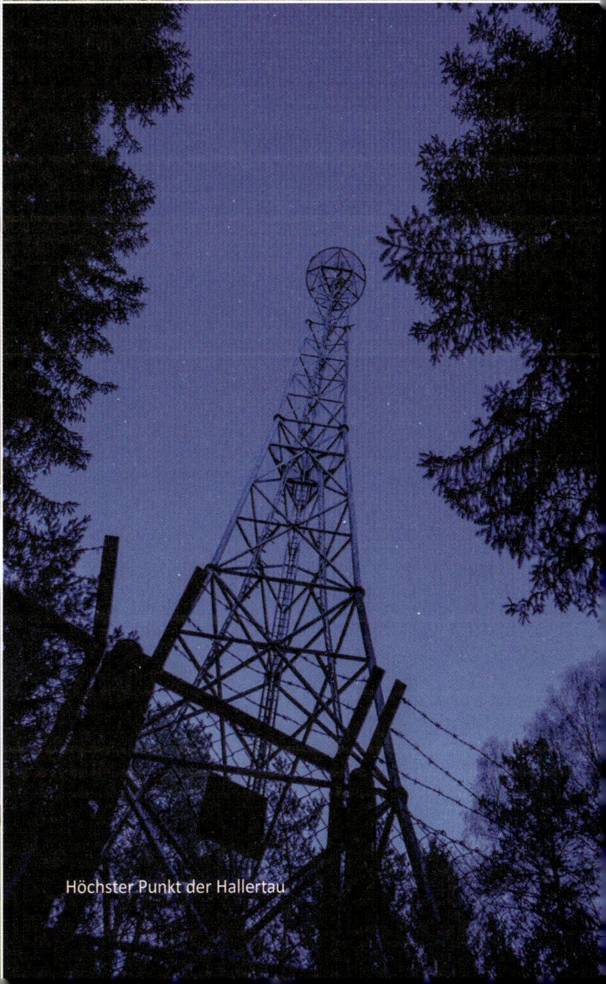
Höchster Punkt der Hallertau

RÖMER-KELTEN-EXPEDITION

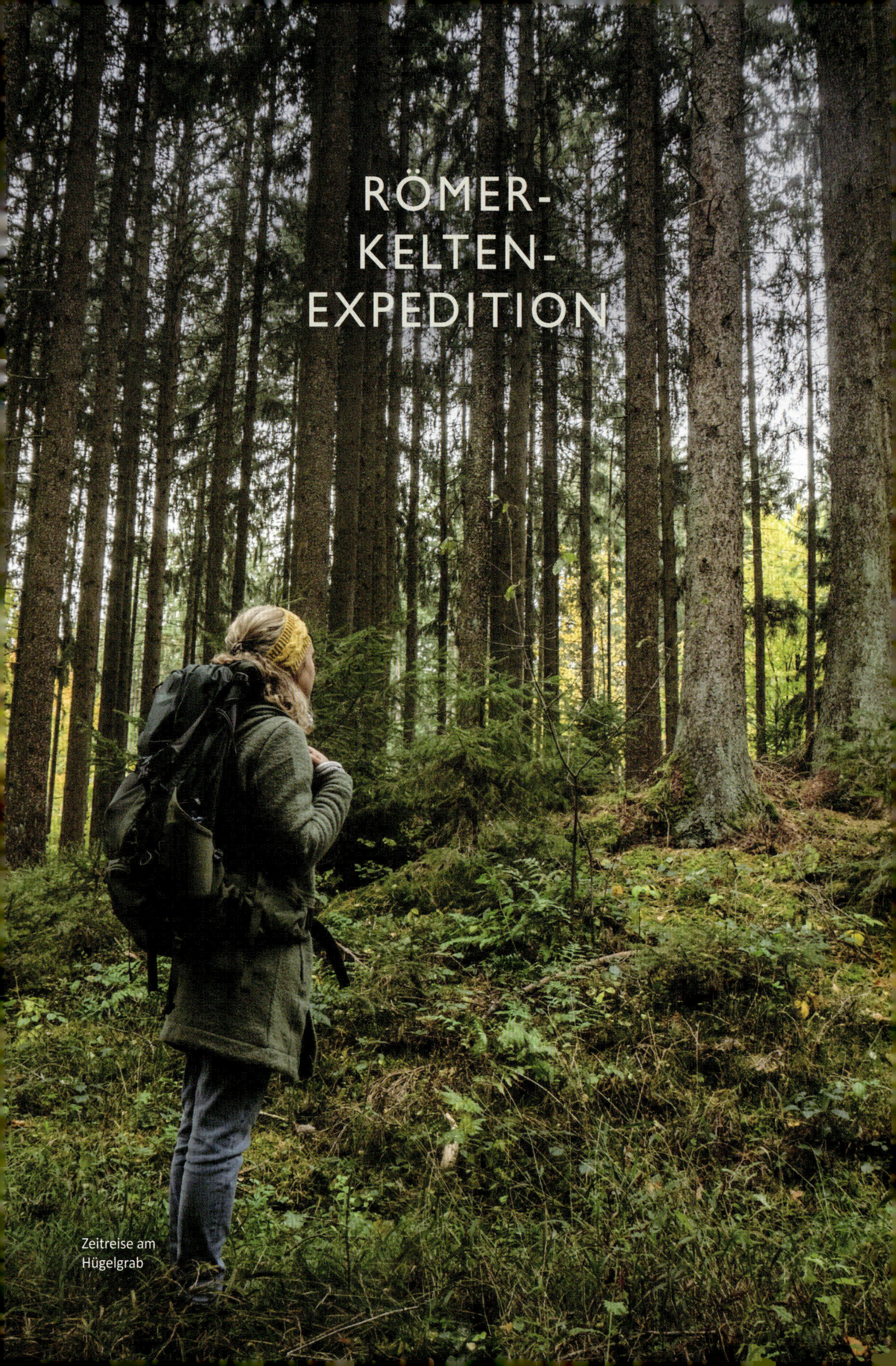

Zeitreise am Hügelgrab

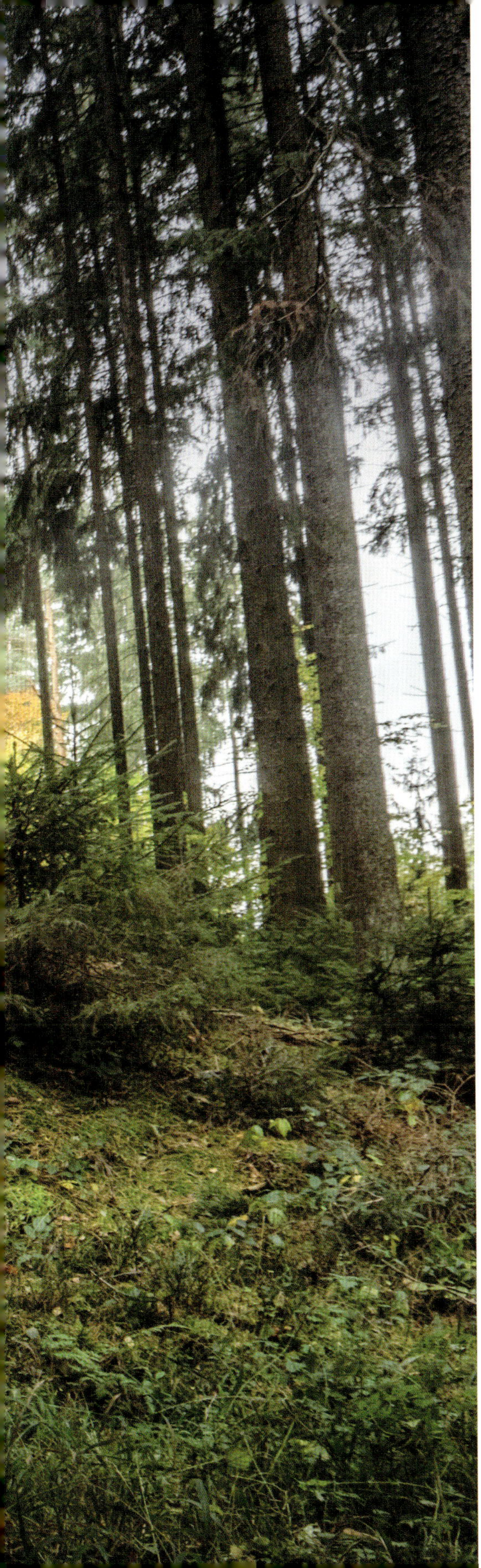

Dauer:	5 h
Fortbewegung:	zu Fuß
Schwierigkeitsgrad:	leicht
Ort:	Römerkastell bei Eining
Ausrüstung:	topographische Karte oder über geoportal.bayern.de/ bayernatlas

Autor: TR

Wer die Hallertau historisch unter die Lupe nimmt, kommt an Kelten und Römern nicht vorbei, die hier ihre Spuren hinterlassen haben. Wenn es bei Abenteuern darum geht, an neue Orte zu gelangen und sie neugierig aufzunehmen, dann kann man diesen historischen Aspekt wunderbar einfließen lassen. Denn die gute alte Hallertau hat ein paar Jahrtausende, in denen man buddeln und sich austoben kann.

Bezüglich der keltischen Kultur war die Hallertau geprägt von zwei „Oppida" (lat. „stadtartige Großsiedlung"). Eines in Kelheim, das mit 600 Hektar die zweitgrößte Anlage Süddeutschlands war. Und ein zweites, kleineres bei Manching (380 Hektar, ungefähr 530 Fußballfelder), das vor 2000 Jahren ein Zentrum der keltischen Kultur und eine der bedeutendsten Keltenstädte Mitteleuropas mit 5000 – 10000 Menschen war. Als die Römer 15 v. Chr. bei Manching ankamen, waren allerdings nur noch Überreste des Oppidums übrig, die Wirtschaftssysteme waren zusammengebrochen und die Stadt hatte nicht mehr unterhalten werden können.

In der Hallertau selbst unterhielten die Römer von 80 n. Chr. bis ins 5. Jahrhundert n. Chr. südlich von Eining an der Donau ein Militärlager, das Kastell Abusina. Dessen Besatzung sollte hier den rätischen Limes sichern und überwachen. Der Standort war insofern günstig, weil in weiten Abschnitten die Donau die nördliche Reichsgrenze der römischen Provinz Rätien bildete. Wir sind an Abusina schon ein, zwei Mal vorbeigekommen und hatten uns zu unserer Schande eingestehen müssen, dass wir darüber nur wenig wussten. Und das, obwohl es seit 2005 Bestandteil des zum UNESCO-Weltkulturerbe erhobenen Obergermanisch-Rätischen Limes ist! Höchste Zeit für ein Abenteuer.

Da wir gleich zwei Fliegen mit einer Klappe schlagen wollten, kamen wir auf die Idee, quasi in die Rolle eines römischen Spähtrupps zu schlüpfen, der vom Kastell aufbricht und im Nordosten nach Spuren der Kelten sucht. Ziel ist es, mit einer topographischen Karte loszumarschieren und die Hügelgräber und die Keltenschanze zu finden, die dort zwischen Eining und Thaldorf im Hub-Wald eingetragen sind. Kein GPS, kein Handy – Old-School-Pfadfinderei ist angesagt. Um dem Ganzen noch mehr antike Würze zu verleihen, haben wir Zutaten für eine römische Speise eingepackt, die uns als Wegzehrung dienen sollte.

Der Start am Kastell ist vielversprechend, denn es ist eine der wenigen vollständig freigelegten und in ihren Grundmauern rekonstruierten Wehranlagen in diesem Grenzabschnitt. Das gelbe Herbstlaub unterstreicht das vergängliche Flair, hebt aber auch die geometrische Ästhetik der Ruinen hervor. Von einem kleinen Aussichtssteg können Elena, Mike und ich das Donautal überblicken. Dort unten, zwischen Auwald, Flussseitenarmen und Weiden sind wir auf der Tour vom niedrigsten zum höchsten Punkt der Hallertau vorbeigeradelt. Heute ist unser Wissensstand über das Kastell schon deutlich besser, auch dank der Infotafeln am Gelände. Neben Informationen über das damals fortschrittliche Heizsystem, das nicht nur warmes Baden, sondern auch eine Fußbodenheizung ermöglichte, finden wir eine Tafel, die die Aufgaben der Soldaten erklärt. Darunter sind auch „polizeiliche" Aufgaben wie Kontroll- und Erkundungsgänge – wie geschnitzt für uns!

Voller Begeisterung kommt uns die glorreiche Idee, dass wir versuchen könnten, uns zu den keltischen Bauten hinüberzuschleichen. Das würde den Abenteuerfaktor noch einmal ordentlich erhöhen. Es dauert keine 20 Minuten, da liegen Mike und ich das erste Mal zwischen Brombeerranken im trockenen und laut raschelnden Unterholz und verstecken uns vor einer Spaziergängerin mit ihren vier Hunden. Einer der Vierbeiner schaut zwar skeptisch in unsere Richtung, aber wir bleiben unentdeckt. Das war schon lustig und hätte definitiv eine interessante Facette mit reingebracht. Aber: Es dauert einfach viel zu lange. Wir kippen die Idee des unsichtbaren Spähtrupps und stellen uns dafür vor, wir wären ein kleiner Expeditionstrupp, bestehend aus römischen Geschichtskundlern und Gelehrten.

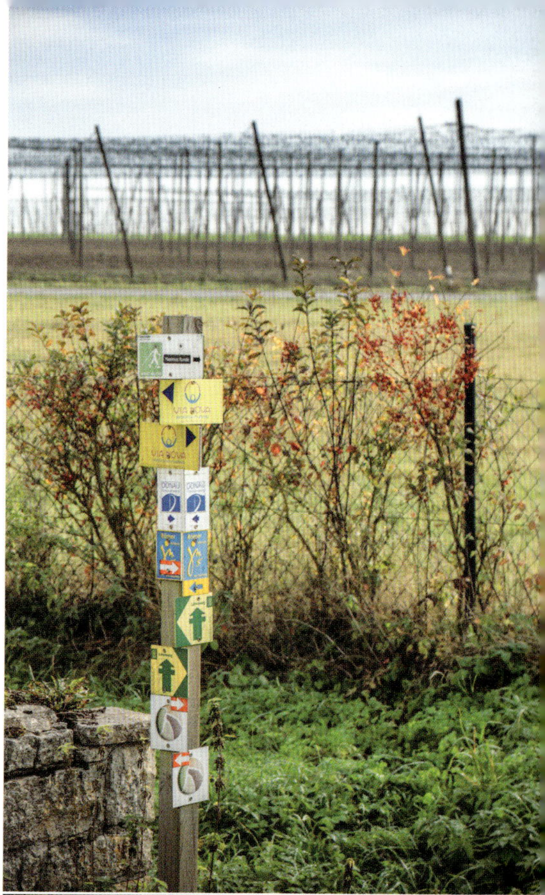

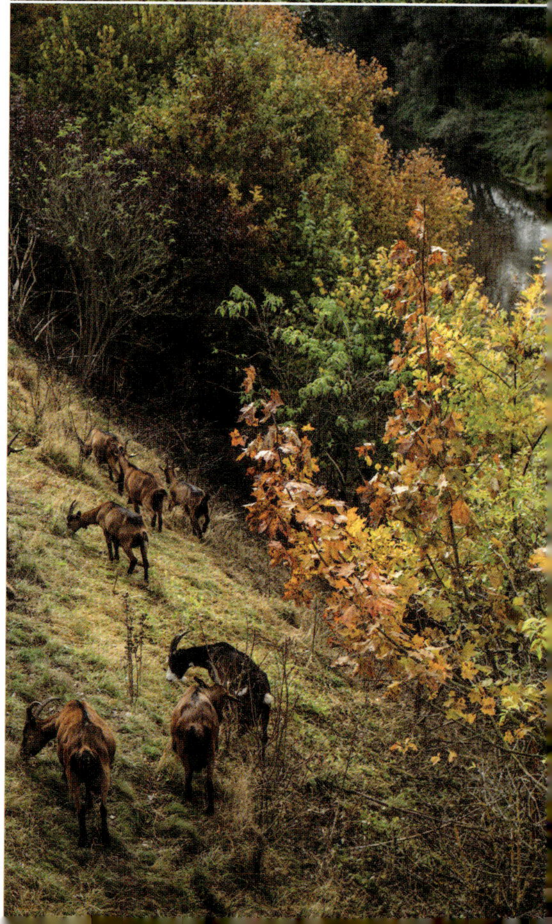

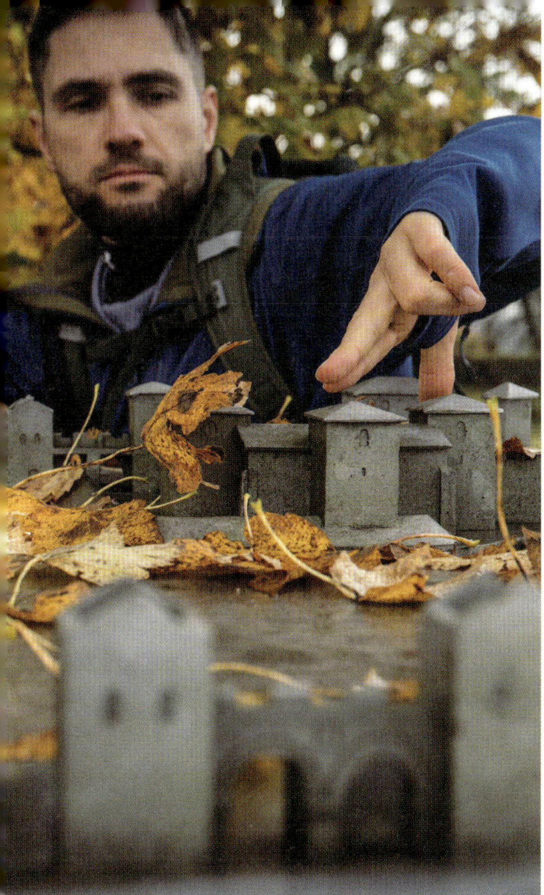

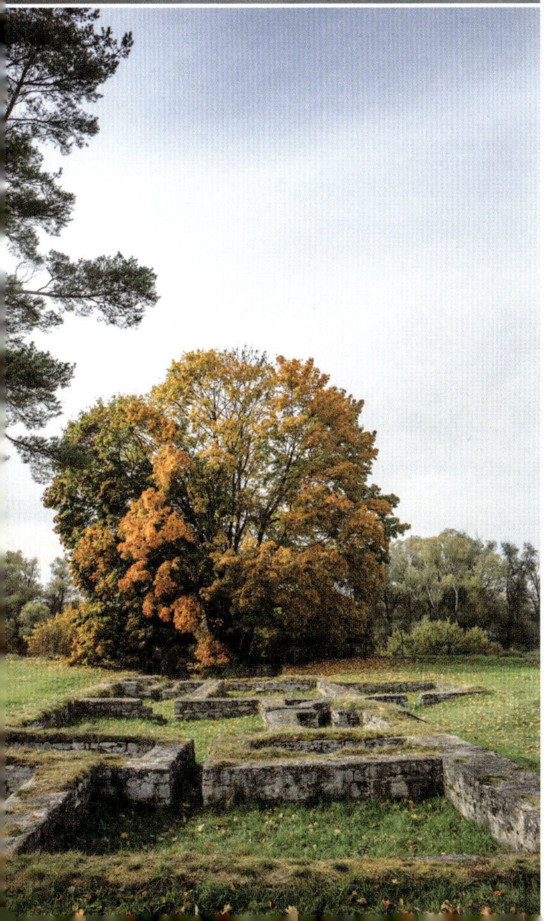

Das passt viel besser zu uns als eine militärische Einheit, denn die Soldaten mussten damals mit rund 30 Kilogramm Marschgepäck vorankommen – ein Abenteuer für ein andermal.

Vielleicht bin ich sogar der Kräutergelehrte unserer Truppe, denn vor dem Bärenlohewald bleibe ich wie angewurzelt stehen: Was blüht denn hier in solchen Massen? Da sind alleinstehende Sonnenblumen, gleichmäßig verteilte Tupfer von Saat-Lein und Klee sowie ein Meer an Büschelschön. Es summt und brummt um mich herum – und das Ende Oktober. Für mich ein überraschender, schöner Abschied vom Sommer. An dieser offenen Stelle wird uns bewusst, wie ausgedehnt die Waldlandschaften um uns herum sind. Anders als das abwechslungsreiche, kleinteilige Hügelland bei uns daheim ist die Landschaft hier vielmehr eine sanft gewellte Ebene mit mehr Überblick. Doch auch das ist die Hallertau, woran uns vereinzelte Hopfengärten erinnern. Von der erfrischenden, lichterfüllten Blumenwiese geht es Richtung Holzharlanden und hinauf zum Eichberg.

Irgendwie können wir uns noch gar nicht vorstellen, dass jenseits der viel befahrenen Straße uralte Hügelgräber zwischen den Bäumen versteckt liegen. Was wohl von ihnen noch übrig ist? Manchmal sind sie ja kaum von einem normalen Erdhügel zu unterscheiden. Doch bald finden wir zwischen den Ästen ein hölzernes Schild, darauf eine altertümlich wirkende Karte mit ausführlicher Beschreibung. Die umliegenden Gräber sind 3500 bis 4000 Jahre alt, das ist die Zeit des keltischen Gräber-Kultes. Gleich vier bis fünf dieser Hügel können wir von unserem Standpunkt aus erkennen. Manche von ihnen sind hoch aufgeschichtet, andere flach gewölbt wie ein Hochmoorkörper. Auch die Durchmesser variieren stark zwischen fünf bis neun Meter.

Elena starrt wie hypnotisiert ein fast zwei Meter hohes Grab an: „Wir stehen jetzt genau da, wo vor einigen tausend Jahren die Kelten sich zur Beerdigung ihrer Stammesmitglieder zusammengefunden haben!“ Ein faszinierender Gedanke. Die Kelten verstanden die Hügel als einen Wohnort des Toten, der entweder verbrannt oder körperlich bestattet wurde. Mit Speisen und Trank gefüllte Keramikgefäße wurden ebenso beigelegt wie persönlicher Schmuck. Dem Verstorbenen sollte es also an nichts mangeln, wenn er das Jenseits betritt. Eine geräumige

Kammer aus Holz schloss diesen Ruheplatz ein. Überhäuft wurde diese mit Lehm, Steinen und Erdreich. Ein würdevoller und aufwendiger zeremonieller Rahmen, so viel steht fest. Ein Hinaufgehen auf den Grabhügel erscheint mir damit als absolutes Tabu.

Ein archäologischer Wanderpfad weist uns die Richtung zu einem weiteren Zwischenziel, das ebenfalls auf unserer Karte zu finden ist: Wenige hundert Meter in östlicher Richtung soll einst ein Burgus, ein kleiner, spätrömischer Militärstandort gewesen sein. Das schauen wir uns auch gleich an, wir fiebern dem nächsten Fund entgegen. Von diesem ist leider nur noch ein kleiner, ringförmiger Graben erhalten. Früher diente der Turm samt der Umwehrung als Kontrollpunkt für Militär und Handel entlang der bedeutenden Donausüdstraße. Aber immerhin ist nach ungefähr 1700 Jahren noch etwas übrig davon. Da es hier nicht viel zu sehen gibt und es langsam dunkel wird, machen wir uns auf in Richtung Süden zur Keltenschanze.

Die finden wir rasch, allerdings ist davon ebenfalls nur noch wenig übrig. Die Viereckschanze hat einen Durchmesser von 65 Metern und die Höhendifferenz zwischen Wallkrone und Graben misst maximal einen Meter. Früher hielt man sie für militärische Einrichtungen, aber dafür standen die Schanzen zu oft an dafür ungeeigneten Hanglagen. So auch hier, wir schätzen das Gefälle des Innenraumes auf sechs Meter. Später hielt man sie für Viehpferche, dann für Kultstätten. Mittlerweile geht man davon aus, dass es sich um Gutshöfe oder kleine Siedlungen handelte. Irgendwie übt dieser Platz trotz seiner Unscheinbarkeit eine zauberhafte Wirkung auf uns aus. Das Fehlen der Bäume hat inmitten des Fichtenwaldes eine schilfartige Fläche entstehen lassen, die hier gänzlich fehl am Platz wirkt. Dazwischen ragen umgeworfene Wurzelteller und Baumstümpfe auf, Heidelbeersträucher haben sich breit gemacht. Die tiefstehende Sonne taucht den Wald noch einmal in wärmendes Licht.

Zum Abendessen (lat. „Cena") gibt es jetzt, wie bei den alten Römern, den „Puls" (oder „Pulmentum"), den Vorgänger der Polenta. Die Grundlage bildet ein Getreidebrei, der mit Gemüse ergänzt wurde, in der wohlhabenden Schicht aber auch mit Eiern, Käse, Honig oder Fisch und Fleisch gegessen wurde. Wir entscheiden uns für eine süße Variante aus Haferflocken, Haselnüssen, Feigen, Datteln und Milch. Eine absolut sättigende und schmackhafte Mahlzeit. Erkunden macht hungrig und der Rückweg steht schließlich auch noch an. Keiner von uns sagt etwas, wir kauen nur genüsslich vor uns hin und starren in die Dämmerung zwischen den Bäumen. Wie es die Menschen hier vor zweitausend Jahren vielleicht auch schon getan haben. Egal ob römischer Gelehrter oder keltischer Bauer.

ÄHNLICHE IDEEN

- Pilgern in der Hallertau: auf Teilen des Jakobsweges oder der Via Nova
- eine mehrtägige Klostertour
- 70 Kilometer wandern entlang der „Deutschen Hopfenstraße", wie die B 301, die von Freising nach Abensberg führt, auch genannt wird
- Wer sich die volle Ladung Kelten und Römer reinziehen will, sollte unbedingt im Kelten-Römer-Museum in Manching vorbeischauen (www.museum-manching.de)

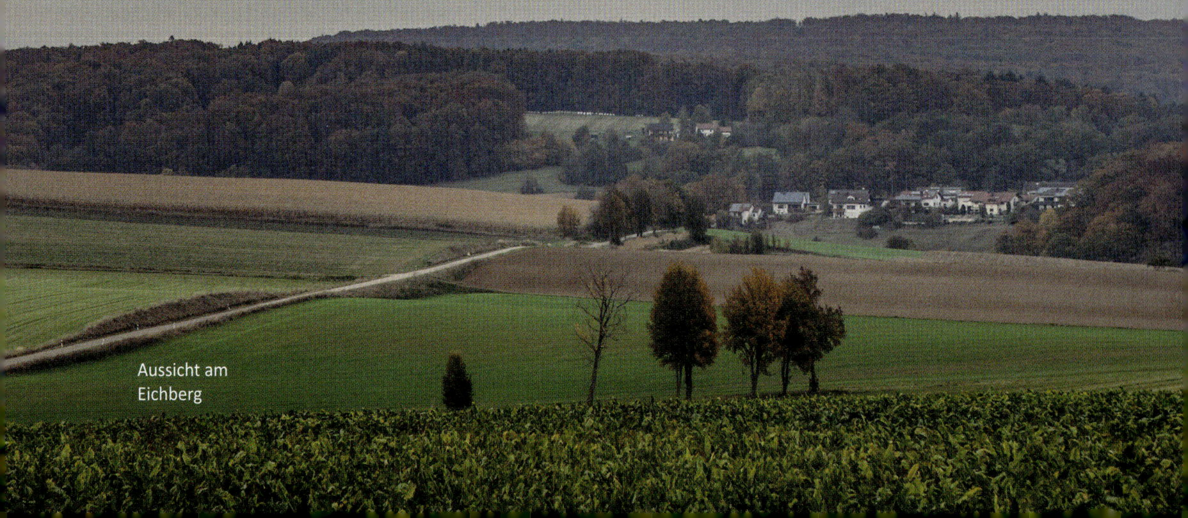

Aussicht am Eichberg

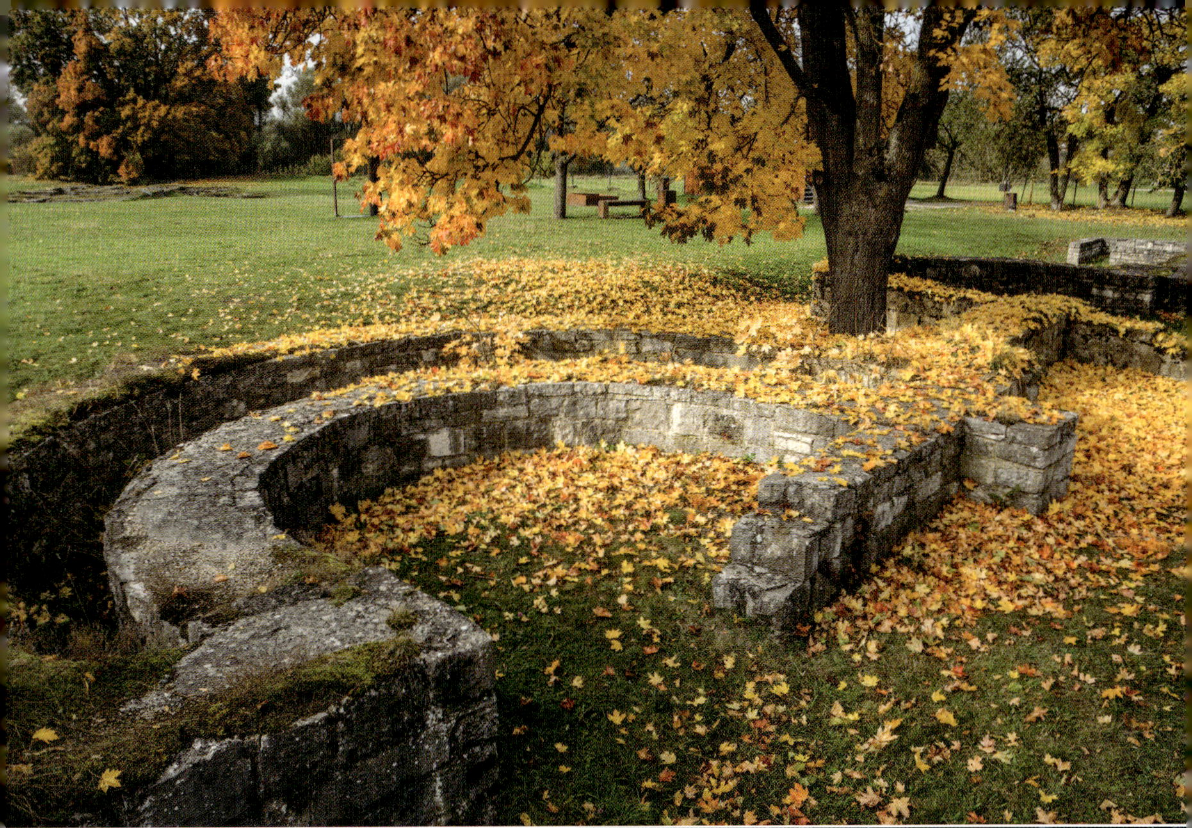

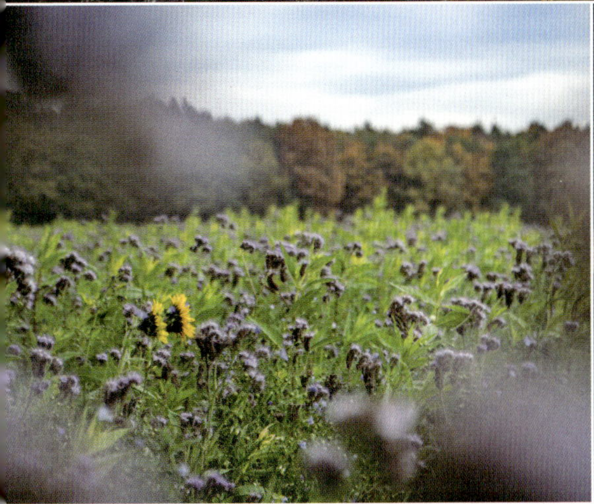

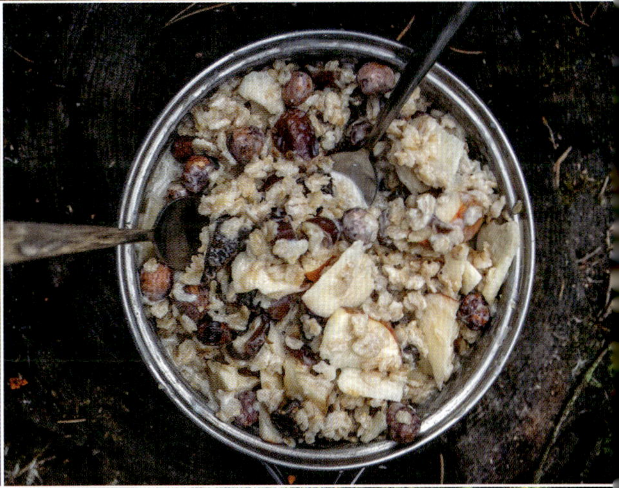

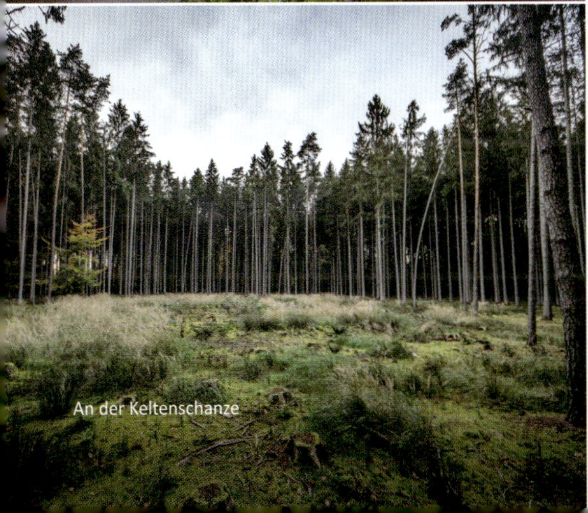

An der Keltenschanze

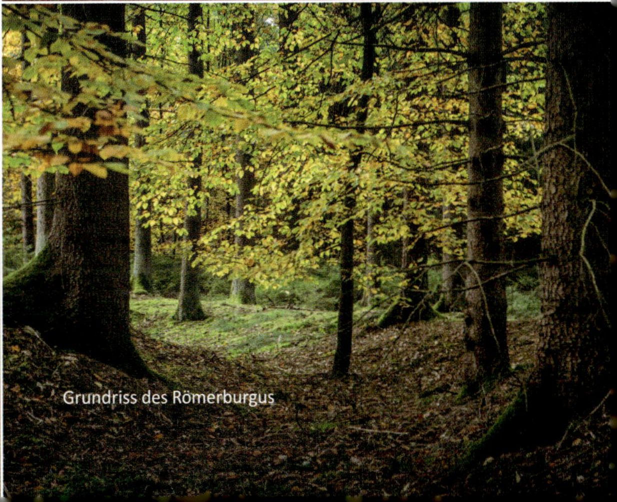

Grundriss des Römerburgus

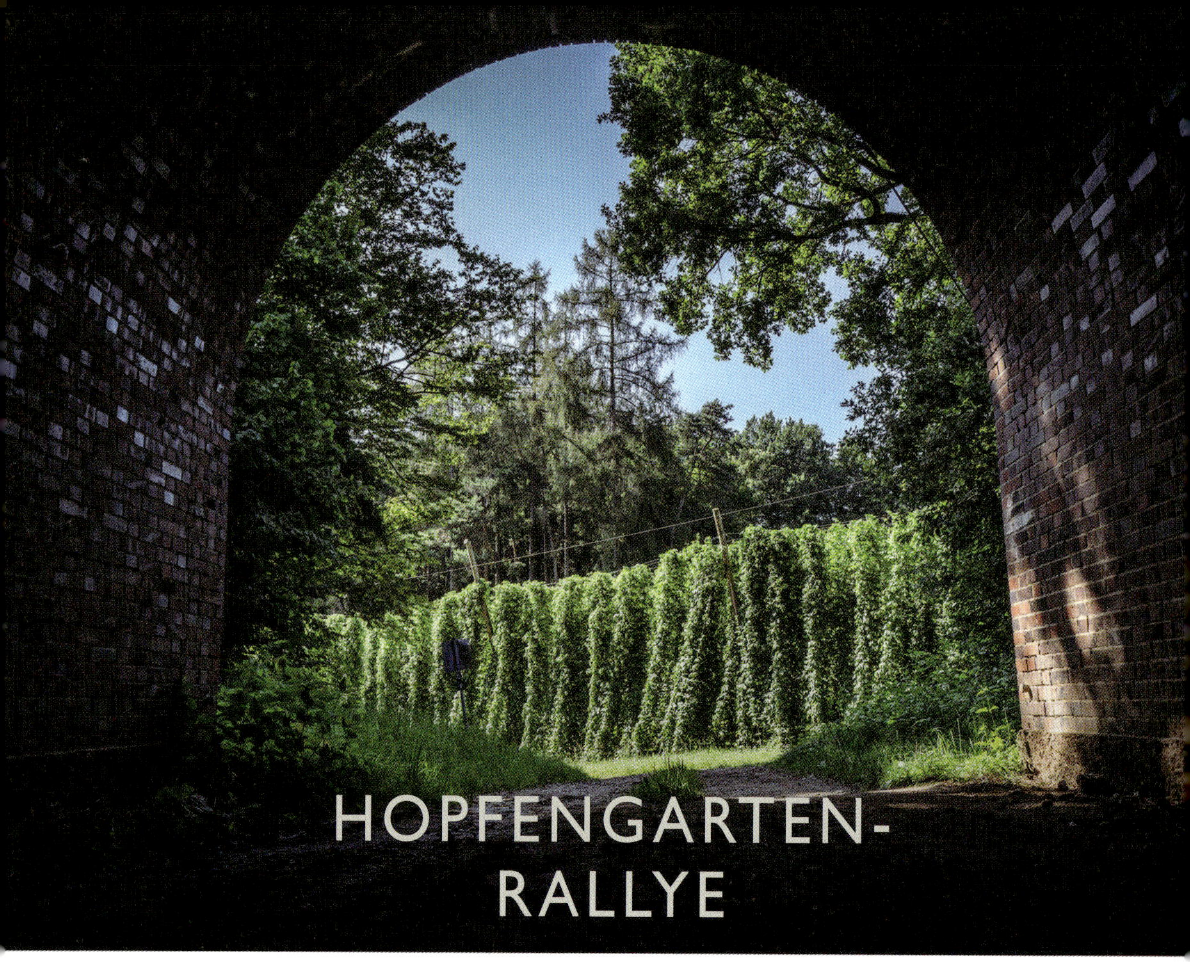

HOPFENGARTEN-RALLYE

Strecke:	29 km
Höhenmeter:	362 m
Dauer:	ca. 2 h (Rad), ca. 5 h 15 min (wandern)
Schwierigkeitsgrad:	mittel

Autor: MU

In einem Abenteuerbuch über die Hallertau sollte auch ein Hopfenabenteuer drin sein, oder? Um das Hallertauer Wahrzeichen gebührend zu integrieren, haben mein Spezl Mathias und ich uns für eine volle Ladung Hopfen, einen „Hopfengarten-Flash", entschieden. Und zwar indem wir eine Runde um unseren Heimatort drehen, die man sowohl an einem halben Tag wandern als auch radeln kann und die an möglichst vielen Hopfengärten vorbeiführt. Dabei wollen wir vorher gegeneinander wetten, wie viele es denn am Ende werden.

Auch wenn Mathias als ehemaliger Footballspieler und Kreativkopf ein abenteuerlustiger „wuida Hund" ist, nehmen wir auf seine Beinverletzung Rücksicht und starten Ende August mit E-Bikes, die man mittlerweile auch prima ausleihen kann. Auch wir werden älter – und weiser. Die Tage davor und danach sind von Regen geprägt, doch nicht nur aufgrund des heutigen Sonnenscheins ist es der perfekte Tag für unsere Unternehmung, wie sich später herausstellt.

Wer nicht aus der Holledau ist, kann sich ihr Flair vielleicht nur schwer vorstellen. Deswegen zuerst ein kleiner Ausflug zum Thema „Hopfen", bevor wir ihm persönlich begegnen. Die Hallertau ist mit derzeit noch 860 Hopfenbetrieben und über 17000 Hektar das weltweit größte zusammenhängende Hopfenanbaugebaut. Circa 85 Prozent des deutschen Hopfens, der als einzige „Gewürzpflanze" Deutschlands Exportbedeutung hat, werden in der Hallertau hergestellt. Hopfenpflanzen wurzeln tief und bevorzugen lockere Böden mit guter Wasserführung, die hier im tertiären Hügelland vorkommenden Löß- und Lehm-Sand-Böden passen dafür wunderbar. Sie trocknen und erwärmen sich schnell, sind gut befahr- und bearbeitbar und neigen nicht zu Verschlammung. Des Weiteren sollte die Anbauregion von Ende April bis Mitte September frostfrei sein sowie gemäßigten Sonnenschein, reichlich Niederschlag im Sommer (circa 100 mm/Monat) und windgeschützte Lagen aufweisen.

Im Winter sehen die leeren Hopfengärten mit ihren Gerüsten und Drahtbahnen trist und sogar ein wenig erbarmungslos aus. Hopfen ist eine Monokultur, die über Jahrzehnte auf derselben Fläche angebaut wird, das Braugewerbe ist der Hauptabnehmer. Die Hauptschädlinge des Hopfens sind die Hopfenblattlaus und die gemeine Spinnmilbe (Rote Spinne), Peronospora und Mehltau die für ihn gefährlichsten Pilzkrankheiten. Diese Gefahrenfaktoren, gepaart mit den Ansprüchen des Marktes, erfordern den Einsatz von Pflanzenschutzmitteln – neue Mittel, egal ob biologische oder chemische, werden aber nur langsam zugelassen.

Bio-Hopfenanbau im großen Stil ist noch wenig rentabel und kaum verbreitet. Hier wird zum Beispiel die Spinnmilbe durch einen natürlichen Fressfeind, die Raubmilbe, bekämpft oder der Wasserverbrauch gesenkt, indem mit weniger üppigen Sorten gearbeitet wird und andere Gewächse zwischen die Bifange gepflanzt werden, die für ein kühleres Mikro-Klima und weniger Verdunstung sorgen. Die zunehmende Trockenheit und Hitze durch den Klimawandel haben den Hopfenanbau in den letzten Jahren vor große Probleme gestellt. 2020 erschwerte Corona zusätzlich den Anbau, weil der Einsatz ausländischer Saisonarbeitskräfte kaum möglich war. Heuer hingegen, im Jahr 2021, sorgten ein kühler Frühling und Sommer dafür, dass die Hopfenernte sich bis zu 14 Tage nach hinten verschiebt, auf Anfang September. Es ranken sich also derzeit einige Probleme um das Grüne Gold, da bleibt die ländliche Romantik bisweilen auf der Strecke.

Und doch: Wenn der Hopfen im Verlauf des Sommers bis zu sieben Meter hochklettert, das Hügelland mit seinen grünen Vorhängen zugewachsen ist und während der Ernte das erste Aroma des Lupulins, des gelblichen Pulvers in der reifen Dolde, durch die lauen Nächte weht und seinen würzigen Duft verteilt, dann ist das schon etwas Be-

„WIE ES HIER WOHL ZUR HOPFENERNTE AUSSIEHT, WENN DIE TRAKTOREN MIT DEN ERNTEGESPANNEN JEDEN TAG 14 STUNDEN LANG DIE REBEN EINHOLEN … EINE SCHLAMMSCHLACHT IM HOPFEN-DSCHUNGEL.“

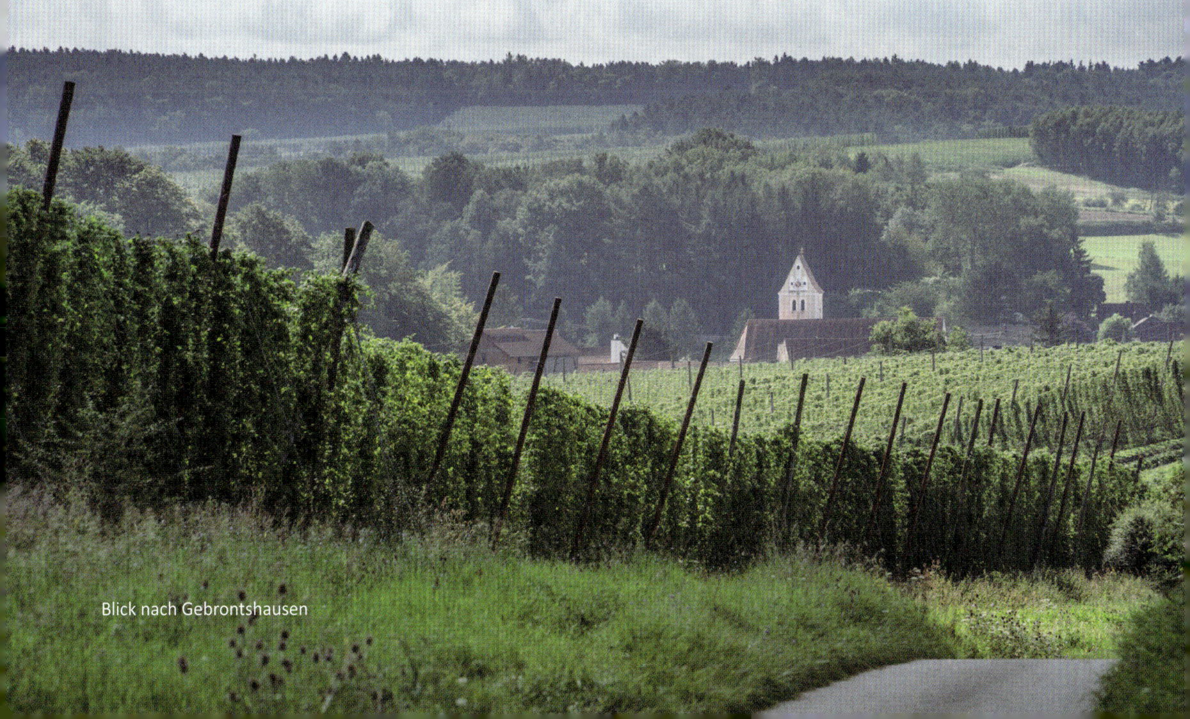

Blick nach Gebrontshausen

sonderes. Schnell fühle ich mich an meine Kindheit erinnert, als ich damals mit den Nachbarskindern auf der Kanzel in die Felder hinausgefahren bin, wir auf dem Hänger im kratzigen Hopfen gelegen sind, in der Hopfendarre umhergeflitzt sind und zwischen Hopfensäcken Verstecken gespielt haben.

Seit Jahrhunderten schon trägt die arbeits- und kostenintensive Sonderkultur zur wirtschaftlichen Entwicklung der Hallertau bei, denn seit dem 16. Jahrhundert verwandelte sich Bayern vom Wein- zum Hopfenland. Keimzellen dieser Entwicklung waren die Klöster Biburg bei Abensberg und Rohr bei Langquaid. Die Menschen in der Hallertau sind zu Recht stolz auf den Hopfen. Und auf das damit hergestellte Produkt, das Bier, das nicht nur für den Bayern oft entscheidend zur Gemütlichkeit und Geselligkeit der Menschen beiträgt.

Bei all diesen Entwicklungen verwundert es nicht, dass in Wolnzach, mitten in der Hallertau, das Deutsche Hopfenmuseum steht. Was könnte passender sein als Startpunkt für unsere Mission Hopfengarten-Flash? Direkt an den Toren des Museums entdecken wir den ersten Hopfengarten, einen kleinen Schaugarten, der uns bereits mitten im Ort auf unser Abenteuer einstimmt. Wir schließen noch kurz die Schätz-Wette ab: Mathias glaubt, dass wir insgesamt 200 Hopfengärten am Wegesrand unserer 29 Kilometer langen Tour sehen werden, ich schätze 48.

Wir radeln in der Früh um 10:00 Uhr bei sonnigen 14 Grad los in Richtung Nordosten und Oberlauterbach, nach einem knappen Kilometer sind wir am Ortsrand und bei den ersten Hopfengärten. Es ist die Zeit kurz vor der Ernte und die Hopfengärten sind „hochschwanger" – wie meine Frau Anna, eine heitere Parallele, die uns schmunzeln lässt.

Vor dem Brand-Holz biegen wir rechts nach Gebrontshausen ab. Wir schlüpfen durch eine Unterführung unter der A 93 hindurch und bekommen bald eine tolle Aussicht auf die Kirche von Gebrontshausen, das am Fuß eines kleinen Hopfenmeeres liegt. Durch einen Sylvesterhalbmarathon mit Tobi weiß ich von der kleinen Kapelle mit dem Namen „Maria in den Hopfen", die am Kalvarienberg bei Gebrontshausen nahe der Fatima-Grotte am Waldesrand des Hochrains liegt und wunderbar von Buchen umrahmt wird. Wir halten kurz inne, „flavour"-technisch hätten wir uns keinen besseren zweiten Stopp wünschen können: hinter uns die Kapelle, vor uns eine langgezogene Hügelformation, gänzlich mit Hopfengärten bedeckt, die wie ein grüner Leviathan kurz vor dem Dorf abtaucht. Schon überwältigend! Meine Schätzung ist stark gefährdet, denn nach erst vier gefahrenen Kilometern haben wir bereits 17 Hopfengärten passiert.

Da wir schon einmal in der Nähe sind, machen wir von Gebrontshausen aus einen kurzen Abstecher nach Hüll. In diesem kleinen 50-Seelen-Nest steht die weltweit bedeutendste Forschungseinrichtung zu allem, was die Sonderkultur Hopfen angeht. Dort wird unter anderem kräftig daran geforscht, Pflanzenschutzmittel entbehrlicher zu machen, zum Beispiel durch neue Sorten, die resistenter gegen Pilze sind, die sich bei heißerem Klima schnell ausbreiten. Das würde für die Landwirte Kosten reduzieren und die Umweltbelastung verringern. Gegenüber liegt die „Busch-Farm", ein Versuchs-Hopfengut, das mittlerweile zum weltweit größten Braukonzern Anheuser-Busch InBev gehört. Hop-Valley könnte man die Hallertau auch nennen, wo sich einige große Player der Industrie versammelt haben. Wir machen kehrt und biegen links nach dem Seeholz nach Larsbach ab.

Kurz nachdem wir an der Forschungsstation der Zukunft begegnet sind, treffen wir auf ein Stück Hopfengeschichte. Und zwar in Person des ehemaligen Hopfenbauers Konrad, der gerade vor seinem Kumpfmühlhof herumspaziert. Der 86-Jährige ist bestens gelaunt und stellt sich als lässiger Gesprächspartner heraus. Er erzählt uns, wie er früher noch mit „de Ross" (mit den Pferden) den Acker bestellt hat, wo früher an seinem Hof das fünf Meter hohe Mühlrad stand und wie er 1959 selber als Hopfenbauer aktiv wurde – damals rupften noch „Hopfenzupfer" die Dolden von den Reben. Erst zwei Jahre später wurde diese Erntemethode durch Maschinen ersetzt. Er erinnert sich an den „Stracklzieher", ein Gerät, mit dem nach der Ernte die damals teuren Drähte von den abertausenden Reben gezogen wurden, damit sie wiederverwendet werden konnten. Dies wurde oft erst im November und in der Früh gemacht, wenn es feucht war und die Sache besser flutschte. Was für eine Viecherei. Mittlerweile hat Konrads Enkel das Hopfenbusiness übernommen und muss sich mit solchen Problemen nicht mehr herumschlagen, die Drähte sind jetzt nicht mehr teuer und werden mit den Reben einfach zerhäckselt. Wir bedanken uns für die kleine Zeitreise und ziehen weiter.

Weit kommen wir aber nicht. Durch das viele Fotografieren und den Ratsch mit Konrad ist es mittlerweile Mittag und unsere Mägen knurren verdächtig. Das Hopfenkarma meint es allerdings gut

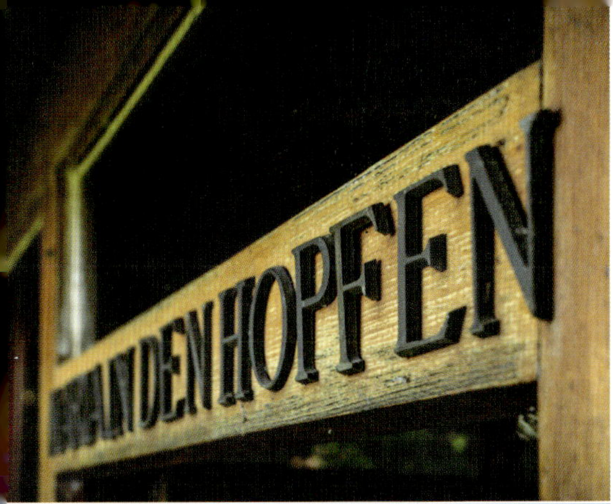

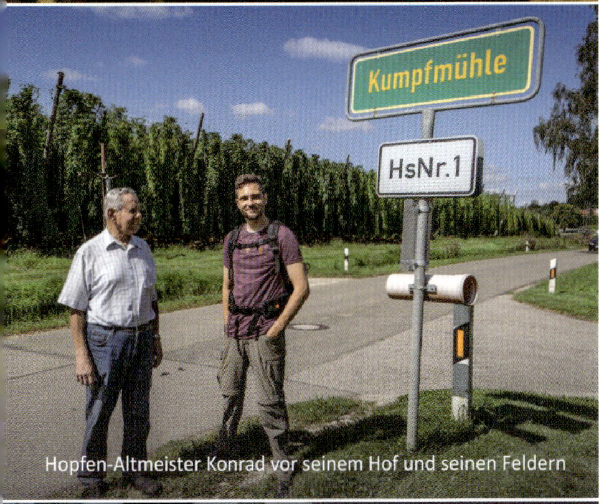

Hopfen-Altmeister Konrad vor seinem Hof und seinen Feldern

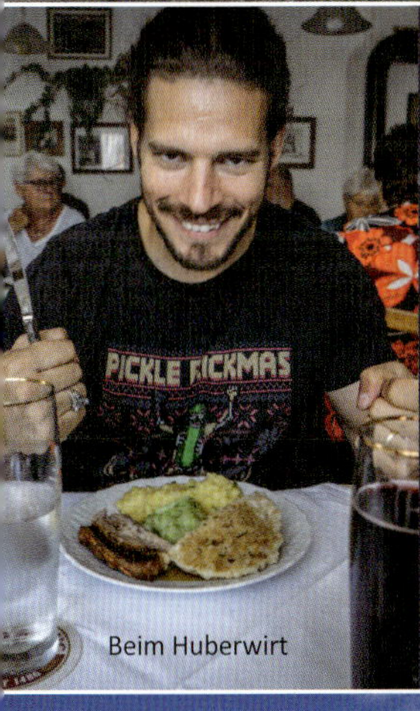
Beim Huberwirt

„BEI DE OID'N WEAST GUAD G'HOID'N."

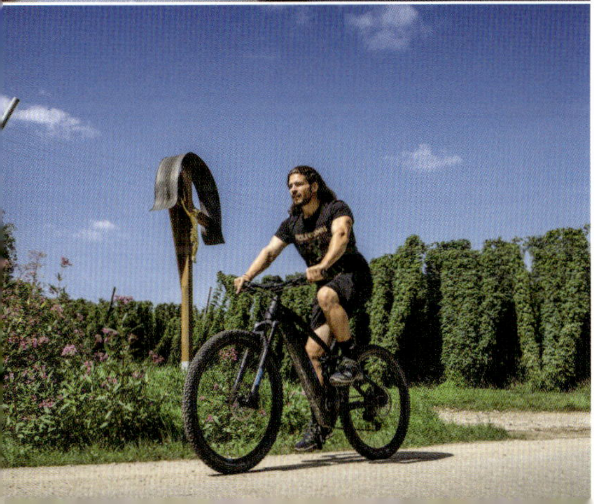

mit uns. In Larsbach bekommen wir direkt auf der Straße einen Geheimtipp: Mittwoch ist immer Schweinebratenessen beim Huberwirt! Aber nur mit Vorreservierung, da die Kultveranstaltung stets gut besucht ist. Wir versuchen es trotzdem und ergattern tatsächlich noch zwei Plätze. Doppelt Glück gehabt! Vom Ambiente her befinden wir uns sofort in den 70er oder 80er Jahren. Links neben uns sitzt eine Truppe von vier alten Knaben, die nach dem ausgiebigen Mahl noch stundenlang Schafkopf spielen, wenn alle anderen Gäste schon lange weg sein werden. Rechts von uns sitzen zwei ältere Damen, die sich sehr über „junge Burschen" mit gutem Appetit freuen. Hier darf man nämlich so viel essen, wie da ist. „Bei de Oid'n weast guad g'hoid'n" („Bei den Alten wird man gut gehalten") ist ein Spruch, den wir aufschnappen. Das muss man Mathias nicht zweimal sagen, schließlich schmeckt es auch „saugut". Als gestandener Footballer mit ordentlich Muskelmasse hat er bald einiges an Riesenteigknödeln, Braten und Gurkensalat vertilgt, was uns ein paar Fans einbringt, die sich gerne auf einen kleinen Ratsch einlassen. Als sie von unserer Buchidee erfahren, müssen wir versprechen, dazu eine Ankündigung in der Zeitung zu bringen – schließlich wollen sie sich so einen Hallertau-Insider nicht entgehen lassen.

Nachdem wir wie die Berserker reingehauen haben, radeln wir vier Kilometer Richtung Süden zur Anhöhe bei Egg. Der Biergarten vom Siebler hat leider zu, sonst wären wir hier wohl auch auf eine Schorle hängen geblieben. Doch auch so verzaubert uns dieser Fleck sofort. Es hat mittlerweile sehr angenehme 19 Grad, es sind kaum Wolken am Himmel. Die Anhöhe verströmt einen ganz eigenen Charme aus steilen, blühenden, voralpin wirkenden Magerwiesen, einer mediterranen Pappelallee und friedlich weidenden Gallowayrindern. Auf der anderen Seite ist gleich der nächste Hopfengarten – ein verrückter Mix. Tatsächlich kann man von hier aus an guten Tagen auch die Alpen sehen. Wer fünf Minuten über hat, kann gut einen Kilometer südöstlich von hier den „offiziell" höchsten Punkt der Hallertau (534 Höhenmeter) besuchen. Tobi und ich haben uns zu diesem Thema eine eigene Meinung gebildet, mehr dazu findet ihr in unserem Abenteuer „Vom niedrigsten zum höchsten Punkt der Hallertau". Trotzdem ist der schön gepflegte, kleine Aussichtspunkt mit Ruhebänken, Bayernfahne, kleinem Maibaum und grünem Rasen, wo man Frisbee oder Federball spielen kann, einen Besuch wert.

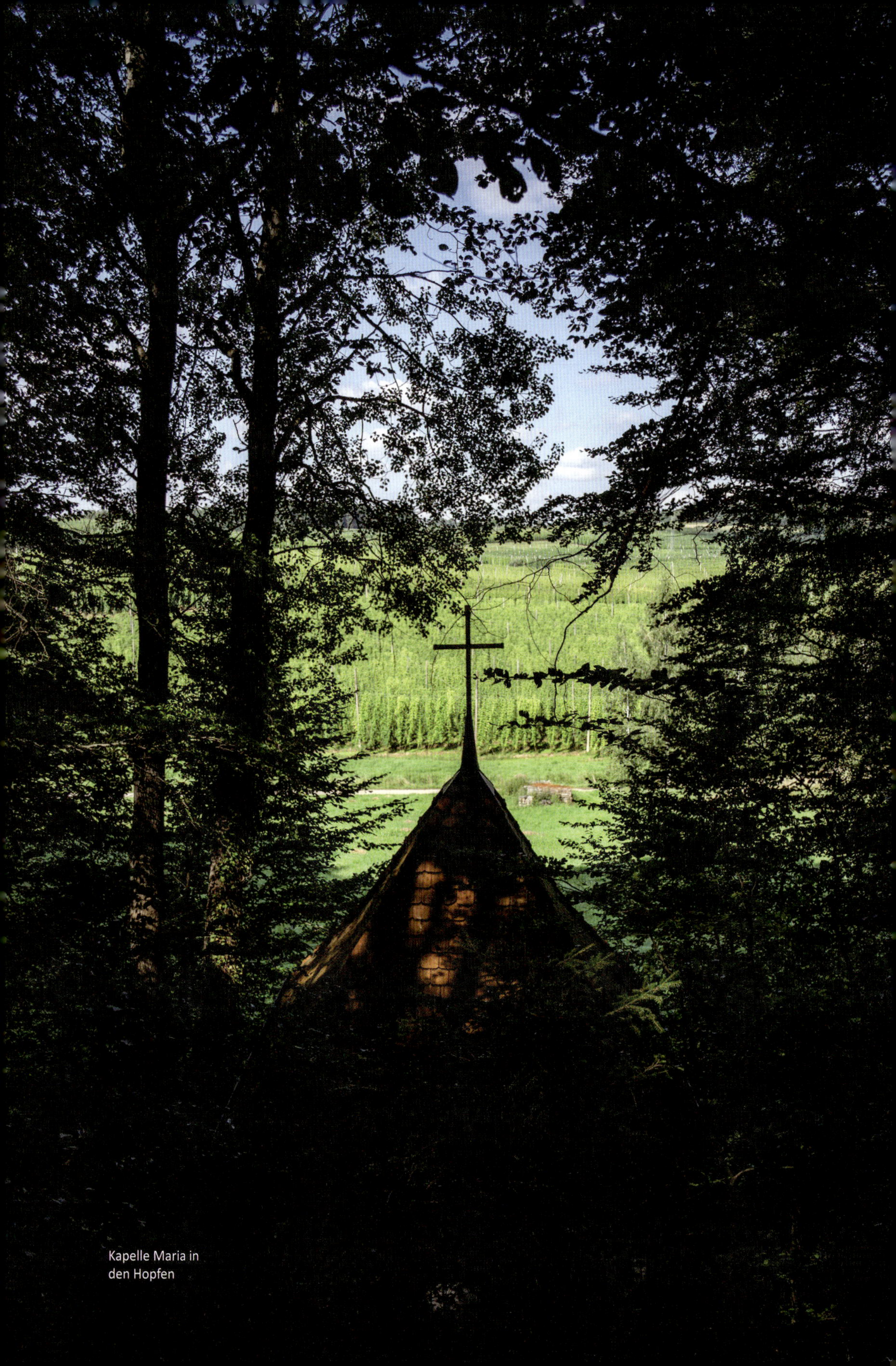

Kapelle Maria in den Hopfen

Von der Egger „Alm“ rollen wir hinunter in ein weiteres Hopfenmeer, einfach herrlich, so durchs üppig grüne Hügelland zu rauschen! Es geht vorbei an einer Koppel mit anmutigen Norweger Fjordpferden, bis uns das Gschwender Bächlein nach Geroldshausen führt. Wir radeln einfach der Nase nach und finden einen kleinen Trampelpfad, der uns über den Gscheiderberg quer durch den Ort bringt. Dabei treffen wir eine nette, junge Hipsterdame, ausgestattet mit Sonnenbrille und Hund, die sich ihrer Jugendzeit hier besinnt und mir fachkundig den Weg nach „Kema-nou'n“ (Kemnathen) weist. 15 Minuten später sind wir dort und lassen ein paar freilaufenden Hühnern die Vorfahrt. Nach dem Ortsende biegen wir rechts auf einen Feldweg ab, der uns zwischen dem Autobahndreieck Holledau und dem Wildmooser Wald zu einer umwachsenen, schattigen Autobahnunterführung bringt. Die Strecke ist phasenweise ziemlich matschig, ich mag mir gar nicht ausmalen, wie es hier zur Hopfenernte aussieht, wenn die Traktoren mit den Erntegespannen jeden Tag 14 Stunden lang die Reben einholen. Eine Schlammschlacht im Hopfen-Dschungel. Mittlerweile bin ich bei meiner Hopfengartenzählung bei 68 angelangt, mal schauen, wer am Ende näher dran ist.

Wir passieren einen Einsiedlerhof und fädeln beim Hopfenlehrpfad bei Schermbach ein. Am Edenthal-Hof biegen wir links ab und fahren durch den Gemeindewald nach Lohwinden. Hier gibt es zwischen den Hopfengärten Spargelfelder und die über 300 Jahre alte Wallfahrtskirche Mariae Geburt, deren Zwiebelturm erhaben die Hopfengärten überragt. Von Lohwinden aus geht es über den Bahnerberg zur Burgstaller Höhe, von wo man Einblick in das Ilmtal bekommt. Wir passieren bei Starzhausen das denkmalgeschützte Wasserschloss und biegen rechts Richtung Wolnzach ab. Um einen letzten Schwung an Hopfengärten mitzunehmen, halten wir uns gleich nach 300 Metern links. Wir holen Richtung Nordosten noch einmal vier Kilometer aus und kehren über den Kastanien- und Fuchsberg, die Teerstraße zwischen Niederlauterbach und Wolnzach und ein letztes Stück Feldweg zu unserem Ausgangspunkt am Brand-Holz zurück.

Der Kreis schließt sich. Am Ende haben wir 91 an unseren Weg angrenzende Hopfengärten gezählt. Teilweise gab es auch noch ganz kleine Anlagen zu sehen, die sich zwischen Hecken, Felder und Wäldchen schmiegten. Solche Kleinode wird es in den großflächigen Anbaugebieten der USA wohl nicht geben. Und ja, es hat sich definitiv eine Art Rausch eingestellt, wenn uns bergab der Wind um die Ohren gepfiffen hat, wir immer wieder im grünen Meer abgetaucht sind, der Hopfengarten-Counter nach oben geschnellt ist und wir frisches Hopfenaroma geschnuppert haben. Die Zeit verging viel zu schnell. Womit wir nicht gerechnet haben, war, dass wir genau an einem stinknormalen Werktag so viel Hallertauer Zeitgeist einfangen und sich so viele interessante Station ergeben. Eigentlich wollten wir ja nur Hopfengärten zählen. Es bleibt ein Stück Nostalgie, am liebsten wären wir einfach immer weitergefahren.

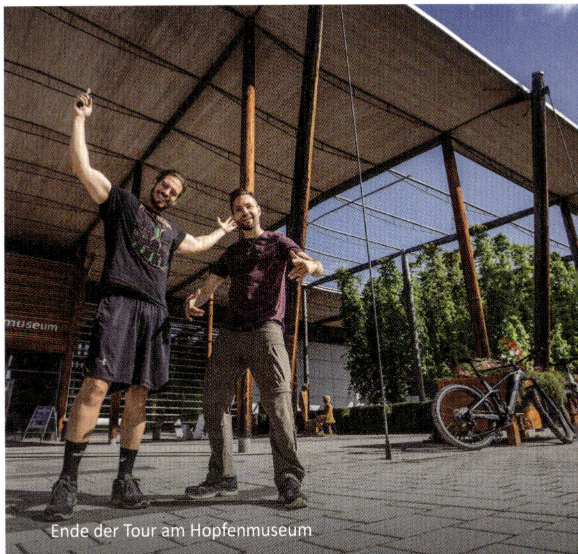

Ende der Tour am Hopfenmuseum

ÄHNLICHE IDEEN

- Einen Kreis um deinen Wohnort wandern und vielleicht in jedem Quartal den Radius erweitern. Oder eine Übernachtung im Freien einbauen.
- Auf den höchsten Punkt der Umgebung gehen, dort die höchsten Punkte am Horizont finden und eine Route planen, die alle verbindet.

E-BIKES FOR RENT

In Pfaffenhofen per Car-Sharing-Chip (www.stadtwerke-pfaffenhofen.de/mobilitaet/sharing) oder in Starzhausen bei Wolnzach (www.use-all.de), um nur zwei Beispiele zu nennen, die direkt bei uns ums Eck sind.

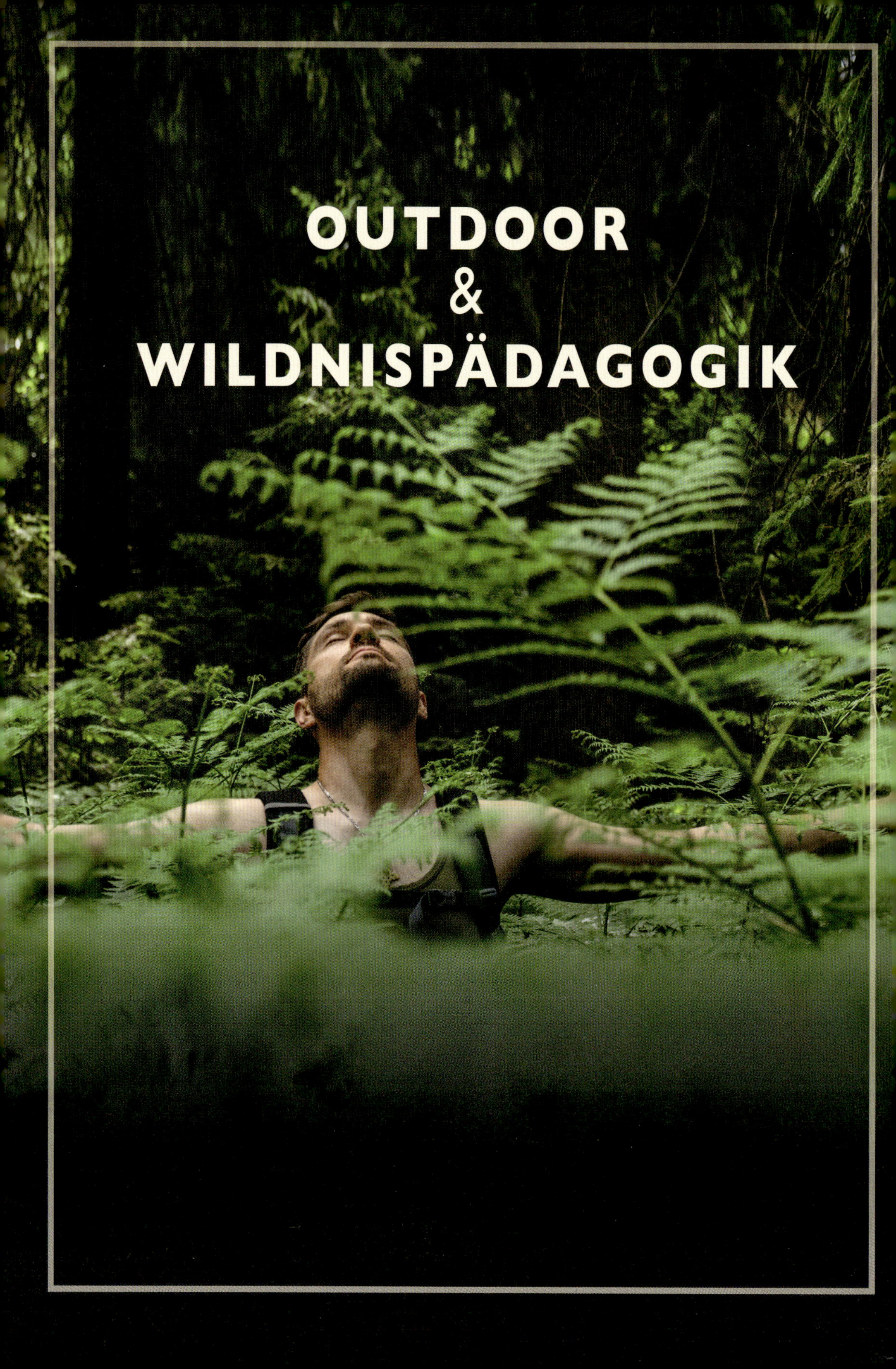
OUTDOOR
&
WILDNISPÄDAGOGIK

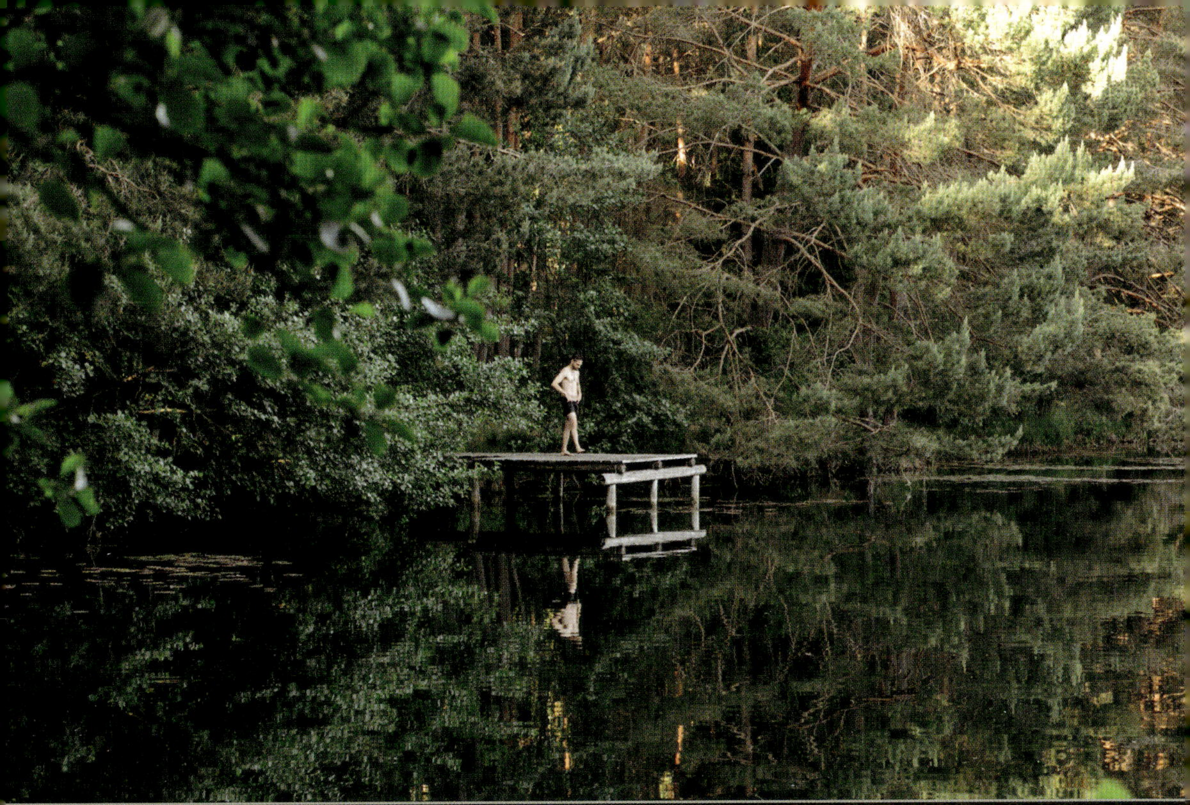

WILDSCHWIMMEN

Dauer:	1 – 2 h
Ort:	Feilenmoos
Fortbewegung:	zu Fuß, mit dem Rad, schwimmen
Schwierigkeitsgrad:	leicht
Ausrüstung:	Handtuch, Badehose/-anzug, Dry Bag (Packsack), Neoprenanzug, Schnorchelausrüstung

Autor: MU

Wildschwimmen ist in den letzten Jahren eine regelrechte Bewegung geworden – als weitere Alternative, um auf unaufgeregte, gesunde und ursprüngliche Weise die Natur und sich selbst zu erfahren. Es ist auch ein guter Weg, im heimischen Umfeld ein Micro Adventure zu erleben, egal ob man sich nur zwei Minuten abkühlt oder schwimmend einen Fluss „entlangwandert". Der kleinste Nenner für uns ist: Sobald wir wenigstens einmal ganz in einem natürlichen Gewässer untergetaucht sind, nennen wir die Aktion „Wild Schwimmen".

Nun gibt es aber in der Hallertau keinen Zugang zu einem Meer, keine spektakulären Wasserfälle oder Gumpen wie in den Bergen, keine grandiosen Höhlen, in die man schwimmen kann. Der Anteil an Wildwassern ist überschaubar. Die größten Weiher und Seen befinden sich am Feilenmoos in der Nähe der Donauniederungen und am Teichgut Einberg. Allerdings beschränken Naturschutz und Fischzucht die Möglichkeiten. Doch es bleiben immer noch Flüsse wie die Paar, Ilm, Abens, Amper, Große Laaber und die Donau mit ihren Nebenarmen sowie Dorfweiher, Waldbäder und größere Bäche. Das Abenteuer beginnt schon mit dem Auftun der Möglichkeiten. Wir zeigen euch zwei davon.

„DA MUSST DU JETZT EINFACH REINSPRINGEN …“

Eigentlich wollten Dominik und ich am Feilenmoos nur eine Runde fotografieren. Dominik ist ein alter Wolnzacher Basketball-Spezl, sein Händchen weiß der Naturliebhaber allerdings auch an der Kamera einzusetzen. Zu Beginn grooven wir uns langsam in den steppenartigen Auwiesen ein, schlendern an Pferdekoppeln vorbei und folgen einem kleinen Pfad durch ein dichtes, wildes Stück Mischwald mit Farn, Moos, Gras und wilden Heidelbeeren. Das Feilenmoos ist eine alte Mooraue, ein flaches, bewaldetes Stück Land mit einigen naturgeschützten Flecken und Baggerseen, die durch die Kiesförderung entstanden sind und auch als Naherholungsziele genutzt werden.

Nach ein, zwei Stunden Umherziehen ist der Mond aufgegangen, Wildgänse und Schwäne ziehen über die kleinen Seen. Die goldene Stunde nimmt uns in Beschlag. „Uuuh, hier ist das Licht richtig gut – ich sehe das fertige Bild schon vor mir“, sprudelt es aus Dominik heraus, als wir einen Weiher mit einem kleinen Steg entdecken. Ich merke, wie eine Idee in ihm aufkeimt und traue mich gar nicht zu ihm hinzuschauen, sondern lasse den Blick über das ruhige Wasser und das dicht bewachsene Ufer schweifen, wo Kiefern, Erlen und Birken im letzten Sonnenlicht aufleuchten. „Mike, da musst du jetzt leider reinspringen …“, rollt unaufhaltsam der Entschluss auf mich zu. Er hat recht. Die Ausrede, dass ich keine Badehose und kein Handtuch dabei habe, hält genau zwei Sekunden in meinem Kopf.

Also kurz die Wassertiefe abchecken, Klamotten bis auf die Boxershorts runter und dann: einfach rein. Ohne überlegen, ohne zögern. Boom! Das dunkle, kühle Element umfängt mich, was für eine Erfrischung an diesem schwülen Sommerabend. Wie lange war ich schon nicht mehr in freier Natur schwimmen … herrlich. Ich drehe und wende mich, tauche unter, fange befreit das Lachen an, genieße es, alleine im Weiher zu sein, und paddle an Seerosen vorbei wieder zum Steg. Mit diesem Abstecher hätte ich heute wirklich nicht gerechnet. Ein paar Mal springe ich noch in den Weiher, dann wird das T-Shirt zum Handtuch umfunktioniert und wir ziehen weiter in die blau und pastell gefärbte Dämmerung – auf der Suche nach weiteren Fotomotiven. Dank des Wildschwimmens haben wir heute auch ein paar Abenteuerbilder im Gepäck dabei.

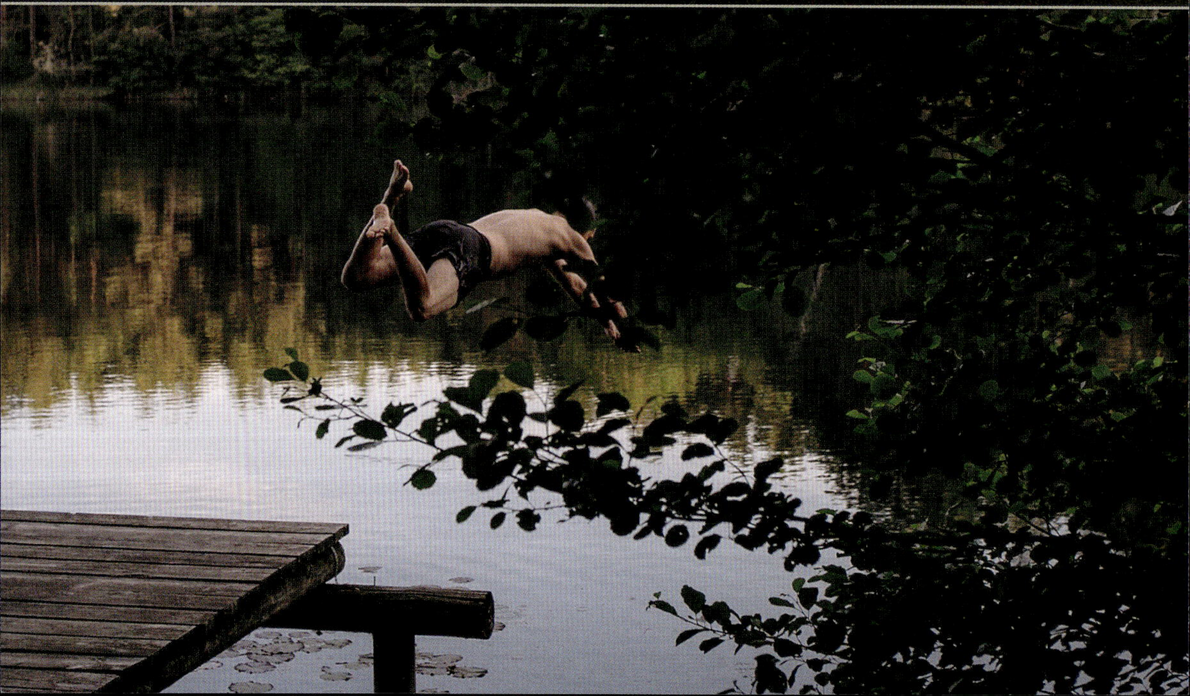

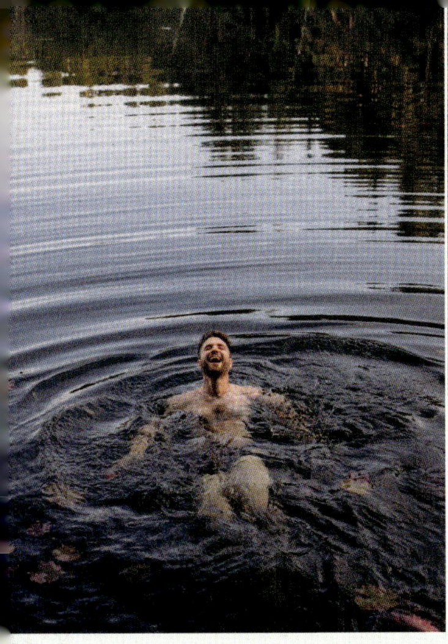

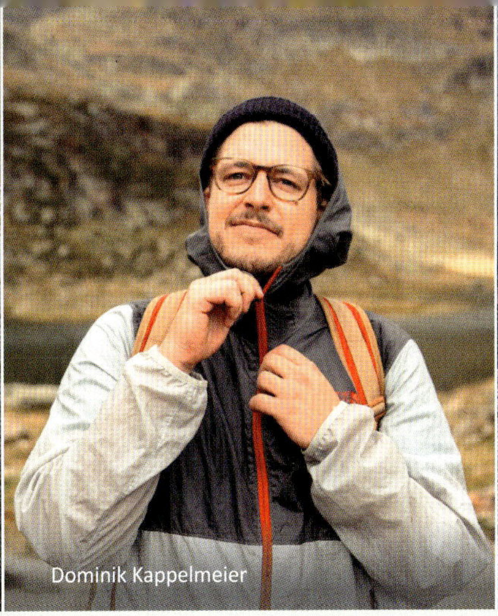

Dominik Kappelmeier

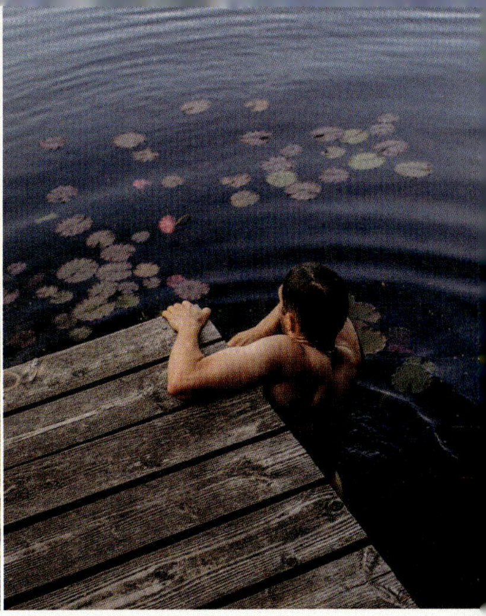

HINWEISE ZUM WILDSCHWIMMEN

Grundsätzlich sind Baden und Schwimmen erlaubt:

- in allen fließenden und stehenden Gewässern (BayWG), wenn ein öffentlicher Zugang oder ein rechtmäßiger Zugang (z. B. nach dem naturschutzrechtlichen Betretungsrecht) über fremde Ufergrundstücke zum Gewässer besteht,
- außerhalb von Schilf- und Röhrichtbeständen,
- in Gewässern, auf denen die Schifffahrt ausgeübt wird, im Rahmen der Vorschriften der Schifffahrtsordnung (SchO).

Kein Gemeingebrauch besteht bei Gewässern in Hofräumen, Gärten, Park- und Betriebsanlagen, wenn sie dem Eigentümer dieser Grundstücke oder Anlagen gehören, sowie an ablassbaren, ausschließlich der Fischzucht dienenden Teichen.

Folgende Pflichten sind einzuhalten:

- mit dem Gewässer und seinen Ufern sowie der Tier- und Pflanzenwelt pfleglich umgehen (Grundsatz der Naturverträglichkeit),
- auf die Belange der Gewässereigentümer und -anlieger Rücksicht nehmen (Grundsatz der Eigentümerverträglichkeit),
- Sportausübung und Freizeitgestaltung anderer nicht verhindern oder mehr als nach den Umständen unvermeidbar beeinträchtigen (Grundsatz der Gemeinverträglichkeit).

BASICS ZUM WILDSCHWIMMEN

- Die Wasserqualität von deutschen Seen und Flüssen wird generell als gut bewertet. Trübe, mit grünen Schlieren durchzogene oder faul riechende Gewässer besser meiden (z. B. Gefahr durch giftige Blaualgen). Ein guter Test: Wenn man knietief im Wasser steht, ohne Schlamm aufgewirbelt zu haben, sollte man seine Füße noch sehen.
- So viel Spaß Wildschwimmen macht, so abenteuerlich und so gut es für die Seele ist, so vorsichtig sollte man sein. Vor allem, wenn man alleine oder nachts unterwegs ist.
- Gezeiten, Strömungen, überhängende Äste, Gewitter, Regen (erschwertes Atmen durch Gischt), Kälte und im Wasser versteckte Objekte sind zu beachten. Vor Sprüngen unbedingt die Wassertiefe des Landeplatzes überprüfen.
- Taucherbrille vor dem Schnorcheln innen mit Zahnpaste beschmieren und nach einer Stunde im Waschbecken abwaschen, um das Beschlagen unter Wasser zu verhindern.
- Weitere Hinweise zum Thema Wasser und Schwimmen findet ihr auf Seite 209.

ÄHNLICHE IDEEN

- Flüsse im Flachland eignen sich zum „Flusswandern“. Mit einem Neoprenanzug, einem Dry Bag und einer Biwak-Ausrüstung kann man auch mehr als einen Tag lang flussabwärts schwimmen. Zum Beispiel über die Paar, Ilm oder Abens bis zur Donau.
- Aufweck-Plansch: Vor der Arbeit mit dem Rad zum nächstgelegenen natürlichen Gewässer, reinhüpfen, ein paar Runden schwimmen und mit frischer Energie in den Tag starten.
- Jahres-Challenge: alle wilden Gewässer im Landkreis finden und dort einmal schwimmen.

Autor: TR

SCHNORCHELN UND DAS FERNWEH

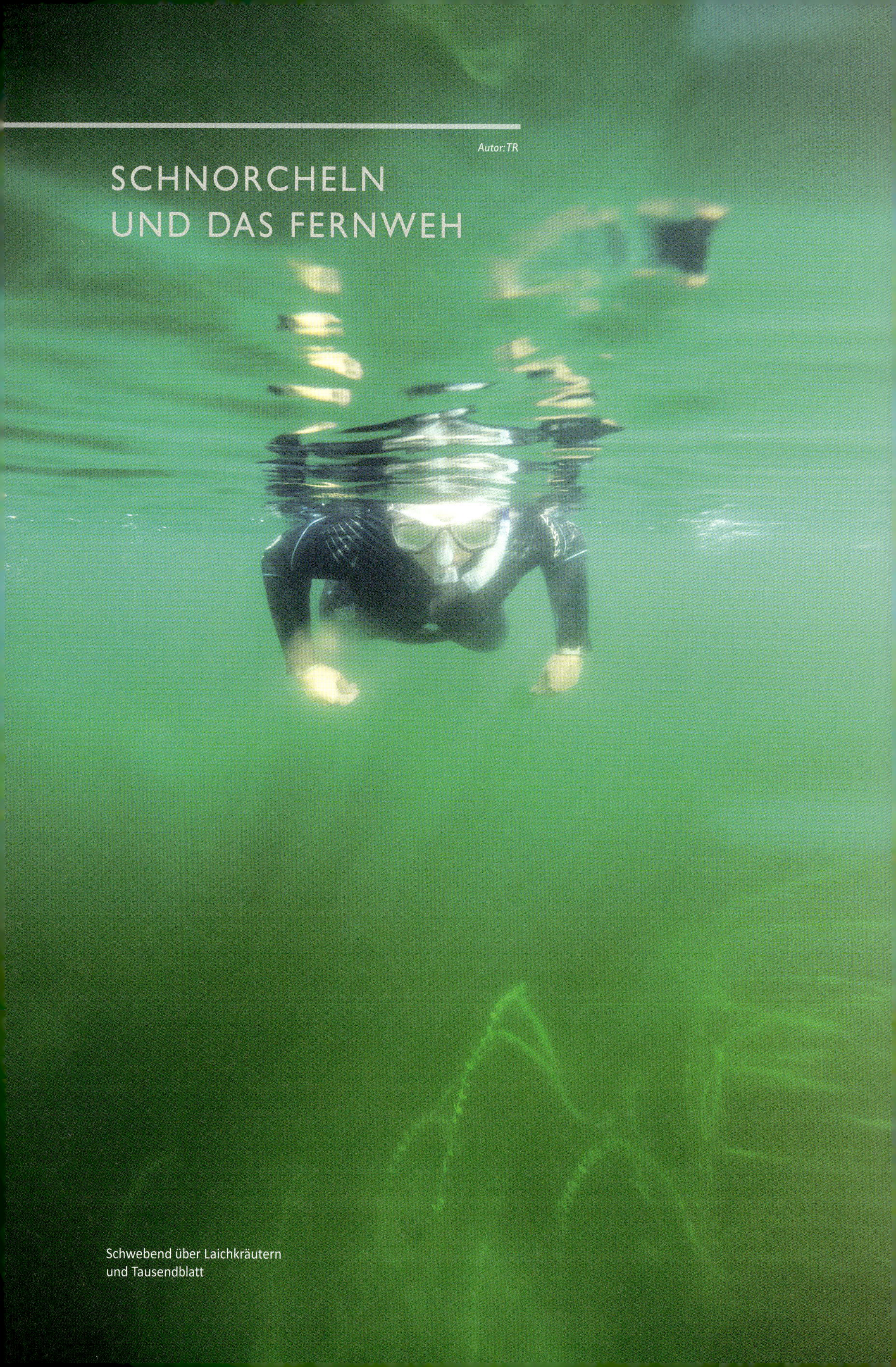

Schwebend über Laichkräutern
und Tausendblatt

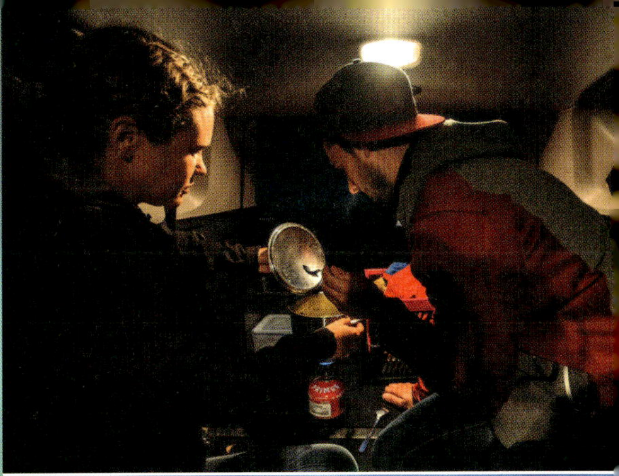

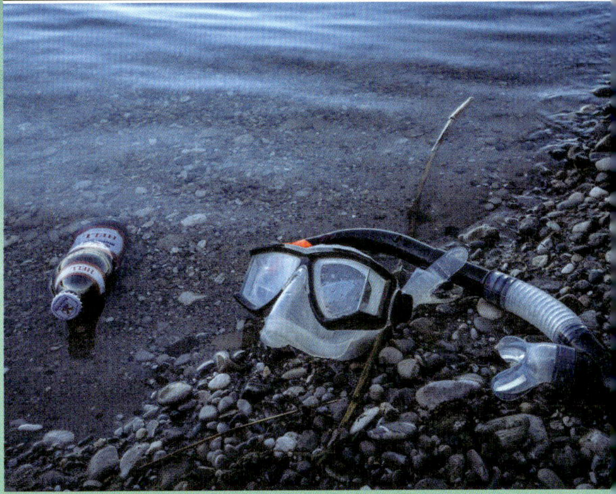

Wir sollten endlich mal in unseren Weihern Schnorcheln gehen". Und tun es dieses Mal auch. Trotz der herbstlichen Temperaturen Ende September. Die Taucherbrille liegt eh schon seit Wochen bereit und ein passendes Gewässer im Feilenmoos wissen meine Frau Elena und ich auch. An einem Mittwochnachmittag übermannt uns das Fernweh, also setzen wir auf ein kleines Abenteuer, um uns in eine andere Welt zu „beamen". Die Unterwasserwelt, wo wir eine neue Facette unserer Heimat kennenlernen und ein bisschen träumen können.

Meer und Wasser lösen bei mir Nostalgie und Begeisterung aus. Ich erinnere mich an die Zeit, in der ich als Teenager mit Taucherbrille und Schnorchel stundenlang die Meeresküste Istriens erkundete. Das Rauschen des Meeres, der Geruch des mediterranen Essens, das Erforschen der Unterwasserwelt – durch das Meer ist meine Liebe für die Natur und ihren Schutz erwacht. Eine Verbindung, die aufzufrischen ich kaum mehr erwarten kann, jetzt da sie in greifbarer Nähe ist. Nach nur 20 Minuten Autofahrt ist es so weit: Wir stehen an einem Weiher, die Möwen kreisen über uns und ein sanfter Wind schickt kleine Wellen über das Gewässer.

Einmal zögern wir noch, bevor wir in die Schwerelosigkeit eintauchen. Werden wir überhaupt etwas sehen? Was werden wir sehen? Wir stoßen uns ab und gleiten ins kühle, klare Wasser. Das Ufer bleibt immer weiter zurück, dann taucht auch der Kopf unter und auf einmal sind wir in einem anderen Lebensraum. Ein magischer Moment. Immer wieder. Der Körper bekommt einen angenehmen Druck von außen, die Geräusche der Oberwelt sind ausgeblendet und ich entspanne.

Vor uns breitet sich ein wahrer Unterwasser-Dschungel aus, hauptsächlich aus meterhohem Froschlöffel. Neugierig schwimmen Flussbarsche um uns herum. Der von uns aufgewirbelte Uferbereich hält schließlich ein Festmahl für sie bereit. Würde ich meine Beine strecken, könnte ich sie mit meinen Zehen berühren. Ein Schwarm kleinerer Fische sucht sich seinen Weg durch den Froschlöffelgarten. Der Zauber der Wasserwelt hat mich wieder eingefangen und in eine andere Sphäre entführt. Langsam schnorcheln wir am Ufer entlang, begutachten die filigrane Struktur der Algen und suchen nach weiteren Tieren. Ein plötzliches, verunsichertes Zucken aus Elenas Richtung lässt mich umschauen. Nun fahre auch ich respektvoll zusammen, denn vor uns taucht die Silhouette eines etwa einen Meter langen Hechtes auf.

Nach vielen Stunden auf Naturerkundung sind uns diese Momente der Überraschung vertraut, schnell verwandeln sie sich in Entdeckerfreude. Für Angst gibt es keinen Grund. Völlig regungslos schwebt der Hecht über dem Pflanzenteppich, sodass wir diese Begegnung noch einige Minuten lang genießen können. Ein sich langsam anbahnendes Kältegefühl erinnert uns daran, dass wir hier nur Gäste sind. Da hilft auch der Neoprenanzug nur bedingt.

Außerdem haben sich Regenwolken zusammengezogen, während wir unter Wasser waren. Sollte sich ein Gewitter zusammenbrauen, wäre es keine gute Idee, immer noch im Wasser zu sein. Abtrocknen im Eiltempo ist angesagt, anschließend verziehen wir uns in den Rückraum unseres Autos. Für so einen Moment haben wir vorgesorgt und wärmen uns einen mediterranen Bohneneintopf auf. Als der Regen immer stärker auf unser Auto trommelt, schließen wir den Kofferraumdeckel, löffeln unsere Suppe und beobachten in aller Gemütlichkeit, wie das stürmische Wetter über den See hinwegzieht. Einen passenderen Abschluss hätte unser Wasserabenteuer nicht finden können.

EIN JAHR IN EINEM BAUM

Dauer:	10 min
Schwierigkeitsgrad:	vom Baum abhängig
Ort:	ein gesunder Baum ohne nistende Vögel

Autor: MU & TR

Diese Abenteuerserie fanden wir derart geeignet, unsere Heimat in einem größeren zeitlichen Rahmen zu begreifen, dass wir sie eins zu eins von Alastair Humphreys kopierten. Die Idee ist simpel und kostet nicht viel Zeit: nämlich jede Monatsmitte auf denselben Baum klettern. Die zwölf monatlichen Treffen würden unsere Wahrnehmung verbessern, wie sich die Natur an einem bestimmten Ort im Lauf der Jahreszeiten verändert. Es wäre auch eine Art lebendiger Kalender, mit dem wir den Fortschritt des Jahres dokumentieren und mit den Abläufen in unseren eigenen Leben in Relation setzen. Und es wäre eine regelmäßige Auszeit im Freien, die uns immer wieder koordinativ fordert, uns vom Boden in luftige Höhen entführt und eine neue Perspektive ermöglicht.

Der Baum sollte ein Laubbaum sein, groß genug für uns beide und auch bei schlechtem Wetter zu erklettern. Noch gibt es solche Exemplare in der Hallertau, oftmals an Waldrändern, in steileren Lagen oder Feuchtgebieten. Die Suche nach „unserem" Baum war schon ein kleines Abenteuer. Wir tasteten die Rinde interessanter Exemplare ab, schätzten das Alter, überprüften die Stabilität der Äste, das Vorhandensein von Vogelbruthöhlen und die Aussicht. Nach ein paar Monaten war unsere innere Uhr gestellt und wir wussten genau, wann es Zeit für eine Hobbit-Auszeit im zweiten Stock unseres großen Eichen-Ent-Freundes war. Auch wenn wir uns immer wohler fühlten und unseren Baum immer besser kennenlernten, durften wir trotzdem nicht leichtsinnig werden, denn ein Sturz aus sechs bis acht Metern Höhe kann böse enden. Wer glaubt, Baumklettern wäre für Erwachsene albern, hat es noch nie gemacht oder schon wieder vergessen, wie es sich anfühlt. Wir empfehlen es in bester Peter-Pan-Manier wärmstens – auf dass ihr eure kindliche Freude an den einfachen Dinge des Lebens nie verlieren mögt!

(Hinweise zum Thema Baumklettern: S. 211–212)

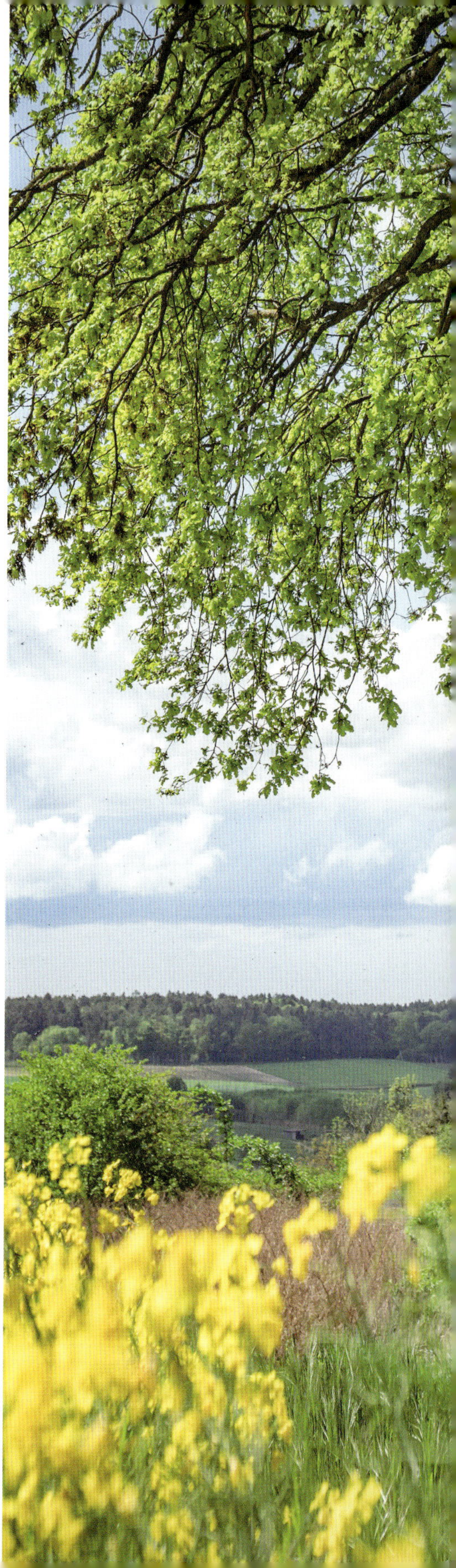

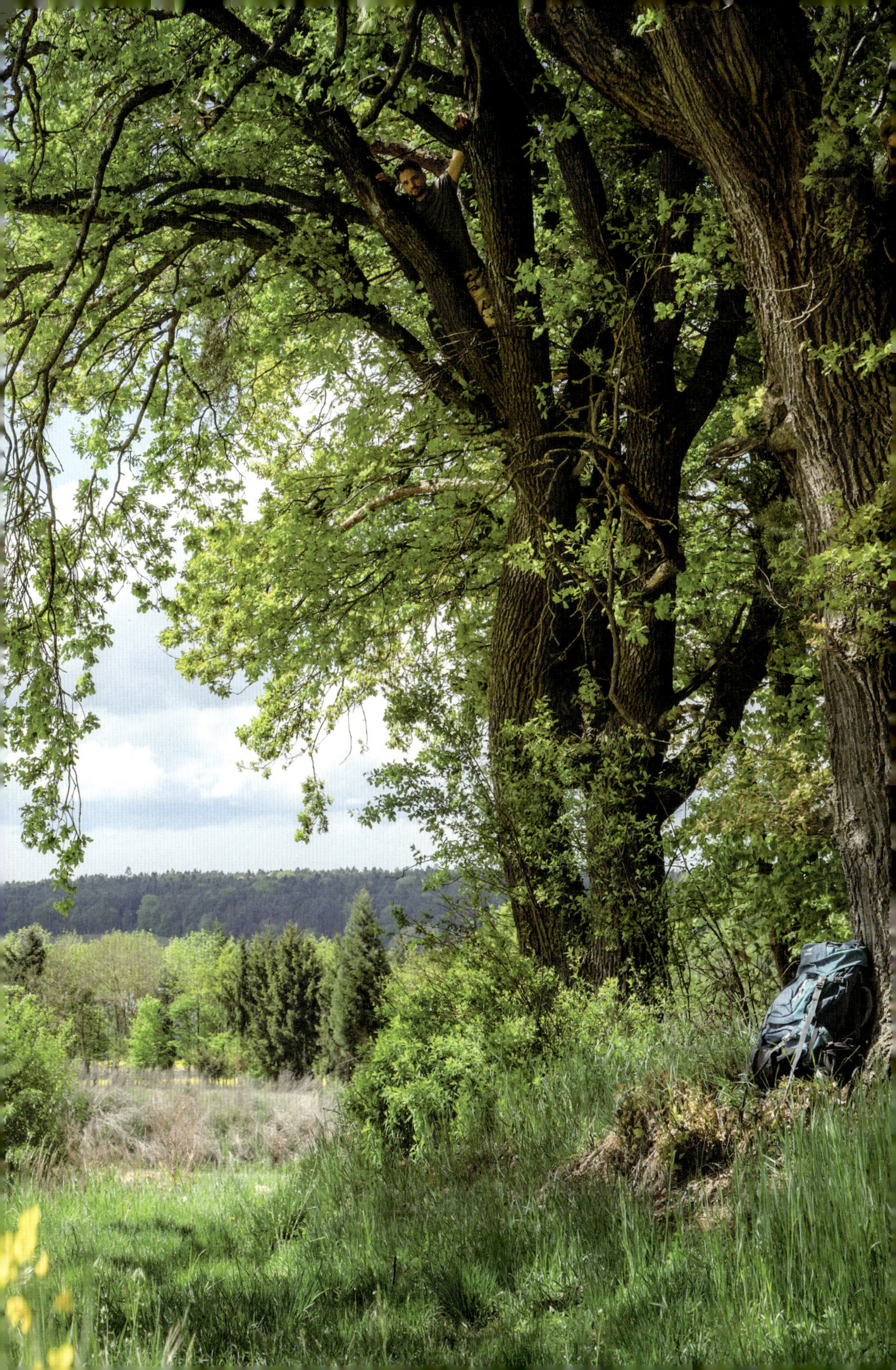

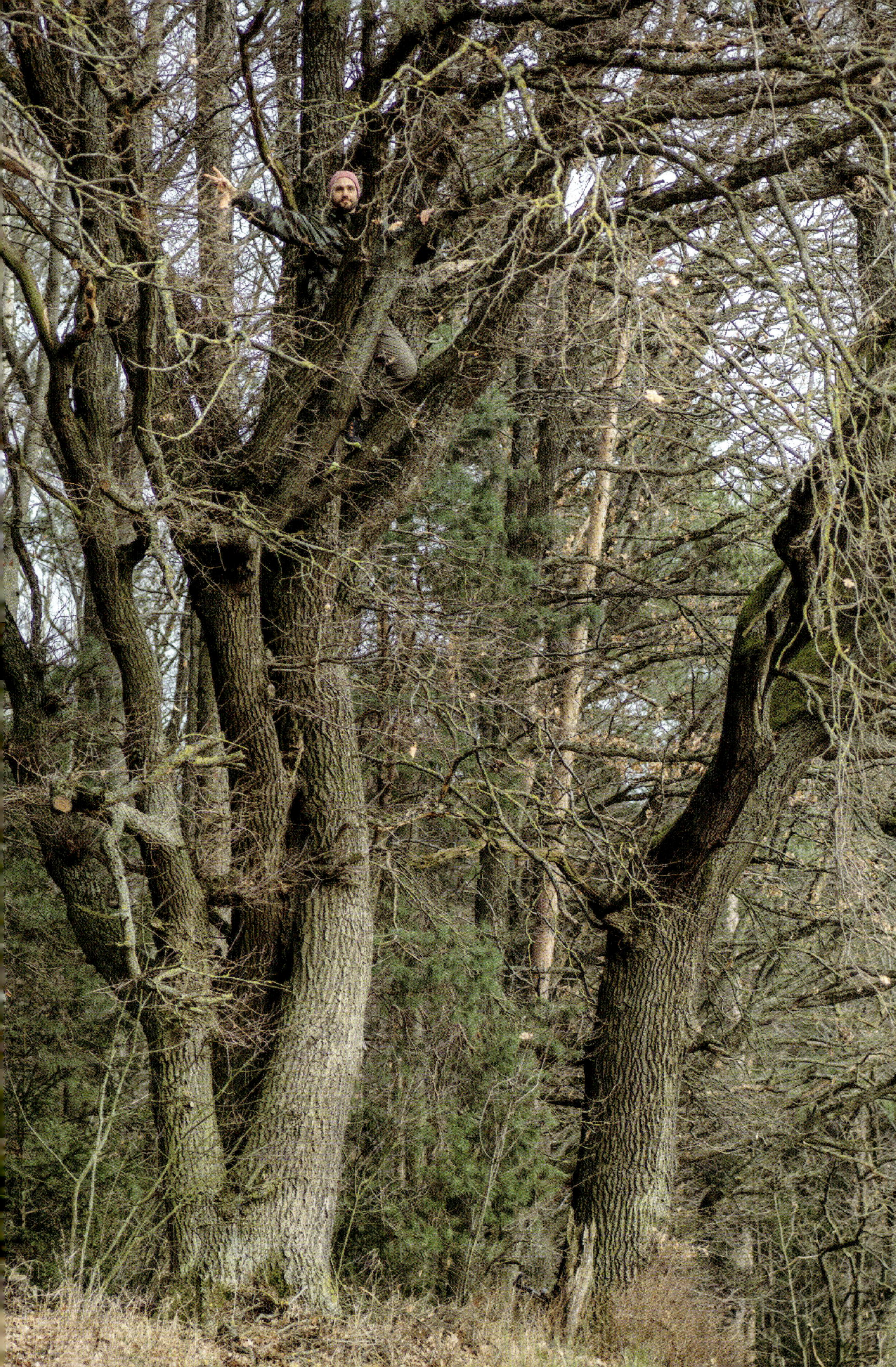

FEBRUAR

„Unsere“ Eiche steht circa einen 30-Minuten-Fußmarsch entfernt von Tobis Haustür. Obwohl im Wald noch Schneereste liegen, ist der Stamm relativ trocken. Griff für Griff geht es nach oben, noch müssen wir den besten Weg nach oben suchen. Bescheidenheit ist beim Klettern ohne Sicherung die beste Sicherung. Außerdem wollen wir nichts beschädigen. Der Moment, ab dem man keine Bodenhaftung mehr hat, ist immer besonders: Man kommt in eine andere Welt, in der man sich unter Zuhilfenahme der Arme mehr nach oben und unten bewegt als vor und zurück. Das Moos an der Nordseite des Stammes ist noch nass und kalt, fast unpassend für diesen milden Februartag. Das Mikroklima ändert sich, sobald ich einen von der Sonne beschienenen Ast erreiche: Trockene, bröselige Rinde rieselt mir in die Augen. Nicht gerade hilfreich, wenn man keine Hand frei hat und artistisch, aber keineswegs elegant, am Baum hängt. Zusätzlich kratzt das Geäst an Beinen und Armen. Immerhin lässt der bereits im Spätwinter angestimmte Reviergesang von Grünfinken und Misteldrosseln ein wenig Frühlingsgefühle aufkommen.

Ehe wir uns versehen, sind wir auf einer Höhe von sechs bis acht Metern angelangt. Hier oben bietet unser vielleicht 150 Jahre alter, aus drei Hauptstämmen bestehender Baum guten Halt sowie Sitzmöglichkeiten – sehr praktisch, wenn man nicht nur Akrobatik, sondern auch Erholung und Fotomotive suchen möchte. Die Menschen wirken von hier oben wie Zwerge. Der Abstand ist gut, entgeht man doch weitgehend den neugierigen Blicken von Mountainbikern, Joggern und Spaziergängern. Aus dieser Höhe haben wir durch das noch laubfreie Geäst gute Sicht, das wellenartig strukturierte Hügelland der Hallertau kommt so besonders schön zur Geltung. Selbst das nordwestlich gelegene Ilmtal mit seinen Dörfern können wir erspähen. Nach einer kurzweiligen Viertelstunde geht die Sonne langsam hinter den am Horizont stehenden Wolken unter und schenkt uns einen pinkroten Sonnenuntergang. Mit der Sonne fällt auch die Temperatur schlagartig, frische minus vier Grad sollen es diese Nacht werden. Aber keine Sorge, hölzerner Kamerad, der Frühling kommt wieder – so wie wir.

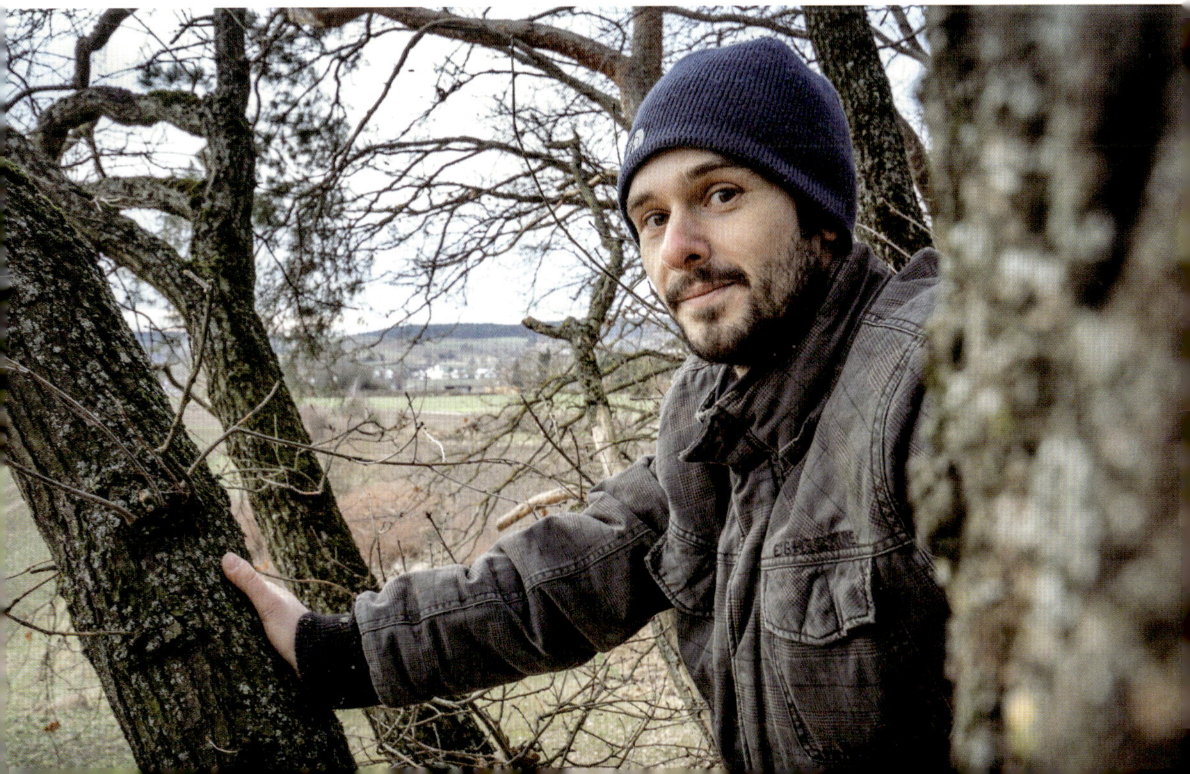

MÄRZ

Wild entschlossen hatte ich an diesem Tag um 15:59 Uhr mein Arbeitslaptop zugeklappt. Ich wollte unbedingt raus, die Sonnenstrahlen kitzelten meine Nase. Noch eilig den Rucksack geschultert und schon sind wir unterwegs Richtung Wiesen und Wälder. 16 Grad warme Luft streichelt das Gesicht. Vögel singen, Rehe ziehen über die Felder. Schmetterlinge flattern um uns herum, die Feldhasen suchen nach Kräutern. Es ist unerwartet frühlingshaft.

Erst als wir uns fragen, wie wir letztes Mal hinaufgekommen sind, merken wir, dass wir an der Nachbareiche stehen. Hehe, verdammt ... Den Baum vor lauter Wald nicht gesehen. Unser Kletterbaum fühlt sich heute anders an. War die Rinde im Februar noch feucht-moosig, ist sie jetzt viel trockener und rauer. Eigentlich nicht verwunderlich, immerhin sind seit der letzten Tour vier niederschlagsarme Wochen vergangen. Wir haben denselben Gedanken. Wahnsinn, was im letzten Monat alles passiert ist: die ersten Abenteuer für unser Buch, Berufliches, Familiäres. Es tut gut zu wissen, dass die Dinge vorangehen und es trotzdem Momente gibt, in denen die Zeit stillzustehen scheint.

Ganz entspannt tauchen wir hier oben in die Welt der Baumkrone ein. „Los, wir unterteilen den Baum in eine Wohnstube!" fordert mich Mike auf. Er lehnt mit dem Bauch an einem Ast, bequem genug, um zu entspannen, unbequem genug, um nicht einzuschlafen und sechs Meter in die Tiefe zu stürzen. Wir sind uns einig, dass diese Astgabel das Studierzimmer ist. Ich dagegen habe einen sichereren Stand, habe um mich herum stabiles Astwerk. Solch eine arbeitsfreundliche Anordnung könnte als Esszimmer und Küche dienen – hier können wir auch gut mal Brotzeit machen. Zwischen uns ist eine Art dreifache Astgabel. Sie erlaubt einen komfortablen Sitz mit rückenseitiger Lehne. Eindeutig ein Schlafplatz oder ein Wohnzimmer.

Aus unserem „Haus im Baum" sehen wir, dass das Grün der Landschaft noch auf sich warten lässt und weder Bäume noch Wiesen ihre Blätter sprießen lassen. Trotzdem hat die Kulisse etwas Heimeliges: Das teils diesige, teils sonnige Wetter gibt eine besondere Wärme ab. Als wollte uns die Vogelwelt gebührend verabschieden, liefert sie uns zum Abstieg noch einmal ein tolles Konzert, mit dabei: Schwarzspecht, Singdrossel, Grünfink, Buchfink und allerlei Meisen. Eine kleine Jogging-Runde nach Hause durch das Tal der Wolnzach rundet dieses kurze Adventure ab. Allein dafür hat es sich schon gelohnt, heute aufzustehen.

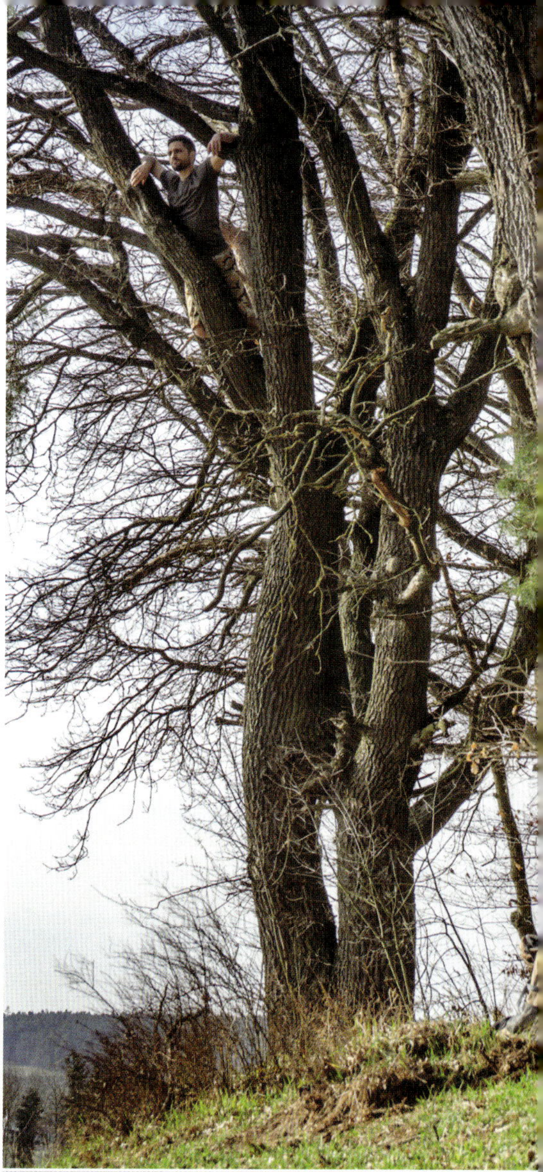

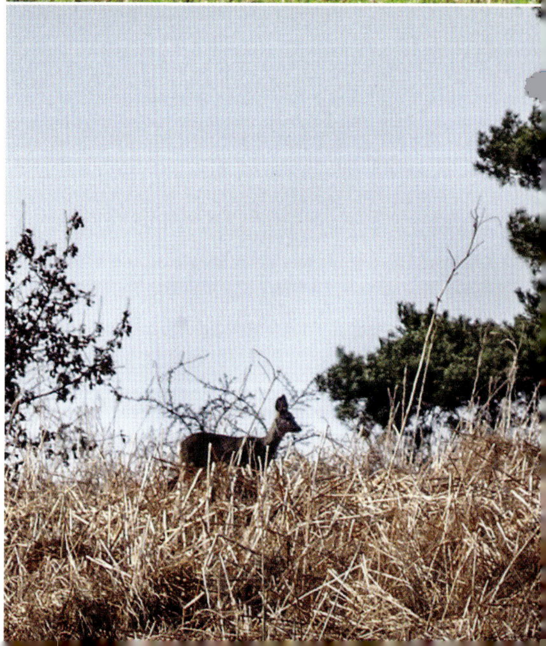

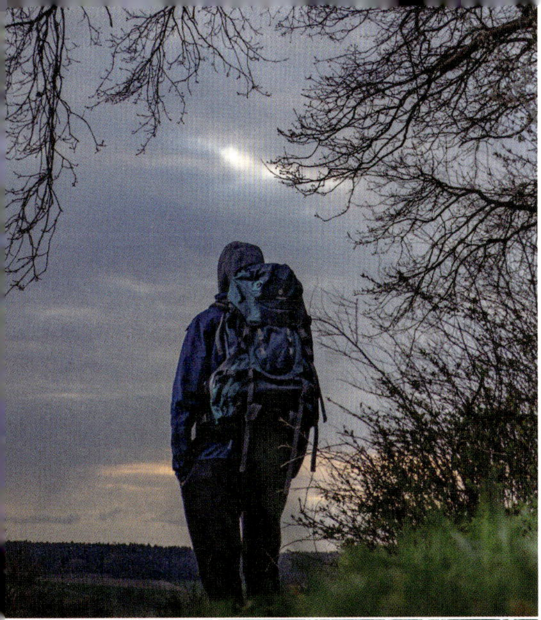

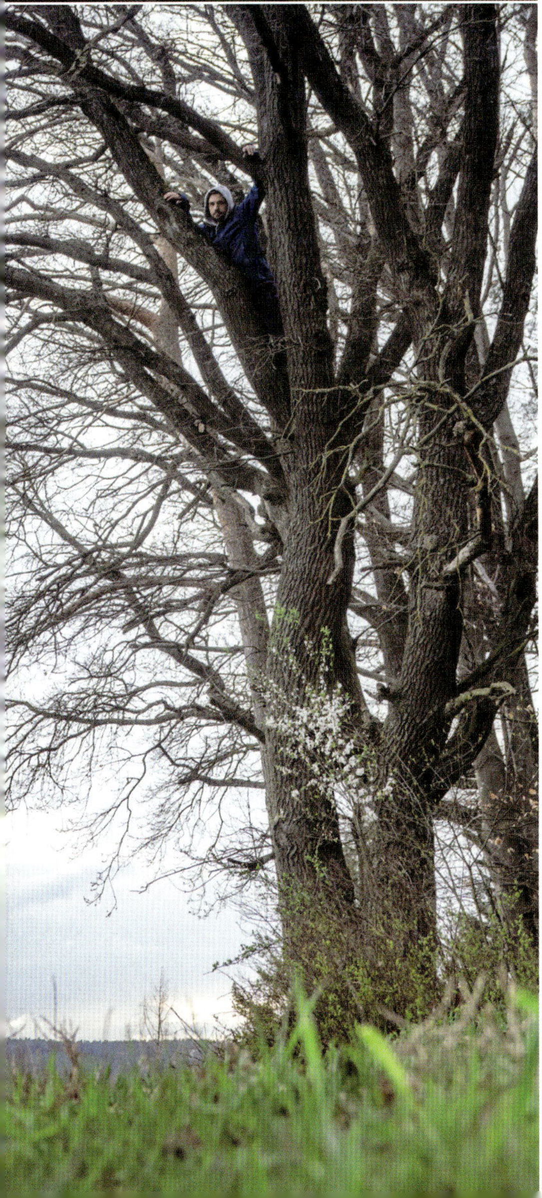

APRIL

Zum Frühlingsbeginn wurden wir mit Temperaturen knapp an die 20 Grad verwöhnt. Heute dagegen hat es gerade einmal 6 Grad und ein beständiger Wind bläst uns nasskalte Luft ins Gesicht. Vergangene Woche hat es sogar geschneit. Zugegeben, für das heutige Baum-Adventure hätte ich mich etwas aufraffen müssen, wäre da nicht „Burschi" gewesen. Der Dackel-Mischling ist ein neuer Teil von Annas Familie und begleitet uns zusammen mit unseren Mädels zu unserem über zwei Kilometer entfernten Kletterbaum. Burschis Spieltrieb lässt in mir wieder gute Laune aufkommen. Am Ziel verabschiedet sich unsere Begleitung und wir nehmen die Kletterei in Angriff.

Der Spaziergang und das Klettern bringen wieder etwas Wärme in die Knochen. Zudem bin ich erleichtert, dass wir diesen Baum weiter für unser Abenteuer nutzen können. Hätte nämlich ein Vogel durch Gesang oder Getrommel auf sein Brut-Revier in dieser Eiche aufmerksam gemacht, hätten wir den gefiederten Wesen zuliebe eine Alternative finden müssen. So aber können wir beruhigt aufsteigen und uns wieder einen Überblick verschaffen.

Trotz des durchwachsenen Wetters sind die Veränderungen der Vegetation deutlich zu erkennen. Die Baumknospen schieben an, Holunder zeigt sein erstes Grün, während Schlehen, Buschwindröschen sowie Zierzwetschge schon blühen. Wir genießen den Ausblick vom Waldrand aus und denken darüber nach, was in den letzten vier Wochen geschehen ist. Besonders müssen wir über das anstrengende Abenteuer lachen, bei dem wir vom niedrigsten bis zum höchsten Punkt der Hallertau geradelt sind, was wir eindeutig unterschätzt hatten. Wir erinnern uns an dauerhaften Gegenwind, mangelhafte Wasserreserven, wilde Flüche, totale Stille und einen ausgelassenen Freudentanz im stockfinsteren Wald.

Wir vergessen für eine Weile die Kälte und werden erfreulicherweise noch mit etwas Sonne belohnt. Verblüfft stellen wir fest, dass der Nachmittag vorbei ist und der Abend schon begonnen hat. Es ist 19:00 Uhr und wir haben die Zeitumstellung übersehen! „Los, ab nach Hause, es wird bald noch frischer, sobald die Sonne untergeht", meint Mike und massiert sich die klammen Pfoten.

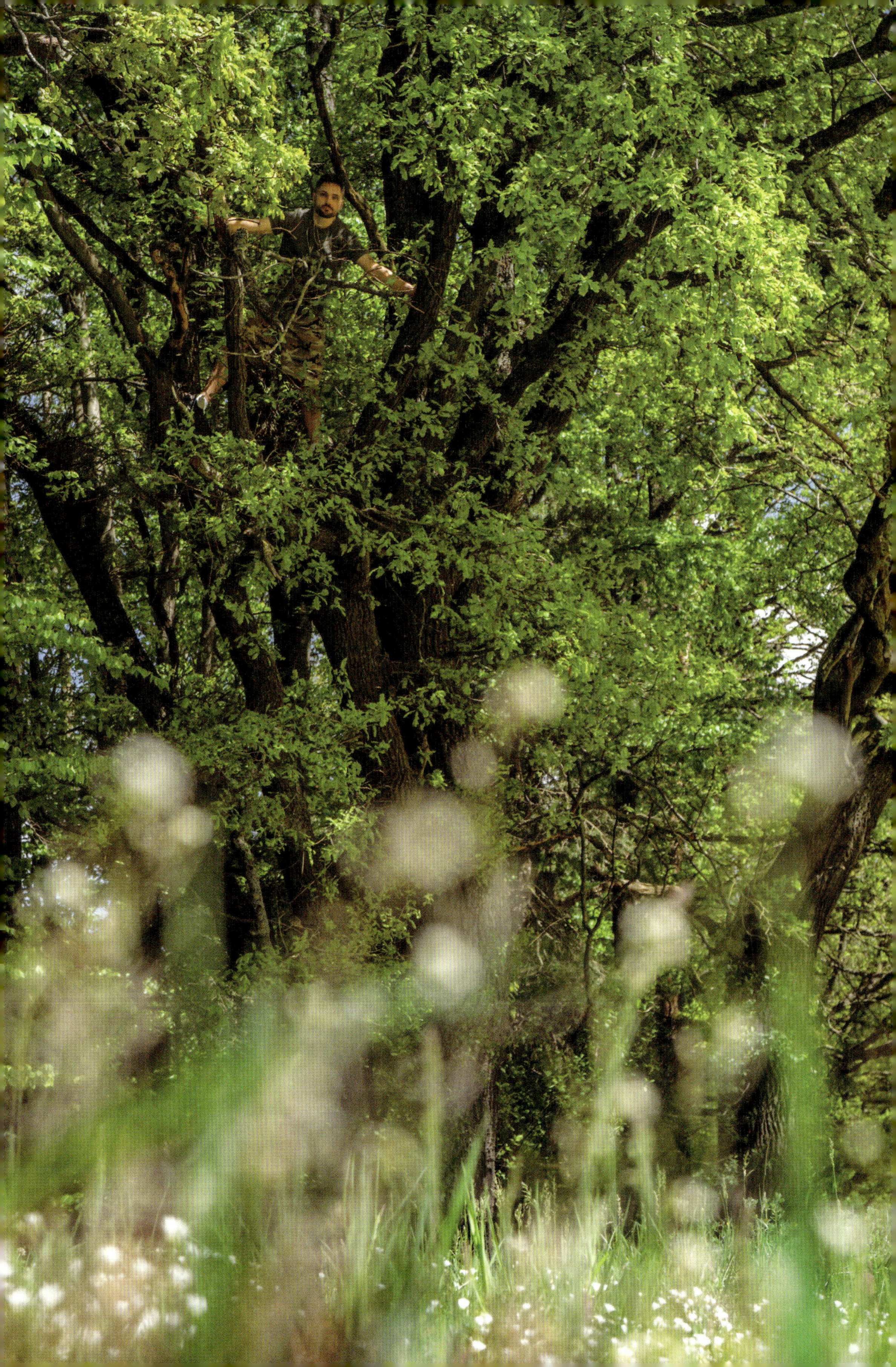

MAI

Heute können wir das erste Mal mit kurzer Hose und T-Shirt aufbrechen, es hat sonnige 17 Grad und in den letzten Wochen ist die Natur explodiert. Bei der Anfahrt mit dem Rad sehen wir eine Streuobstwiese, auf der mittlerweile die Apfelbäume blühen. Phasenweise ist das Thermometer auf bis zu 28 Grad geklettert, dazu hat es viel geregnet. Wir passieren im Wald zwei riesige Gumpen, in denen sich die Bergmolche gerade Pheromone zufächeln und die Erdkröte ihren Laich abgelegt hat. Die Buchen leuchten in frischem Grün. Flieder, Kastanien, Brennnesseln und Lichtnelken sind am Blühen, während die Lärchen und der Löwenzahn schon fast damit fertig sind. Je näher wir unserem Baum kommen, desto euphorischer werden wir – durch den Wald dringt der intensive, süßliche Geruch des knallgelb leuchtenden Rapsfeldes, das neben unserem Kletterbaum liegt und die große Veränderung deutlich zeigt. Letzten Monat war der Raps erst 20 bis 40 Zentimeter hoch und von der Blüte war noch kaum etwas zu sehen.

Rundum erstrahlt alles nur so! Unsere Eiche hat ein hellgrünes, zartes Laubkleid angelegt, die Blütenstände sind schon verblüht. Beim Aufstieg fühlen wir uns, als ob wir in eine grüne Höhle emporsteigen, die Vorhänge aus frischen Blättern bekommen hat. Dadurch ist die Sicht hinaus ins Land nicht mehr so gut, das Hohlweg-Feeling durch die herabhängenden Eichenäste ist allerdings umso stärker.

Vor vier Wochen gab es am Fuß unserer Eiche nur einen weißen Farbtupfer in Form einer kleinen blühenden Wildkirsche. Jetzt sitzen wir in einer hellgrünen Höhle und vor uns liegt ein duftendes Meer aus Gelb, in dem es vor Hummeln und Bienen nur so summt und brummt. Wir sehen uns noch ein bisschen um, entdecken am Stamm Riesenameisen und ein paar hundert Meter entfernt Kühe und Pferde auf der Weide. Tobi bemerkt noch ein Grauschnäpperpärchen, ein inzwischen selten gewordener Zugvogel. Die Natur ist in der Hallertau mit Volldampf zum Leben erwacht – wie schön, dass wir hier oben mittendrin sind.

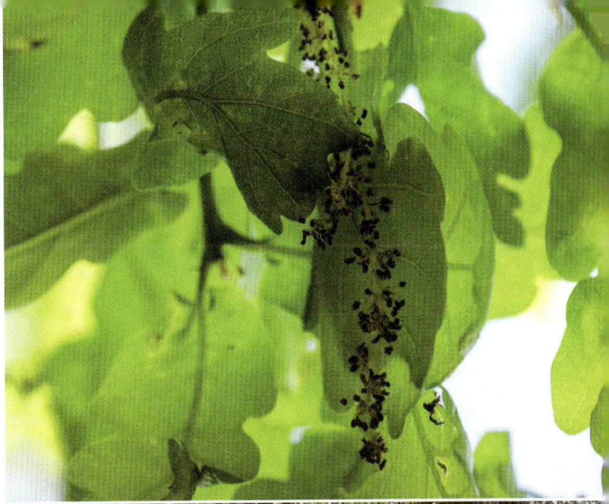

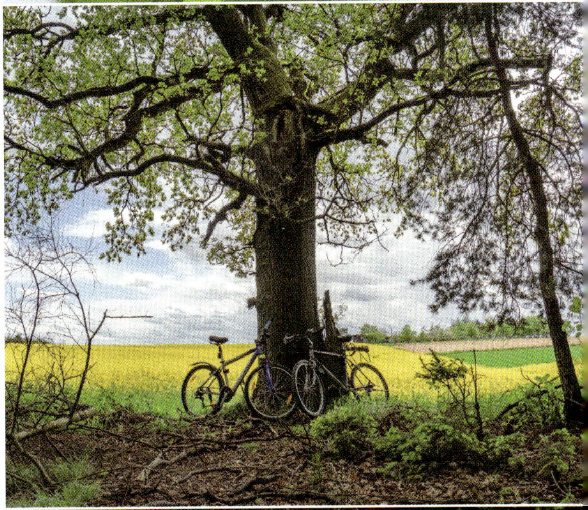

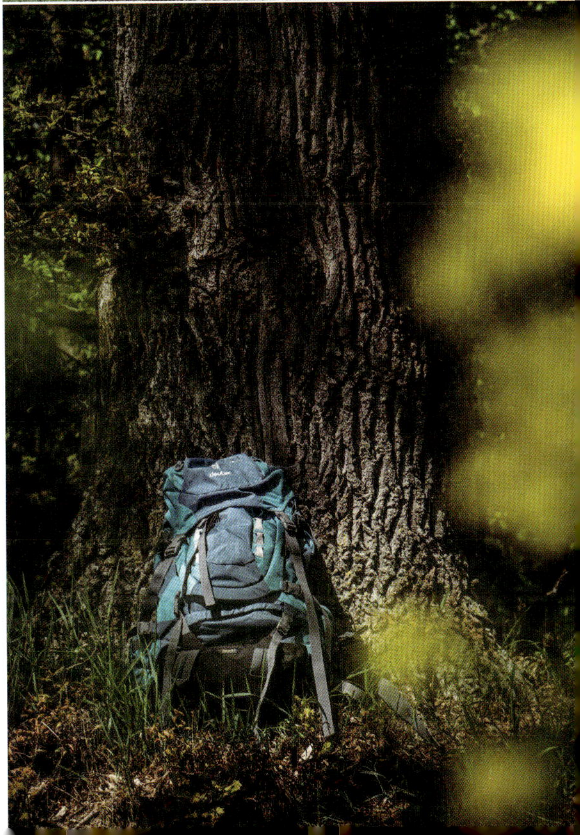

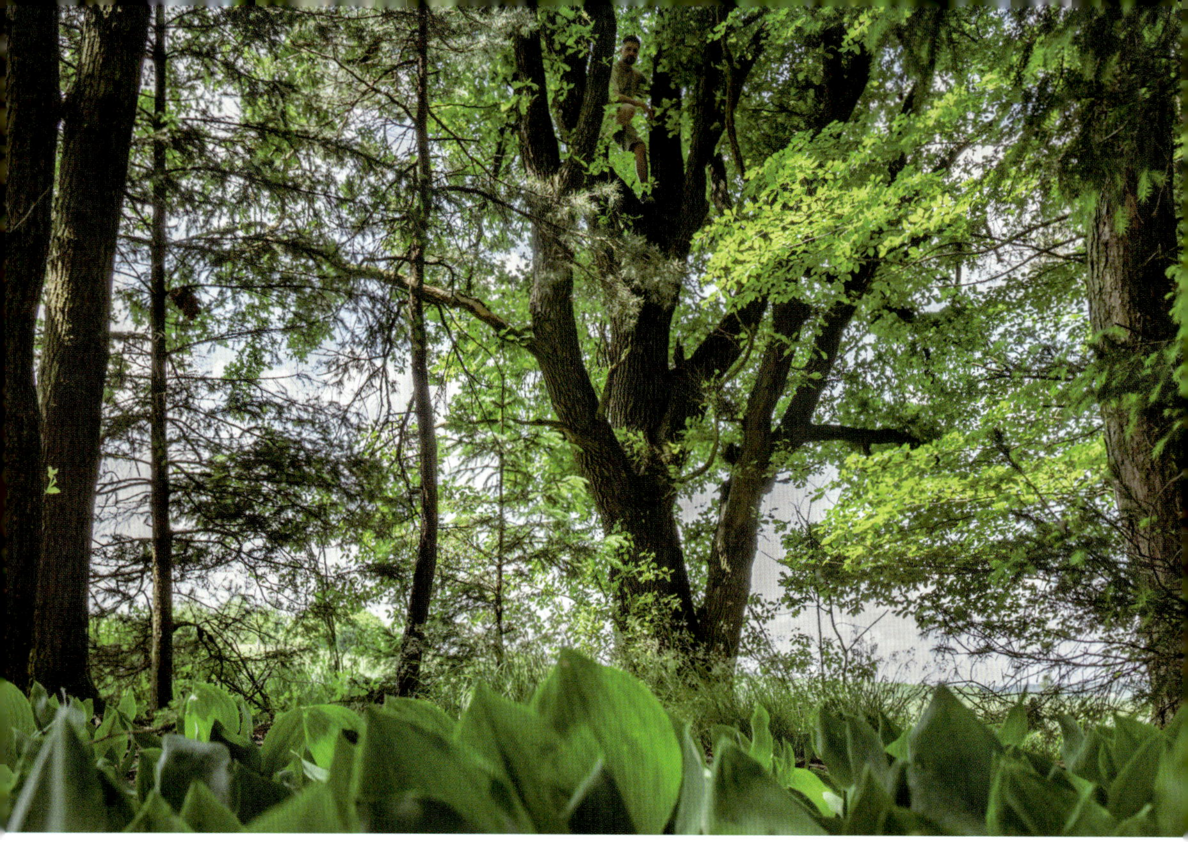

JUNI

Kalendarisch befinden wir uns noch nicht im Sommer, doch eines ist klar: Die Magie des Frühlings ist verpufft! Statt zartem, zaghaftem Grün beherrscht jetzt kräftiger Wuchs die Umgebung. Der Weg zu unserem Baum ist mit hohem Gras, aufkommenden Brombeeren, Springkrautpflanzen und Brennnesseln zugewachsen. Ein Blick in den Wald hinter der Klettereiche ist lohnend, dort finden sich Salomonssiegel, Maiglöckchen und Süßgrasbüschel. So eine Vielfalt haben wir hier gar nicht erwartet. Eine schöne Überraschung für diesen 25 Grad warmen Freitagvormittag. Zum ersten Mal entdecken wir in Bodennähe einen im Stamm eingewachsenen Stacheldraht. Was dahinter wohl für eine Geschichte steckt? Das muss vor einigen Jahrzehnten seinen Anfang genommen haben. Wir würden einiges dafür geben, die Hallertau einmal nach 20 Jahren Wildwuchs zu sehen…

Obwohl wir unsere Kletterspuren in Form von helleren, leicht abgewetzten Flecken auf der Rinde sehen, sucht sich Tobi wieder mal (unabsichtlich) einen neuen Weg nach oben. Das Eichenlaub ist mittlerweile voll entfaltet und weist die ersten braunen Sonnenflecken auf. Wir entdecken Spinnweben, die sinnbildlich gut zur zugewachsenen Baumkrone passen. Nach ein paar Minuten der Stille machen wir die Mönchsgrasmücke dank ihres melodisch lauten Flötens und die Singdrossel mit ihren abwechslungsreichen, mehrsilbigen Motiven aus. In der Ferne sehen wir einen Bussard über das Ilmtal kreisen, im nahen Luftraum flitzen Wanzen, Heuschrecken und Zikaden umher, die uns auf der Haut kitzeln, wenn wir uns länger nicht bewegen.

Das Rapsfeld nebenan ist verblüht, dafür blühen am benachbarten Ranken Heckenrose und Holunder, was uns daran erinnert, dass es auch in Sachen Partnerschaften blüht. Wir sind gerade beide gleichzeitig verlobt – kurioses Timing. Vor zwei Jahren kannten wir einander noch nicht einmal wirklich, nun werden wir fast gleichzeitig unsere Hochzeiten feiern. Auch die Partnerschaft zu HiPP blüht auf: Wir haben eine Einladung zum Bio-Musterhof bekommen, wo wir mit den Profis Nachtfalter kartieren dürfen. Daraus machen wir natürlich ein Oasen-Abenteuer!

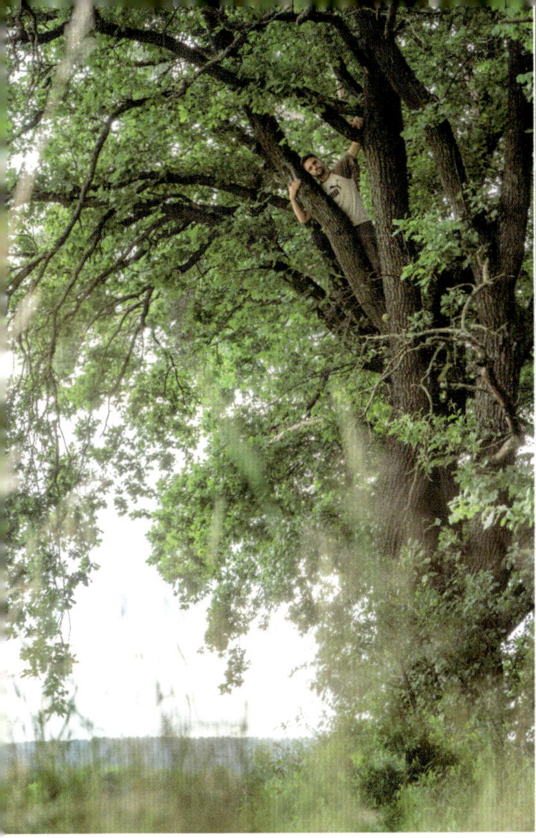
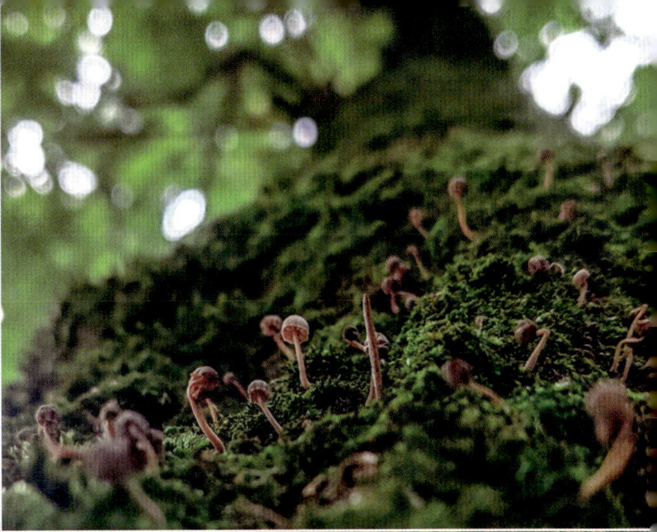
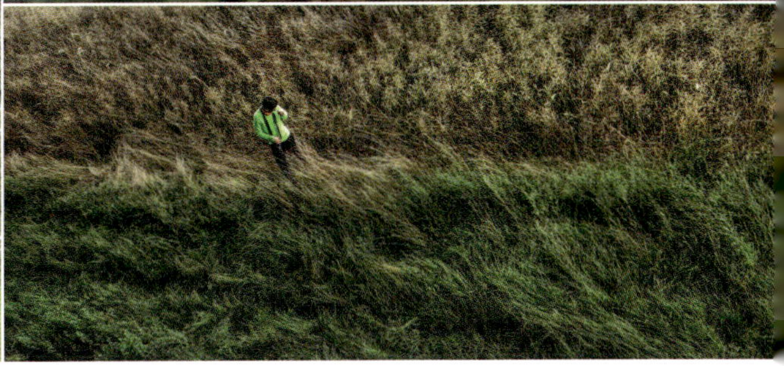

JULI

Ein Blick aus unserem Baumnest bestätigt es, das Wild-West-Feeling aus dem Juni hat zugenommen: Der Raps und etliche der Gräser sind gelb-braun, die Kühe sind auf der Weide, Elefantengras, Mais und Hopfen sind mächtig gewachsen. Der Nachtigallgrashüpfer und das grüne Heupferd sind mit ihrem Zirpen deutlich in der Stille des herannahenden Abends zu hören. Unser Hügelland weist nun eher gedecktere Farben auf und ist noch mehr zugewachsen. Es geht dem Herbst und der Erntezeit entgegen. Auf dem Weg haben wir Himbeeren, Heidelbeeren und Johannisbeeren gesehen, die wir gerne demnächst für einen Wildkräutersmoothie sammeln wollen.

Wir sind froh, heute endlich mal wieder rauszukommen. Meine Hochzeitsvorbereitungen haben dies die letzten Wochen meist verhindert. Es hat viel geregnet und ein paar Mal gestürmt. Als Folge davon liegen einige armdicke Äste auf dem Feldweg unter uns. Ein Warnsignal, auch im Baum auf der Hut sein, genauso wegen der Nässe des Mooses, die das Klettern erschwert. Da wir langsamer klettern, entdecken wir kleine Pilze, die auf dem Moos unserer Eiche wachsen – erneut eine Überraschung in diesem Mikro-Kosmos.

Die Aussicht ist schön, es ist bewölkt, hat aber angenehme 20 Grad. Der große Reviergesang der Vögel ist vorbei, wir hören nur noch die normale Kommunikation, zum Beispiel die Warnrufe bei einem herannahenden Greifvogel. Wir richten die Aufmerksamkeit auf die herumflatternden Kohlweißlinge, Tagpfauenauge und Schachbrettfalter. Sie pendeln zwischen der weiß blühenden Schafgarbe, dem rosa blühenden Weidenblättrigen Spierstrauch und der gelb blühenden Königskerze hin und her und lassen unsere Gedanken abschweifen.

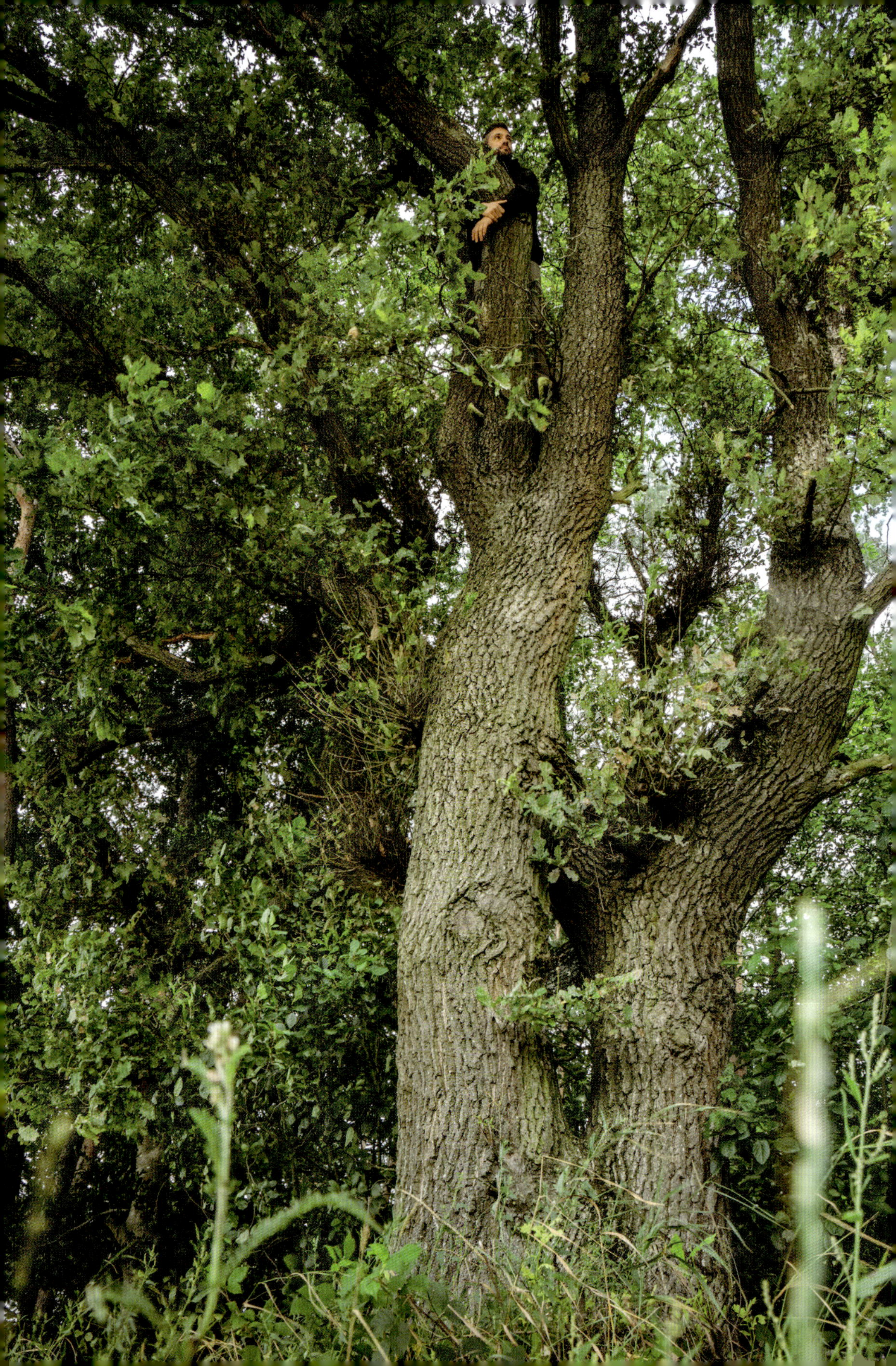

AUGUST

Dieses Mal mussten wir uns etwas überwinden, aus dem Haus zu gehen. Nach einigen sehr heißen Tagen hat es nur noch 14 Grad, es ist wolkig, windig und wir finden es kühl. „Die Luft riecht frisch und nach Regen", stellt Tobi fest. Wäre mir gar nicht aufgefallen. Am Fuß der Klettereiche entdecken wir ein paar noch unreife Brombeeren, einen Pilz, Früchte an den Maiglöckchen und eine Blindschleiche, die in verblüffender Geschwindigkeit abhaut, nachdem ich ihre Behausung, einen morschen Baumstumpf, angelupft habe. Tobi erklärt: Blindschleichen sind gar keine Schlangen, sondern beinlose Echsen! Man lernt nie aus. Am Boden finden wir nur eine einzige Eichel, vielleicht ein Relikt von letztem Jahr, denn eigentlich fallen sie erst im Oktober. Heuer wird es keine geben, die reiche Blüte der letzten Jahre hat eine Erholung der Bäume zur Folge. Wer allerdings voll da ist, das ist der Hopfen! Die Ernte wird heuer gut zwei Wochen später sein als normal, was uns Zeit verschafft, unsere Hopfenabenteuer auszutüfteln. Uns schweben eine Art Hopfengartenrallye und ein Schnupper-Abenteuer vor, bei dem wir irgendwie das markante Hopfenaroma bei der Ernte einfangen wollen. Noch sind die Ideen nicht ganz ausgereift, aber das müssen sie auch nicht.

Der Ausblick von der Eiche ist wegen des mittlerweile abgeernteten, stoppeligen Rapsfeldes etwas trist. Immerhin verleihen Sonnenblumenfelder und pink blühendes Springkraut der Landschaft farbige Akzente. Wir halten es länger als gedacht auf dem Baum aus. Die privaten Entwicklungen lenken vom Kältegefühl ab. Gerade habe ich einen Umzug hinter mir. Und wenn wir in vier Wochen wieder hier in unserer Baumkrone sitzen, werde ich wahrscheinlich Vater sein und Tobi wird verheiratet sein. Wir sind schon auf die nächste Baum-Auszeit gespannt. Wie ein Wandel der Lebensphasen steht ein Wandel der Jahreszeiten an. Während das Laub außerhalb der Krone noch grün ist, deuten es die braunen, verdorrten Blätter im Inneren bereits an.

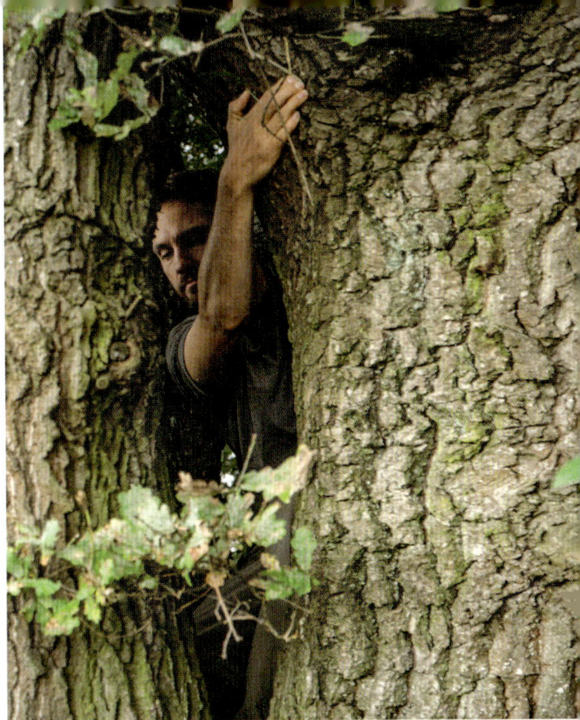

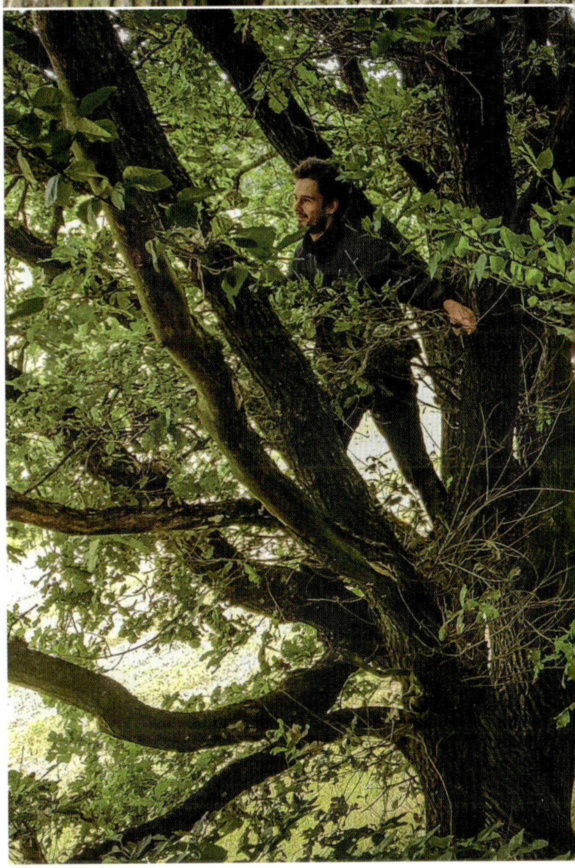

SEPTEMBER

Ich muss aufpassen beim Klettern. Obwohl ich die drei, vier Bewegungskombinationen, die unser Aufstieg erfordert, mittlerweile auswendig kann, sind Koordination und Kraft beeinträchtigt. Ich bin müde, aber froh, dass wir hier sein können, alle gesund sind und wir daheim ein tolles Unterstützungssytem haben. Vor 13 Tagen ist meine kleine Tochter auf die Welt gekommen. Der kleine Zwerg wird sich viel schneller als unser Baum verändern, hoffentlich kann ich sie auch bald mit hierher nehmen. Außerdem hat Tobi gestern geheiratet, ich war als Fotograf am Start. Gott sei Dank konnte ich die letzten Monate meine Skills an der Kamera erheblich verbessern, unseren Abenteuern sei Dank. Wir sind uns einig: Die Veränderungen in unseren Leben verlangen uns Energie und Fokussierung ab, sie fühlen sich aber gut an und auch ein wenig seltsam. Als ob man sich eine neue Haut anziehen würde. Man ist derselbe, aber in neuer Rolle.

Einen Vorteil bringen die letzten, gut mit Terminen gefüllten Monate mit sich: Unser strenger Micro-Adventures-Plan (über 40 in einem Jahr) hat auch unsere logistischen, organisatorischen und analytischen Fähigkeiten geschult. Je nach Aktion geht es um das Herausarbeiten des Inhalts, die Wettervorhersage, die Routen- und Proviantplanung, das Fotomotivkonzept, das Wissen um Sonnenaufgang und -untergang, den daraus resultierenden zeitlichen Rahmen samt Puffer, die Vorbereitung des Equipments und einen Plan B im Falle des Scheiterns. Es ist erstaunlich, wie man lernt, dies routinemäßig ganzheitlich zu verknüpfen und intuitiv abzuarbeiten. In unserer hektischen, geschäftigen Welt mit tausend Optionen und Hilfsmitteln ist das ein mentales Programm, das eine willkommene Abwechslung zur Arbeit am Computer ist und Selbstständigkeit zurückbringt. Die Resultate unserer Überlegungen sind immer in kurzer Zeit spürbar. Wenn wir uns verlaufen oder uns das Wasser ausgeht, müssen wir innerhalb kurzer Zeit sinnvolle Entscheidungen treffen.

Im Kontrast zu den Umstellungen im privaten Leben steht die Ruhe an diesem Sonntagnachmittag. Wie wir in der Baumkrone sitzen, weht uns der Wind leicht ins Gesicht, draußen am Feld hören wir das Elefantengrasfeld rauschen. Eine

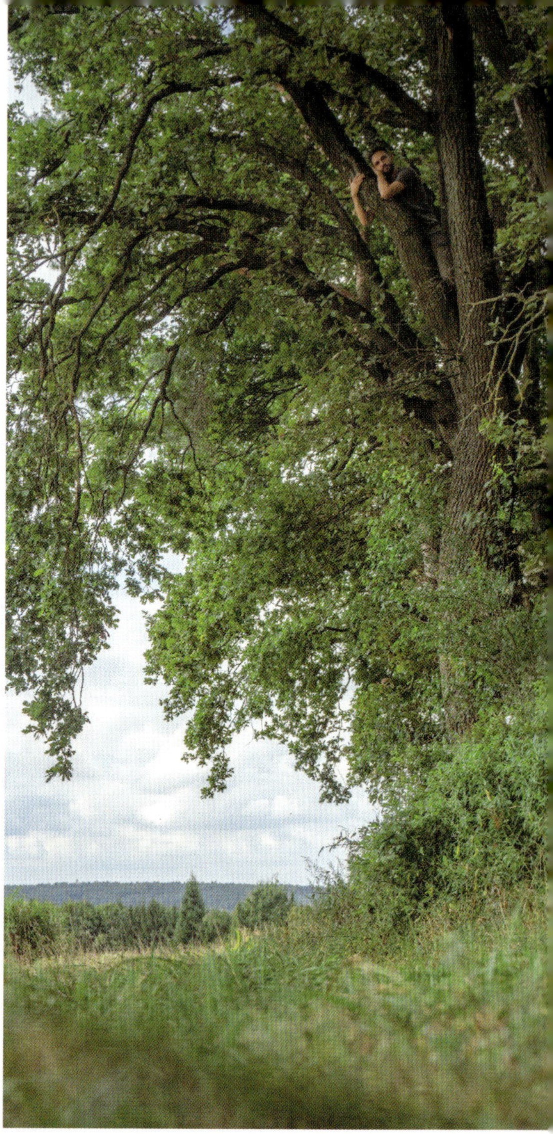

Erntemaschine tuckert über die Felder, aber sonst ist nichts los. Es hat 17 Grad, ist bewölkt und relativ trocken. Die letzten ein, zwei Wochen hatte es noch ein paar Mal 30 Grad gehabt. Eine letzte Sommerwelle mit exotischen Sonnenuntergängen (heuer wirklich auffällig) und angenehm frischen Abenden, die mich zu langen Spaziergängen fortlocken wollen und Fernweh auslösen. Denn bald wird das nicht mehr möglich sein, so unkompliziert lange draußen zu sein. Wir sind deutlich im Übergang zum Herbst angekommen, das Laub verfärbt sich schon. Der Hopfen ist fast abgeerntet, die Sonnenblumen verblüht und ausgetrocknet. Nur das Springkraut beschert uns noch ein paar pinke Farbtupfer.

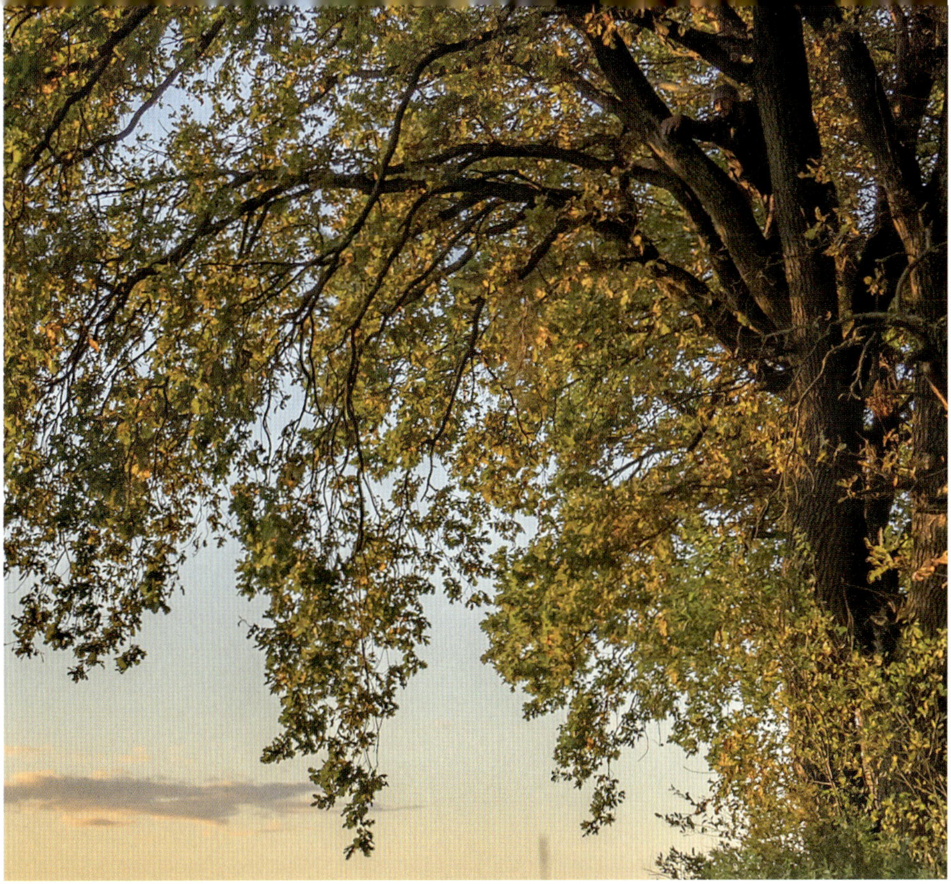

OKTOBER

Dies ist unser neunter Besuch bei unserer Kletter-Eiche. Drei Viertel dieses Abenteuers sind vorbei, das ist deutlich mehr als der Stand unseres Buches aktuell. Mitte März wollen wir veröffentlichen, dafür muss bis Ende des Jahres das komplette Manuskript samt Bildern abgegeben sein. Dafür haben wir also noch zweieinhalb Monate und wollen noch weitere acht Abenteuer umsetzen. Das wird knackig. Aber wir sind fest entschlossen, denn immer, wenn wir jemandem unterwegs davon erzählen, bekommen wir positive Rückmeldung. Wir sind schon sehr gespannt auf die Reaktionen.

Das sind unsere Gedanken, während wir im „Wohnzimmer" der Eiche abendliche Brotzeit machen. Es ist 18:30 Uhr, bei solch düsteren Lichtverhältnissen waren wir noch nie hier. Wir haben es uns gemütlich gemacht, es fühlt sich schon normal an, zwei Stockwerke über dem Erdboden auf ein paar Ästen zu sitzen. Allerdings genügt ein Blick Richtung Boden oder ein flaues Gefühl im Rücken beim Anlehnen, um uns daran zu erinnern, dass wir nicht nachlässig sein dürfen. Es gibt kein Netz, keinen doppelten Boden, ein Sturz wäre fatal. Es hat 13 Grad, es ist trocken und noch recht grün. Wir sehen, das benachbarte Maisfeld steht immer noch. Die Balz der Greifvögel hat eingesetzt und eigentlich müssten wir das Rotkehlchen bei seinem Winterreviergesang hören, haben aber dieses Mal kein Glück. Vielleicht ist dafür der Sturm von gestern Nacht verantwortlich, der einiges an Laub von den Bäumen gerissen hat. Am meisten hat der Ahorn von seinem Gelb verloren. An unserer Eiche ist das meiste Laub noch dran und verfärbt sich erst langsam: Es leuchtet grün, gelb und orange im Licht der untergehenden Sonne. Ein Blick hinüber zu der sandigen, mit Ginster überzogenen Erhöhung, auf der ein paar Kiefern über den Horizont ins Orange des Horizonts ragen, bringt Steppen-Feeling und Wild-West-Nostalgie ins bayerische Hügelland. Dazu zirpen die Grillen in den herannahenden Abend.

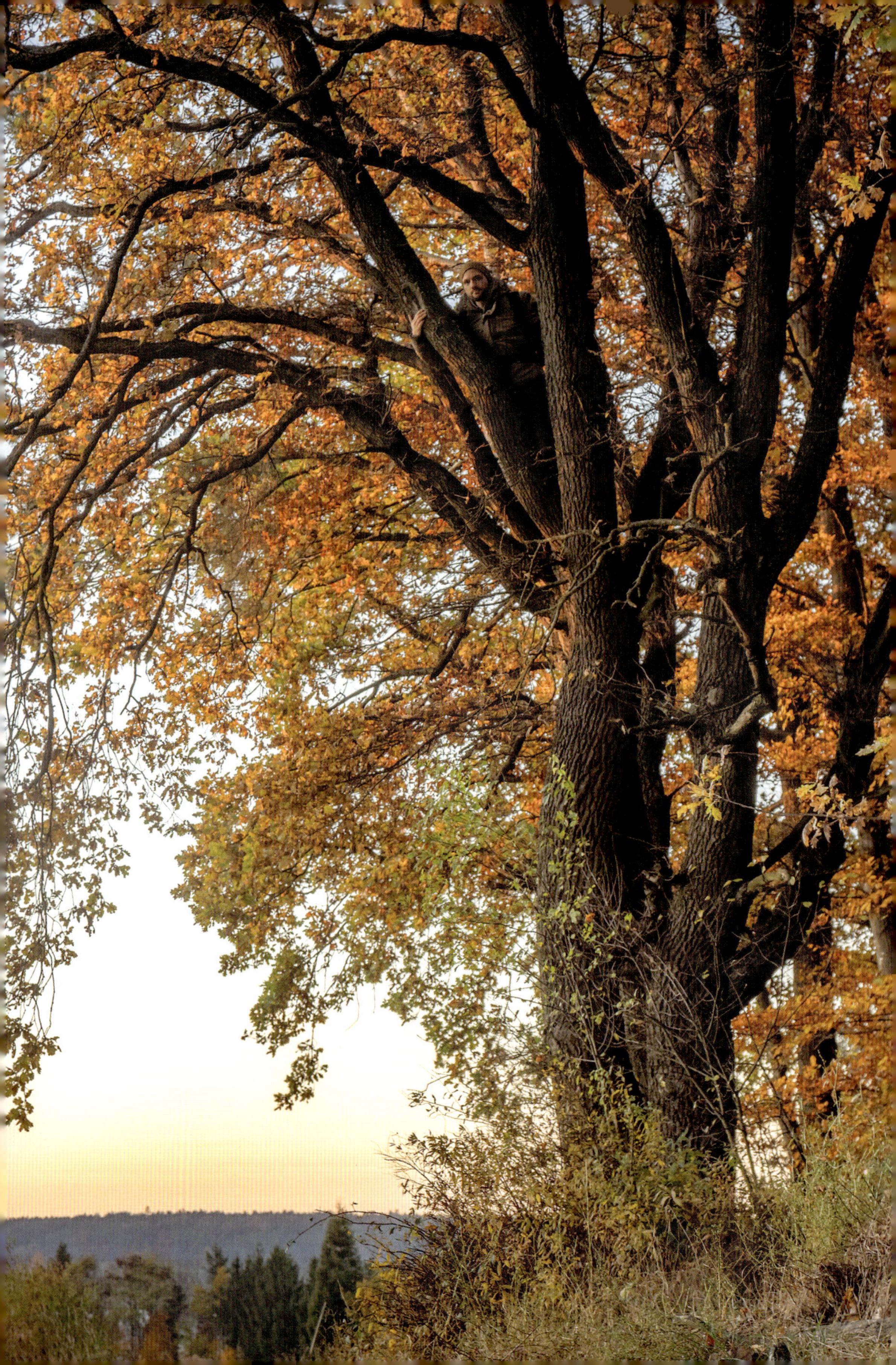

NOVEMBER

Was für ein Herbsttag! Es riecht schon nach Herbst, ein wenig modrig und feucht. Bevor wir auf unseren Baum klettern, schauen wir an unserem Naturkunstwerk vom Goldsworthy-Micro-Adventure vorbei, das wir für dieses Buch umsetzen konnten. Es ist nur ein paar Minuten entfernt und schon etwas unkenntlich geworden, aber man sieht noch, dass hier bewusst gestaltet wurde. Auf dem Weg zum Baum fliegt drei Meter vor uns ein Fasan polternd davon. Der Mais ist mittlerweile abgeerntet, jetzt sind die Felder wirklich ziemlich leergeräumt. Es hat noch milde 8 Grad, aber in der Nacht hat es schon den ersten Frost gegeben. Und das, wo eines unserer größten und anstrengendsten Abenteuer noch vor uns liegt ... die 50-Kilometer-Wanderung zur Ostgrenze der Hallertau, bei der wir im Zelt übernachten wollen. Aber von den Gedanken an Muskelkater und kalte Füße lassen wir uns jetzt auch nicht mehr aufhalten. Schließlich sind wir fast fertig mit den für das Buch geplanten Abenteuern.

Uns wird bewusst, dass wir nur noch zwei Mal zu unserem Kletterbaum kommen werden und nehmen uns Zeit zur Beschreibung unseres „Baumhauses“: Aus dem geräumigen, grob dreistufigen Treppenhaus landet man rechterhand in der Wohnküche, in der bis zur drei Personen gemütlich sitzen könnten. Gegenüber ist ein Studierzimmer, von dem man im Stehen in die Ferne blicken kann und das wir meistens als Motiv für unsere Bilder nutzen. Ein Stockwerk höher, in den Speicher, haben wir uns noch nicht getraut. Ein Unterfangen, das auch nicht leichter wird, wenn der Stamm nass ist und die Finger im Winter kälter werden.

Wir genießen die herbstlich bunten Waldränder in der Ferne und direkt um uns herum. Unser Wohnzimmer ist auf der Waldseite von einem Meer aus feinziseliertem orangenen, rostbraunen Buchenlaub umgeben. Dieser Effekt wird durch einen surrealen Sonnenuntergang verstärkt. Je tiefer die Sonne sinkt, desto länger wird der Weg des Lichts durch die Atmosphäre. Das hat zu Folge, dass das blaue, kurzwellige Licht weggestreut wird und uns mehr langwelliges Licht erreicht. Dieses färbt den Himmel lila, orange und schließlich rot, was heute besonders intensiv zu sehen ist. Dazu geht ein milchiger Mond auf, der die unheimliche Stimmung verstärkt. Wie cool, dass wir das heute miterleben und fotografieren können.

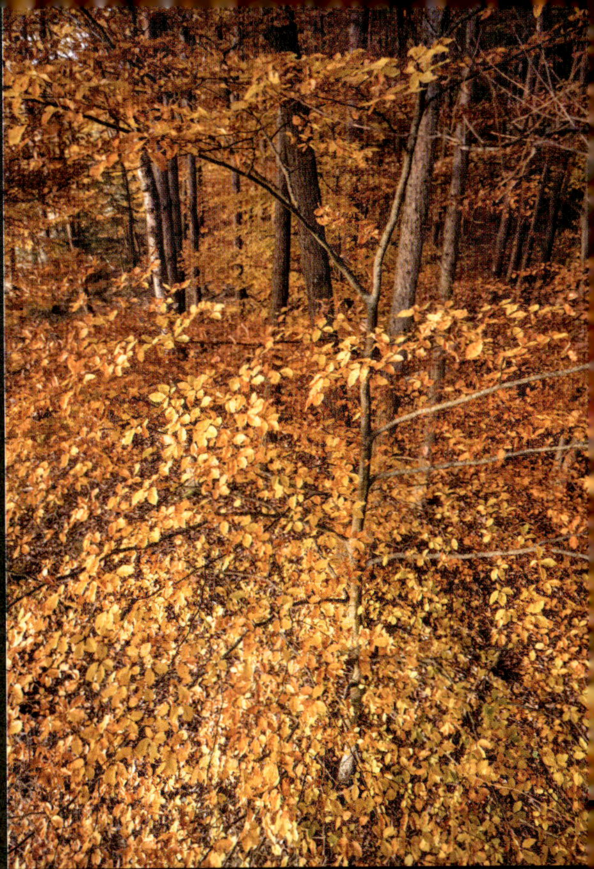

DEZEMBER

Heute ist Baumkletterabenteuer Nummer elf von 12 dran. Im Buchproduktionsprozess ist es passenderweise auch „elf vor 12“, es ist noch enorm viel zu tun. Mal schauen, was das zu Weihnachten für eine Bescherung wird. Wir philosophieren darüber, wie man die Frage nach unserem schönsten Abenteuer beantworten könnte. War es das, das am längsten nachhallte? Oder am vielseitigsten war? Oder am meisten Adrenalin erzeugte? Oder über das wir uns am meisten gefreut haben? Oder das am überraschendsten war? Wir sind noch nicht mal annähernd mit unserem jetzigen Buch fertig und hätten schon wieder Bock auf das nächste. Auf dem Spaziergang zur Eiche treffen wir einen Silberreiher, der über eine Auenwiese stakt und sich von unseren Debatten überhaupt nicht beeindrucken lässt.

Bei 4 Grad und diesigem Wetter kommen wir am Kletterbaum an, auf dem Rapsfeld hüpft ein Sprung Rehe davon. Die letzten Wochen hatte es richtiges Sauwetter mit Nässe, Matsch und dem ersten Schnee Ende November. An den Bäumen ist nur noch wenig braunes Laub, es dominieren farblich die immergrünen Pflanzen wie Fichten und Tannen, aber auch der wintergrüne Rainfarn, den wir von unserem Aussichtspunkt auf dem Baum erspähen können. Die Nässe des Mooses dringt durch unsere Klamotten, wenn wir uns zu lange an den Stamm lehnen. Der Aufstieg war dieses Mal ziemlich rutschig. Wir lassen uns Tobis selbstgemachten Stollen schmecken und feiern ein wenig Weihnachten mit unserer Eiche, für die wir immer noch keinen guten Namen gefunden haben.

Da die Baumkrone immer kahler geworden ist, wird der Blick in die Nachbareiche immer freier. Dort sieht man den starken Moosbewuchs auf der Nordseite und Totholz, das schon längere Zeit im Baum hängt. Man vergisst meist, dass der Zersetzungsprozess natürlich nicht erst am Boden beginnt. Wie viele Jahre hängen diese toten Äste schon dort oben und wann werden sie herunterfallen? Mein Blick schweift nach Westen, wo er von einem einzelnen, großen, etwa drei Kilometer entfernten Laubbaum magisch angezogen wird. „Den möchte ich unbedingt mal besuchen.“ Wie das klingt ... als ob ich gerne mit ihm befreundet wäre. Unser Kletterabenteuer scheint Spuren zu hinterlassen.

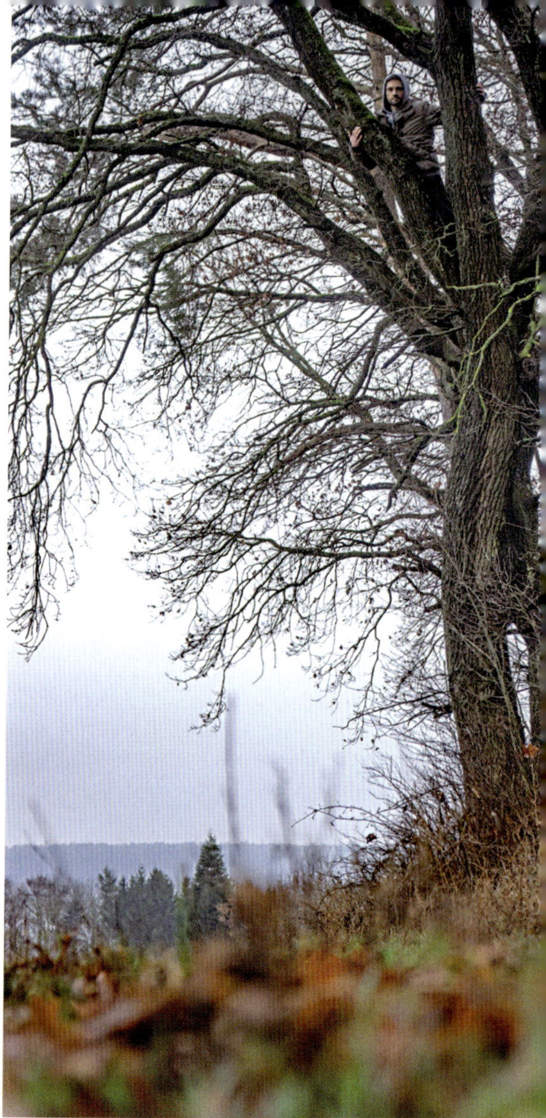

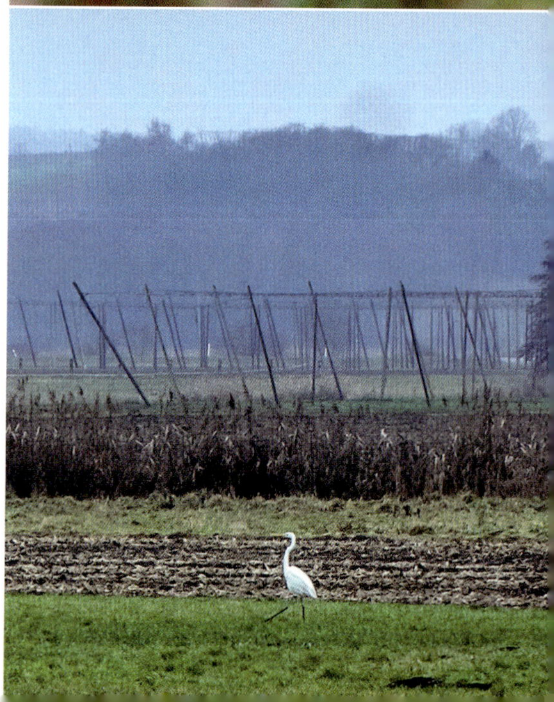

JANUAR

Ein Freitag Mitte Januar, 15:30 Uhr. Genau jetzt, wie wir zu unserem letzten Abenteuer für dieses Buch losmarschieren, fängt es ganz leicht zu schneien an. Das lässt in uns eine ausgelassene Freude aufkommen, denn wir haben uns schon seit Beginn einen „weißen Besuch“ bei „Sir Andy Oaksworthy“, unserem vertrauten Kletterbaum, gewünscht. „Und schön, auch mal wieder das zu tun, worum es in dem Buch eigentlich geht“, so beschreibt Tobi die Abwechslung im stressigen Schlussspurt der Buchfertigstellung. Es fühlt sich nach einem Stück Freiheit an, dem Ende der Arbeit nahe zu kommen und wieder mal draußen unterwegs zu sein – schön auch, weil niemand sonst draußen unterwegs ist. Kein Wunder, es hat 0 Grad und der langsam aufkommende Südwind weht den Schnee fast waagrecht daher.

An unserem Baum angekommen klopfen wir erst einmal auf Holz. Denn wir haben Glück gehabt. In den vergangenen zwölf Monate haben uns weder Krankheit noch Verletzungen oder sonst ein unglücklicher Umstand von unserem regelmäßigen kleinen Baumkletter-Abenteuer abhalten können. Auch der leichte Schneefall heute wird das nicht verhindern. Es hat nur etwa 45 Minuten gedauert und die Landschaft ist weiß, was unserer Kletteraktion eine neue Dimension verleiht. Tobi sieht beim Fotografieren am Boden aus wie ein Forscher in der Tundra, der gleich eingeschneit ist, wenn er noch recht lange mit der Kamera herummacht. Die heimelige Hallertau ist unter einer dünnen Schneedecke verschwunden.

Das Klettern fühlt sich wegen der dicken Kleidung und kalten Hände schwerfälliger als sonst an. Der Schnee liegt ganz fein, wie Zuckerwatte, auf dem Moos der Äste. Rundum ist es still, wir hören sogar die Schneeflocken leise auf die Bäume herunterrieseln. Sir Oaksworthy, du bist wirklich zu jeder Zeit einen Besuch wert. Tobi entdeckt ein Maiskorn, das wahrscheinlich ein Kleiber oder Specht in einen morschen Ast eingeklemmt und dann nicht wieder besucht hat.

Gerade, als wir hier in der Baumkrone die letzten Beobachtungen machen und am Ende der Abenteuer für unser gemeinsames Projekt sind, erreicht mich eine E-Mail, die quasi ein Anfang ist. Nämlich für unser Buch. Christo Foerster hat uns ein Vorwort geschrieben. Zusammen mit dem Zitat, das wir von Alastair Humphreys für unser Buch bekommen haben, empfinden wir das definitiv als große Ehre. Schließlich sind beide mit die aktivsten Mikro-Abenteurer und größten Wegbereiter für das Thema im deutschen und englischen Sprachraum. Irgendetwas scheinen wir wohl richtig gemacht zu haben. Ein schöner Moment, hier oben im Baum im Schneegestöber, er bringt uns in der anstrengenden Schlussphase einen ordentlichen Energieschub. Und mit dabei als ruhender Pol unsere Eiche, für die wir am Ende sogar einen Namen gefunden haben.

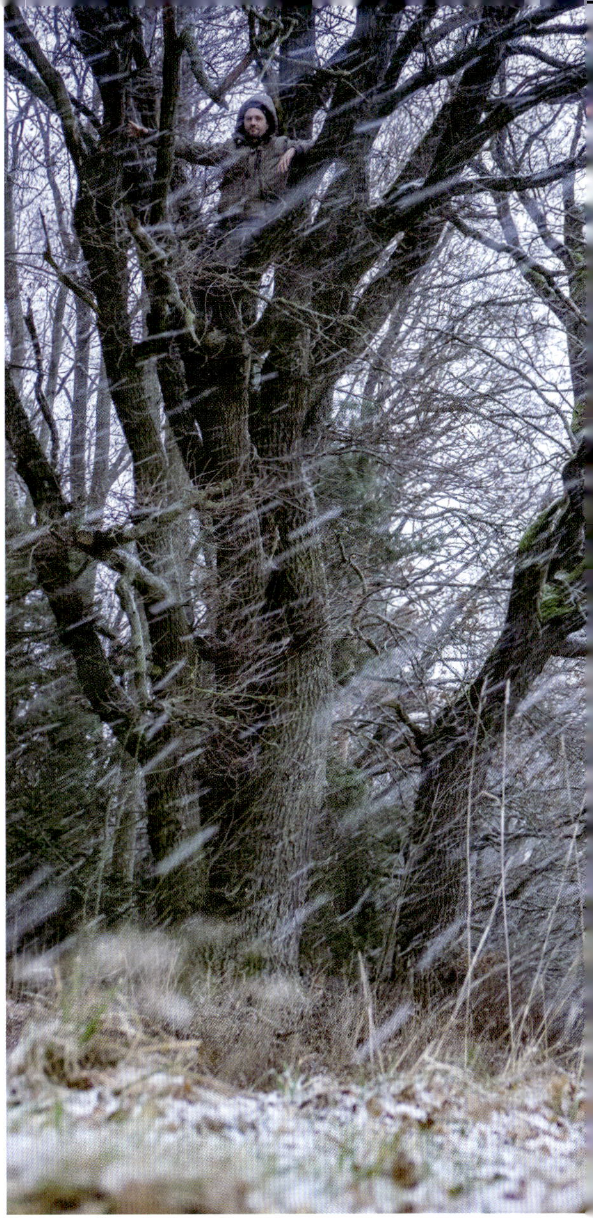

STERNENJAGD

Dauer:	**frei wählbar**
Ort:	**ein möglichst dunkler Ort**
Schwierigkeitsgrad:	**leicht**
Fortbewegung:	**zu Fuß**
Ausrüstung:	**Fernglas, Fotoapparat oder Teleskop, Rotlichttaschenlampe, Sternenkarte**

Autor: TR & MU

Glühwürmchen aufspüren. Bei Vollmond wandern. Im Wald übernachten. In der Dämmerung Hopfen schnuppern. Nachtfalter kartieren. In einer Winternacht Teepause machen. Einen erstaunlich großen Anteil unserer Abenteuer haben wir bei Dunkelheit umgesetzt, ganz zu schweigen von denen, die ungeplant dort geendet haben. Und wir wären wohl ziemlich seelenlose Kreaturen, wenn wir dabei nicht einige Stunden damit verbracht hätten, uns vom Nachthimmel und den Sternen faszinieren zu lassen. Leider ist dies aufgrund der Lichtverschmutzung gar nicht so einfach in unseren Breitengraden, also haben wir der „Sternenjagd" gleich ein eigenes Abenteuer gewidmet.

Aber wieviel kann man in der Hallertau eigentlich sehen? In München sieht man mit dem bloßen Auge circa 500 Sterne. Im Sternenpark auf der Winklmoos-Alm sieht man ganze 5000! An besonders klaren Nächten sogar bis zu 6500. Das muss man sich mal vorstellen: In einer Großstadt haben die wenigsten Menschen die Milchstraße jemals mit eigenen Augen gesehen. Dort sieht man nur 10 Prozent (!) der Sterne am Himmel, die man mit dem bloßen Auge sehen kann – so dominant ist das künstliche Licht. Das beeinträchtigt nicht nur astronomische Beobachtungen, sondern stört den biologischen Tag-Nacht-Zyklus von Mensch und Tier und führt zum massiven Aussterben von nachtaktiven Insekten und Tieren.

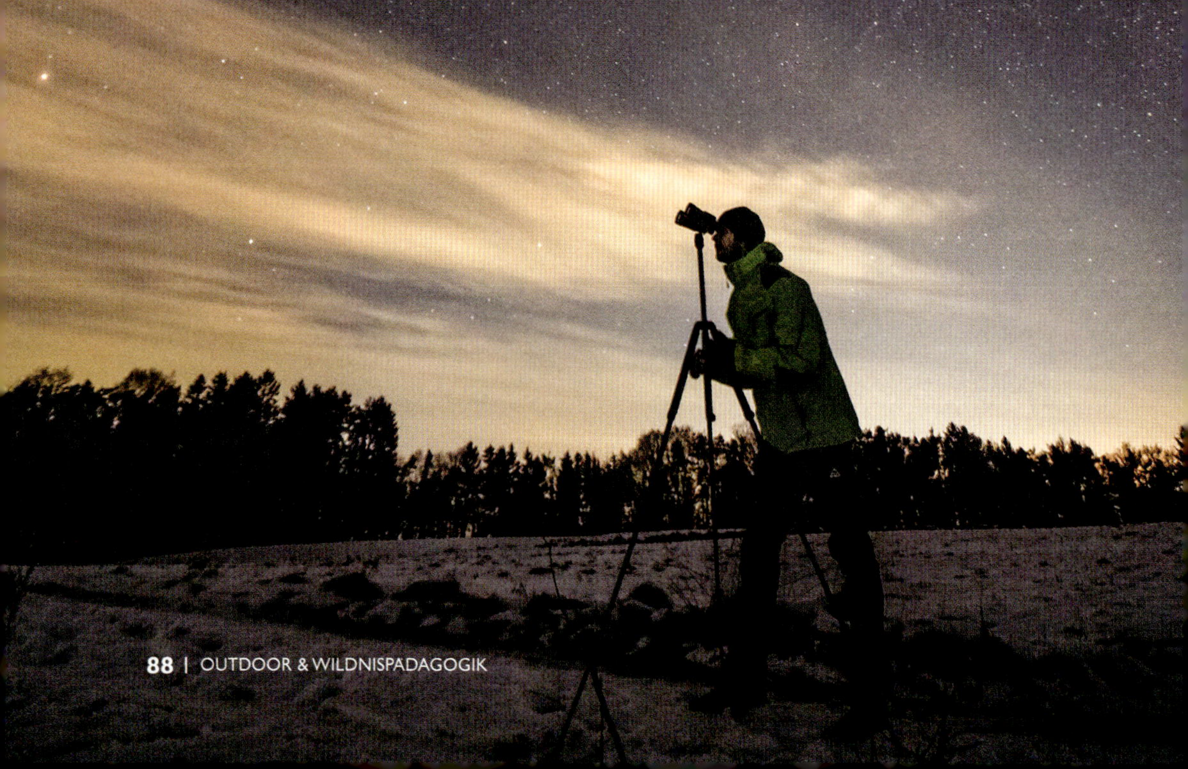

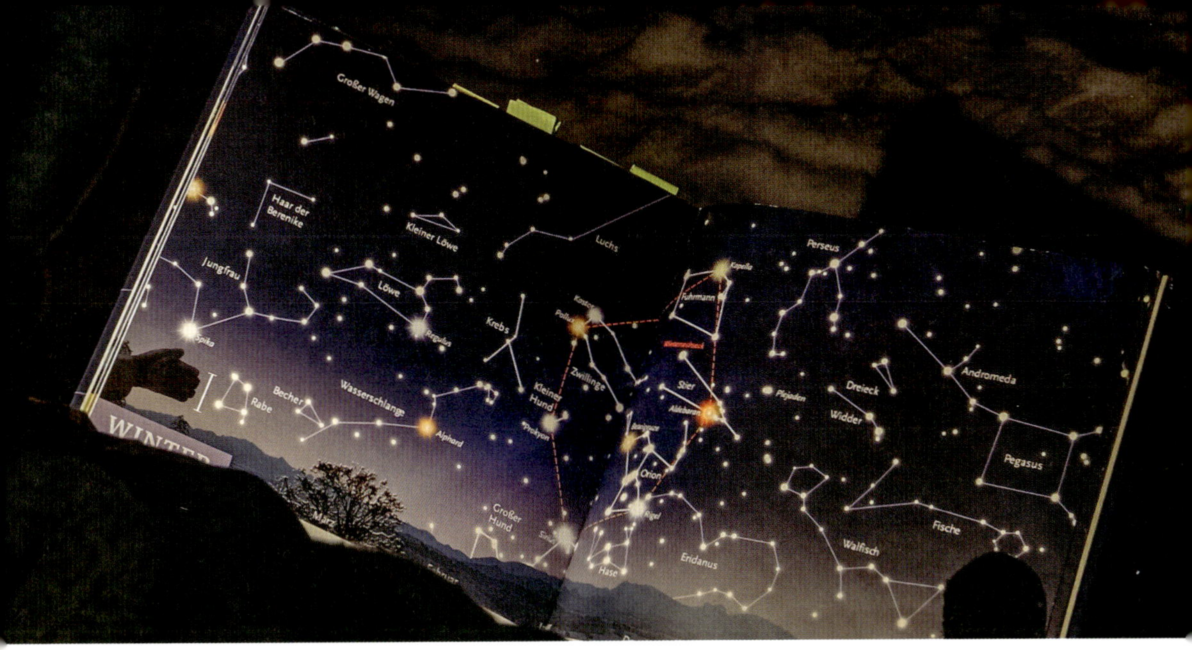

Nehmen wir mal an, wir liegen in der Hallertau bei der Sternenzählung irgendwo in der Mitte von 500 bis 5000 Sternen, die bei Nacht mit bloßem Auge zu sehen sind. Nun rechnet man noch die Lichtglocken der großen Städte ein. Orte mit mindestens 30000 Einwohnern haben eine Lichtglocke mit rund 25 Kilometern Radius. Darunter fallen Städte wie Ingolstadt, Freising, Landshut und Regensburg, nicht zu vergessen sind Flughäfen und große Industriestandorte. Damit dürfte der Bereich in der Mitte der Hallertau, zwischen Abensberg, Rottenburg, Au in der Hallertau und Wolnzach wohl am dunkelsten sein. Wobei natürlich zum Beispiel Pfaffenhofen (24000 Einwohner), Kelheim (16000), Mainburg (14000) und Abensberg (13000) selbst schon nicht zu verachtende Lichtquellen sind.

Also gehen wir noch einen Schritt weiter und machen uns die Geographie des Hügellandes zunutze. Hier könnten wir uns Senken suchen, die zwar gut abgeschirmt sind, aber nur einen beschränkten Ausschnitt des Himmels zulassen. Oder wir steigen auf einen bewaldeten Hügel hinauf, der einerseits durch seine günstige Lage zu anderen Hügeln und andererseits durch seine Hänge und seinen 20 bis 30 Meter hohen Baumwall möglichst viel Lichtverschmutzung abschirmt und mehr Aussicht erlaubt. Wir wählen die letztere Variante und finden einen Hügel, dessen Wald halbkreisförmig Restlicht von Nordwest bis Südwest (Ingolstadt, Pfaffenhofen und Freising), so gut es geht, abhält. Eine klirrend kalte Winternacht Mitte Februar bei minus 11 Grad verbessert unsere Chance weiterhin. Denn je kälter die Luft, desto weniger Wasser und Aerosole kann sie aufnehmen und desto mehr Sternenlicht dringt zur Erdoberfläche durch.

Wir stapfen durch den Schnee die 50 Höhenmeter zu unserem angepeilten Hügel hinauf, mit jedem Meter Abstand zur Ortschaft nimmt die Dunkelheit zu. Im Gepäck: ein kleines Bestimmungsbuch für Sterne und ein selbstgebasteltes Stativ für unser „10x50-Fernglas“. Mit dem 10x50-Fernglas haben wir eine 10fache Vergrößerung bei einer Objektivöffnung von 50 Millimetern. Das ist ein gutes Mittelmaß, größere Geräte werden schon wieder schwerer und unhandlicher. Für alles ab 10facher Vergrößerung braucht man zur Beobachtung von Sternen ein Stativ, weil man das Glas mit den Händen nicht mehr ruhig halten kann. Zur Not kann man natürlich auch an einem Baumstamm oder einer Hopfensäule anlegen.

Oben angekommen freuen wir uns über den Weitblick. Es sind einige Wolken am Himmel, die gemeinsam mit dem Schnee so viel Licht reflektieren, dass die Winterlandschaft heller als normal zu Geltung kommt. Im Nordosten sieht man von hier aus tagsüber die 40 Kilometer bis zum Altmühltal. Auch der Blick in den Sternenhimmel lohnt sich, es ist dunkel genug, um mit unserem einfachen Fernglas ins Staunen zu kommen! Im Herbst und Winter kann man nicht nur die Andromeda-Galaxie, die nächstgelegene Spiralgalaxie, sehen (circa 2,5 Millionen Lichtjahre entfernt). Auch typische Wintersternbilder tauchen am Abend im Osten auf, steigen am Horizont empor und ziehen im Verlauf der Nacht immer weiter Richtung Süden. Während wir im Sommer aufgrund der Stellung zur Sonne und Erdachsneigung ins Zentrum unserer Milchstraße schauen und ihre beeindruckenden Sternstaubwolken heller und ausgeprägter sehen können, so blicken wir im Winter "hinaus" ins All und in den Seitenarm der Milchstraße.

Das Wintersternbild schlechthin ist Orion (Jägerfigur aus der griechischen Mythologie), der aus vielen hellen Sternen, zum Beispiel dem blaugefärbten Rigel oder dem rotgefärbten Beteigeuze besteht. Um den Jäger aufzuspüren, strecken wir unseren Arm in Richtung Süden aus und gehen vom Horizont aus um zwei Handbreit nach oben. Etwa dort ist das x-förmige Sternbild Orion zu sehen, welches ungefähr zwei auf zwei Handbreit groß ist. Vom Orion aus kann man andere Wintersternbilder finden wie den Stier (mit dem berühmten Sternenhaufen der Plejaden), den Fuhrmann (im Herbst und Winter zieht sich das glitzernde Band der Milchstraße durch ihn hindurch; hellster Stern: Capella), den großen Hund (hellster Stern: Sirius), den kleinen Hund (Procyon) und die Zwillinge (Castor und Pollux). Die scheinbare Helligkeit eines Sterns wird sowohl durch seine Nähe zur Erde als auch seine Größe bestimmt. Die Farbe sagt etwas über die Temperatur und den Typ eines Sternes aus.

In der Nähe des Sternbildes Orion kann man den Lebenszyklus von Sternen nachvollziehen – und das bereits mit dem bloßen Auge oder dem Fernglas. Der Riesenstern Beteigeuze (500 Millionen Mal das Volumen unserer Sonne), der Schulterstern von Orion, hat bereits sein Endstadium erreicht und leuchtet in einem warmen Rot-Gelb. Dagegen ist der Orionnebel eines der nahegelegensten aktiven Sterneentstehungsgebiete und ist mit dem Fernglas als heller Fleck zu erkennen. Ein wenig älter ist der Kugel-Sternhaufen der Plejaden rechts oberhalb des Orion, den man mit einem Fernglas als Ganzes in den Blick bekommt. Mit etwas Glück und Erfahrung kann man dort bei dunklem Himmel einen blauen Saum an den hellsten Hauptsternen ausmachen.

Erst ein langgezogenes Heulen eines Waldkauzes holt uns wieder aus unserer astronomischen Trance zurück in die Realität. „Es ist schon bald Mitternacht!", staunen wir. Mit kalten Füßen und klammen Fingern, aber einem Grinsen im Gesicht treten wir den Rückweg an und freuen uns, im Sommer Galaxiehaufen in den Sommersternzeichen der Jungfrau oder im Löwen bewundern zu können. Einen geeigneten Platz dafür haben wir ja jetzt.

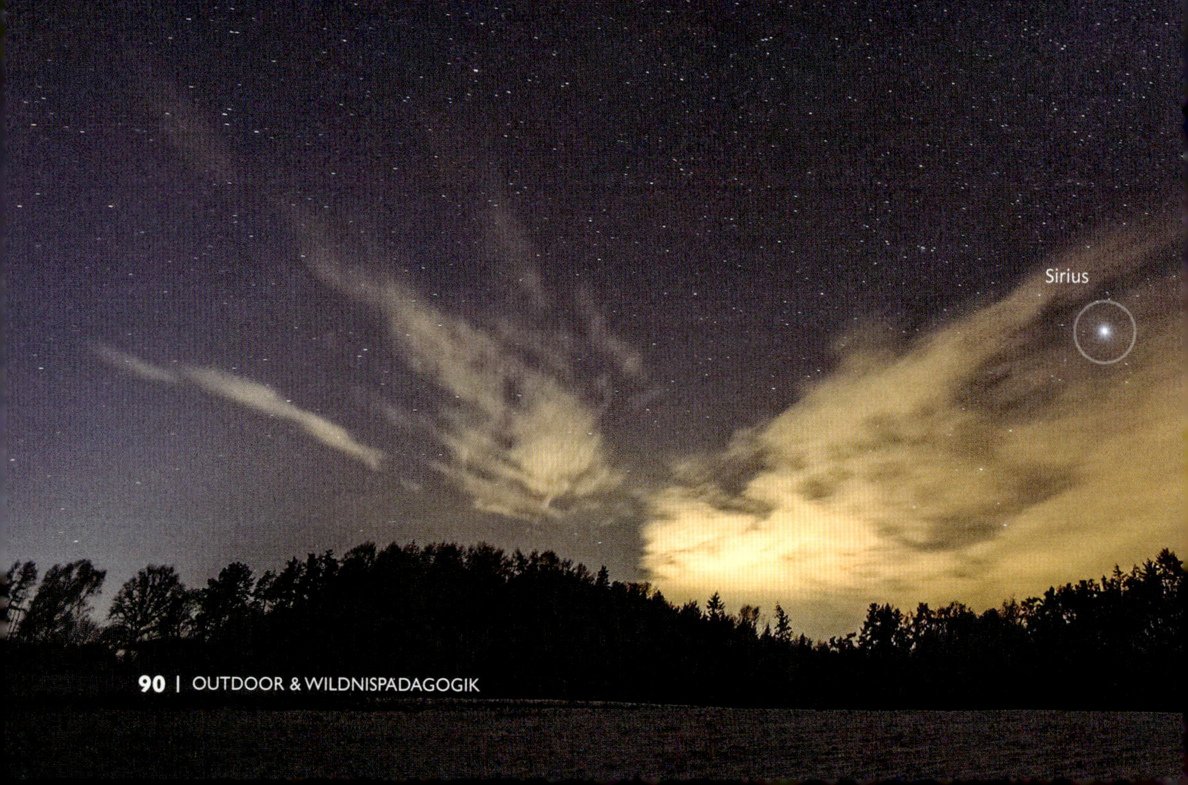

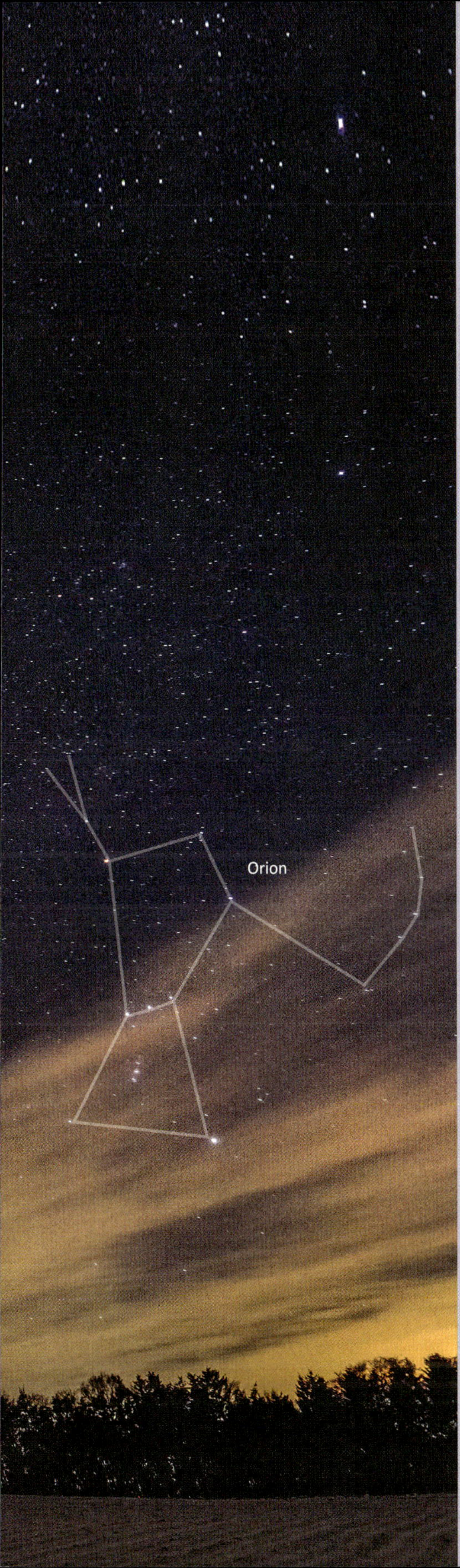

SELBER STERNENSCHAUEN

- **Zum Fernglas***:* Ab siebenfacher Vergrößerung sind vor allem Sternhaufen und die Milchstraße ordentlich erkennbar, ab zehnfacher Vergrößerung auch etwas lichtschwächere „Deep-Sky-Objekte". Ab etwa fünfzehnfacher Vergrößerung eignen sich Großferngläser teilweise bereits zur Beobachtung detailreicher und kleiner Objekte wie Mond und Planeten. Da Ferngläser lichtempfindlicher als unsere Augen sind, erscheinen damit viele Sterne farbig statt weiß.
- **Indirektes Sehen***:* Lichtschwache Objekte könnt ihr besser sehen, wenn ihr leicht an ihnen vorbeischaut. Der Grund: Die lichtempfindlichsten Zäpfchen sind außerhalb des Zentrums der Netzhaut angeordnet.
- **Nachtsicht***:* Die Augen brauchen gut 30 Minuten, bis sie sich an die Dunkelheit gewöhnt haben. Vollständig dunkel wird es frühestens eineinhalb Stunden nach Sonnenuntergang. Am besten sind Neumondnächte oder Zeiten, wenn der Mond schon untergegangen ist, weil er sonst schwächere Sterne und die Milchstraße überstrahlt. Sich über die Mondphasen zu informieren, lohnt sich.
- **Rotlichttaschenlampe***:* Damit die Augen möglichst an die Dunkelheit gewöhnt bleiben.
- **Umfangreicher 3D-Astronomie-Atlas** (kostenlos): „Where is M13".
- **Dark-Sky-Karten***:* Mittlerweile gibt es Internetseiten, die Lichtverschmutzung anzeigen.
- **Drehbare Sternenkarten oder Sternenbeobachtungs-Apps***:* Zur besseren Orientierung und zum zielgerichteten Auffinden von Himmelsobjekten.
- **Warm anziehen/Warmes trinken***:* Nachts wird es auch im Sommer kalt, vor allem, wenn man sich nicht bewegt. Die gefühlte Temperatur ist zehn Grad niedriger als die vom Thermometer gezeigte.

STERNENPARKS

Zwei zertifizierte Sternenparks befinden sich in Bayern und sind absolute Highlights für Nachtschwärmer:

- Sternenpark Rhön (Fahrzeit von Wolnzach aus: 3h 45 min)
- Sternenpark Winklmoos-Alm (Fahrzeit von Wolnzach aus: 2h 15 min)

EIN SOMMER-NACHTSTRAUM

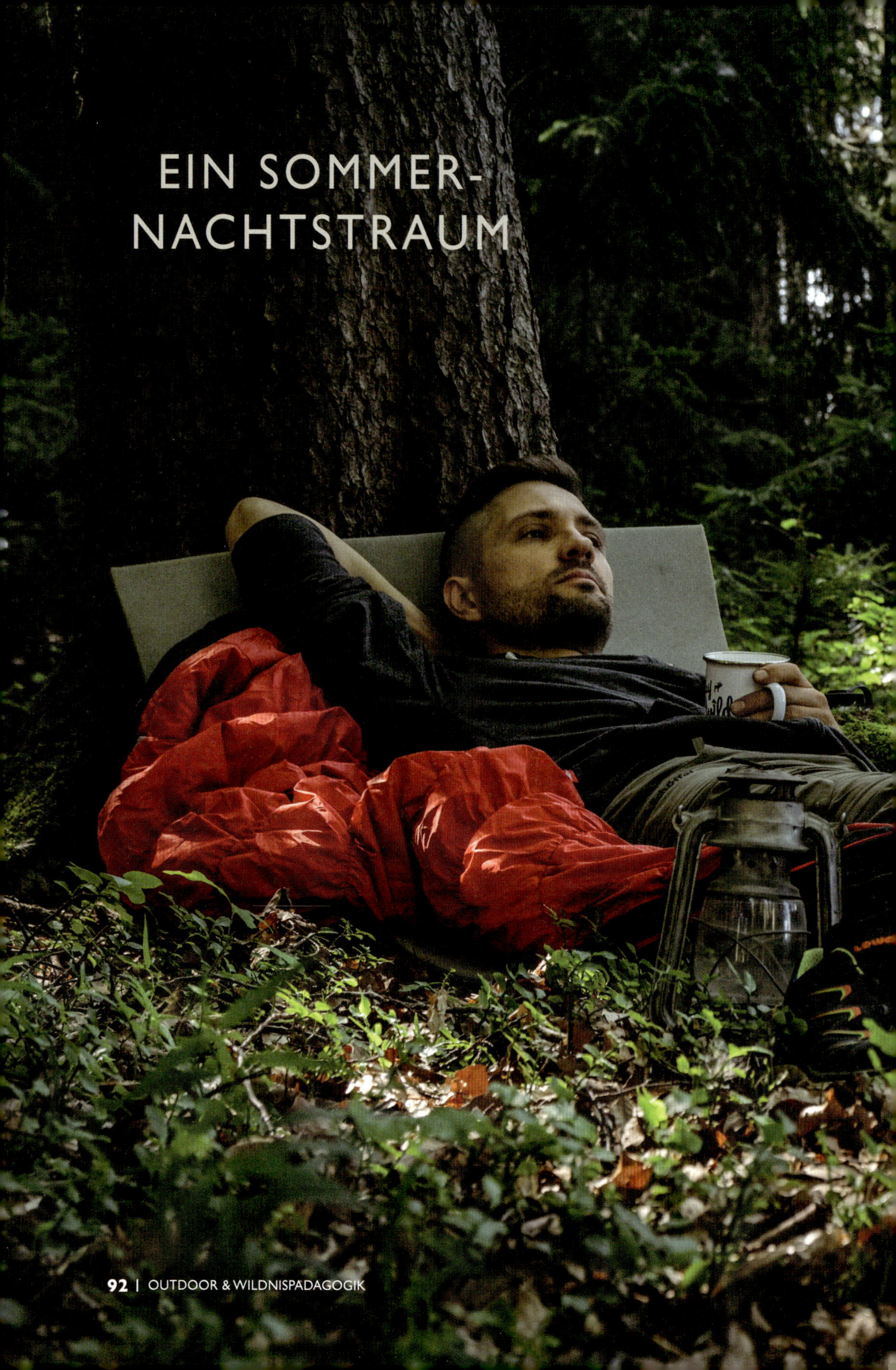

Dauer:	**16 h**
Schwierigkeitsgrad:	**mittel**
Ort:	**ein nahgelegener Wald (mit Übernachtungserlaubnis)**
Ausrüstung:	**Zelt, Schlafsack, Isomatte, Zahnbürste**

Autor: MU

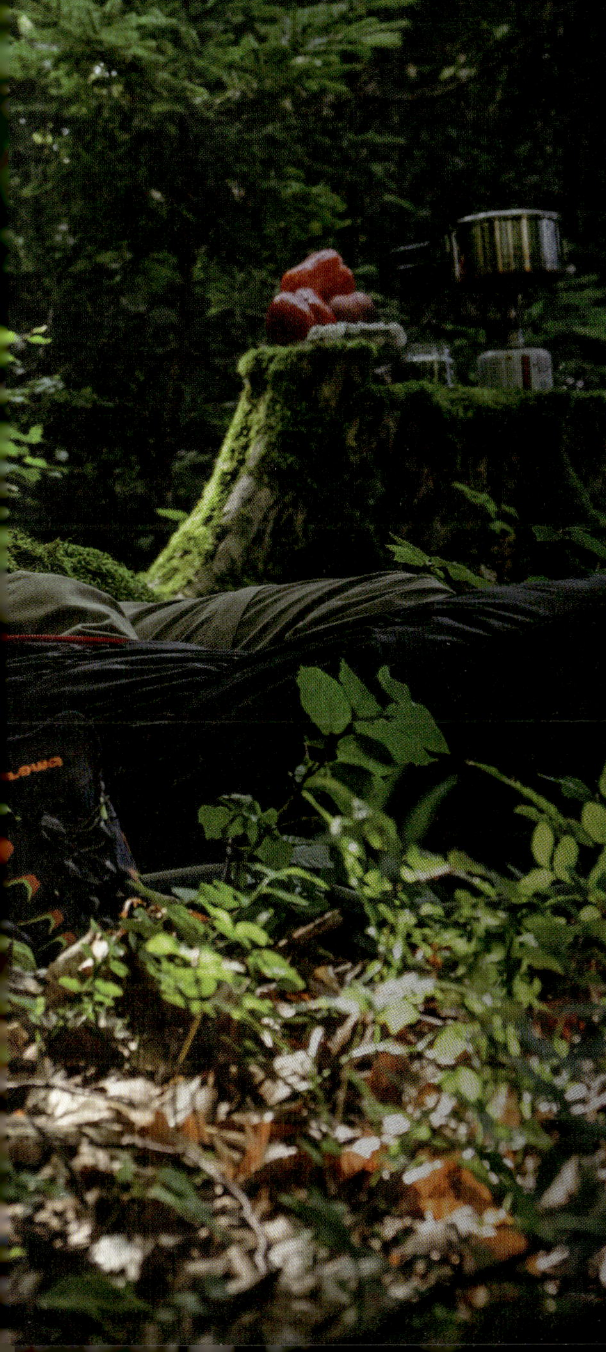

Ein Problem für Outdoor-Enthusiasten in Deutschland: Es gibt kein skandinavisches „Jedermannsrecht", es ist so gut wie alles zersiedelt oder bewirtschaftet. Um draußen zu übernachten oder sogar Feuer zu machen, muss man einiges beachten. In der Hallertau gibt es so gut wie keine Campingplätze, offizielle Feuerstellen oder Schutzhütten zum Übernachten. Ein Vorteil in der kleinteiligen Hallertau: die landwirtschaftliche Prägung und die unkomplizierten Connections, die man knüpfen kann. Denn wer einen Waldeigentümer kennt und seine Erlaubnis hat, kann dem Wald ein lohnendes Micro Adventure im Zelt abzugewinnen.

Glücklicherweise haben wir eine unternehmungslustige Freundin ausfindig machen können, die uns in ihrem Wald übernachten lässt. Umso dankbarer und vorsichtiger sind wir, als wir unsere Unternehmung angehen, schließlich wollen wir ihr Vertrauen belohnen. Nach getanem Bürojob ziehen wir an einem Freitag um 18:00 Uhr los und besuchen unsere Freundin noch kurz auf ihrem Hof. Dort streunen wir über die umliegenden, mit weißen und rosa Wildblumen bewachsenen Wiesen. Als die Sonne langsam am Untergehen ist, fühlen wir uns mit den Pferdekoppeln und Hopfengärten im Hintergrund wie im bayerischen Wilden Westen. Wir genießen noch das urige Flair am Hof, bekommen ein paar Wachteleier für unser Frühstück geschenkt und machen uns auf in den Wald.

Die Suche nach einem geeigneten Platz zum Zelt aufbauen dauert ein wenig, aber schließlich finden wir einen passenden Fleck. Der Boden ist flach genug, es ist relativ trocken und es gibt eine Waldöffnung, die zu einer Wiese mit Brennnesseln und Disteln führt. Dort nehmen wir um halb neun einen Sonnenuntergang wie aus dem Feenland mit: ein orange-sandfarbener Horizont, darunter weiße Distelköpfe vor dem dunklen Waldrand, darüber der blaue Abendhimmel. Alleine deswegen hat sich der ganze Ausflug schon gelohnt. Die Zelte sind schnell aufgebaut, der Abend klingt noch mit ein paar Sandwiches und Getränken aus. Bis 23:00 Uhr hören wir noch, wie eine landwirtschaftliche Maschine ihre Kreise über die Felder zieht, danach wird es ruhig. Die Stille und unser voller Bauch sorgen dafür, dass wir bald unsere Zelte beziehen, auch wenn wir die Sommerabendstimmung gerne noch länger genossen hätten. Noch schnell ein paar Schnecken von Kamera, Socken und dem Zeltboden entfernt und schon schlüpfen wir in unsere Schlafsäcke.

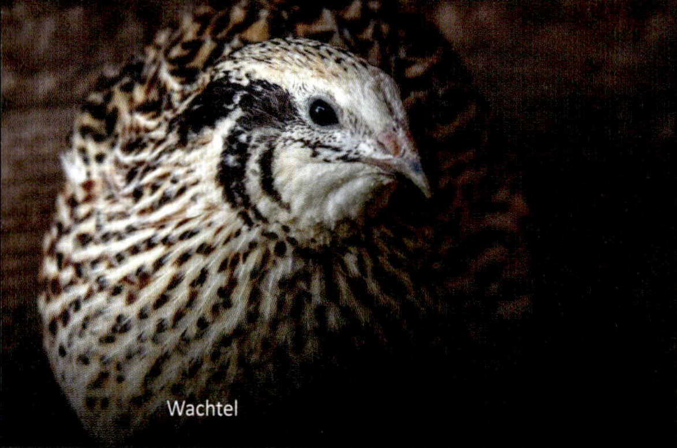
Wachtel

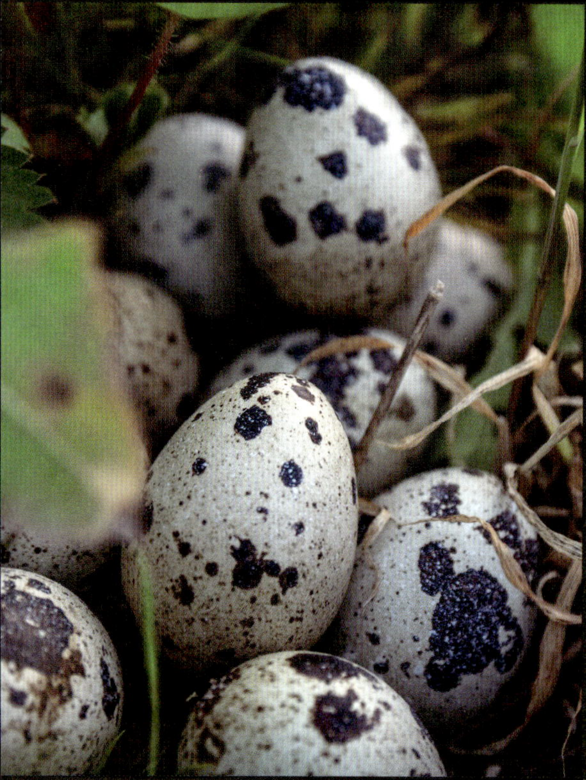

Bis auf ein paar Vogellaute ist es sehr ruhig in der Nacht, die Temperatur im Schlafsack und die konstant frische Luft sind angenehm, der Boden für unsere dünnen Isomatten nicht zu hart. Uns wird bewusst, dass wir noch nie im Wald zelten waren. Es war also höchste Zeit. Umso mehr freuen wir uns am Morgen, dass wir den Mücken ausreichend ausweichen konnten und vom Kopfkissen aus den Tag mit einem Blick in die Baumkronen begrüßen dürfen. Die Nacht war aufgrund des leicht abschüssigen Geländes und des häufigen Hin- und Herwälzens schlaftechnisch nicht besonders erholsam, trotzdem fühlen wir uns gut.

Angelehnt an eine 30 Meter hohe Fichte betrachten wir den jungen Unterwuchs aus Buchen und Fichten ein paar dutzend Meter vor uns. Von der Distelwiese wehen in sechs bis acht Metern Höhe Samenflocken herein, die in der Morgensonne erstrahlen. Im Hintergrund raschelt der Wind sanft im Laub der großen Buchen, die mit ihren Kronenschirmen unsere Lichtung dominieren. Der Boden ist von Heidelbeerkraut und gelben Blumen bedeckt. Die Arbeitswoche ist bereits in weite Ferne gerückt. Die Zeit bleibt stehen, der Körper atmet durch und fährt herunter. Kleiber, Schwarzspecht, Habicht und Eichhörnchen haben unsere Anwesenheit akzeptiert und gehen unweit ihren Geschäften nach. Wir lassen noch ein wenig die Seele baumeln und packen dann langsam zusammen. Gerade als wir uns an „unser grünes Wohnzimmer" und die Ruhe hier gewöhnt haben. Wir drehen uns noch einmal um. Es ist, als wären wir nie dagewesen. Sollte das Ganze ein Traum gewesen sein, war es ein guter.

Informationen zum Übernachten in der freien Natur findest du auf S. 210 im Outdoor Guide.

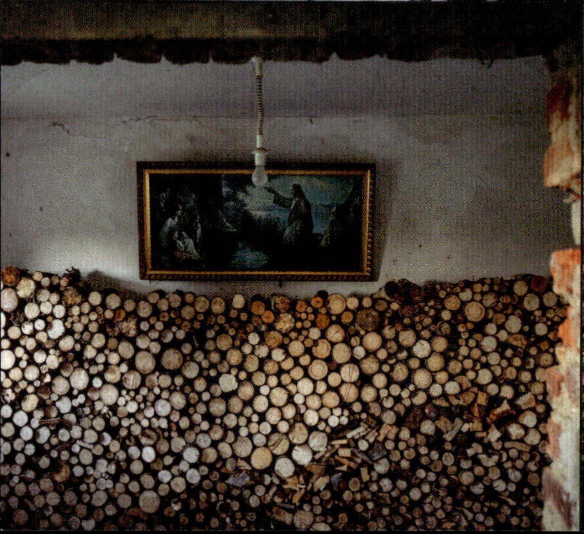

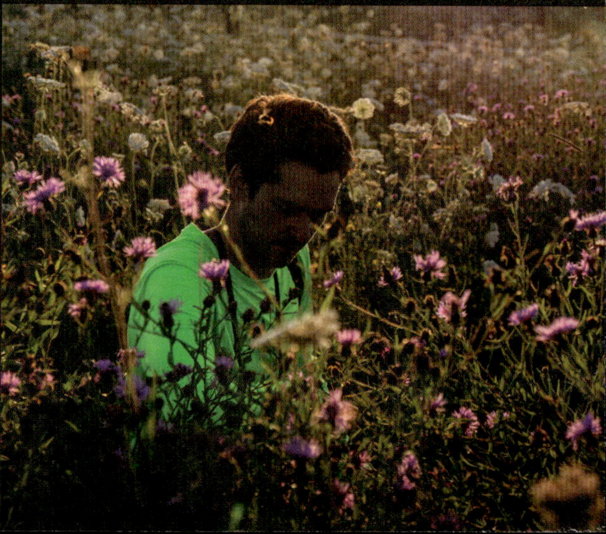

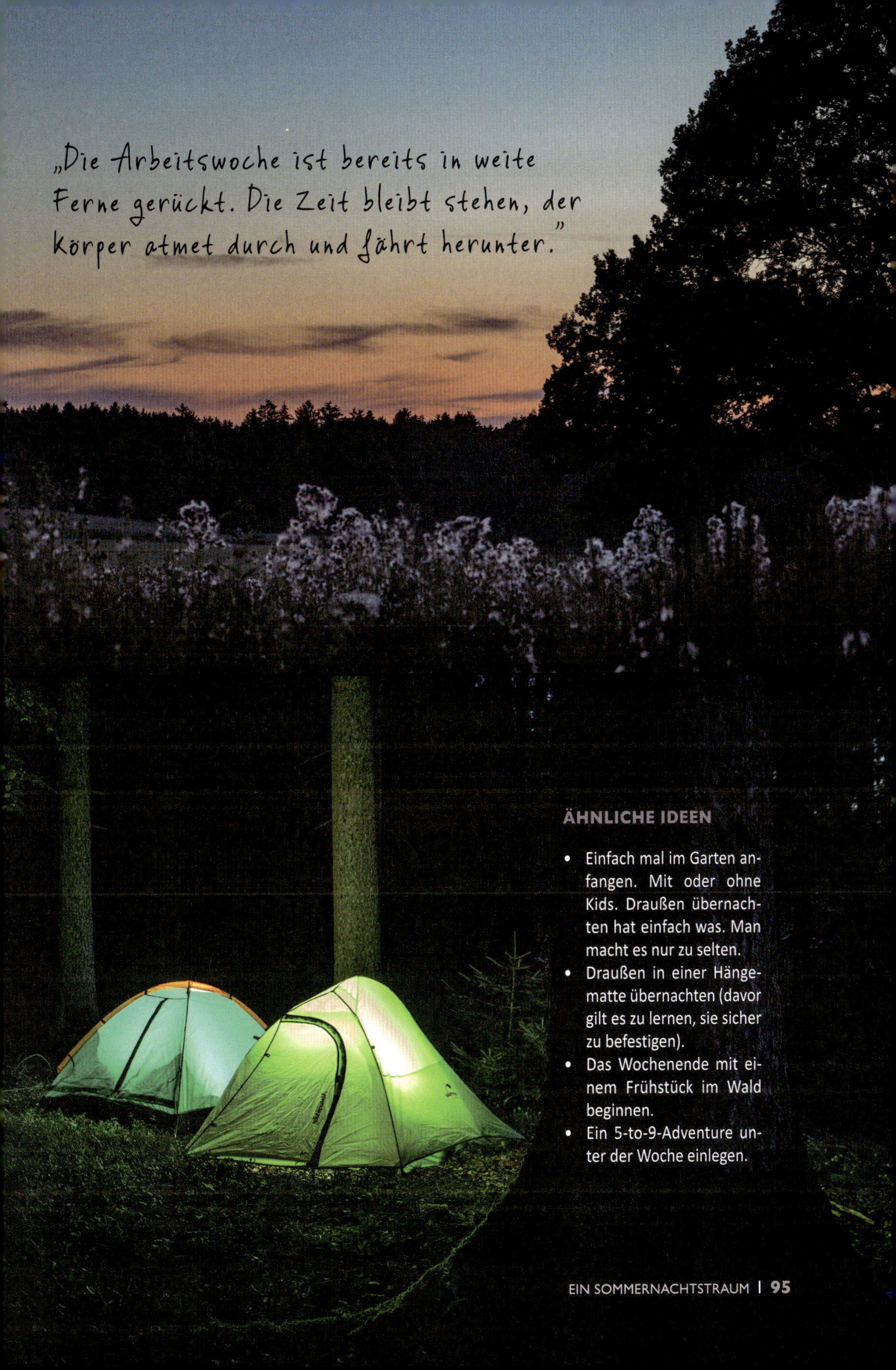

„Die Arbeitswoche ist bereits in weite Ferne gerückt. Die Zeit bleibt stehen, der Körper atmet durch und fährt herunter."

ÄHNLICHE IDEEN

- Einfach mal im Garten anfangen. Mit oder ohne Kids. Draußen übernachten hat einfach was. Man macht es nur zu selten.
- Draußen in einer Hängematte übernachten (davor gilt es zu lernen, sie sicher zu befestigen).
- Das Wochenende mit einem Frühstück im Wald beginnen.
- Ein 5-to-9-Adventure unter der Woche einlegen.

GLÜH-WÜRMCHEN-QUEST

Dauer:	**ca. 2 h**
Schwierigkeitsgrad:	**leicht**
Fortbewegung:	**zu Fuß**
Ort:	**Nöttinger Viehweide**
Ausrüstung:	**Taschenlampe**

Autor: TR

Die Nacht ist immer ein gutes Element für ein Abenteuer – die Welt wird eine andere und selbst die sanfteste Landschaft kann sich wie ein Ort anfühlen, an dem die wilden Dinge wohnen. Sich in der Nacht nicht nur zurechtzufinden, sondern obendrein ein flüchtiges, kleines Naturschauspiel aufzuspüren, macht die Sache doppelt spannend. Im Sommer bietet die Welt der Käfer dafür ihre eigene Special-Effects-Show: die Partnersuche der Glühwürmchen.

Ende Juni braucht es nur eine Kurznachricht meinerseits („Heute Nacht raus?"), die Mike sofort bejaht. Nichts wie hinaus in die laue Sommernacht! Um circa 21 Uhr starten wir am Wanderparkplatz der Nöttinger Viehweide, etwa zwei Kilometer nördlich von Geisenfeld. Von hier aus gehen wir mit einigen Fragezeichen im Kopf dem Sonnenuntergang entgegen: Wird der angekündigte Regen unser Vorhaben ruinieren? Sind wir nicht doch eine Woche zu früh dran? Wo ist eigentlich der beste Platz für tolle Fotos von den Leuchtkäfern?

Bevor wir uns in ein „Jagdfieber" hineinsteigern können, fährt uns die feierliche Abendstimmung wieder herunter. Auf unserem Weg begleitet uns kunterbuntes Vogelgezwitscher, das den ganzen Wald erfüllt. Kaum vorzustellen, dass das Vogelkonzert in einem Monat vorbei sein und es wesentlich ruhiger sein wird. Selbst nach Sonnenuntergang

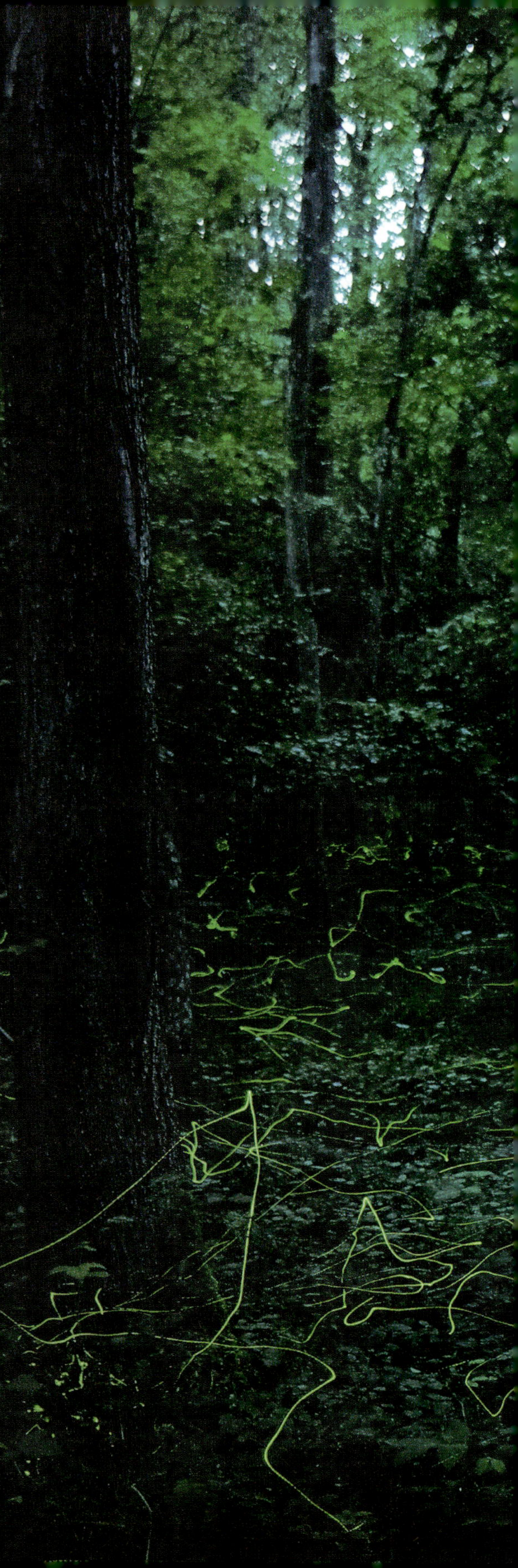

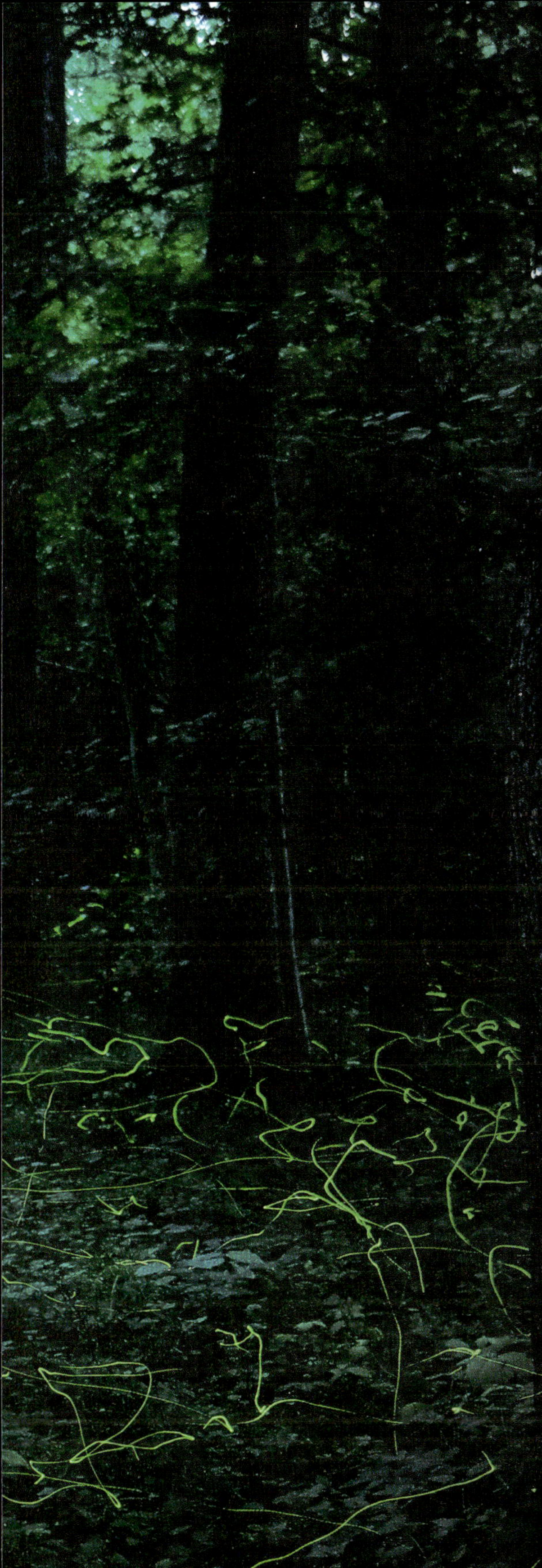

hört man noch Amsel, Zilpzalp und Mönchsgrasmücke und nach einer Stillephase noch einmal Singdrossel und Rotkehlchen. Nach gut 20 Minuten Fußweg finden wir uns an einem Wassergraben wieder, der neben dem Weg das Dickicht ein wenig unterbricht. An einer geräumigen Stelle bleiben wir stehen, bauen das Objektiv auf und halten Ausschau. Schon nach drei Minuten packt mich Mike an der Jacke: „Schau mal, da drüben!" Ein einzelner, neongrün leuchtender Käfer steigt vom Boden auf, um dann spontan wie ein winziger Meteorit wieder zu verglühen. Ein zweites Exemplar gesellt sich mit einem Zickzackflug dazu. Um zur Paarungszeit eine Partnerin zu finden, senden die fliegenden Männchen ein Lichtsignal aus. Darauf reagieren die flugunfähigen Weibchen mit einem noch stärkeren Leuchten. Erspäht dies ein Männchen, lässt es sich fast senkrecht auf das Weibchen fallen. Wir dürfen dieses Schauspiel sogar einmal direkt beobachten.

Es dauert nicht lange, bis wir daran denken müssen, wie sehr diesen Tieren die Lichtverschmutzung zu schaffen macht. Es ist nur logisch, dass dieses kleine Wunder in Siedlungen kaum zu beobachten ist. Nach der Paarung sterben sowohl Männlein als auch Weiblein binnen weniger Tage. Überhaupt, das Käferstadium dauert insgesamt nur eine gute Woche. Die erwachsenen Tiere haben nicht einmal einen Mund zur Nahrungsaufnahme. Bis zum Käferstadium haben die Larven sage und schreibe drei Jahre lang am Boden gelebt und sich von Schnecken ernährt. Auch die Larven haben Leuchtorgane, ja sogar in den Eiern sind sie bereits vorhanden. Das Leuchten der Glühwürmchen kommt durch die Zersetzung einer Carbonsäure namens Luciferin (lat. „Lichtträger") zustande. Kann ein Lebewesen selbstständig Licht erzeugen, wird dies Biolumineszenz genannt. Das Glühwürmchen hat diesen Prozess soweit gemeistert, dass es chemische Energie nahezu verlustfrei in (kaltes) Licht umwandeln kann. Also das glatte Gegenteil zur Glühbirne, die nur fünf Prozent der Energie in Licht und den Rest in Wärme umwandelt.

Mittlerweile haben sich Dutzende, eher ein paar hundert Leuchtkäfer um uns versammelt. Wir haben Glück. Sie tanzen hin und her, blitzen auf und verschwinden wieder zwischen Bäumen, Gräsern und Büschen. Völlig lautlos spielt sich dieses Spektakel vor unseren Augen ab. „So viele auf einem Haufen habe ich bisher nur einmal gesehen ... und das war am Riesenfriedhof St. Raymond in New

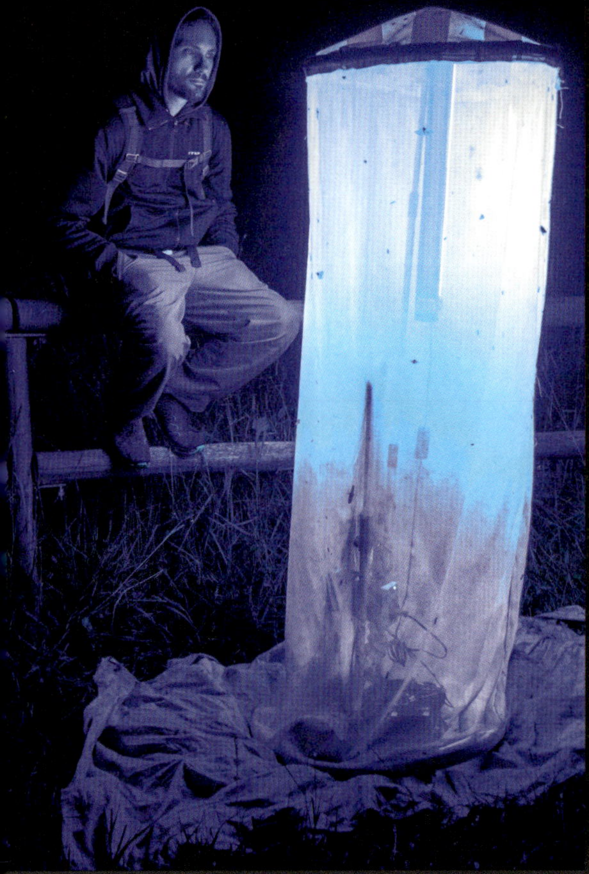

York", erinnert sich Mike entgeistert. Die Hochphase, die sich meist um den Johannistag herum abspielt, haben wir scheinbar recht gut erwischt. Am liebsten würden wir uns im wabernden, glimmenden Lichtspiel auflösen. Szenen aus dem Science-Fiction-Film *Avatar* kommen uns in den Kopf.

Doch noch vor 23:00 Uhr ist der Auftritt der Glühwürmchen vorbei, sodass wir uns langsam wieder auf den Rückweg machen. Dabei hören wir noch ein seltsames Quorren über den Baumwipfeln der uralten Hute-Eichen. „Eine balzende Waldschnepfe", freue ich mich. Während der nächtlichen Balz ist dieser sonst so ungemein scheue und heimlich lebende Vogel recht zuverlässig zu sehen. Um das Abenteuer perfekt zu machen, wartet ein paar hundert Meter vor unserem Parkplatz die nächste Überraschung auf uns: Wie eine blau leuchtende Tür in eine andere Welt zieht sie uns schon aus der Ferne an. Beim Näherkommen erkennen wir, dass es eine Leuchtfalle für Nachtfalter ist. Fünf Minuten weiter entdecken wir auch schon die drei dazugehörigen Schmetterlingsforscher, die bei einer weiteren Falle und ein paar Getränken beisammensitzen. Dort klingt der Abend mit einem gemütlichen Austausch aus – und natürlich mit einem Leuchten in den Augen.

GLÜHWÜRMCHEN-SCOUTING

Im Juni und Juli findet ihr sie an Waldrändern, Gebüschen, in Wiesen, Gärten und Parks, oft in der Nähe von Gewässern. Mit biologischem Gärtnern und vielfältigen Strukturen können sie sogar im eigenen Garten vorkommen! Schon ein wildes, schattiges Eck kann dabei helfen, dass die Glühwürmchenlarven und ihre Nahrung, die Schnecken, sich besser ansiedeln können.

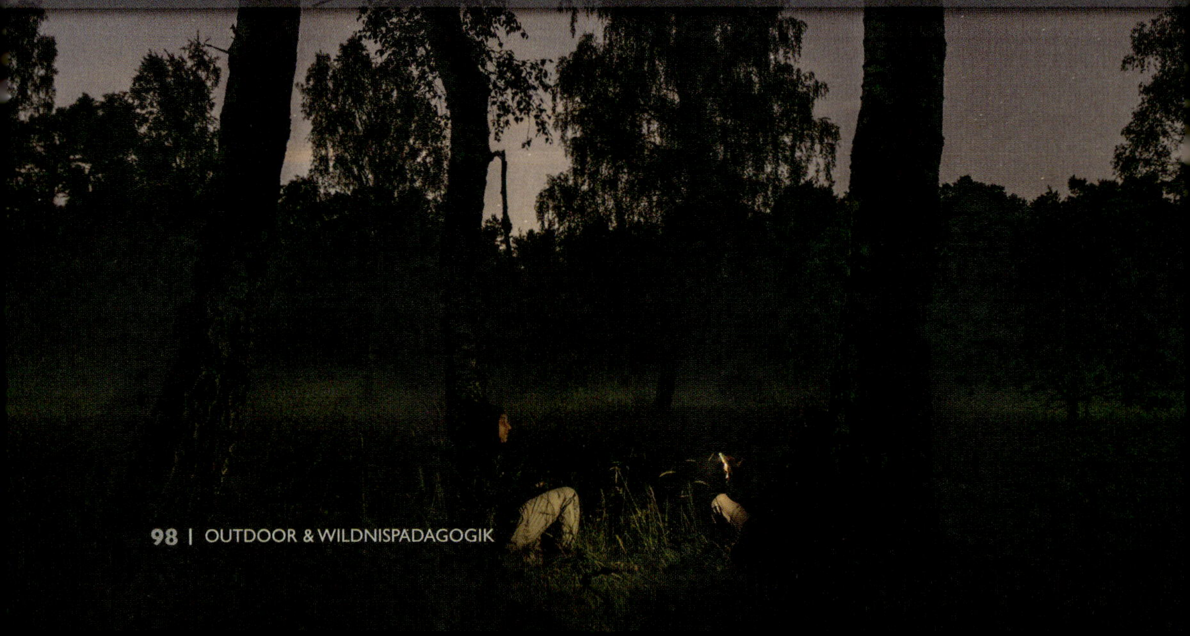

LAMA ADVENTURE

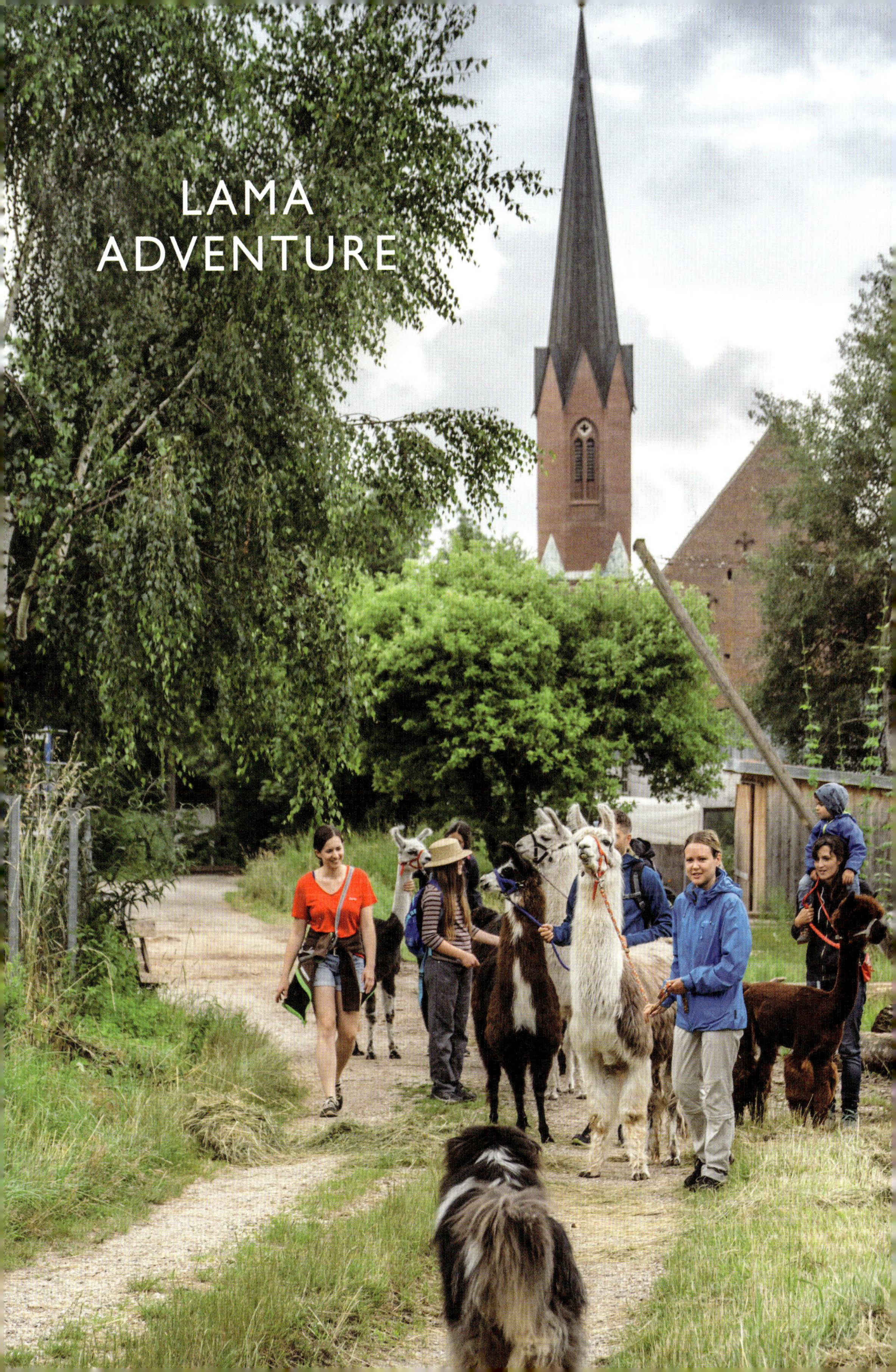

Dauer:	2 h
Ort:	Lama-Hof
Schwierigkeitsgrad:	leicht
Fortbewegung:	zu Fuß

Autor: TR

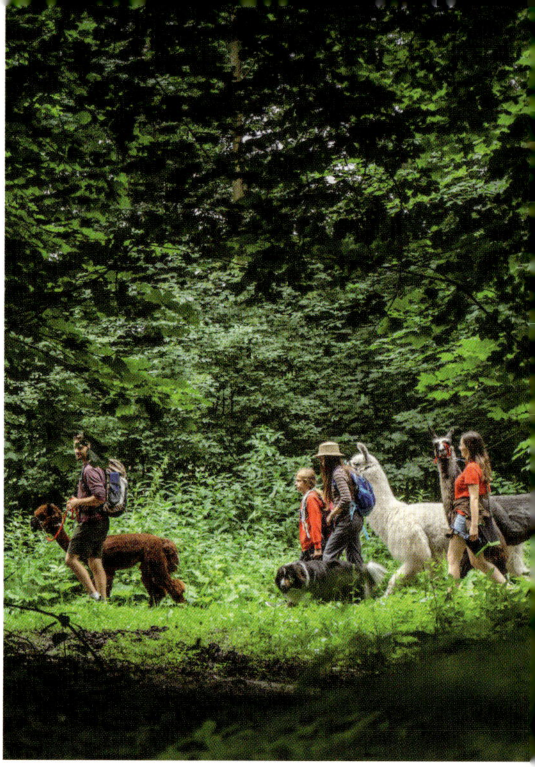

Mit einem skeptischen Blick aus großen Knopfaugen starrt mich dieses Wesen an – zerzauster Wuschelkopf, hochstehende Ohren, hervorstehende Zähne. Der Unterkiefer dreht auf ulkige Weise Kreise beim Graskauen. „So schaut also ein hochspezialisiertes Tier aus, das in den Hochebenen der Anden auf über 4000 Meter Meereshöhe überleben kann?", staune ich. Dort, wo eisige Winter herrschen und die Nacht fast über 50 Grad kälter als der Tag sein kann? Ehrlich gesagt, macht dieser Vierbeiner eher einen lustigen Eindruck auf mich statt den eines fähigen Überlebenskünstlers.

Die Wahrheit aber ist, dass dieses Tier außergewöhnlich genügsam und ausdauernd ist. Es ist der Inbegriff von Robustheit und behauptet sich in einer der unwirtlichsten Gegenden der Welt. Die Rede ist vom Lama, einer zu den Schwielensohlern gehörenden Kamel-Art. Bereits 3000 Jahre vor Christi Geburt wurde das vom wildlebenden Guanako abstammende Lama domestiziert. Noch viel früher, nämlich vor 50 Millionen Jahren, zweigt der Stammbaum der Schwielensohler vom Rest aller Paarhufer ab. Unsere heimischen Rehlein sind demnach mit einem Blauwal – dem wohlgemerkt größten Tier der Erdgeschichte – näher verwandt als mit einem Lama. Das zeigt wie uralt die Familie der Kamele ist.

Vor diesem Hintergrund sehe ich das Exemplar vor mir mit ganz anderen Augen. Dass ich nicht bis nach Südamerika reisen muss, um ein Lama zu sehen, ist dem Lama-Hof der Familie Vogl im Südosten der Hallertau zu verdanken. Genauer gesagt im Dorf Sankt Alban unweit des Marktes Hörgertshausen. Hier haben wir mit unseren Frauen Anna und Elena eine Lama-Tour ausgemacht, welche für uns definitiv Abenteuercharakter hat. Wir werden einen unbekannten Landstrich auf eine neue Art und Weise erkunden. Ebenso dabei ist Mikes Freundin Luise, die uns mit ihrem Blog Hip-Hip-Hallertau überhaupt erst auf diese Möglichkeit aufmerksam gemacht hat. Elena und ich waren bisher nur mit Eseln unterwegs, mal sehen, inwieweit sich das vergleichen lässt.

Wir alle stehen kreisförmig im Hof der Vogls beisammen und bekommen von Veronika Vogl eine erste Einführung zum Thema Wandern mit Lamas und Alpakas. Selbstredend, das Talent für Spuck-Attacken wird angesprochen, aber eigentlich sind Lamas sehr besonnene Tiere, die nur dann spucken, wenn sie gereizt oder bedroht werden. Wichtig sind laut Veronika vor allem zwei Dinge: erstens, nicht zu oft streicheln, und zweitens, immer links vom Lama gehen. Alles Weitere ergäbe sich dann schon beim Spazieren. Na dann, los geht's!

Aber immer schön der Reihe nach, denn die Tiere folgen einer gewissen Rangordnung. Ob wir Menschen untereinander von Tier zu Tier wechseln, spielt keine Rolle. Ein bisschen unheimlich muten unsere haarigen Begleiter ja schon an. Sie bewegen sich fast lautlos und haben ihre eigene, reduzierte Körpersprache. Übrigens, in unseren Trupp hat sich auch ein Alpaka eingeschlichen. Es ist nah verwandt mit den Lamas und ist die domestizierte Form des Vikunjas. Vikunja, Guanako, Lama und Alpaka – sie alle gehören zu den Neuweltkamelen. Elena, nebenbei eine der kleinsten Personen unserer Gruppe, ist mit dem größten Exemplar unterwegs: dem Leittier. Es ist so groß, dass das Haupt und die Ohren des Lamas ihren Kopf überragen. Ein lustiger Anblick, die beiden nebeneinander zu sehen.

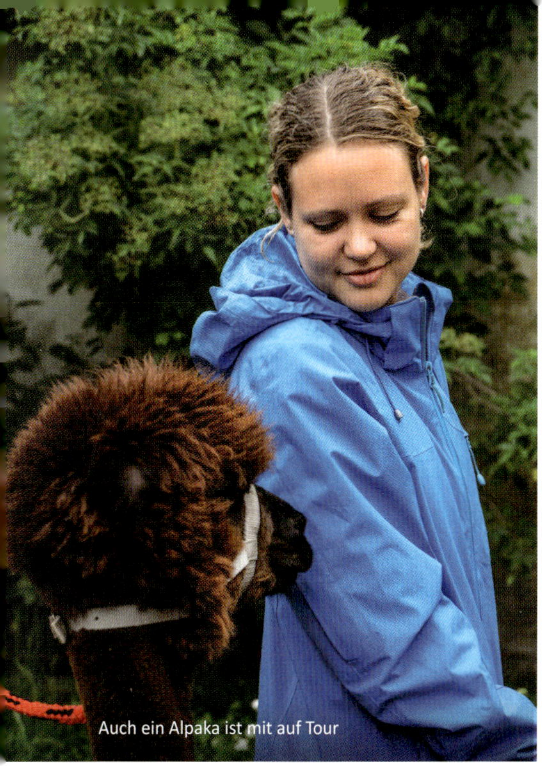
Auch ein Alpaka ist mit auf Tour

Nach dem Verlassen des Dorfes tauchen wir bald in den nördlich gelegenen Wald namens Haselau ein. Schon jetzt fällt uns auf, wie wachsam Lamas sind. Die Ohren schwenken stets in alle Richtungen, die Augen mustern konzentriert die Gegend. So ist das eben, wenn man seine Wurzeln in Südamerika hat, wo sich in den weiten Hochebenen Pumas und Kojoten heranschleichen können. In Lamas steckt immer noch ein bisschen Wildnis, was unsere Tour umso spannender macht. Da Esel immer fressen, wenn sie stehen bleiben, achte ich darauf, mit meinem Lama immer in Bewegung zu bleiben. Das kollidiert jedoch mit der vorhin erwähnten Reihenfolge. Die größeren Stuten sind zwar immer ranghöher als die Männchen, aber Letzteren obliegt die Verteidigung der Herde. Und sollte das ranghöchste Männchen an der Spitze stehen bleiben und es zu Überholmanövern kommen, zum Beispiel vom aufstrebenden Junghengst, sind kleine Zankereien die Folge. Mike führt eines der temperamentvolleren Tiere, das ihm durchaus Wachsamkeit, Krafteinsatz und Führungsqualitäten abverlangt. Andere Herdenmitglieder sind hingegen völlig harmlos und problemlos von den Kindern zu führen. Die Unruhen legen sich schnell wieder, also keine Scheu mit einem Lama mal stehen zu bleiben, es wird nicht in einer Fress-Orgie enden. Spätestens am Ende des Waldes sind wir recht eingespielt, sodass sich ein entspannter Gleichschritt einstellt. Wie ein Nomadenvolk ziehen wir in die offene Feldflur, die typische Hallertauer Kulturlandschaft, die teilweise einer Agrarsteppe ähnelt. Wir bekommen eine Ahnung von der Zeit vor der Jungsteinzeit, als das Nomadentum noch die vorherrschende Lebensweise der Menschen war.

Über einen weiten Rechtsbogen weichen wir der Ortschaft Airischwand aus, nähern uns dem Haslreuther Graben und schlendern eineinhalb Kilometer weiter. Für einen kurzen Augenblick erwische ich mich dabei, wie ich tief in die Augen „meines" Lamas blicke: Was geht wohl in seinem Kopf vor? Fühlt es sich wohl neben mir? Denkt es an die nächste Weidefläche? Oder ist es einfach nur auf mögliche Gefahren fokussiert? Kaum gedacht, schon schreckt hinter mir Luises Lama auf. „Falls es zu stark ist, einfach loslassen", erklärt Veronika. Gut zu wissen, auch wenn der Hinweis die eigene Unsicherheit im Umgang mit den Tieren bestätigt. Eigentlich sind Veronikas Tiere an so ziemlich alles gewöhnt, vom laut scheppernden Mofa bis hin zum großen Traktor. Aber manchmal registrieren diese feinfühligen Kamele etwas, von dem wir Menschen meist gar nichts mitbekommen. Gutes Zureden, ein sanfter Streichler, schon ist das Lama wieder ruhig und gewillt weiterzugehen. Erneut tauchen wir in den Haselauer Forst ein, diesmal von der Ostseite. Die Zeit an der Seite der Lamas ist durchaus wohltuend und vergeht viel zu schnell.

Bei unserer Rückkehr sehen wir wieder die markante Backsteinkirche Sankt Alban. Vorbei an farbenfrohen Bauerngärten und urigen Landhäusern schwenken wir ein zur Lama-Koppel. Den eben erspähten Dorfladen der Vogls schreiben wir uns gleich auf die Merkliste. Hier kann man neben kulinarischen Schmankerln auch Woll-Produkte von Lamas und Alpakas erwerben. Auch wenn unsere Runde nun vorbei ist, so genießen wir noch einmal die wundervolle Stimmung. Während Veronika ihre Lama-Familie belohnt und krault, fliegen Rauchschwalben knapp über unseren Köpfen umher und die Kirche läutet die volle Stunde ein.

SELBER PROBIEREN

Falls ihr selbst einmal ein Kamel führen wollt und die Tiere hautnah erleben wollt, versucht diese Adressen:

Hörgertshausen: www.hallertau-lamas.de
Pfaffenhofen a.d.Ilm: www.hallertau-alpakas.de

VOLLMOND-WANDERUNG

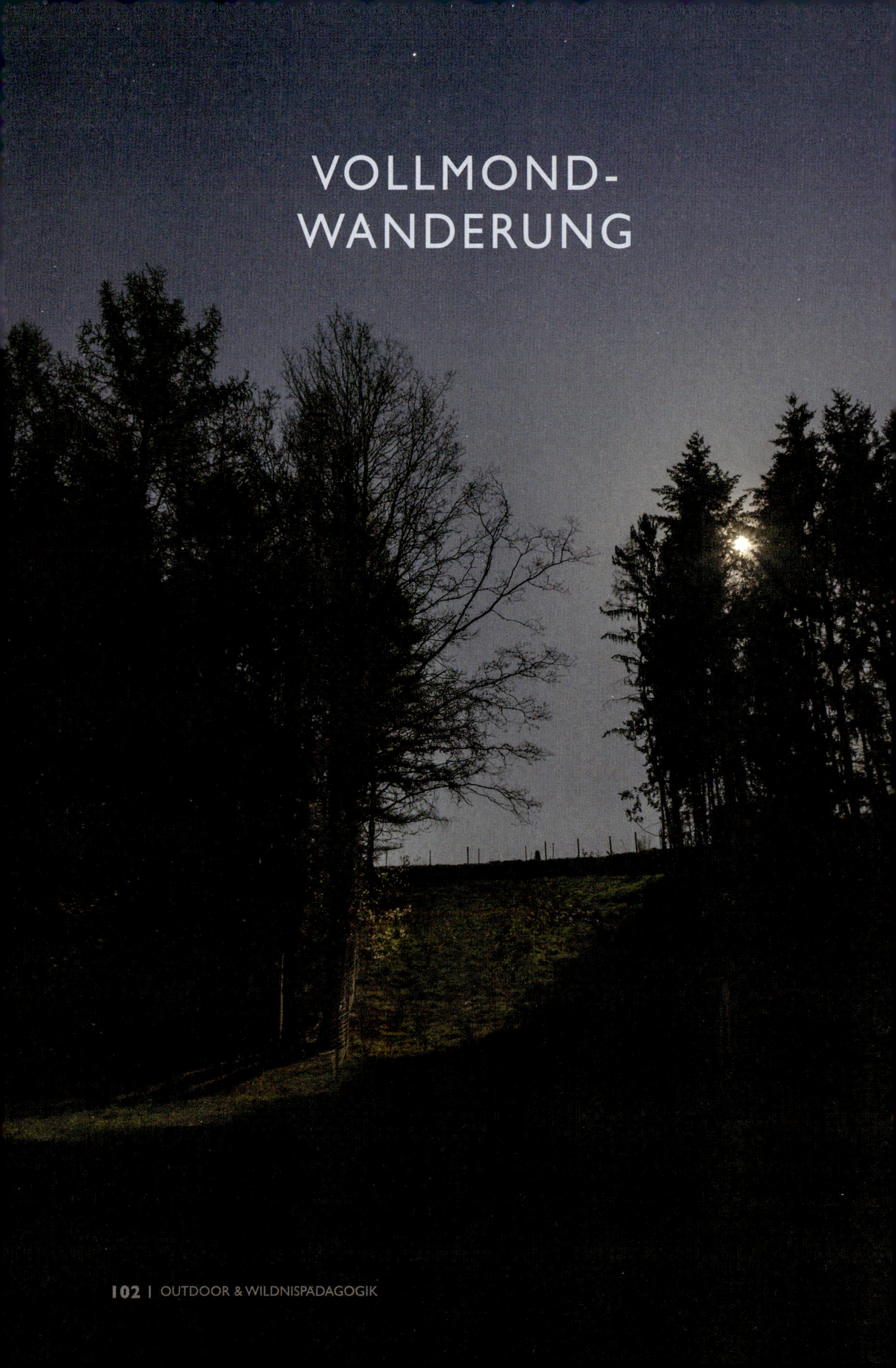

Dauer:	**mind. 1,5 h**
Ort:	**frei wählbar**
Schwierigkeitsgrad:	**leicht**
Fortbewegung:	**zu Fuß**

Autor: MU

Alte Dinge in neuem Licht zu sehen – das funktioniert auch bei Dunkelheit, nämlich bei einer guten alten und doch so unterschätzten Nachtwanderung. Im Dunkeln werden die Navigation und Fortbewegung sofort anspruchsvoller. Aber man riecht, hört und sieht auch Dinge, die man sonst nie wahrnehmen würde. Denn abends sitzt man ja normalerweise vor den flimmernden Bildschirmen der Smartphones, Laptops und Fernseher, zu Zeiten des Corona-Lockdowns schon gleich dreimal.

Immerhin konnten wir den Super-Vollmond am 26.04.21 in seiner ganzen Pracht und Magie erleben und in ein Abenteuer einfließen lassen. Um 19:30 Uhr marschieren wir los, wir wollen eine Runde um meinen Heimatort Haslach drehen. Ich kenne mich gut genug aus, um auch im Dunkeln eine kleine Wanderung in der Umgebung „freestyle" durchziehen zu können. Hoffe ich zumindest. Die weißen und gelben Tupfer der Schlehen und des Löwenzahns sowie die ersten Blüten des Wiesenschaumkrautes säumen die sanften Hügel der Hallertau und

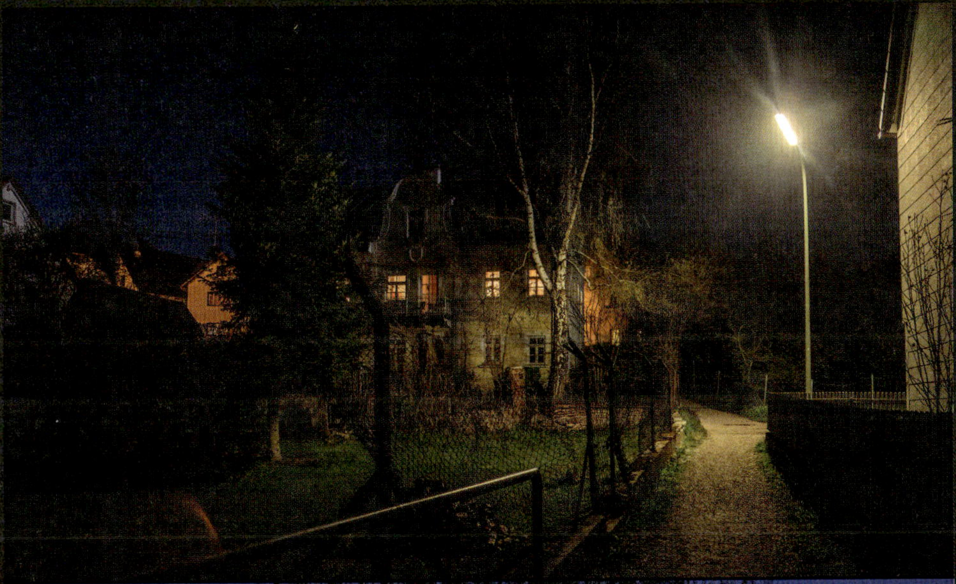

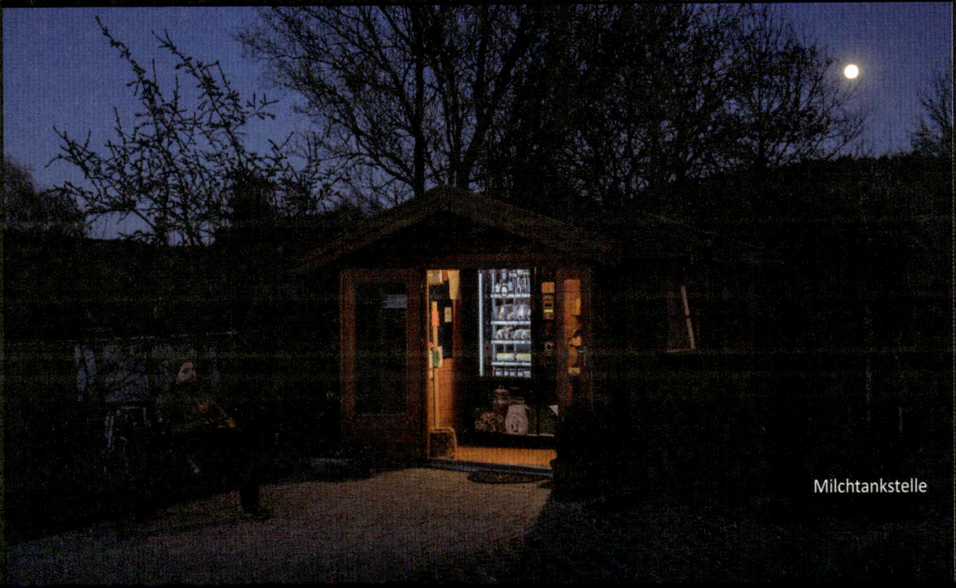

Milchtankstelle

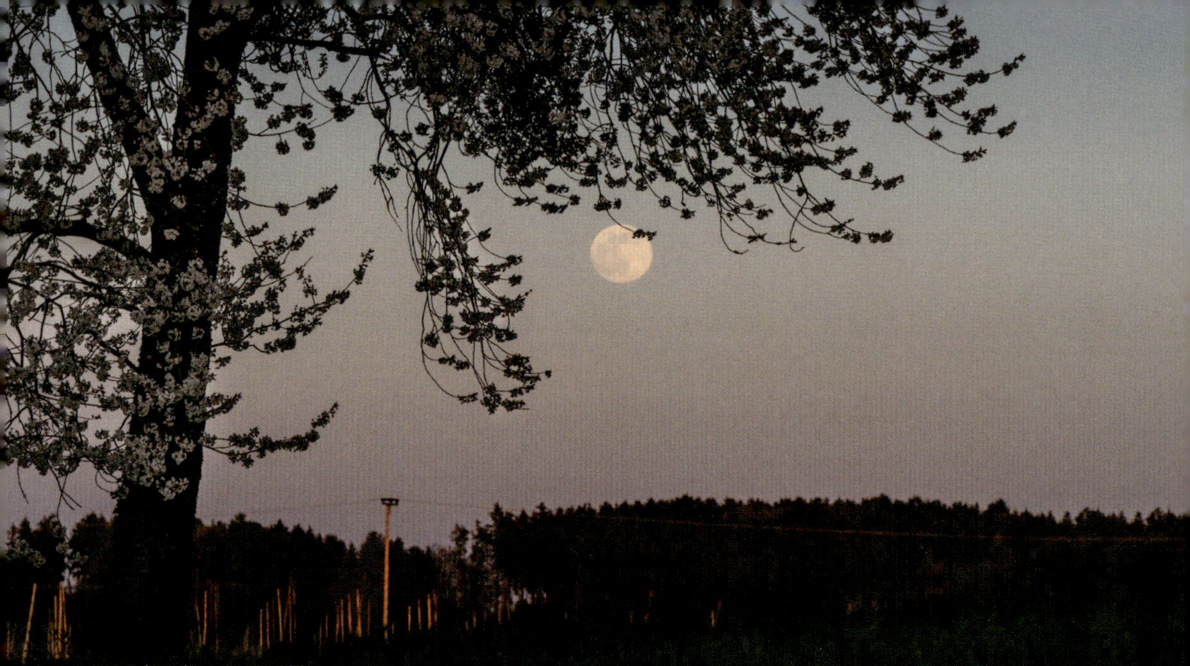

künden vom Frühling. Tagsüber hatte es 14 Grad, mittlerweile nur noch sieben. Am Ortsende in Richtung Au wirbelt ein Traktor eine riesige Staubfahne auf, die im schwindenden Sonnenlicht tanzt. Unsere Schatten sind mittlerweile 40 Meter lang. Der Sonnenuntergang lässt die denkmalgeschützte Kirche in gleißendem Licht erstrahlen, zugleich geht über der rechten Schulter des neugotischen Rohziegelbaus der volle Mond auf.

Es ist ein großer „Pink Moon“ (nach dem zu dieser Jahreszeit pink blühenden Phlox), der erste von zwei Super-Monden in 2021. „Super“ heißt er dann, wenn Voll- oder Neumond der Erde besonders nahe sind (heute circa 357 800 Kilometer, normalerweise ist der Mond im Schnitt circa 384 400 Kilometer entfernt). Etwa alle vier Wochen erreicht er auf seiner elliptischen Bahn das Perigäum, den erdnächsten Punkt. Dann ist er im Durchmesser 14 Prozent größer, reflektiert bis zu 30 Prozent mehr Licht und übt eine stärkere Anziehungskraft auf das Wasser der Erde aus.

Wir schauen dabei zu, wie er einerseits an Höhe und Abstand zum Horizont gewinnt, andererseits an Größe verliert, die durch die Mondtäuschung hervorgerufen wurde. Der Mond ist nun eine geisterhaft weiße Scheibe, umgeben von einem wolkenlosen Abendhimmel aus Lavendel-, Flieder-, Safran- und Blautönen. Wir biegen links auf einen Feldweg Richtung Südwesten ab und beobachten den Riesenmond vor der Silhouette eines schneeweiß blühenden, süß duftenden Kirschbaums. Die Hummeln summen im Baum, aber sonst ist es bis auf ein paar Singdrosseln und Rotkehlchen sehr still. Um 20:20 Uhr ist es so frisch geworden, dass ich das erste Mal meinen Atem vor mir weiß davonwehen sehe. Eine surreal schöne Stimmung, bereits der Anfang unserer Tour erfüllt uns mit Vorfreude.

20 Minuten Fußmarsch später legen wir einen unerwarteten Stopp an der Milchtankstelle in Leitersdorf ein, die von Katharina und Peter betrieben wird. Die beiden bewirtschaften einen der selten gewordenen Milchviehbetriebe in der Hallertau und bieten in ihrer automatisierten Lebensmittel-Hütte ein tolles Sortiment an. Der warme Lichtschein hat uns angezogen. Es gibt Kräutersalz, Marmeladen, selbstgemachte Leberwurst, verschiedene Käsesorten, Eier, Saft, Honig und Nudeln. Die Hofläden sind ein kleines Juwel der Hallertau! Dieser Moment hat uns zu einem eigenen Micro Adventure, der Hofladen-Rallye, inspiriert. Wir trinken unser Wasser aus, um frische Rohmilch abzapfen zu können, und nutzen die Gelegenheit für einen gemütlichen Ratsch mit den beiden umtriebigen Landwirten – was wir alle vier aufgrund des Lockdowns besonders zu schätzen wissen.

Ein paar hundert Meter weiter passieren wir eine Schafkoppel. Die kleine Herde reagiert sofort instinktiv auf unser Herannahen. Sie hören das Fressen auf, laufen zusammen, heben den Kopf und verharren in unheimlicher Stille. Schließlich wollen sie in der Nacht so wenig Aufmerksamkeit wie möglich erregen und den Schutz in der Herdenmitte suchen. Dieses Verhalten ermöglicht uns Fotos mit einer Belichtungszeit von fünf Sekunden. Eine leicht gespenstische Begegnung.

Unsere Augen haben sich mittlerweile gut an die Dunkelheit gewöhnt, wir können deutlich die Formen der Schatten erkennen, so hell leuchtet der

Mond auf unser herab. Einen Kilometer weiter westlich laufen wir in Au ein. Da der Geruchssinn in der Dunkelheit eine größere Rolle spielt, fällt uns der Unterschied zwischen der lieblich duftenden Hecke vom Ortsrand und der dumpfen Spülmittelgeruchsglocke aus dem Gully noch stärker als sonst auf. Wir sind zurück in der Zivilisation. Es hat nur noch vier Grad, die Straßen sind einsam. Nur zwei Jugendliche verabschieden sich noch kurz vor Erreichen der Sperrstunde um 22:00 Uhr, bevor sie zwischen den Häusern verschwinden. Dann ist alles nur noch stille Kulisse. Aufgrund unserer Arbeitserlaubnis dürfen wir weiterziehen, was uns eine Perspektive erlaubt, die vielen Menschen zu dieser Zeit verborgen bleibt. Blaue Reklameschilder, eine Baustelle, eine Frau am Fenster im Bademantel, das gewaschene Haar im Handtuch hochgewickelt. Ein gelber, zweistöckiger, denkmalgeschützter Mansardendachbau mit geschwungenen Giebeln, waagrechten Gesimsen und schmiedeeisernem Balkon, der im schwachen Laternenlicht an Verstecke der Zauberer in der Menschenwelt bei Harry Potter erinnert. Eine beleuchtete, 250 Jahre alte Eiche in einem Hinterhof des steilen Klosterbergs. Ein einsam hallendes Hundebellen. Bunte Graffiti an einer Unterführung auf dem Bockerl-Radweg. Eine mit Beton glatt gezogene, zugewachsene Transistorstation, die in der Nacht noch mehr nach einem Bunker aussieht als sonst. Eine knappe Stunde lassen wir die ruhende Ortschaft und die nächtlichen Eindrücke auf uns wirken.

Der Rückweg führt uns Richtung Osten am alten Bahnhof vorbei, zweihundert Meter später biegen wir nach Norden zum Schlag-Holz und Tannet ab. Der Mond leuchtet eine Schneise im steilen Waldranken, die durch den Bau einer riesigen Pipeline entstanden ist, so hell aus, dass sie wie ein hohes Fenster wirkt, durch das Licht in einer langen Linie fällt. Tobi hat durch das Wandern in der Dunkelheit seine Handgriffe schon automatisiert und bedient die Kamera ohne Lichteinsatz oder Hinschauen. Es ist so still geworden, dass wir uns selbst fast als Störenfriede empfinden und durch den Wald schleichen.

Nur in einem dicht bewachsenen Hohlweg im Moosloch ist es so finster, dass wir uns vorsichtig an ein paar Brombeerranken vorbeitasten müssen. Nach 4,5 Stunden Wandern und Fotografieren sind wir zurück in Haslach und tauchen aus dem magischen Nachtreisemodus auf. Angekommen im Haus meiner Eltern freuen wir uns über eine Eckbank im Warmen und einen Apfelstrudel, den wir genüsslich als Mitternachtssnack mampfen. Zusammen mit unserer Rohmilch (bitte selbst entscheiden, wer abkochen will), die wir überraschenderweise nach Ladenschluss in der Dunkelheit erbeuten konnten.

ÄHNLICHE IDEEN

- Um eine neue Perspektive auf Dinge zu bekommen, könnte man zum Beispiel mit dem Rad in die Arbeit fahren und dabei eine andere Route nehmen.
- Oder ihr schnappt euch eure Kamera und macht Bilder von Gebäuden oder Flecken in eurer Ortschaft, die eigentlich gar nicht charakteristisch für sie sind.

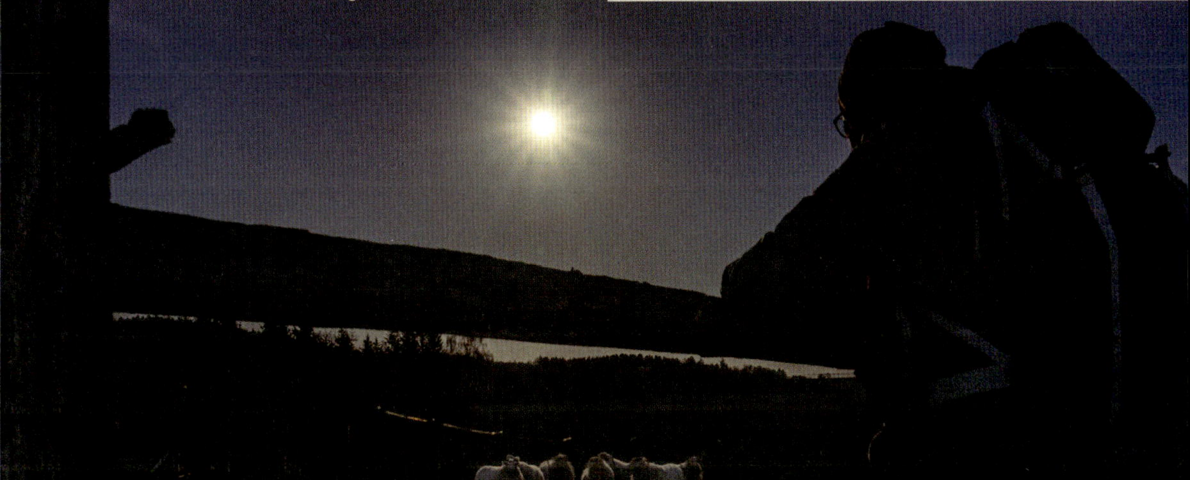

OASEN DER HALLERTAU – INTRO

Dauer:	**mindestens 4 h**
Ort:	**eine besondere Vegetationszone**
Schwierigkeitsgrad:	**abhängig vom Terrain**
Fortbewegung:	**zu Fuß**
Ausrüstung:	**App/Buch zur Pflanzenbestimmung, Kamera, Mücken-/Zeckenausrüstung, Fernglas, topographische Karte**

Streng genommen sind Oasen inselartige Stillgewässer, umgeben von einer reichen Pflanzenwelt – ein „Vegetationsfleck“, der in einer Wüste liegt. Nun gibt es in der Hallertau keine Wüste – Gott sei Dank nicht mal eine wirkliche Agrarwüste. Aber auf je mehr Abenteuer wir uns in der Hallertau begaben, desto mehr verdichtete sich unsere Annahme, dass es hier mehr besondere Räume gibt, als wir dachten. Lebensräume, die sich in ihrer Biodiversität von der Umgebung unterscheiden und ganz eigene, überraschende Merkmale aufweisen. Aber wo wären sie zu finden? Wären es genug für eine Serie in unserem Buch? Und wie weit würden wir Charakter, Größe und Entstehung analysieren und bestimmen können? Wie würden die Übergänge zur Umgebung aussehen? Wie gut wären sie geschützt? Es war uns ganz gleich, ob diese Idee funktionieren würde oder nicht – diesen Fragen wollten wir unbedingt auf den Grund gehen. Also begaben wir uns ganz nach Indiana-Jones-Manier auf unser größtes zusammenhängendes Abenteuer: Oasen-Exploration in der Hallertau!

Gefunden und erkundet haben wir in den letzten Monaten sieben kleine, aber feine Juwele. In diese idyllischen, erholsamen Orte mit ihren unterschiedlichen Strukturen, Dynamiken und Geographien einzutauchen, war eine bereichernde Erfahrung, die unseren Horizont erheblich erweitert hat. Dabei ging es nicht nur um die rein sachliche Bestimmung ihres Charakters hinsichtlich der Tier- und Pflanzenwelt, sondern auch um Stimmungen, Sinneseindrücke, die Ästhetik und Wirkung der Oasen. Allein diese sieben Vegetationsflecken zeigen die verblüffende Vielfalt der Hallertau auf und dass wir alles daransetzen sollten, sie nicht nur zu schützen, sondern sie vielmehr auszubauen.

ÄHNLICHE IDEEN

- **Unterschiedliche Milieus erforschen: Wälder, Flüsse, Seen, Höhlen, Inseln, Städte**
- **Lost Places finden ("leave no trace" und bringe niemanden in Gefahr!)**
- **Geocaching**
- **Pilgern zu Naturdenkmälern**

OASEN DER HALLERTAU:

OASE STEINERSKIRCHEN

Autor: TR & MU

Als wir uns überlegten, was in eine Oasenserie alles hineinpassen würde, kamen wir um die „Oase Steinerskirchen“ nicht herum. Schließlich hat sie die Oase schon im Namensschild. Den Kern von Steinerskirchen bildet das Bildungs- und Besinnungshaus, das aus der klösterlichen Tradition heraus entstanden ist. Als christlicher Grundsatz gilt dort: die „Schöpfung bewahren“, was hier erfrischend ökologisch interpretiert wird. Wer seit über 20 Jahren ein Freiwilliges Ökologisches Jahr anbietet oder seine Abwässer in einer eigenen Pflanzenkläranlage reinigt, die nebenbei noch Lebensraum für Pflanzen und Tiere darstellt, hat sicher noch mehr wertvolle Ideen in petto. Wir waren gespannt, wie das den Lebensraum vor Ort geprägt hat.

Schon bei der Anfahrt werden die Straßen immer kleiner und die Ruhe nimmt stetig zu. Auch zwischen den landwirtschaftlichen Gebäuden sowie bei den gepflegten Seminar-Häusern, dem Pfarrhaus und der Wallfahrtskirche „St. Michael und Mariäe Verkündigung“ ist keine Menschenseele zu sehen. Wir verschaffen uns auf der Anhöhe, auf der die Gebäude stehen, einen Überblick – auch dank der vielen Sitznischen. Von dort aus hat man einen guten Ausblick auf die umliegenden Feldfluren. Unser Blick bleibt an den westlich gelegenen Streuobstwiesen hängen. Über viele Jahrzehnte sind dort hochstämmige Obstbäume zu knorrigen Gestalten herangewachsen. Diese Wiesen sind ein wahres Paradies für Vögel und Insekten, im Frühling lassen sich dort selten gewordene Vogelarten wie der Gartenrotschwanz, Mittelspecht, Wendehals und die Turteltaube beobachten.

Es wird Zeit, sich das Gelände aus nächster Nähe anzuschauen. Wie wir an einem Weidezaun entlangschlendern, treffen wir einen Landwirt an, der gerne zu einem Gespräch bereit ist. Es ist Bruder Martin, der uns einiges über das alte Klostergut erzählen kann. Hervorragend, dass wir ihn gleich zu Beginn unserer Erkundungstour treffen. Gutes Karma – darum geht es an diesem Ort ja offensichtlich. Vor 1200 Jahren waren es wahrscheinlich irische Mönche, die hier eine erste steinerne Kirche bauten, die dem Ort seinen Namen gab. Auch wenn das landwirtschaftliche Gut nie groß besiedelt war, blieb es doch immer eine Pfarrei und ein Platz der Sammlung, des Gebets und der Stille. Anfang der 1950er Jahre erwarben es Herz-Jesu-Missionare und hauchten Steinerskirchen neues Leben ein. 1990 machte das Klostergut den Schritt zum anerkannten Bioland-Betrieb. Das bedeutet den kompletten Verzicht auf synthetischen Dünger und chemische Pflanzenschutzmittel auf den Wiesen, Äckern und in den Obstgärten.

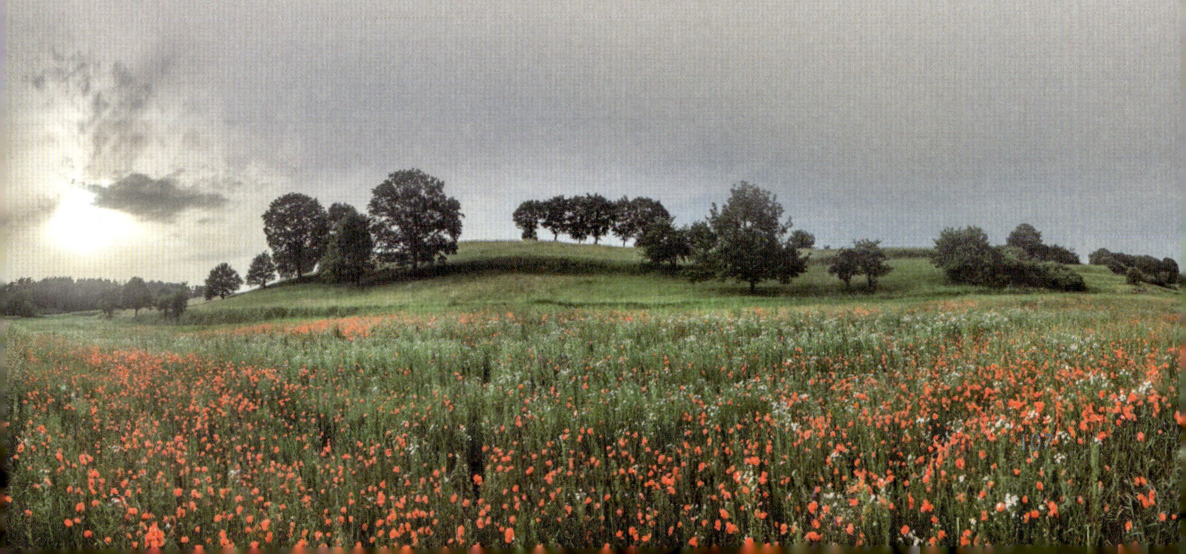

Der ökologische Gedanke wurde mithilfe junger Landwirte weitergesponnen, es kam zu einer großangelegten Biotopvernetzung mit Hecken, Alleen, Obstwiesen und Gehölzen. Man bemerkt, wie es immer wieder Brücken zwischen den verschiedenen kleinen Lebensräumen gibt. Davon profitiert zum Beispiel die Turteltaube, die strukturreiche Wald- und Feldränder braucht. Für Bruder Martin – Landwirt durch und durch – war die Öko-Philosophie in Steinerskirchen die Chance, der konventionellen Landwirtschaft den Rücken zu kehren. „Irgendwann hod ma des einfach nimma basst", erklärt er den Schritt zur Bio-Erzeugung und seinen Wechsel zum Mönch-Dasein. Abgesehen von dem 70 Hektar großen Wald sind es rund 40 Hektar Ackerbau, die Bruder Martin überwiegend allein bearbeitet. Und obwohl diese Art der Bewirtschaftung aufwendig ist, wirkt er keineswegs getrieben. Die Getriebenen sind eher wir, denn schließlich wollen wir jetzt unbedingt noch mehr über diesen Ort herausfinden.

Ein paar hundert Meter weiter erreichen wir eine Kapelle, die Wanderer zum Innehalten und Nachdenken einlädt. Ehemalige Fliegerbomben wurden zu einem Friedensglockenspiel umfunktioniert. Vier Glocken, vier Menschen: Ganz klar, hier kann gemeinsam Musik gemacht werden. Mit den dazugehörigen Hämmern improvisieren wir mit unseren Frauen einen elektronisch angehauchten Beat, mit dem wir bald imaginäre Klagegeister anrufen. Wir merken schon, die spirituelle Ader von Steinerskirchen zeigt ihre Wirkung. Bevor es zu laut und verstörend wird (vor allem für unsere Umwelt), kehren wir wieder zu dem zurück, was wir besser können, nämlich: in Ruhe erforschen. Wir finden heraus, dass das Gut Weizen und Roggen an eine Bäckerei in Reichertshofen verkauft, die daraus ihr begehrtes Klosterbrot macht. An einer Kreuzung müssen wir uns entscheiden, ob wir über das Paartal nach Deimhausen gehen oder eine kleinere Schlaufe über das Regensburg- und das Glenkholz drehen wollen. Wir entscheiden uns für letztere Option, wodurch wir in die Nähe der Landkreisgrenze zu Neuburg-Schrobenhausen gelangen. Auf den ersten Blick denken wir uns nichts Besonderes, aber bald haut es uns um. So kann und sollte ein gesunder Fichtenwald aussehen! Verrückt. Die Bäume stehen weit auseinander und lassen Platz für Jungbäume und eine üppige Krautschicht, in der unter hohen Farnen Gras, Heidelbeeren und Veilchen stehen. Moospolster hängen von den Bäumen herab und fangen weich das Sonnenlicht auf.

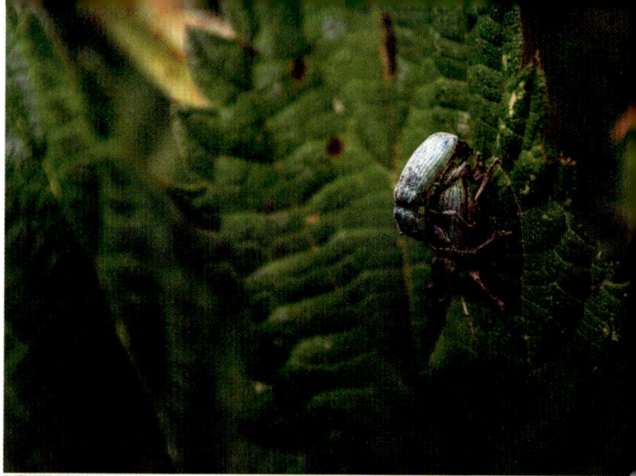
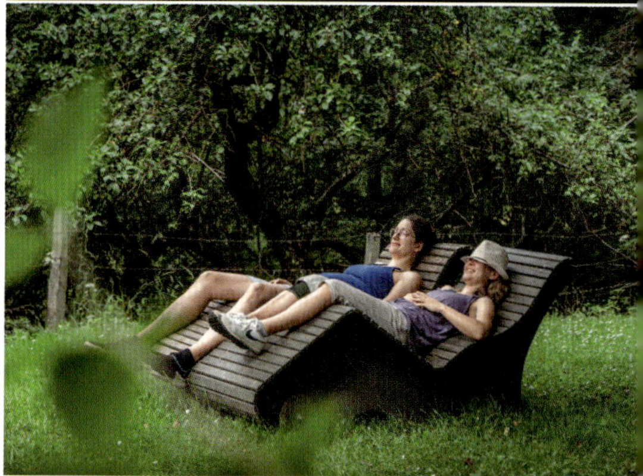
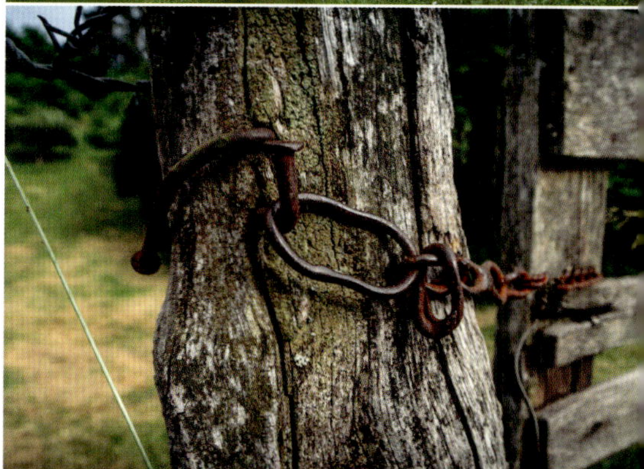
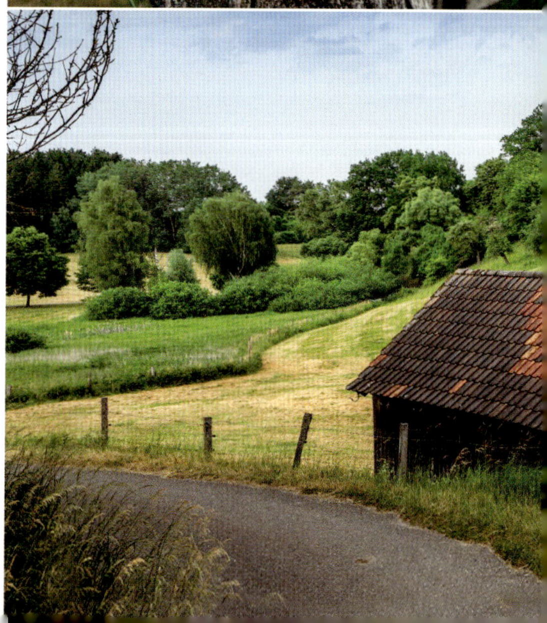

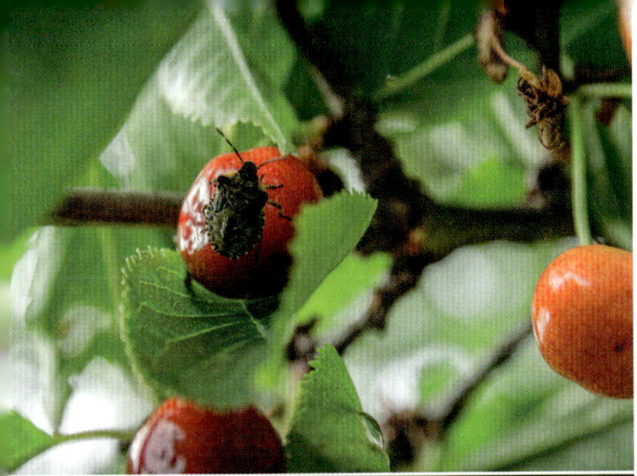

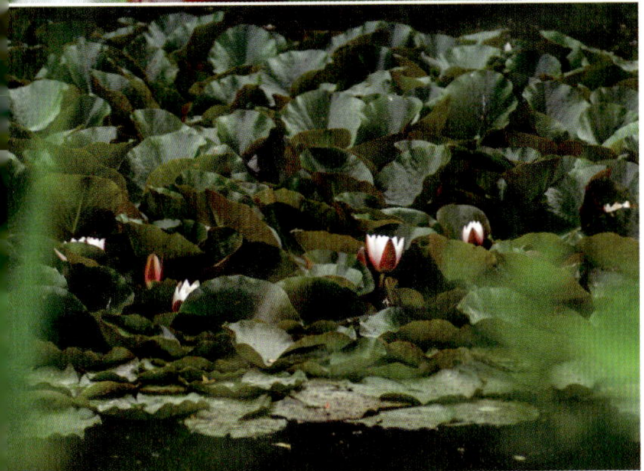

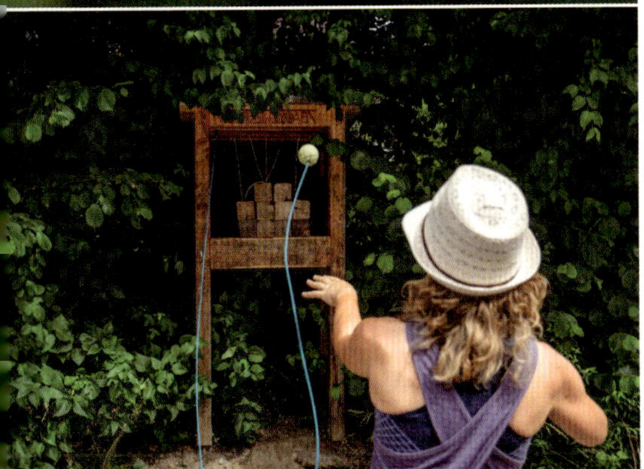

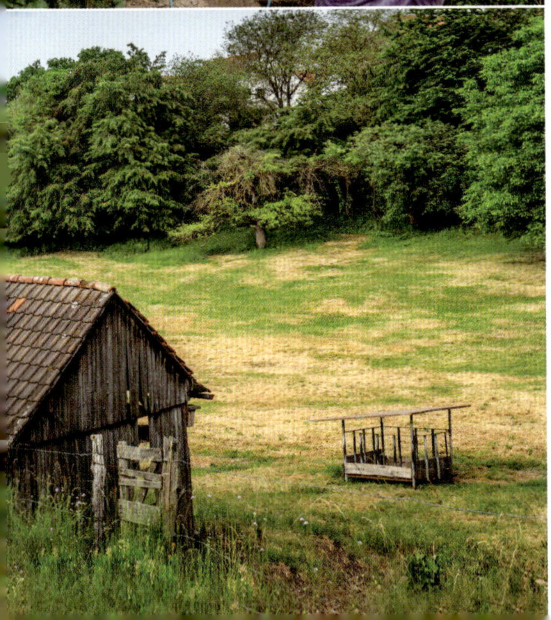

Ein grüner Dschungel, wie man ihn in Skandinavien vermuten würde. Darüber hallt das Kworren eines Kolkrabens. Mehr als andere Tierarten hat der soziale und intelligente Vogel in vielen Kulturen nicht nur Kunst und Sprache, sondern auch die germanische Mythologie und Spiritualität beeinflusst. Als der Mensch noch Jäger und Sammler war, halfen die Raben oft, den Jäger zur Beute zu führen, denn im Gegenzug profitierten sie von den Resten des erlegten Wildes. Sein Ruf als Götterbote kommt nicht von ungefähr und passt zu diesem Ort.

Auf dem Rückweg zum Besinnungsort entdeckt die Kleinste (Elena) in unserer Runde als Erste die 20 Jungrinder, die neben der Streuobstwiese gemütlich vor sich hinkauen. Sie halten die Grünflächen auf natürliche Weise frei und sind neben Obst und Getreide Teil des Selbstversorgungszyklus des Gutes. Was an Fleisch nicht selbst verbraucht wird, wird an mehrere Metzgereien des Landkreises verkauft.

Ob die Karpfen des nahgelegenen Weihers auch gefischt werden, können wir nicht herausfinden. Als wir uns dem grünen und von blühenden Seerosen bedeckten Gewässer nähern, entdecken wir Stockenten und Libellen, die gemütlich ihre Runden drehen – die einen im Wasser, die anderen in der Luft. Ein genauer Blick in die Uferlandschaft wird mit einer kleinen botanischen Besonderheit belohnt, die meinen Puls schneller werden lässt: Hier streckt das Breitblättrige Knabenkraut, eine seltene Orchidee, ihre purpurnen Blüten zwischen den Gräsern nach oben. Ein unverhoffter Fund, denn sie steht als gefährdet auf der roten Liste.

Gegenüber machen wir einen Fund, der der Orchidee in nichts nachsteht und der allerdings auch kaum zu übersehen ist. Zwar stehen auf dem Gut mehrere mächtige Bäume, aber der auf dieser Weidefläche dürfte einer der größten Bäume sein, die es in der Hallertau überhaupt gibt: eine über 400 Jahre alte Eiche, die 2020 sogar zum „schönsten und ältesten Baum“ des Landkreises Pfaffenhofen gekürt wurde. Alleine die Bewertungskriterien (Schönheit, Biodiversität, Stammumfang, geschätztes Alter, Naturdenkmalwürdigkeit und Naturbelassenheit) sagen etwas über diesen „Mega-Ent“, dieses fantastische, riesige Baumwesen, das geradewegs Tolkiens *Der Herr der Ringe* entsprungen sein könnte, und seinen Standort aus. Die Oase ist ein Ort der (Natur-)Schätze, das hätte Gollum sofort verstanden („Mein Schaaaatz …“).

Da wir als Naturliebhaber jetzt so richtig angefixt sind, wollen wir uns noch die nördlich gelegene Magerwiese anschauen, die ebenfalls zum Gut gehört. Auf dem Weg liegt die kleine, nach dem Ordensgründer benannte Jules-Chevalier-Quelle, bei der wir eine Brotzeit einlegen. Hier sprudelt das ganze Jahr über frisches, sauberes Trinkwasser, von dem wir ein paar Schluck nehmen. „Es ist schon komisch, dass wir ausgerechnet jetzt zum ersten Mal an einer Wasserquelle, einem klassischen Definitionsmerkmal einer Oase, sitzen. Denn bei Steinerskirchen waren wir uns am unsichersten, ob sie zur Serie passen würde“, bemerkt Mike. Nie hätten wir gedacht, dass sich die Zusammenhänge einmal so ergeben. Außer rastenden Wanderern löschen gerne auch Eichelhäher und neugierige Meisen dort ihren Durst, wie sich bald zeigt.

Nach unserer erholsamen Auszeit an der Quelle staunen wir umso mehr, als wir am südlich ausgerichteten Magerwiesenhang ankommen. Vor uns liegt ein wunderbares Wildblumenmeer, das jetzt, Mitte Juni, ein absolutes Highlight ist. Tatsächlich passt der Begriff „Meer“ ganz gut. Während Karthäusernelken, Glockenblumen und Odermennig in die Rolle von Korallen und Anemonen schlüpfen, gleiten Tagpfauenauge, Dukatenfalter und Bläulinge wie tropische Fische dazwischen umher. Vor der Intensivierung der Landwirtschaft waren solch artenreiche Ökosysteme in Mitteleuropa keine Seltenheit. Heute freuen wir uns bis ins Mark über vereinzelte, verbleibende Zeitzeugen wie diese hier. Wir sind uns einig: Wir „tauchen“ hier noch bis zum Sonnenuntergang eine Weile ab.

Die friedliche Stimmung am Blumenmeer hilft uns, die Eindrücke der letzten Stunden zu verarbeiten. Die Oase Steinerskirchen macht ihre Harmonie zwischen Mensch und Natur aus. Die Einstellung der Menschen ist hier mit dem Lebensraum verschmolzen, sie hat sich auf Architektur, Land- und Forstwirtschaft und die Erhaltung des Areals ausgewirkt. Es herrscht eine gewisse Zeitlosigkeit. Die Tradition wird gepflegt und doch fließt neues Gedankengut ein. Es ist ein Ort der Ruhe, aber auch der Begegnung. Auf der einen Seite sieht es aus wie vor 70 Jahren. Auf der anderen könnten die hier gelebte Philosophie und Wirtschaftsweise zukunftsträchtiger nicht sein. Steinerskirchen kann durchaus tieferes Nachdenken anstoßen: Entweder wir schaffen durch technologische Innovation Lösungen für die Probleme der Menschheit oder wir kehren zu energieärmeren, regionaleren Zyklen zurück. Idealerweise – oder besser noch notwendigerweise – schaffen wir beides. Gerade letzteres wird in der Oase Steinerskirchen vorbildlich praktiziert.

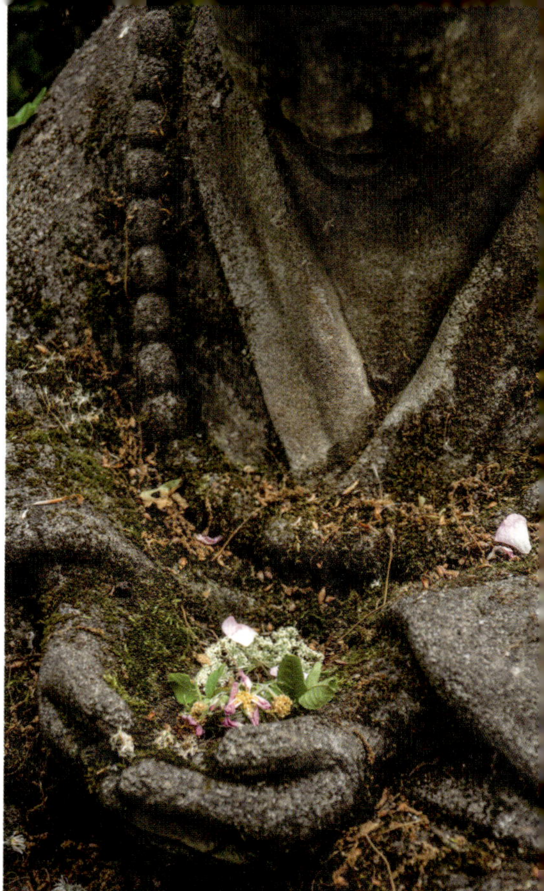

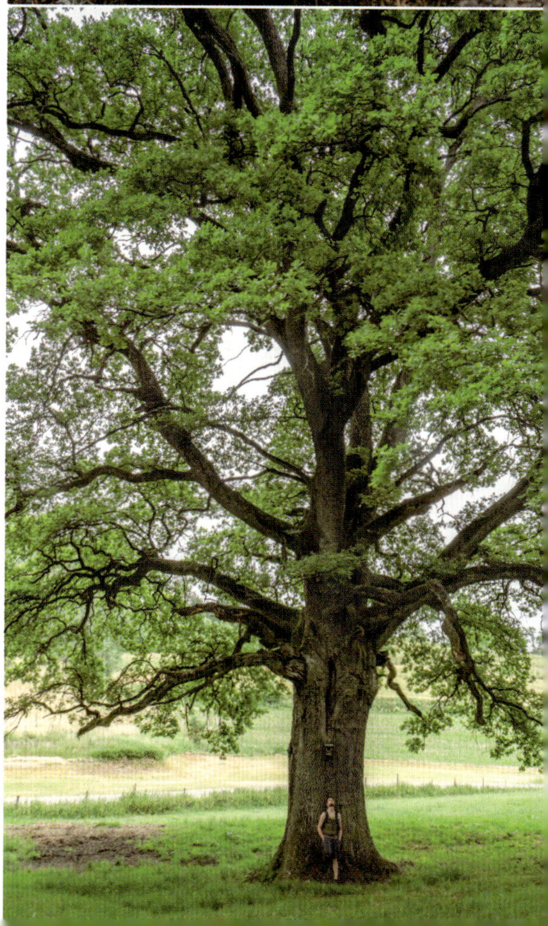

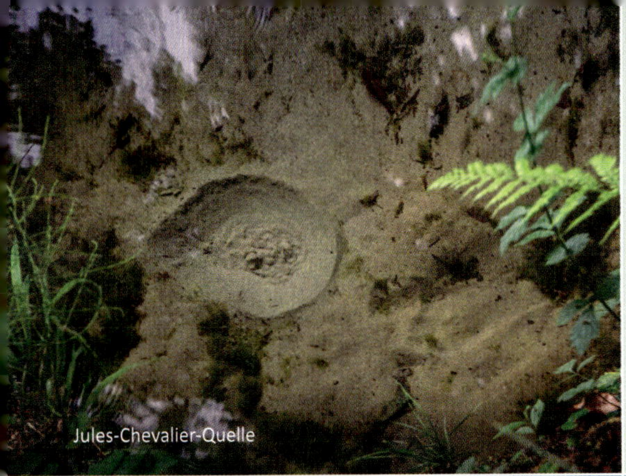

Jules-Chevalier-Quelle

„ZUM ERSTEN MAL SITZEN WIR AN EINER WASSERQUELLE, EINEM KLASSISCHEN DEFINITIONSMERKMAL EINER OASE.“

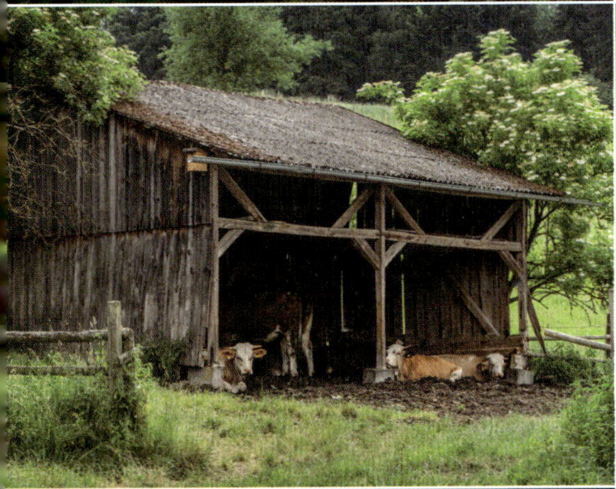

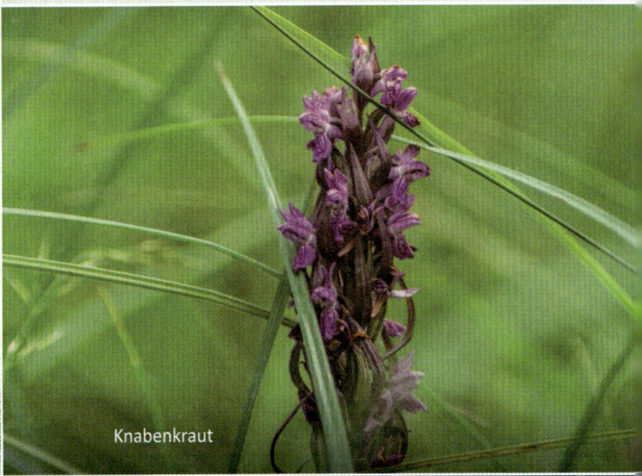

Knabenkraut

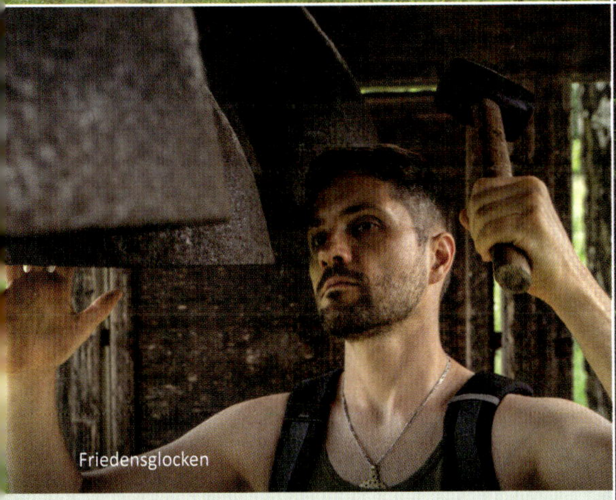

Friedensglocken

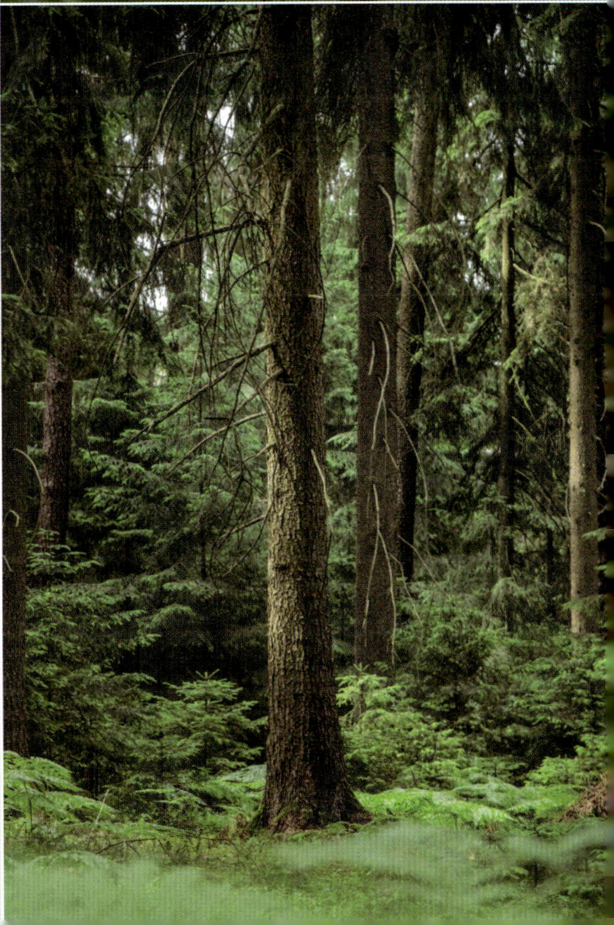

OASE GOES OUTDOOR

Noch ein weiterer passender Fund: Die Oase Steinerskirchen hat im September 2020 über den BDKJ Neuburg-Schrobenhausen einen Outdoor-Kurs angeboten, in dem es um das Überleben in der Natur geht, wie man Wasser filtert, Feuer macht und so weiter. Wenn das mal nicht nach Abenteuer riecht ... Informieren kann man sich unter *www.oase-steinerskirchen.de*.

OASEN DER HALLERTAU:

NACHTFALTERKARTIERUNG AM BIO-MUSTERHOF

Autor: MU

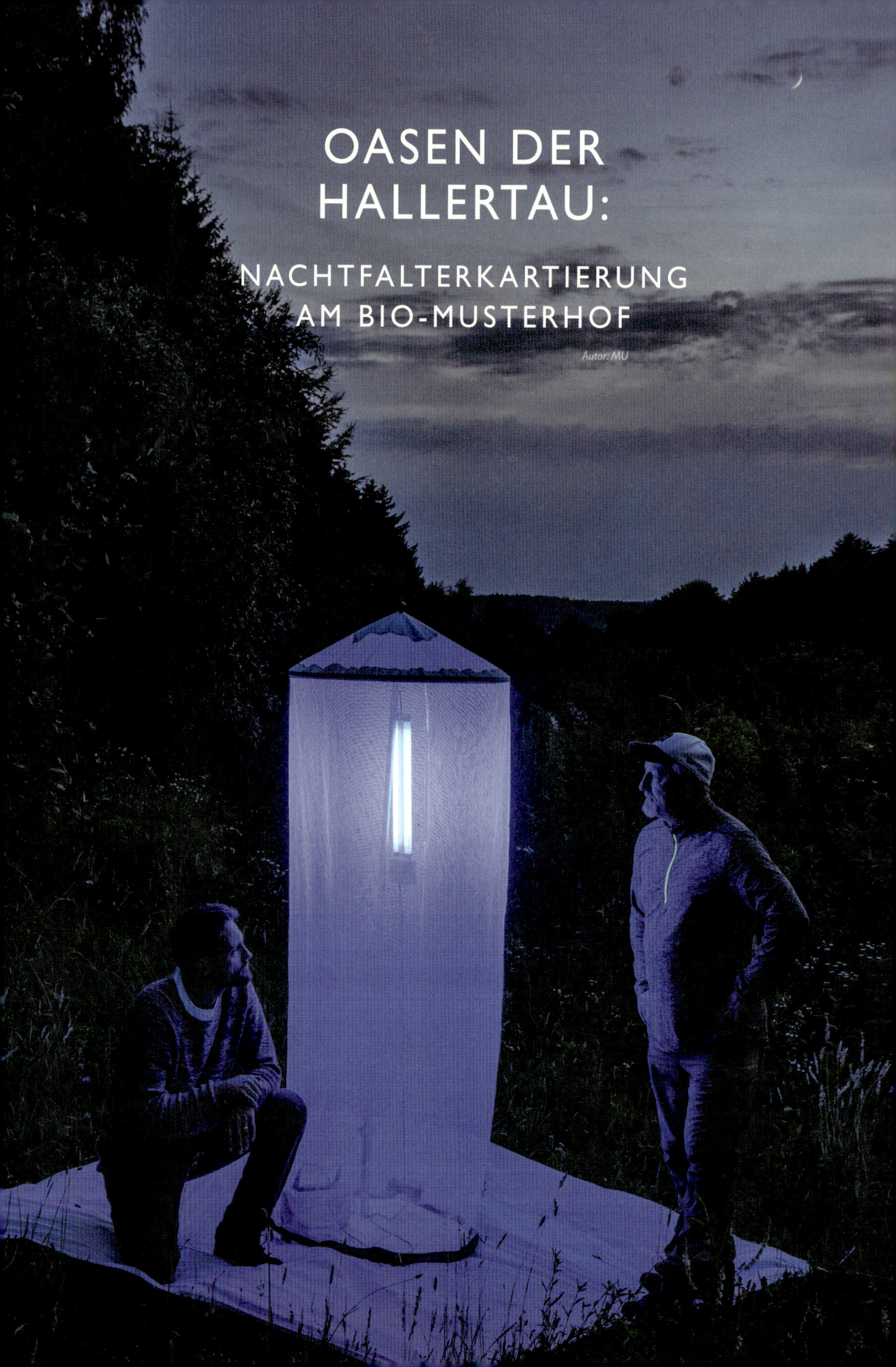

Auf unseren Streifzügen stolpern Tobi und ich oft direkt und indirekt über Themen wie die Entwicklung der Hallertauer Flora und Fauna, Naturschutz, Flächenfraß, Monokulturen oder zunehmende Trockenheit. Im Juli 2021 ergab sich die perfekte Chance, sich dazu mit Gleichgesinnten, Wissenschaftlern und Naturschützern auszutauschen, die hier, vor unserer eigenen Haustür, schon jahrelang Untersuchungen zu Themen durchführen, die uns am Herzen liegen. Wir bekamen eine Einladung zum Nachtfalterkartieren an einem der Hotspots für Artenvielfalt in der Hallertau – nämlich dem „HiPP-Musterhof für biologische Vielfalt" bei Pfaffenhofen.

Diese Möglichkeit konnten wir nicht ausschlagen, auch wenn es ein Abenteuer ist, das nicht für jedermann zugänglich ist. Dafür haben wir uns dazu entschlossen, die Erfahrung und den Austausch mit den Experten dazu zu nutzen, euch jede Menge faszinierender Eindrücke, wertvolles Wissen Richtung Artenschutz sowie Ideen zum Selber- und Mitmachen mitzubringen.

Mitte Juli ist es so weit. Wir dürfen den passionierten Entomologen (Insektenforscher) und „Südamerika-Insekten-Veteran" Thomas Greifenstein beim Nachtfalter- und Schmetterlingskartieren begleiten. Gleich vorne weg: Aktivitäten wie diese gehören in die Hände von Fachleuten und brauchen Genehmigungen. Tom wird von HiPP für diese Aufgabe extra freigestellt und darf einen Teil seiner Arbeitskraft darauf verwenden. Die dafür benötigten Lichtfallen können seltene Insekten gefährden, das muss natürlich verhindert werden. Außerdem verursacht falsches Licht oder zu viel Licht (beispielsweise am Haus) Lichtverschmutzung. Es sterben Unmengen von Insekten, weil sie künstliche Lichtquellen so lange anfliegen, bis sie verhungern oder vor Erschöpfung Opfer von Fressfeinden werden. Ein kleines Beispiel: In Italien ergab eine Studie, dass die Lichtstrahler einer Statue in einem Jahr allein mehrere Millionen Nachfalter töteten.

Warum die Insekten von Licht angezogen werden, weiß man kurioserweise bis heute nicht so wirklich. Die bekanntesten Erklärungsversuche sind die Kompass-, Blendungs- und Polarisierungshypothese – klangvolle Ideen, aber unbewiesen. Den Rest der Tierwelt stört blaues Licht auf jeden Fall weniger als normales Licht, das kann ich als gelerntes Säugetier bezeugen. Lassen sich die Insekten auf den Netzen der Lichtfalle nieder oder schwirren sie in eine Lebendfalle, können die Forscher sie fotografieren, zählen, fangen und präparieren. Letzteres muss manchmal sein, um die Insektenwelt genauer zu analysieren, für die Nachwelt zu erhalten und damit besser schützen zu können.

Die Nachtfalterkartierung findet normalerweise zwischen April und Oktober statt und braucht trockene und windstille Verhältnisse sowie Dunkelheit. Kein Wunder, dass die Terminfindung heuer gar nicht so leicht war. Nachdem Tobi und ich schon ein paar spontane Termine nicht wahrnehmen konnten, fahren wir endlich an einem Montagabend um 20:00 Uhr bei noch angenehmen 20 Grad zum abgelegenen Bio-Hof. Die Vorfreude ist groß. Ein Vorgespräch vor zwei Monaten auf dem Gut hat uns bereits sehr begeistert, denn die Anlage ist einfach eine wahre Oase des Hallertauer Hügellandes. Ein kleines Paradies aus Wiesen, Weiden, Wäldchen und einer reichhaltigen Tierwelt.

Hier werden Schleiereulen aufgepäppelt, Dutzende Tümpel für Gelbbauchunken angelegt, Rinder extensiv gehalten, Hirschkäferwiegen aufgebaut und über 500 Vogelkästen aufgestellt. Auf über 100 Hektar führt Armin Günter, Landwirtschaftsingenieur und Beauftragter für biologische Vielfalt bei HiPP, mit seinem Team, kooperierenden Unis, Bioland, dem Landesbund für Vogelschutz Bayern (LBV) und vielen anderen unermüdlich ein Experiment nach dem anderen durch, um die Biodiversität im Zusammenhang von Landwirtschaft und Naturschutz zu erfassen, zu messen und weiterzuentwickeln. Und sie sind noch lange nicht am Ende. „Noch reagiert die Natur und regeneriert sich, wenn wir ihr etwas Gutes zuwerfen, ihr einen Reiz geben, aber wie lange noch ...", sinniert Armin. Er will noch „mehr Bio" etablieren, „noch freakiger" werden, noch mehr probieren. „Verrückt, aber positiv", würden manche sagen, „nötig, aber schwierig", sagen andere, „einfach Armin", sagen die, die den Tausendsassa mit dem intensiven Blick und der kessen Lippe näher kennen.

Über 7000 verschiedene Insektenarten wurden in den letzten Jahren auf dem Musterhof festgestellt. Das ist über ein Viertel aller Insektenarten, die es in ganz Bayern gibt, nämlich circa 26000 (Stand 2016). Über 20 Prozent dieser Gesamtsumme standen im Jahr 2003 bereits auf der Roten Liste der gefährdeten Arten. Unsere Gesell-

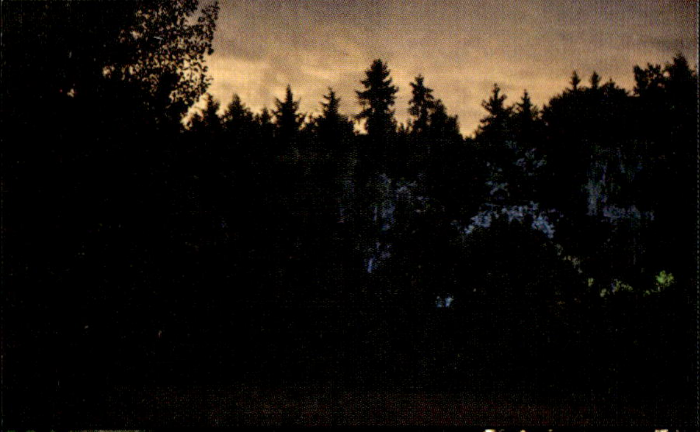

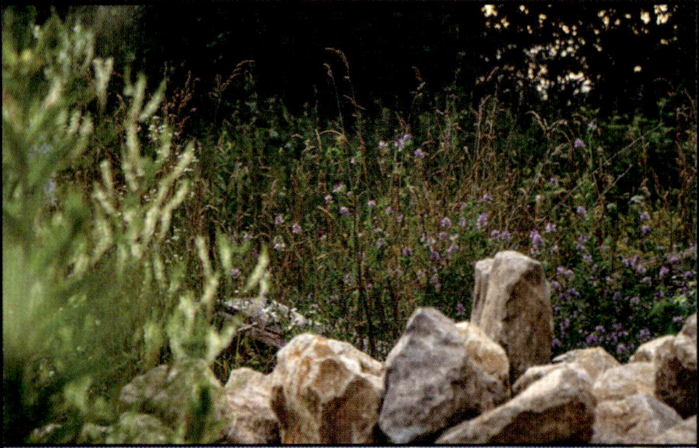

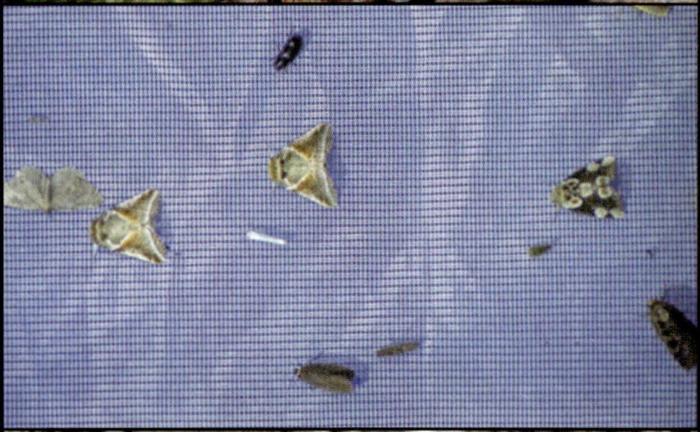

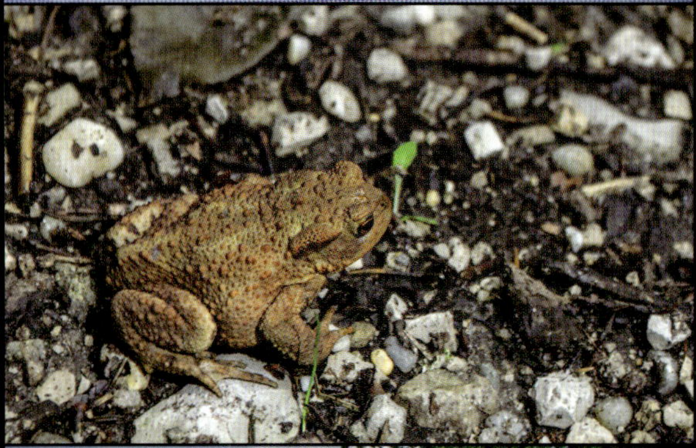

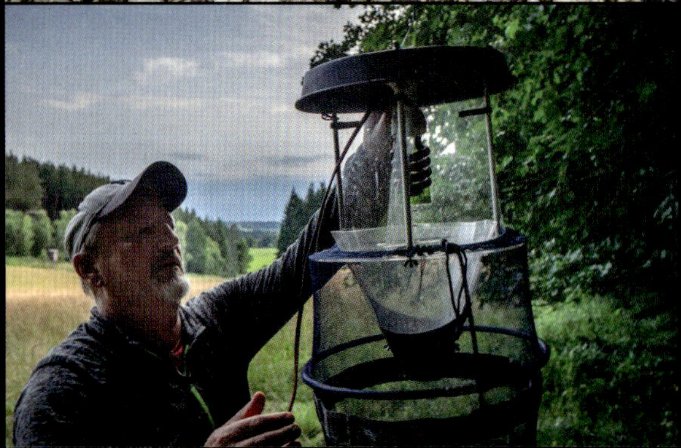

schaft hat gemerkt, dass sie dringend einen besseren Überblick braucht, um die Artenvielfalt und damit auch langfristig das Leben auf der Erde zu retten. Nur dauern diese Studien im Falle von Insekten oft Jahre und Jahrzehnte, da diese so klein sind und es so viele gibt. Blöd gelaufen, lieber Homo sapiens, hm? Was jetzt?

Am Bio-Hof ist man immerhin seit 2009 verstärkt in Richtung Biodiversität am Ball und im vierten Jahr der Insekten-Studie. Die Ergebnisse werden mit benachbarten Flächen verglichen, um sowohl qualitativ als auch quantitativ Ergebnisse zu bekommen. Die HiPP-Insektenzählung ist ein weltweit einzigartiges, wissenschaftlich begleitetes Projekt, das die positiven Einflüsse von Biolandwirtschaft auf die Umwelt untersucht. Ein erstes Fazit: Die ökologische Landwirtschaft bietet mit einer um 260 Prozent höheren Biomasse einen deutlich besseren Lebensraum für zahlreiche Insekten als die konventionelle. Gefährdete Tierarten haben hier mehr Überlebenschancen und die Natur erholt sich schnell. Für unser konkretes Abenteuer hat uns Armin grob eine Route vorgegeben, wie man zum Standort der Lichtfallen gelangt. Tobi findet den richtigen Weg, ich fahre einmal zu spät rechts ab und kämpfe mich mit meinem Gefährt durch tiefe Pfützen und enge, holprige Waldwege. Dafür wurde meine Kutsche sicher nicht gemacht, an Rückwärtsfahren oder Umkehren ist aber auch nicht zu denken. So komme ich bei unserem chillig angedachten Abenteuer gleich mit einem kleinen Adrenalinschub an.

Vor Ort hat Thomas mit Frau Brigitte und Sohn Felix, die am Forschungsprojekt mitarbeiten, die beiden Fallen schon aufgestellt. Circa 500 Euro kostet so eine kabinenartige, zwei Meter hohe Vorrichtung mit den weißen Netzen, auf denen sich die Tiere niederlassen können. Als geeigneter Standort wurde von den Forschern ein lauschiger Streifen neben einem Waldrand auserkoren, auf dem es zahlreiche kleine Teiche, mannshohe Gräser und eine Hecke gibt, an der der Neuntöter seine Beute aufspießen kann. Hinter der Hecke ist eine ökologisch bewirtschaftete Wiese, an deren Übergang zum Wald die zweite Lichtfalle, eine Lebendfalle, an einem Baum hängt.

Bald huschen die ersten Fledermäuse an unseren Köpfen vorbei. Klar, die wollen auch den ein oder anderen Leckerbissen abstauben. Je dunkler es wird, desto unheimlicher wirken der blaue Schein und das futuristische Flair der Vorrichtungen. Das Blaulicht und die Lichter der Stirnlampen ergeben ein lebendiges blau-grünes Lichtspiel auf der Kulisse des Waldrandes, ich fühle mich ein wenig an Polarlichter erinnert. Während eines kleinen Ausflugs zur anderen Falle laufen wir noch einigen Glühwürmchen, einer Tigernacktschnecke und einer Erdkröte über den Weg – „sehr erfreut!". Ab 23:00 Uhr erwarten wir die höchste Anzahl an Besuchern, um circa 02:30 Uhr müssen die Fallen wieder abgebaut werden, da im Sommer dann schon wieder die Morgendämmerung einsetzt. Entomologen brauchen also eine Affinität für Abenteuer – eine These, die sich nach ein paar von Toms wilden Anekdoten vom Schmetterlingskartieren im brasilianischen Dschungel inklusive Einschusslöchern in seinem Jeep weiter bestätigt.

Als es richtig finster ist, finden sich mehrere hundert Tiere an unserer Netzfalle ein: Schwärmer, Spinner, Spanner, Eulen, Bären nennen sich die wundersamen Geschöpfe, von denen man tagsüber so gut wie nichts mitbekommt. Hier und da fangen die Greifensteins ein Exemplar in großen Reagenzgläsern ein. Die meisten Besucher von heute Abend haben gedeckte Farben, manche sind geisterhaft weiß, andere mit braun-weißen Schlieren verziert. Manche haben Höcker, manche können Fledermäuse mit ihren eigenen Ultraschalllauten stören. Der Kiefernspinner ist daumengroß, andere Arten sind kleiner als ein Fingernagel. Nähern wir uns der Falle, schwirrt und flattert es nur so um uns herum. Flapp – flapp – flapp – dann setzt sich mir sogar einer auf die Nase. Das muss man mögen. Mit einem plötzlichen Schmunzeln erinnere ich mich an meine ehemalige Redakteurskollegin Lisa, die stets extrem schreckhaft mit allen ihr zur Verfügung stehenden Karate-Ausweichbewegungen auf Falter und Motten reagiert hat.

Wir bestimmen mit Toms Hilfe auf die Schnelle folgende Exemplare: Hausmutter, Kiefernschwärmer, Kiefernspinner, Trapezeule, Grasspanner, Schwarzer Flechtenbär, Zünsler, Gammaeule, Wickler, Rostbär, Roseneule. Die größeren, teils auch bunten Nachtfalter müsste man mit einer starken Alkohol-Zucker-Mischung aus den Baumkronen herunterlocken. Tom schwört auf überreife Bananen und Ananas mit ein wenig Wein oder Bier. Gerade als wir uns so richtig eingrooven, endet unser entomologisches Abenteuer allerdings, wie es begonnen hat: mit ein wenig Adrenalin. Denn das unheilvolle, orange Wetterleuchten am Horizont bringt kurz vor Mitternacht ein paar grelle Blitze hervor, zum Flapp-Flapp der Falter fügt sich bald ein nasses Pitsch-Patsch. Die Greifensteins haben die Fallen jedoch in ein paar Minuten abgebaut und vor dem herannahenden Regen geschützt. Schade, wir wären gerne noch ein wenig bei Unkengesang mit ein paar Getränken zwischen den Teichen in dieser anderen Welt „versumpft", hätten Nachtfalter bestaunt und Abenteuererzählungen ausgetauscht. So freuen wir uns schon auf die nächste Einladung: Schmetterlinge mit Bier fangen... ein Abenteuer wie gemacht für die Hallertau, oder?

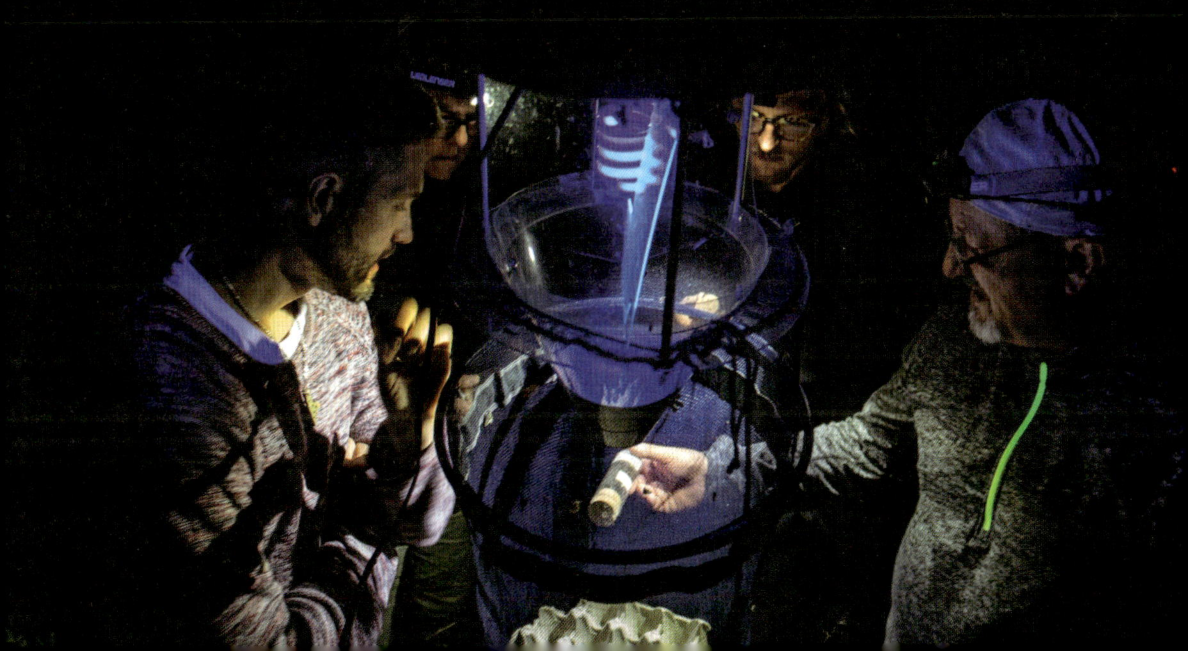

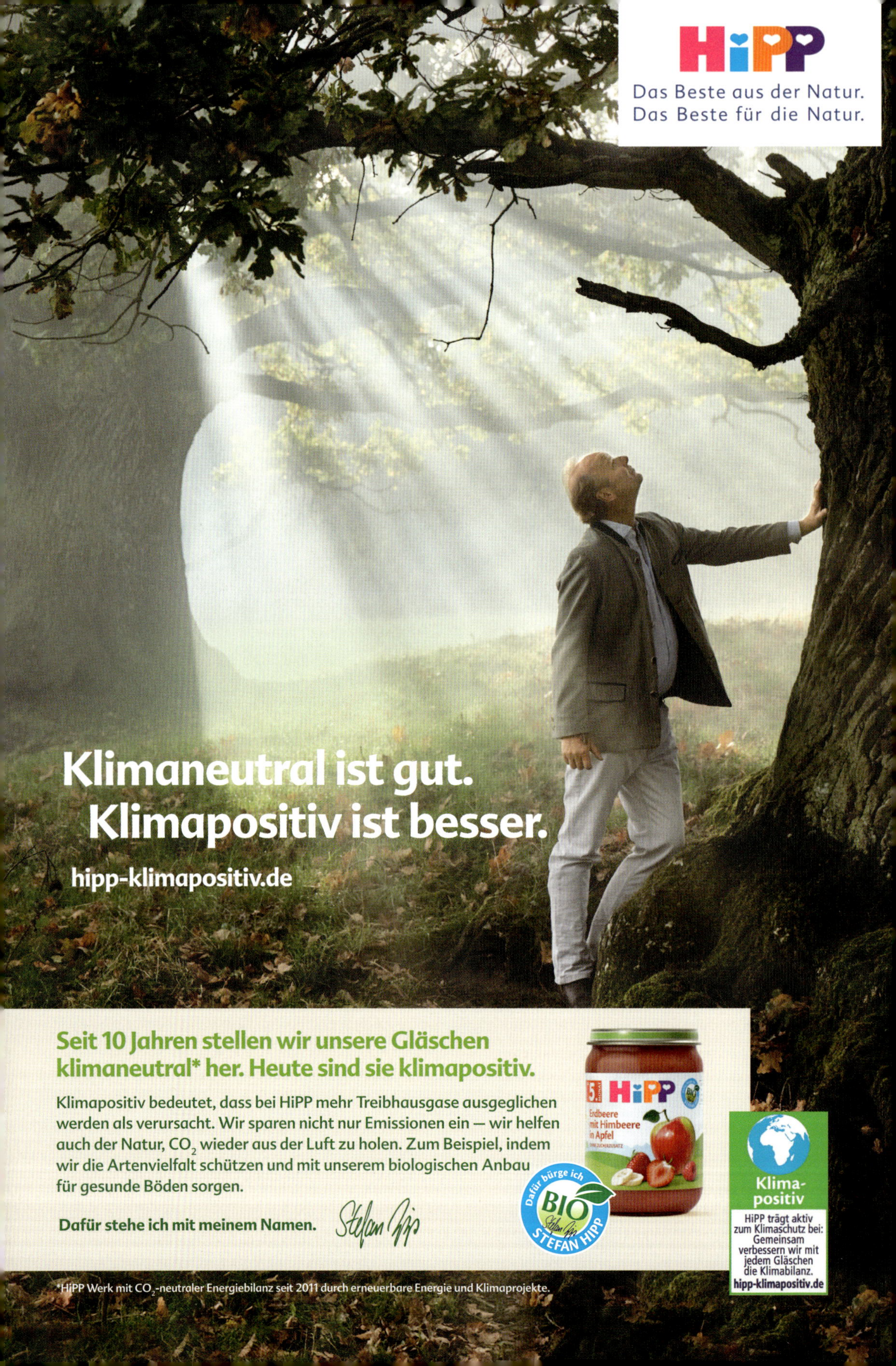
HiPP
Das Beste aus der Natur.
Das Beste für die Natur.
Klimaneutral ist gut.
Klimapositiv ist besser.
hipp-klimapositiv.de
Seit 10 Jahren stellen wir unsere Gläschen klimaneutral* her. Heute sind sie klimapositiv.
Klimapositiv bedeutet, dass bei HiPP mehr Treibhausgase ausgeglichen werden als verursacht. Wir sparen nicht nur Emissionen ein – wir helfen auch der Natur, CO2 wieder aus der Luft zu holen. Zum Beispiel, indem wir die Artenvielfalt schützen und mit unserem biologischen Anbau für gesunde Böden sorgen.
Dafür stehe ich mit meinem Namen.
HiPP
Erdbeere mit Himbeere in Apfel
Dafür bürge ich
BIO
STEFAN HIPP
Klima-positiv
HiPP trägt aktiv zum Klimaschutz bei: Gemeinsam verbessern wir mit jedem Gläschen die Klimabilanz.
hipp-klimapositiv.de
*HiPP Werk mit CO2-neutraler Energiebilanz seit 2011 durch erneuerbare Energie und Klimaprojekte.

„ÜBER EIN VIERTEL ALLER INSEKTENARTEN BAYERNS WURDEN AUF DEM MUSTERHOF FESTGESTELLT."

JOIN THE PROS!

Naturschutz und Micro Adventures passen gut zusammen, wie wir finden. Wenn ihr euch Erfahrung und Wissen direkt von den Experten holen, im größeren Rahmen aktiv werden und vielleicht auch gleich eure Kinder mitnehmen wollt, dann sprecht doch mal mit den vorhandenen Verbänden, Vereinen und Organisationen in eurer Nähe. Hier eine erste Auswahl:

- www.bund-naturschutz.de (Liste der Ortsgruppen, z. B. für die Hallertau: Dachau, Eichstätt, Erding, Freising, Ingolstadt, Kelheim, Landshut, Neuburg-Schrobenhausen, Pfaffenhofen/Ilm)
- www.lbv.de (Der Landesbund für Vogelschutz in Bayern hat in fast jedem Landkreis eine aktive Gruppe und bietet unabhängigen Naturschutz seit über 100 Jahren.)
- www.ingolstadt.de (Entomologische Gesellschaft Ingolstadt e. V., E-Mail: dieterjungwirth@mail.de)
- www.abe-entomofaunistik.org (Links zu entomologischen Vereinigungen oder naturschutzorientierten Verbänden in Bayern, z. B. in Landshut, Regensburg oder München)

DER BIO-MUSTERHOF

Hier erprobt HiPP in Zusammenarbeit mit Wissenschaftlern und Naturschützern Maßnahmen, um Artenvielfalt in den landwirtschaftlichen Alltag zu integrieren und damit Verbesserungen zu erzielen. Diese pragmatischen und kostengünstigen Maßnahmen zum Erhalt der biologischen Vielfalt gibt HiPP seinen Bio-Bauern an die Hand und erhöht damit die Anzahl besonders biodiversitätsfreundlicher Erzeuger.

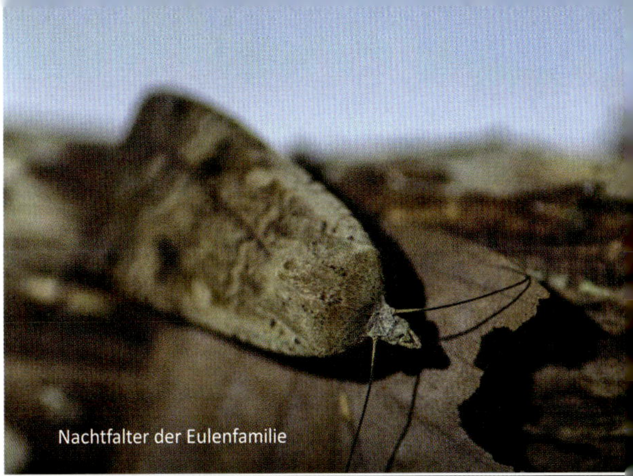

Nachtfalter der Eulenfamilie

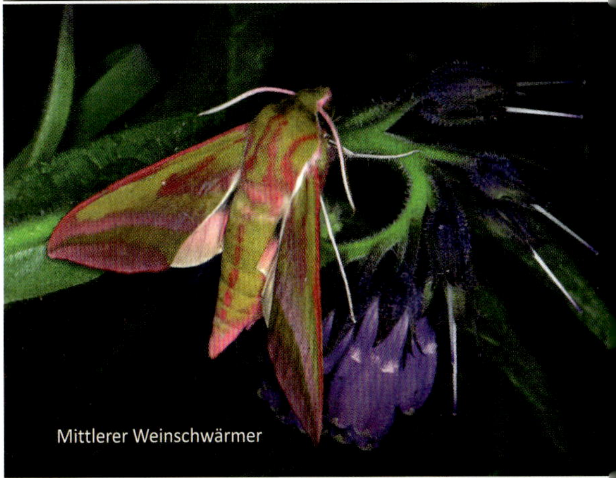

Mittlerer Weinschwärmer

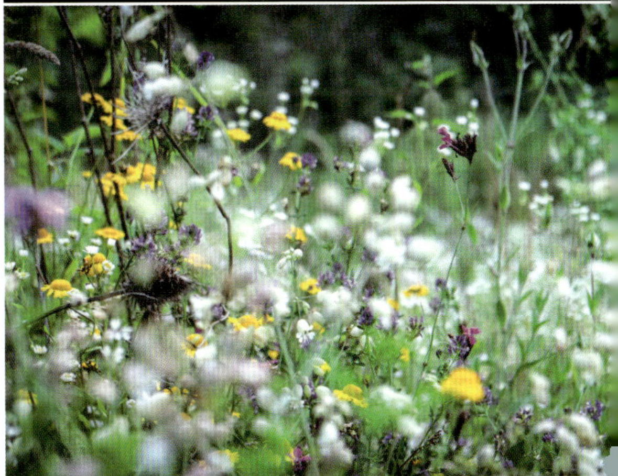

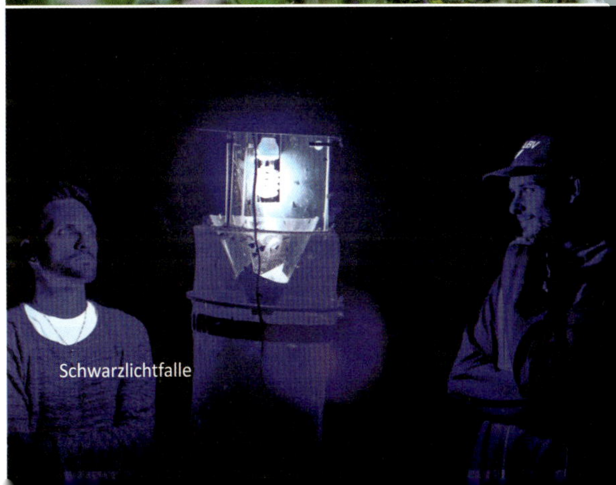

Schwarzlichtfalle

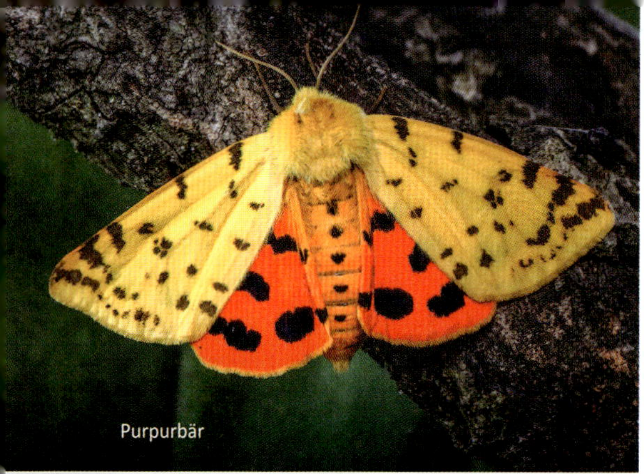

Purpurbär

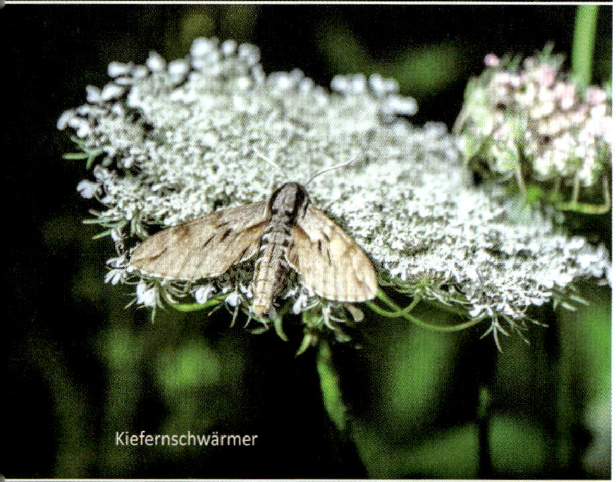

Kiefernschwärmer

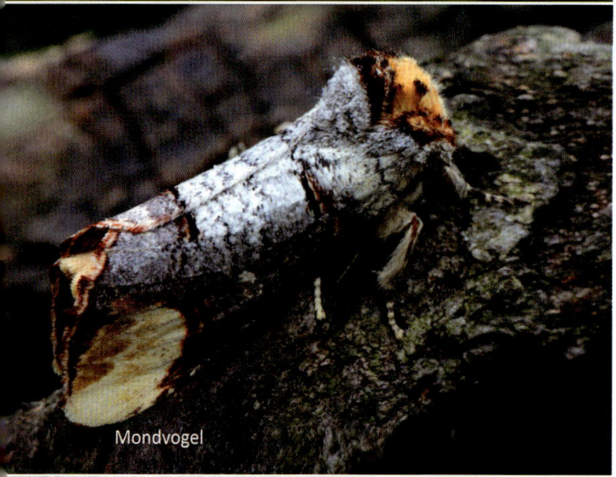

Mondvogel

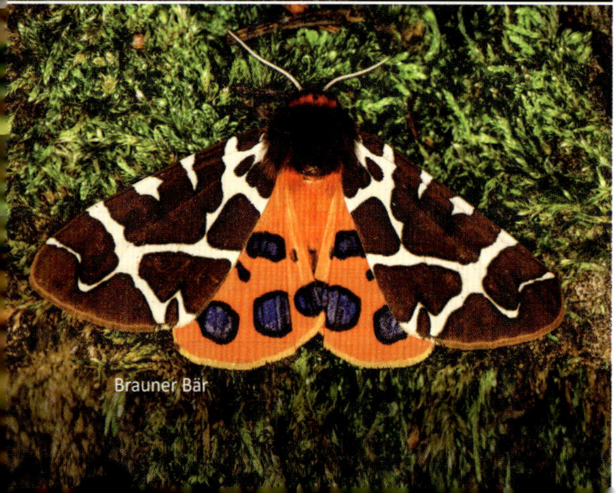

Brauner Bär

DO IT YOURSELF!

Insekten stehen quasi am Anfang der Nahrungskette, der Nachwuchs aller Vögel (auch die der Körnerfresser) zum Beispiel brauchen in den ersten 14 Tagen Insektennahrung, um nicht zu verhungern. Außerdem spielen sie eine wichtige Rolle als Bestäuber. Wer also selbst etwas Richtung Artenschutz unternehmen möchte, ist herzlich willkommen und hat viele gut umsetzbare Optionen für sein Grundstück oder seinen Garten. Weniger Gift, weniger mähen, ein bisschen weniger Ordnung – dafür mehr Unterschlupfmöglichkeiten für Igel und Eidechsen. Kleine Tümpel, „Nasszellen" in Verbindung mit Büschen und Hecken für Unken, um einen Brückeneffekt in der Gartenlandschaft zu schaffen. Im Garten Steinhaufen oder eine unverfugte Trockensteinmauer mit ein wenig offenem, lockeren Sandboden für Reptilien. Für Schmetterlinge und Insekten: Pflanzen am Balkon, im Gemüsebeet oder auf einer Blühwiese, die zu möglichst verschiedenen Zeiten blühen. Vogelhäuschen unterm Dach. Und so weiter und so fort. Mehr dazu findet ihr zum Beispiel beim LBV (www.lbv.de, „AK Garten") oder beim Bund Naturschutz (www.bund-naturschutz.de, Beiträge wie „Naturgarten – Umweltschutz durch Ökologisches Gärtnern" u. ä.). Jeder kann etwas machen! Dazu bitte aber immer einen Fachmann hinzuziehen, sonst werden die besten Ideen zum Rohrkrepierer. Wer das Ganze einigermaßen intelligent betreibt, kann miterleben, wie der eigene Garten Schritt für Schritt zum „Eldorado der Artenvielfalt" (Zitat Tom) wird.

„NOCH REAGIERT DIE NATUR UND REGENERIERT SICH, WENN WIR IHR ETWAS GUTES ZUWERFEN, IHR EINEN REIZ GEBEN, ABER WIE LANGE NOCH …" – ARMIN GÜNTER

OASEN DER HALLERTAU:

WALDBADEN BEI DEN SIEGENBURGER BINNENDÜNEN

Autor: MU

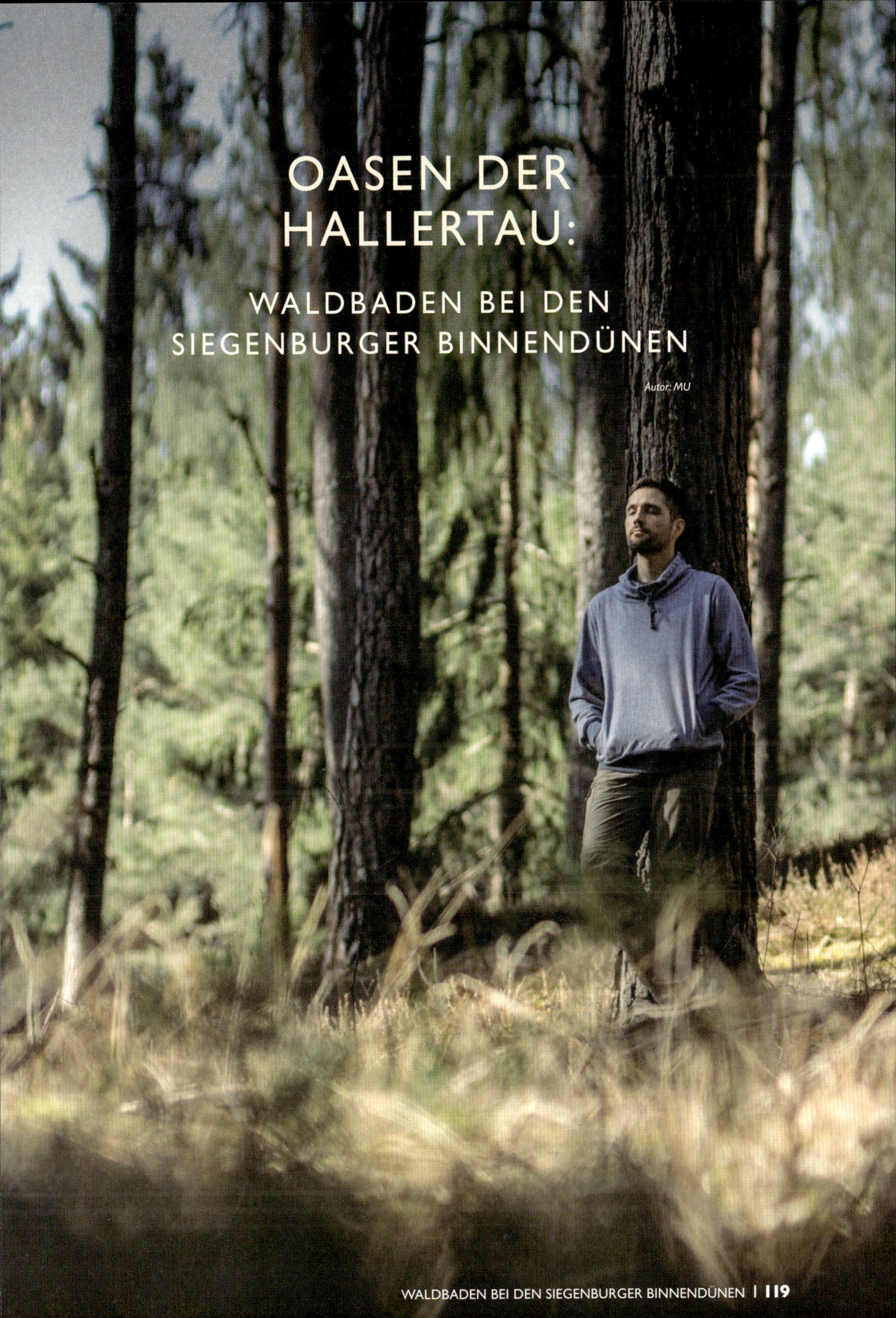

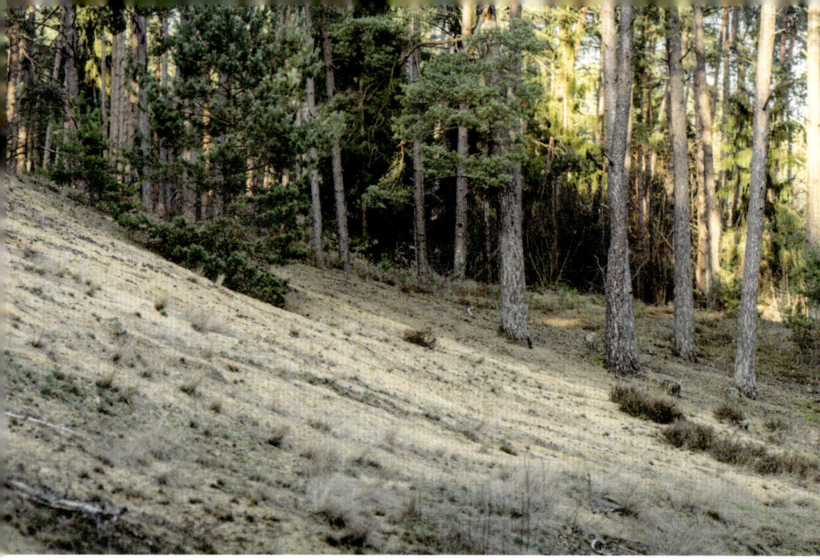

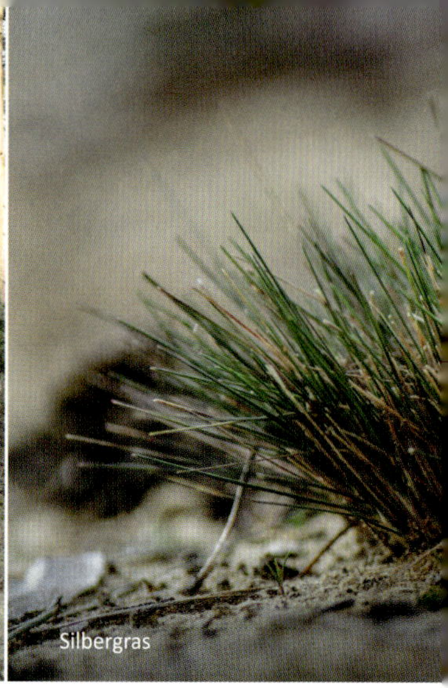

Silbergras

Wer nach einer Operation aus dem Krankenhausfenster ins Grüne schaut, wird schneller gesund als jemand, der auf eine Hausmauer schaut. Was eine Studie (Wissenschaftsmagazin „Science“) bereits 1984 ergab, wissen wir Menschen eigentlich intuitiv: Natur tut uns gut. Nur warum denken wir dann im Alltag nicht öfter daran? Stattdessen sitzen wir im Auto, vor Bildschirmen oder auf der Couch. Aber es hat sich seit 1984 auch viel Positives in Richtung gesunder Lebensweise getan.

2012 etablierte sich an japanischen Universitäten ein eigener Forschungszweig für "Waldmedizin". Das überrascht nicht, ist Japan doch das Ursprungsland des „Shinrin-Yoku“, des Waldbadens. Dort gehört die achtsame und entschleunigte Begegnung mit dem Wald mittlerweile sogar zur Gesundheitsvorsorge. Da wir aufgrund unserer Abenteuer sowieso viel Zeit in der Natur verbringen, war klar, dass wir das Waldbaden selbst ausprobieren wollen. Und wir wussten auch schon einen passenden Ort dafür: den Kiefernwald auf den Binnendünen westlich von Siegenburg. Dieses Hallertauer Kleinod, ein Naturschutzgebiet, haben wir bei einem Micro Adventure für LOWA („Pilgern zum Naturdenkmal“) entdeckt und waren so begeistert, dass wir es genauer erleben wollen. Warum nicht per Waldbad?

Ende März sind wir vor Ort und schlendern in das von bis zu zehn Meter hohen Sanddünen geprägte Gelände. Östlich schlängelt sich die Abens nach Norden, der Donau entgegen. Westlich liegt der Dürnbucher Forst, der hauptsächlich aus Kiefern und Fichten besteht und zu einem Fünftel aus Buchen- und Mischwäldern. In den dauerfeuchten Quelltälern gibt es Amphibien wie den Teichmolch oder die Erdkröte. Davon ist im Trockenbiotop, das von den Dünen bestimmt wird, nichts zu sehen. Hier bedarf es Pflanzen- und Tierarten wie Wildbienen, Heuschrecken und Sandrasenvegetationen, die an allgemeine Nährstoffarmut und Trockenheit angepasst sind.

Die Dünen wurden während der letzten Eiszeit hier angeweht und hörten erst auf zu wandern, nachdem sie bewaldet wurden. Noch bevor wir bewusst mit dem Waldbaden anfangen, hat uns die Stimmung dieses kargen Waldabschnittes schon gepackt. Zwischen den Stämmen der schlanken, weiträumig stehenden Kiefern fallen die Strahlen der angenehmen Nachmittagssonne schräg hindurch und werfen lange Schatten auf die Silbergrasflure und Flechtenteppiche. Unter dem Dach der breitgefächerten Kronen fühlen wir uns wie in einer Kathedrale, in der wir auf Gras und Sand sanft einen Schritt nach dem anderen setzen. Kommt man zur richtigen Jahreszeit, findet man hier besondere und bedrohte Pflanzen und Tiere wie den Frühlings-Spark, die Sandstrohblume und die Blauflügelige Sandschrecke. Auch die Vogelwelt ist hier eine ganz besondere, wie das Vorkommen von Ziegenmelkern, Neuntötern sowie Heide-Lerchen zeigt. Zum Schutz dieses empfindlichen Geotops ist das Verlassen der Wege nicht gestattet. Und das brauchen wir auch gar nicht.

Mein eigentliches Waldbad beginnt mit dem bewussten Ankommen vor Ort. Ich schließe ein paar Minuten die Augen und genieße die Ruhe. Spüre die frühlingshaften 12 Grad, die sich mit jedem Windstoß und der fortschreitenden Zeit frischer anfühlen. Danach drehe ich eine Runde auf dem

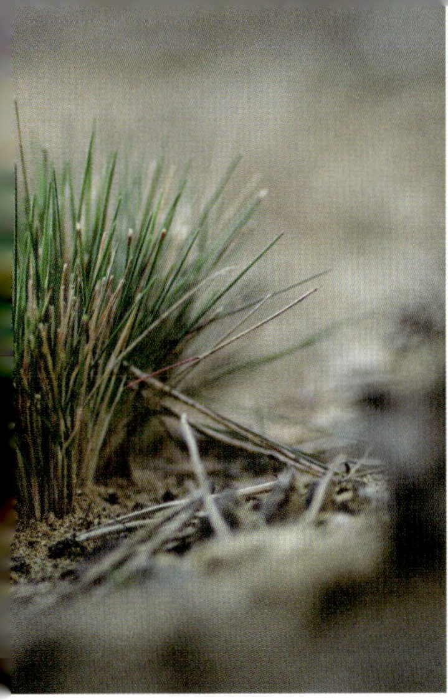 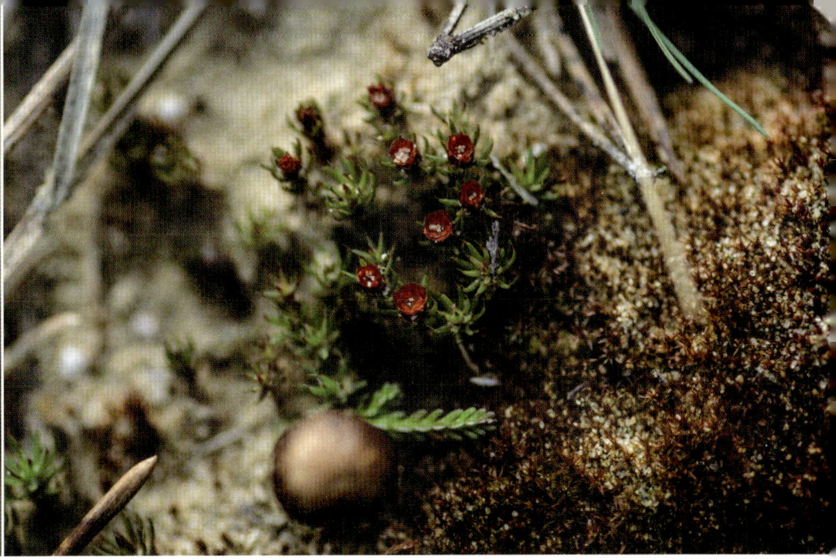

sich dahinschlängelnden Weg – im Schneckentempo. Immer wieder bleibe ich stehen, setze oder lege mich hin. Lenke meine Aufmerksamkeit auf verschiedene Elemente des Waldes und versuche ihn mit allen Sinnen wahrzunehmen. Zwischen den Sinneseinheiten gibt es kleine Bewegungspausen, eine kurze Meditation oder eine sanfte Dehneinheit.

Obwohl der Sand kalt an den Füßen ist, gehe ich ein paar Minuten barfuß umher. Manchmal ist das Moos ganz weich, dann wieder stachelig aufgrund der dort gefangenen Kiefernnadeln und -zapfen. Faszinierend, Waldbaden mit Strandfeeling unter den schirmförmigen Kieferngipfeln. Dazu die junge fuchsrote Rinde und das Grün der Nadeln vor einem wolkenlosen blauen Himmel. Als noch dazu um 15:30 Uhr der Mond aufgeht, fühle ich mich an japanische Gärten erinnert. Hier, mitten in der Hallertau. Ein exotischer Gedanke, dem ich einige Zeit nachhänge.

Das charakteristische helle Rauschen der Kiefern höre ich kaum, vereinzelt meldet sich ein Vogel, manchmal fährt ein Auto auf der B 301 vorbei. Ab und an fange ich einen Hauch des würzigen Kiefernduftes auf: frisch, mit einer schwachen Mentholnote. Er erinnert eher an Kräuter, wirkt erfrischend. Vielschichtig. Vielleicht ein Effekt, der mich vorher zusätzlich hat träumen lassen.

Meine Augen haben sich auf die Abwesenheit meiner Brille eingestellt, schneller als es daheim während häufiger Intervalle am Laptop üblich ist. Ich entdecke ein schief liegendes Spinnennetz im Heidekraut, das blau, orange und grün im Licht der untergehenden Sonne schillert. Kleine Flachbärlappen, hauchdünne Moossprossen und kleine blutrote Blütenkelche, in denen manchmal nur ein paar winzige Sandkörner liegen. Die Miniaturlandschaft an den Dünen erinnert mich an eine Unterwasserlandschaft, vielleicht ein Korallenriff. Diese Empfindung verleitet mich dazu, den feinen Sand so zwischen den Händen zu zerreiben, dass er in Wellen zu Boden rieselt.

Im Gegensatz zum feinen Sand steht die grobe Rinde der Kiefernstämme, die allerdings auch glatte Oberflächen aufweist. Ich schlecke einmal vorsichtig darüber. Schmeckt nach gar nichts. Den Abschluss meiner kleinen Waldmeditation bildet ein junger Kiefernwald, der unter dem Schirm eines Altbestandes heranwächst. Da der Forstweg etwas höher liegt als der Wald rechts neben mir, gewinnt das diffuse grüne Nadelmeer auch nach unten an Raum, fast erwarte ich, dass in seinen Untiefen etwas herumschwimmt.

Am Ende meines Bades tauche ich wieder auf aus dem intensiven Aufnehmen von Farben, Formen, Mustern, Oberflächen, Gerüchen und Geräuschen. Ich sinniere noch kurz vor mich hin und empfinde anhaltende Freude. Das Einsetzen der Dämmerung zeigt mir, wie sich mein Zeitgefühl zwischen den Bäumen verflüchtigt hat. Mein Geist war beschäftigt, aber nicht überfordert. Es war eine tolle Möglichkeit, meine Verbindung zur Natur zu erneuern. Abseits von Technik, Ablenkung und vom Leistungsdruck. Back to the Roots, im wahrsten Sinne des Wortes. Doch ich bin noch nicht fertig. Es gilt das Erlebte für dieses Buch in Worte fassen. Gar nicht so leicht. Tobi hat mich still und leise mit der Kamera begleitet, ich bin schon gespannt, wie nah die Bilder an meine Sinneseindrücke und Empfindungen herankommen.

DIE POSITIVE WIRKUNG DES WALDBADENS

Laut Forschungsstudien soll durch das Waldbaden die parasympathische Nervenaktivität – und damit der Entspannungsfaktor – zunehmen. Die Stresshormone sinken, ebenso Blutdruck und Pulsfrequenz, während angeblich die Anzahl der Killerzellen des Immunsystems steigen. Für all das sind die Phytonzide verantwortlich, chemische Substanzen, die aus den Poren von Blättern und Nadeln abgegeben werden. Die darin enthaltenen Terpene verbreiten auch den wohltuenden typischen Waldduft. Immergrüne Pflanzen sind dabei besonders effektiv.

Außerdem ist Waldluft kühler und weist deutlich weniger Feinstaub auf als Stadtluft. Über die Lungen, aber auch die Haut, nimmt der Mensch unterschiedliche Mikroben auf, die es im Wald gibt. Diese stärken zum Beispiel unser Immunsystem gegen Allergien und Entzündungsprozesse oder wirken stimmungsaufhellend (Mykobacterium vaccae). Nicht zu vergessen ist die Farbe Grün, die beruhigend auf den Menschen wirkt und seine Heilkräfte aktiviert. Auch Zeit in Parks und Gärten bringt schon die positiven Effekte des Waldbadens hervor. Denn je mehr Bäume in einer Wohngegend stehen, desto geringer ist das Risiko für klassische Zivilisationskrankheiten wie Herz-Kreislauf-Schwäche, Bluthochdruck oder Diabetes. So eine große Studie von Marc Bergman an der Universität Chicago von 2015. Waldbaden, so empfinde ich es, ist sicher mehr als eine esoterische Gefühlsansammlung. Es lässt uns fühlen und erleben, wo wir herkommen und was wir nach wie vor sind – Kinder der Natur.

IN DER PRAXIS

Wer viel in der Natur ist, in den Bergen, am Wasser oder im Wald, bekommt sicher auch ohne Waldbaden viele positive Effekte zu spüren. Allerdings ist ein bewusstes Waldbad, das normalerweise mindestens vier Stunden dauert, effektiver. Am besten lernt man es bei einem Kursleiter, wie sie zum Beispiel unter www.netzwerk-waldbaden.com zu finden sind.

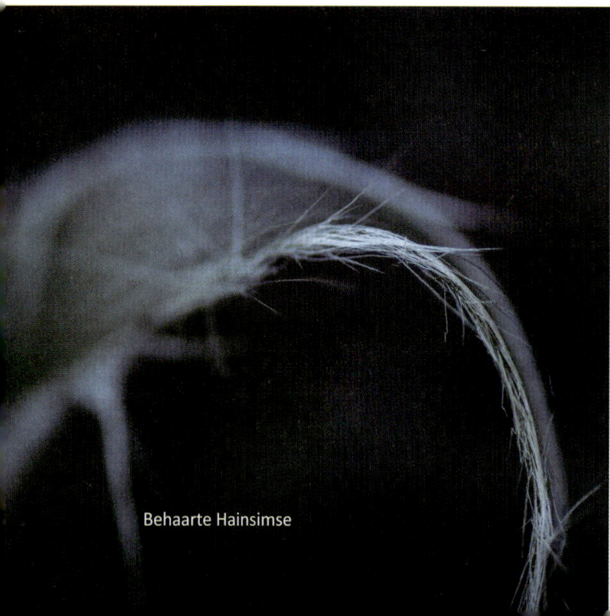

Behaarte Hainsimse

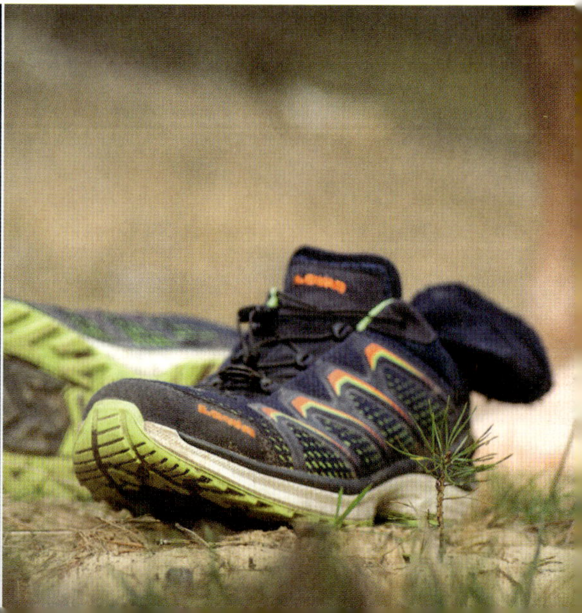

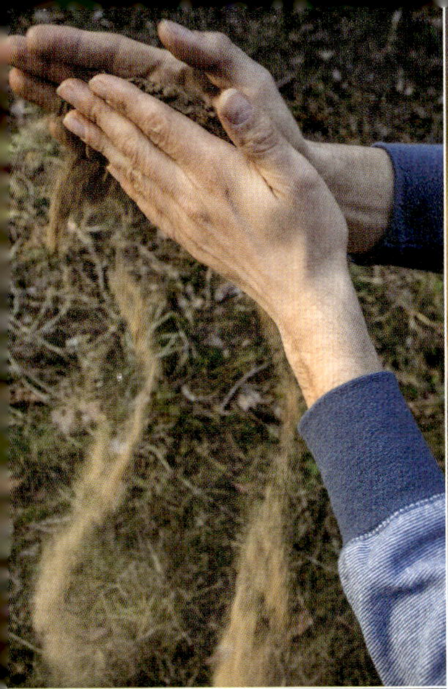

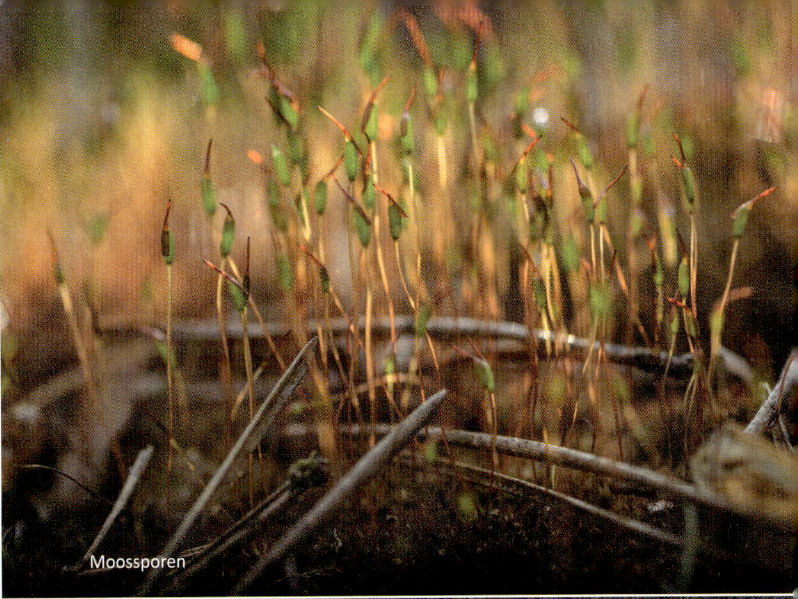

Moossporen

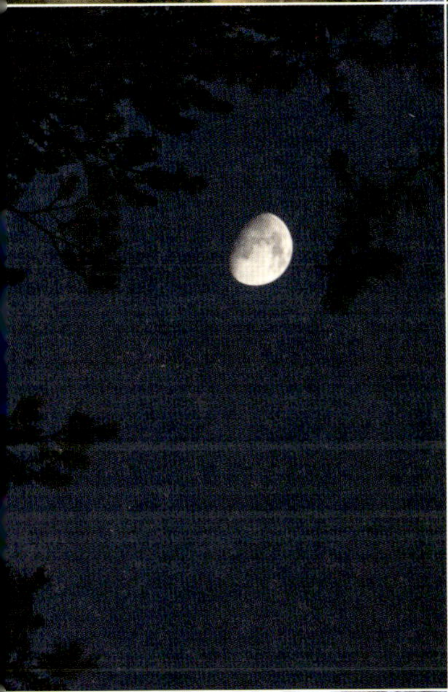

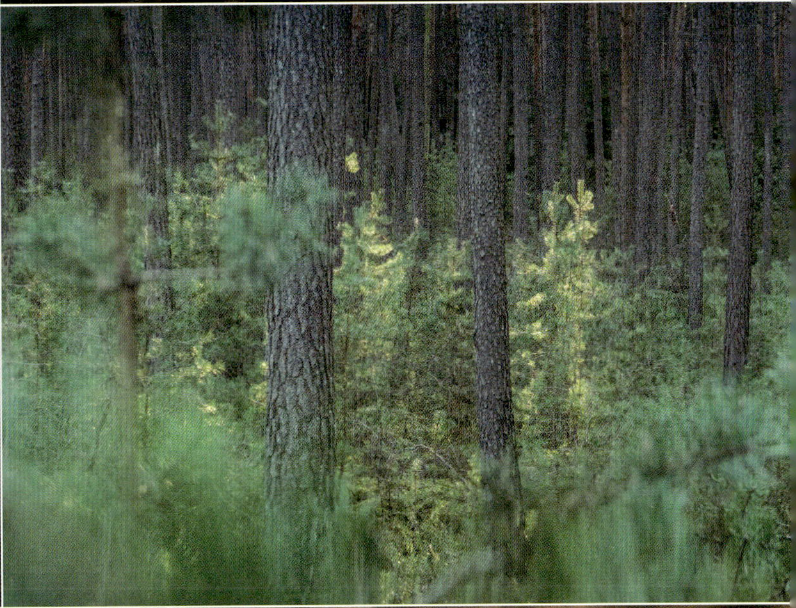

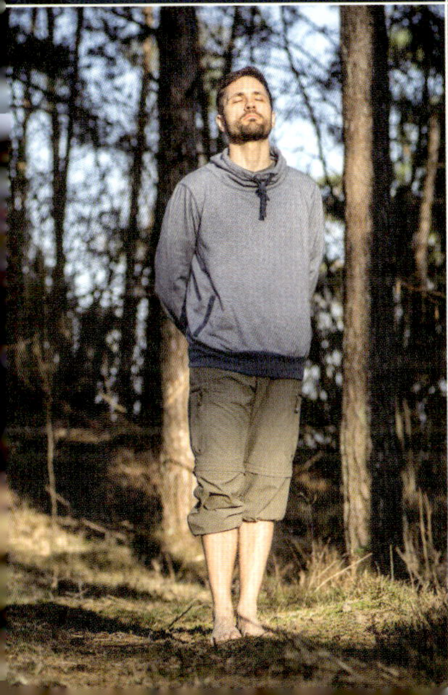

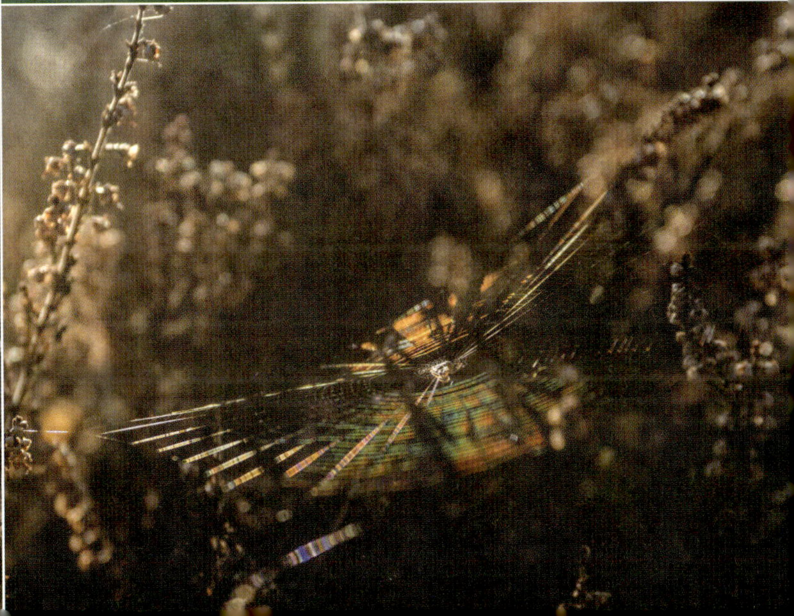

OASEN DER HALLERTAU:

NÖTTINGER VIEHWEIDE

Autor: TR

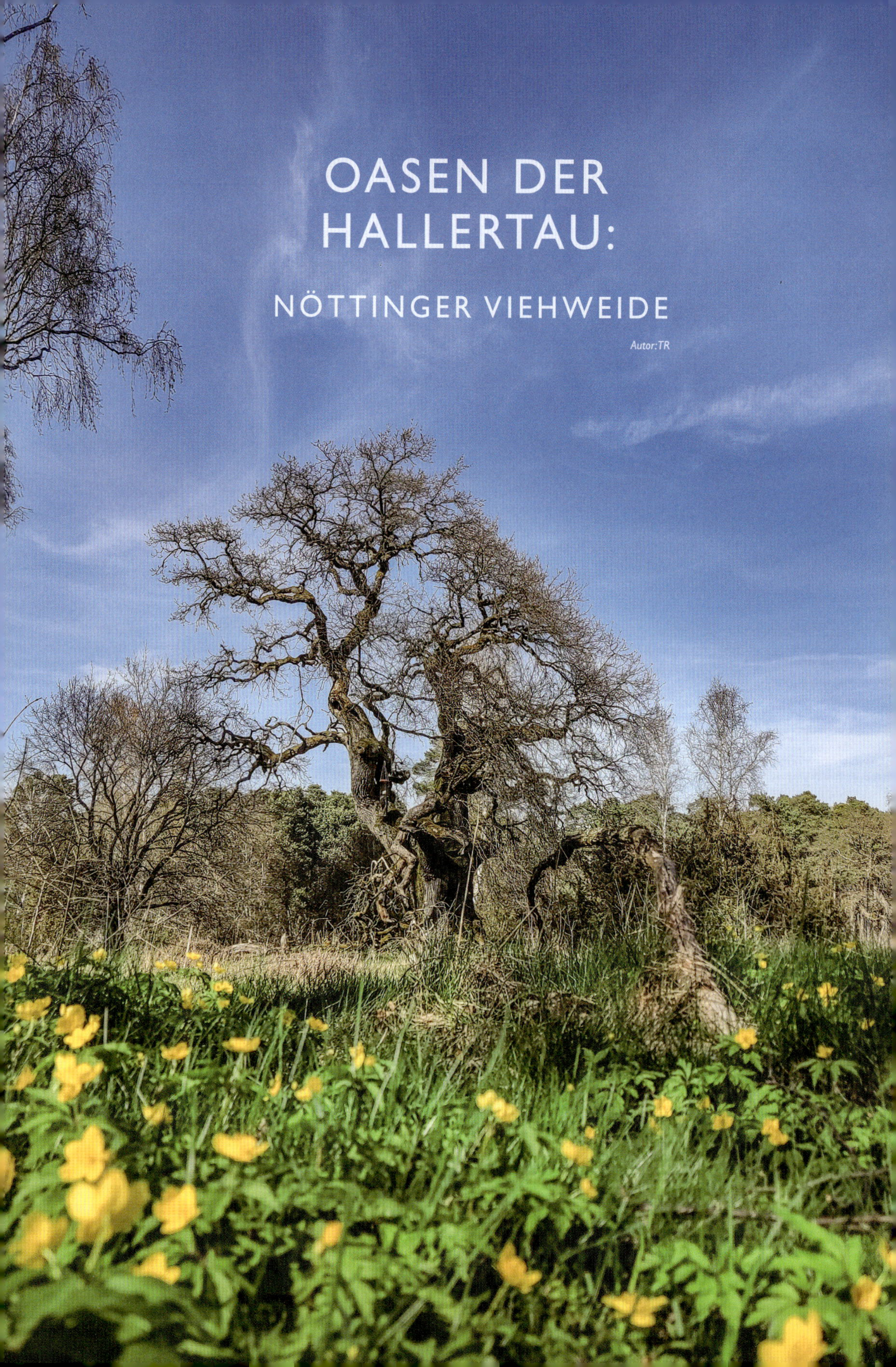

Die Donau, der zweitgrößte Fluss Europas, fließt zwar nur durch den Norden der Hallertau und hat doch die Landschaft in ihren Niederungen weit über ihre Ufer hinaus geprägt. Sie hat dort weitläufige Kiesablagerungen, Niedermoore und Auwälder entstehen lassen. Im Feilenmoos, einer ehemaligen Mooraue, etwa drei Kilometer nord-westlich von Geisenfeld, treffen sogar alle drei Komponenten zusammen. Nordöstlich davon grenzt das Naturschutzgebiet der Nöttinger Viehweide an, ein Schatz der Hallertau, den wir an einem sonnigen Frühlingstag genauer unter die Lupe nehmen wollen.

Charakteristisch für die Viehweide, die auch als „Nöttinger Heide" bekannt ist, sind ihre Trockenrasen mit Besenheidekraut, ihre Wacholderbüsche und ihre ausgeprägten, mächtigen Einzelbäume. Nicht nur seltene Schmetterlings-, Wildbienen- und Heuschreckenarten finden dort eine Heimat, sondern auch selten gewordene Pflanzenarten wie das Brand-Knabenkraut, eine kalkliebende Orchideenart, oder die Sibirische Schwertlilie. Die Heide liegt im nördlichen Feilenforst und hat verschiedene Übergangsbereiche: Im Westen und Osten ist sie von Kiesförderstellen und den daraus entstandenen Weihern umgeben. Im Süden und Norden liegen die Ortschaften Geisenfeld und Ernsgaden in unmittelbarer Nähe. Die Heide zeigt gerade jetzt im April, wo eine Blütenwelle der anderen folgt, geradezu verschwenderisch ihre Naturschönheiten. Das große Blühen beginnt bereits Ende Februar mit den Frühlingsknotenblumen und setzt sich fort mit Buschwindröschen und Lerchensporn, während der Bärlauch die krönende Schlussphase bildet.

Mike und ich sind heute zwischen den Phasen zu Besuch, wo sich der würzige Knoblauchgeruch des Bärlauchs bereits ankündigt, die Bäume ihre Blätter aber noch etwas zurückhalten. Bei frischen, sonnigen 10 Grad starten wir am Wanderparkplatz des Naturschutzgebietes. Vielstimmiger Vogelgesang zieht uns regelrecht in den Wald hinein. „Echt wild hier", gerät Mike ins Schwärmen. „Und super nass!", ergänze ich. Eine krautige, feuchtigkeitsliebende Pflanzenschicht bildet im Wald einen grünen Teppich. Totholz darf hier stehen, liegen, faulen und neuen Lebensraum schaffen. Immer wieder treffen wir auf breitkronige Eichen, die ihr Hundertjähriges längst hinter sich haben und teils bis zu den Kronen von Efeu überwuchert sind.

Schon nach wenigen hundert Metern werden die Abstände zwischen den Baumriesen immer größer, bis die Landschaft mehr einem weitläufigen Park ähnelt – das Ergebnis jahrhundertelanger Beweidung, ein Hutewald. So ähnlich könnten vor Jahrtausenden auch unsere Urwälder ausgesehen haben, als noch große Pflanzenfresser wie Hirsche, Wisente, Auerochsen und Wildpferde die Wälder durchstreiften und vom Buschwerk freihielten. Es gab damals außerhalb der Alpen vermutlich kaum eine klare Grenze zwischen Wäldern und Wiesen, vielmehr waren sie ineinander verwoben. Im Hutewald wird es nicht nur offener, sondern auch wärmer und trockener. Birken, Kiefern, Wacholder und über 500 Jahre alte Eichen wechseln sich mit Heidekraut und Wildblumen ab. Umgeben vom Auwald ist diese Fläche sozusagen eine Oase innerhalb der Oase.

Interessant ist auch der Übergang zwischen diesen Lebensräumen, denn er ist zugleich die Grenze für das Vorkommen verschiedener Tier- und Pflanzenarten mit gegensätzlichen Ansprüchen. Auf der nassen Wald-Seite wären da Trauerschnäpper und Bärlauch, auf der trockenen Offenland-Seite Baumpieper und blühende Skabiosen. Der Baumpieper begeistert uns immer wieder mit seinem kuriosen Singflug, bei dem er fast senkrecht nach oben fliegt und dann wie ein Fallschirm Richtung Boden gleitet. Diesen Vorgang begleitet er mit einem munteren, melodischen Gesang. Als Lebensraum benötigt er Lichtungen und Kahlflächen, die er in der Hutelandschaft zur Genüge findet.

Im Gegensatz zum Baumpieper zieht es uns in den umliegenden Auwald, einen Dschungel, wie man ihn in dieser Größe in der Hallertau selten vorfindet. Einerseits sind dort Wälder mit Sternmieren, Eichen und Hainbuchen, andererseits Auwälder mit Erlen, Eschen und Weichholz an Fließgewässern. Der Anteil an Totholz nimmt zu, das Vorkommen des quäkenden Mittelspechtes bestätigt dies. Dieser hat sich auf im Holz wohnende Insekten („Xylobionten") spezialisiert und war in der Nöttinger Viehweide sogar schon Studien-Objekt wissenschaftlicher Arbeiten. Fast brauchen wir eine Machete, denn der Weg wird hier und da von umgestürzten Bäumen versperrt, verschmälert sich zu einem überwucherten Trampelpfad und führt uns immer wieder ans wild zugewachsene Ufer des Wellenbachs.

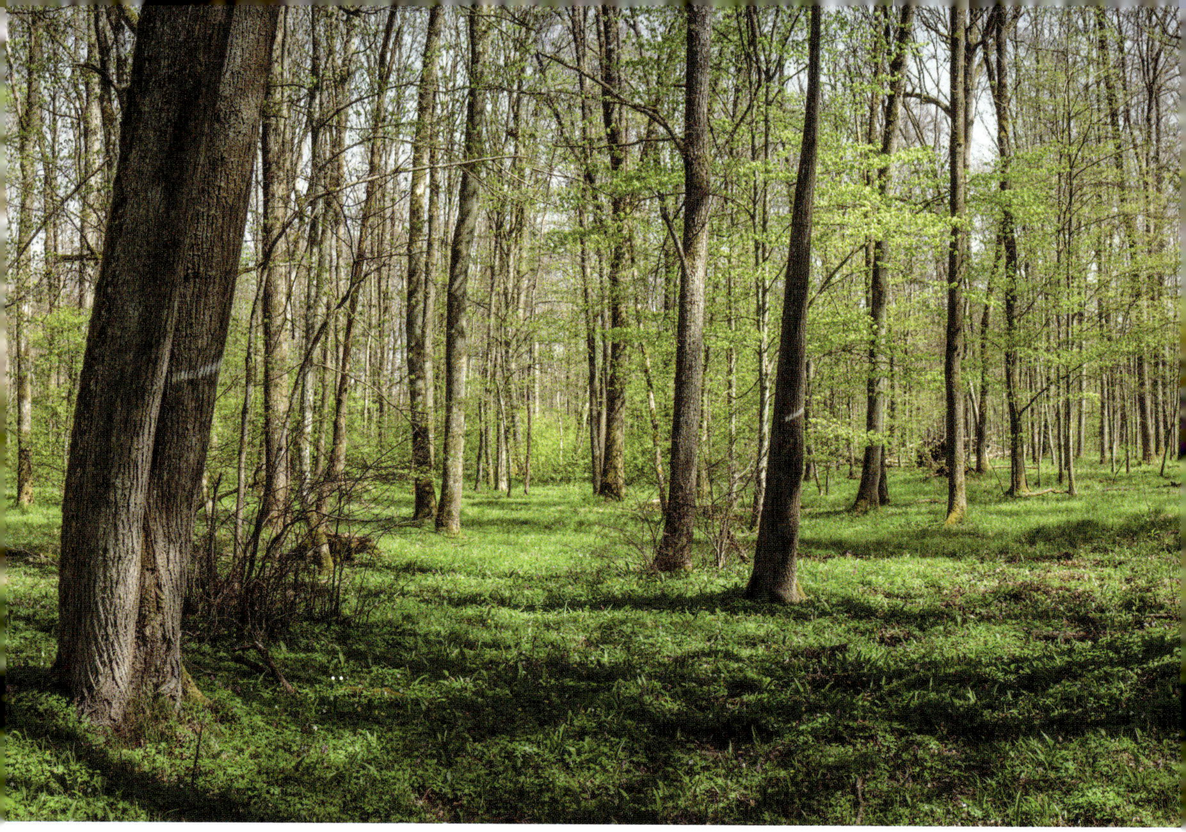

„WAS WÄRE DIE WILDNIS OHNE EIN WENIG ROMANTIK UND ZWEISAMKEIT?"

Dieser entwässert das umliegende Niedermoor und speist zugleich den Auwald mit von Huminsäuren braungelb gefärbtem Wasser.

So faszinierend das Wirrwarr aus Sträuchern, Efeu und Bäumen auch ist, so schwierig macht es auch eine exakte Navigation. Denn auf einmal stehen wir auf einer Lichtung und Neuorientierung ist angesagt. Das Vorkommen von Scharbockskraut und Wiesenschaumkraut verrät, dass wir soeben in einen weiteren Lebensraum gestolpert sind: Hier ist es eher sumpfig, sogar ein kleiner Weiher befindet sich hier. Vor uns tänzelt ein weiß-orangefarbener Aurorafalter, der passt zum Vorkommen des Wiesenschaumkrautes, denn als Raupe knabbert er nun mal gerne daran. Wenn man sich ein wenig Zeit zur Beobachtung nimmt und sich informiert, muss man kein absoluter Experte sein, um nach und nach Vernetzungen einer Lebensgemeinschaft aufzudecken. Die Natur ist noch immer der beste Lehrer. Wir machen es uns am Ufer gemütlich, schauen verträumt in den kleinen Weiher und lassen uns die mitgebrachte Brotzeit schmecken.

Der Entdeckermodus lässt sich aber nicht so leicht deaktivieren. Selbst in der Mittagspause schauen wir uns weiter um. Teichfrösche lassen ihre hervorstehenden Augen aus dem Wasser ragen. Zunächst sind sie noch etwas schreckhaft, doch nach und nach lassen sie sich in aller Ruhe beobachten. In dem üppigen Unterwassergarten – darunter auch zauberhaft blühender Hahnenfuß und wabernde Armleuchteralgen – schwimmen Wassermilben, Ruderwanzen und Gelbrandkäfer umher. Dann entdecke ich ein zehn Zentimeter großes, unterseitig knall-orange gefärbtes Wesen, das Richtung Boden schwimmt.

Bereits bei der Ankunft am Weiher hatte ich darauf gehofft und nun bestätigt es sich: Berg-

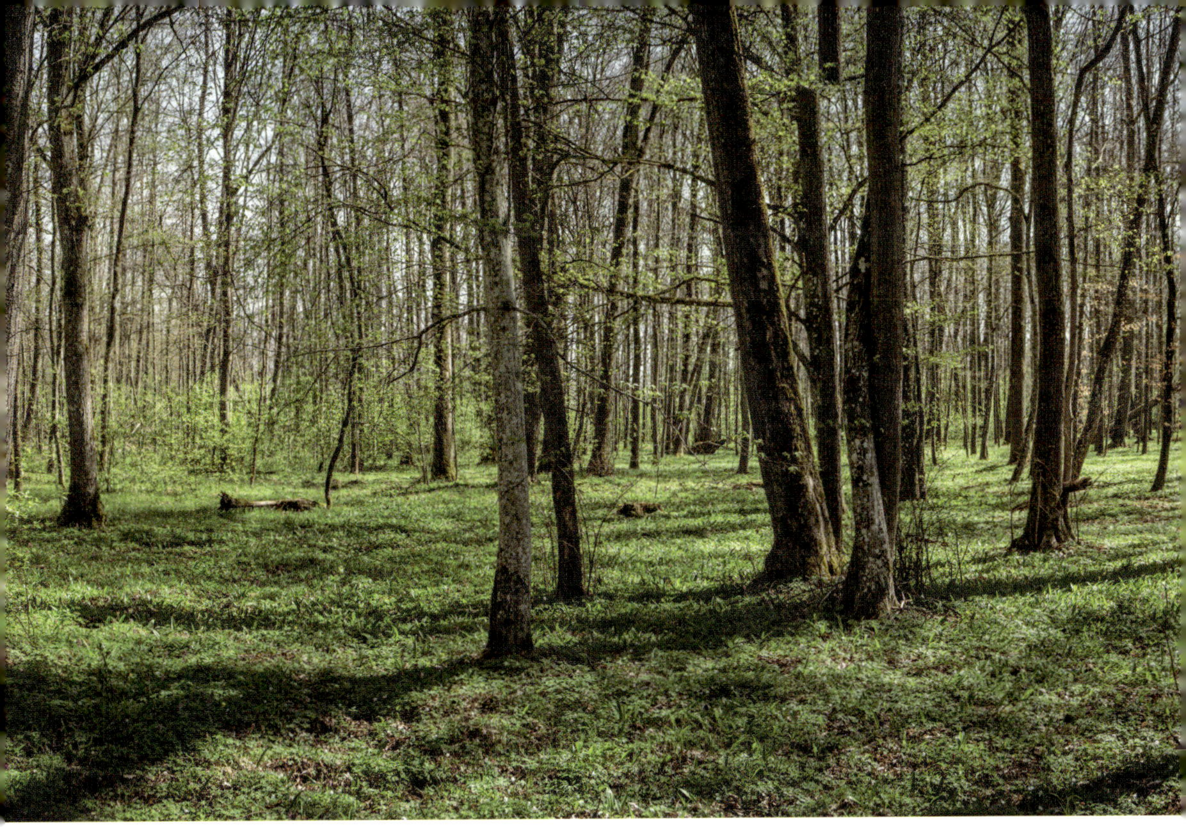

molche besiedeln diese kleine Wasserwelt! Zur Fortpflanzung suchen die „besonders geschützten“ Molche Gewässer mit Unterwasservegetation auf, an denen sie ihre Eier anheften können. Dabei wechseln sie von der Land- zur Wasserhaut, die weicher und farbenkräftiger ist. Die Exemplare vor unserer Nase sind weniger scheu als die Frösche vorhin und präsentieren uns ihr Balzritual: Das Männchen imponiert dem Weibchen nicht nur mit seinem Balzkleid, es fächert ihr auch noch betörende Duftstoffe zu.

Als sich unsere Pause dem Ende neigt, ist es, als ob dieses kleine Biotop uns gar nicht gehen lassen wollte. Verschiedene Schmetterlingsarten flattern um uns herum, Frösche hüpfen uns über den Weg und Vögel erfüllen die Luft mit ihrem Gesang. Nachdem wir wieder einen breiten Forstweg für den Rückweg gefunden haben, beginnen wir zu diskutieren. Ist die Viehweide eher ein Konglomerat aus Lebensräumen, die jeweils groß genug sind, um als eigene „Oasen“ zu gelten? Schwierig zu sagen, da hier Kultur- und Naturlandschaft aufeinandertreffen. Oder ist sie als ein Teppich von Kleinstlebensräumen insgesamt eine große, vielseitige Oase? Die Landschaftspflege und Entbuschung der Viehweide durch den Verbiss und Tritt von Weidetieren ist wesentlich schonender als maschinelle Mahd und gibt Amphibien, Insekten, Wiesenbrütern und Rehkitzen mehr Fluchtmöglichkeiten. Außerdem transportieren Schafe und Ziegen in ihrem Fell und an den Hufen Pflanzensamen und fördern somit die Entwicklung der Artenvielfalt.

In wenigen Wochen wird die Nöttinger Viehweide ihr Gesicht deutlich ändern. Sobald die Bäume ihr Laub voll ausgebildet haben und der Waldboden im Dauerschatten liegt, ist das Blütenspektakel dann vorbei. Dann setzen hier und dort Aronstab und Lichtnelke rötliche Akzente, die Besenheide blüht weiß bis purpurfarben und die Borst- und Pfeifengräser sind hochgewachsen. Seltene Fledermaus- und Käferarten, Bilchmäuse und viele Vögel bringen Leben in die Höhlen der uralten Eichen. Die Insekten summen, brummen, zirpen und sirren. Die Nöttinger Heide hat viele interessante Facetten und Dynamiken, die uns zwingen, über unseren Besuch heute hinauszudenken. Denn er war nur eine Momentaufnahme.

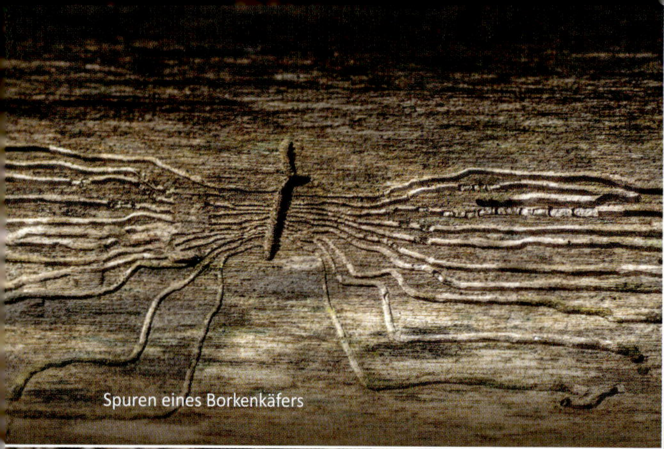
Spuren eines Borkenkäfers

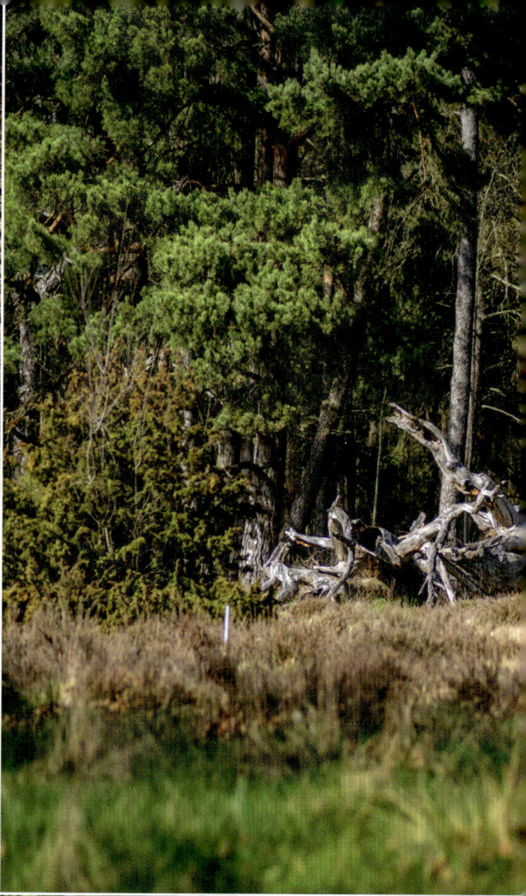

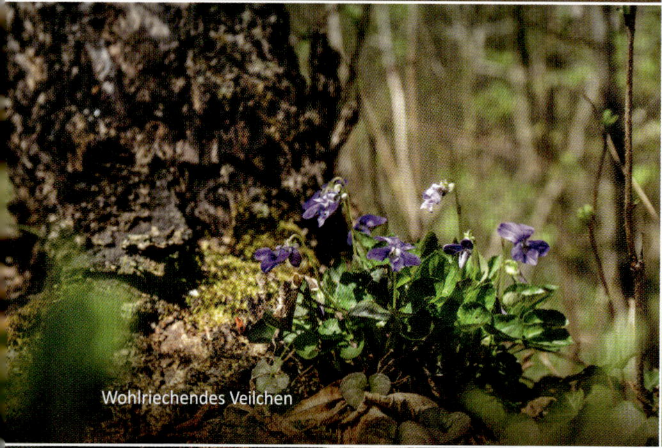
Wohlriechendes Veilchen

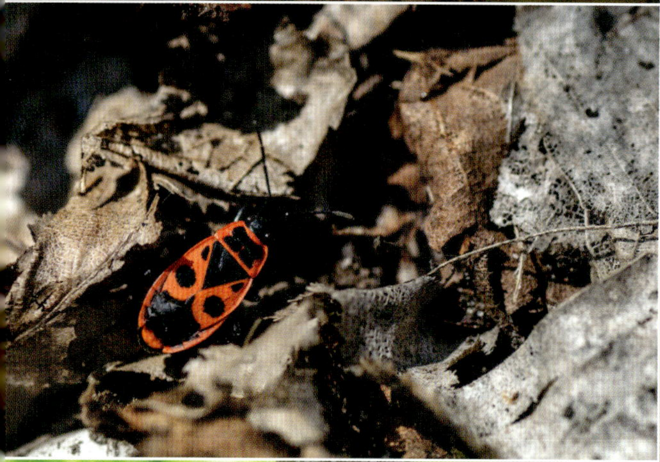

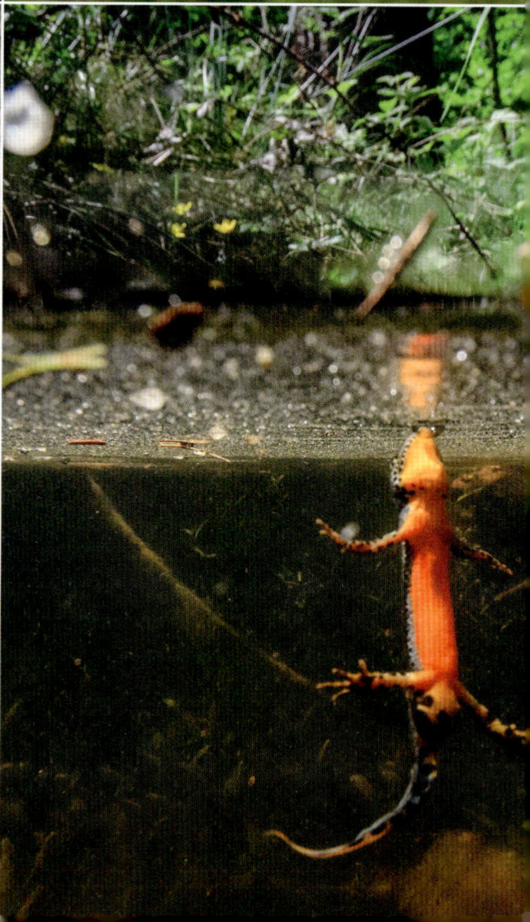

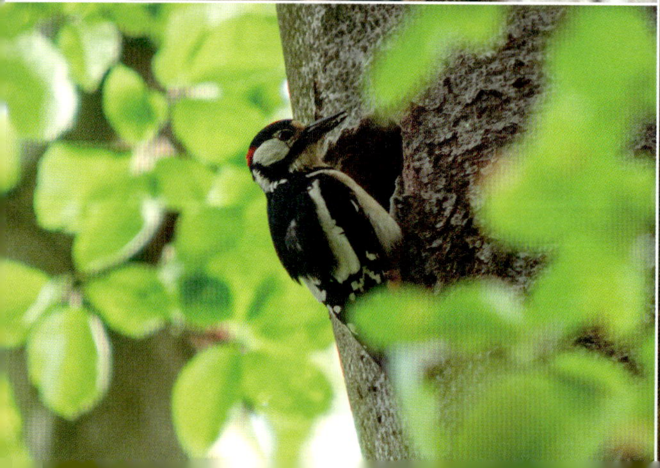

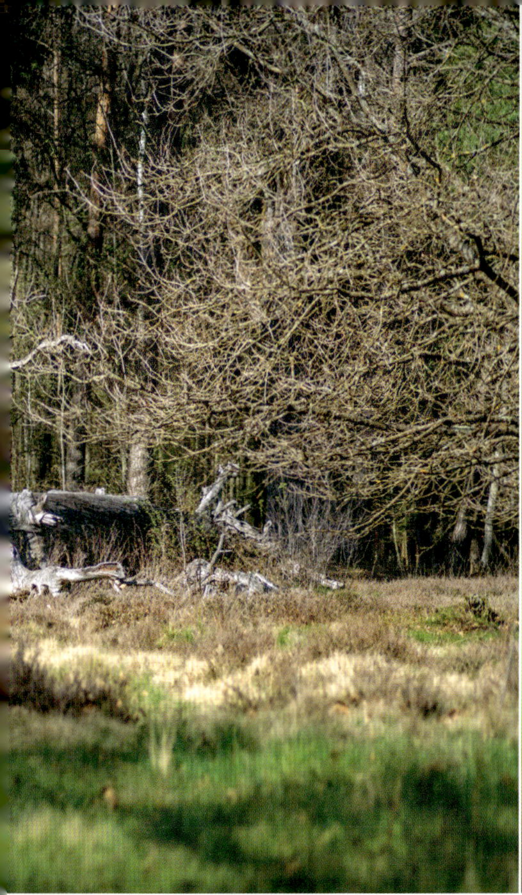

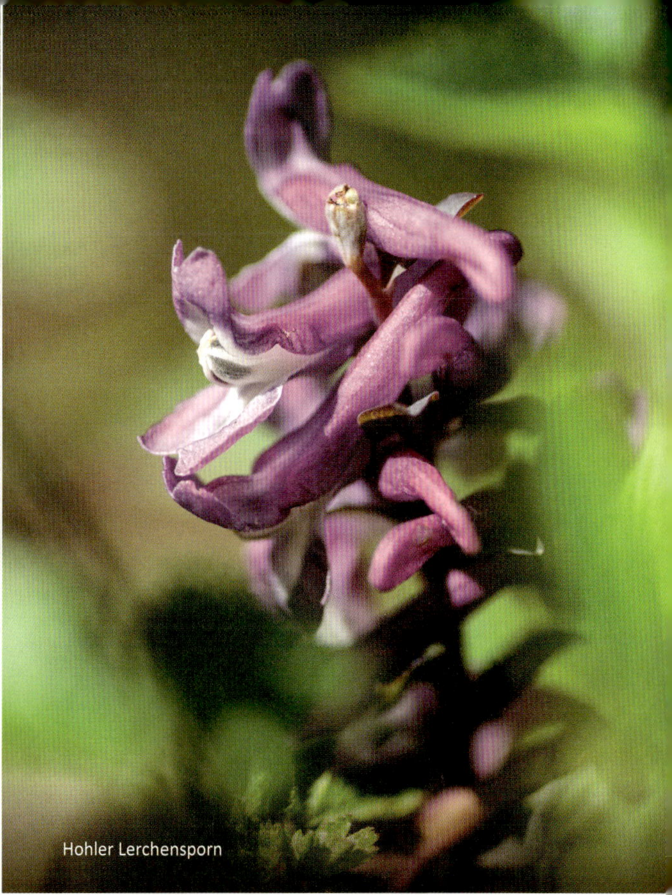

Hohler Lerchensporn

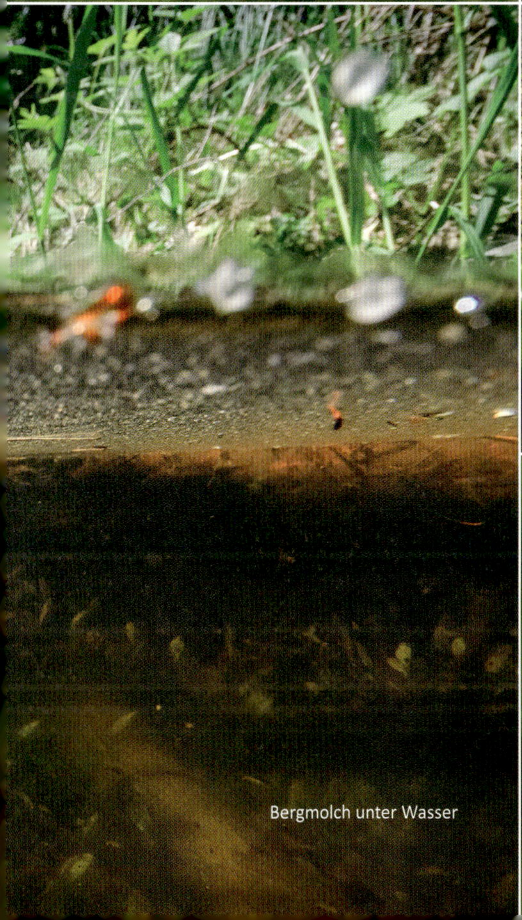

Bergmolch unter Wasser

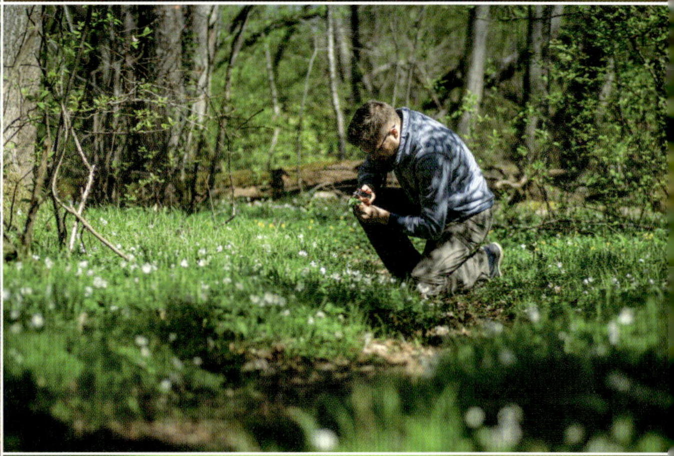

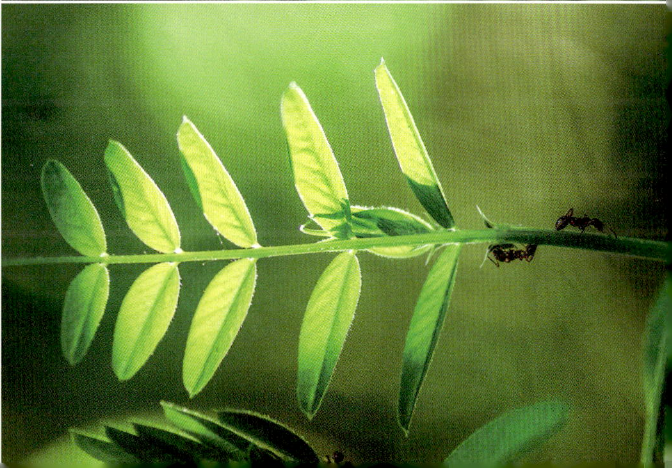

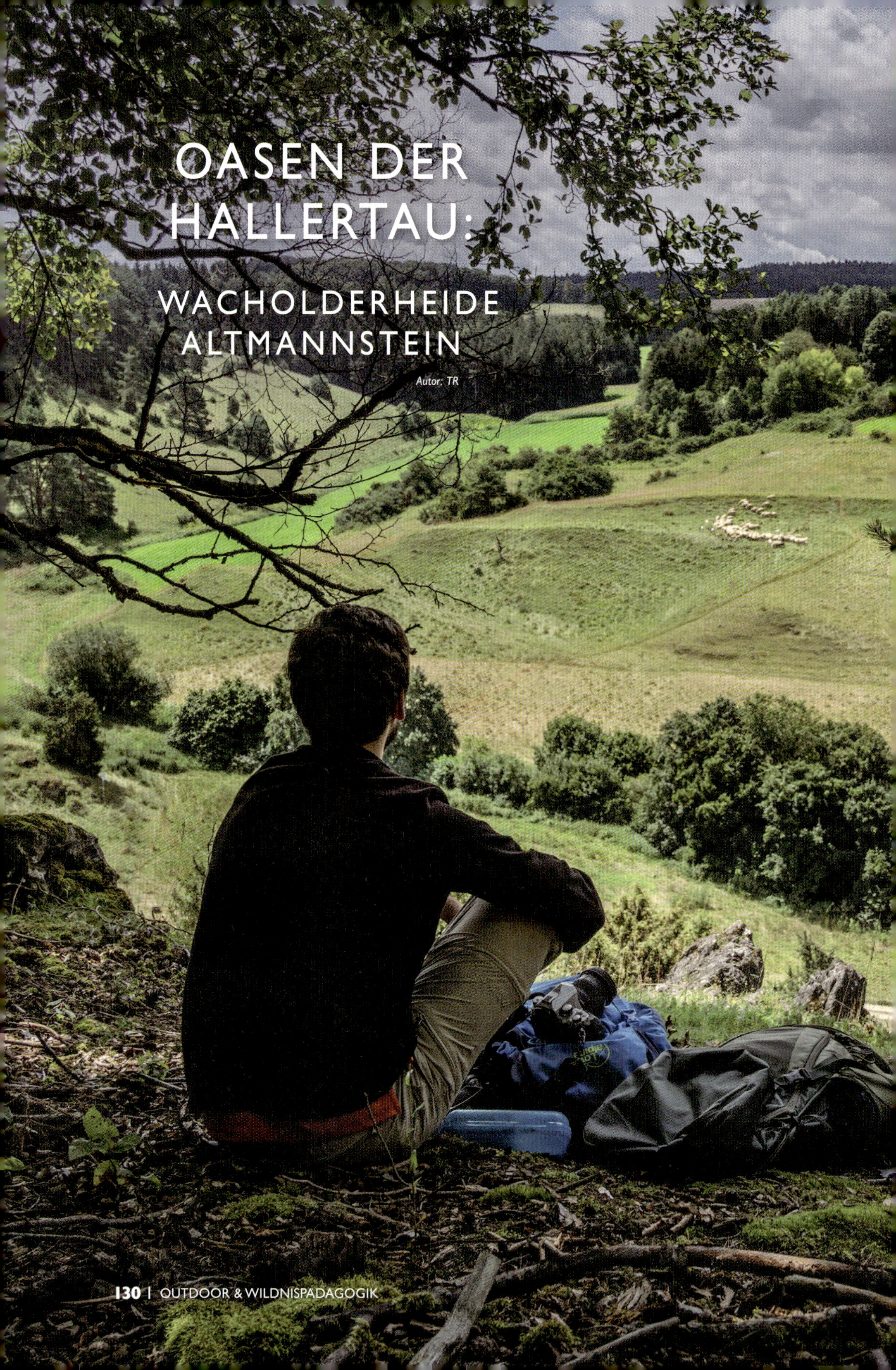

OASEN DER HALLERTAU:

WACHOLDERHEIDE ALTMANNSTEIN

Autor: TR

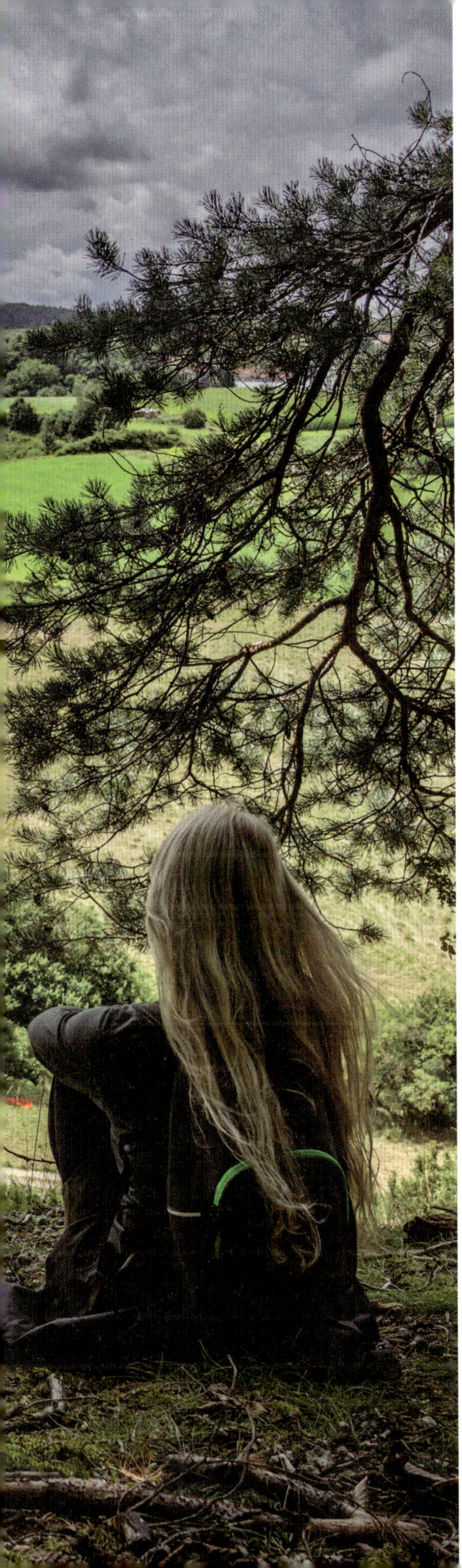

Heidelandschaft und Felsen auf steilen Hängen, im Hintergrund: ein Hopfengarten, also Hallertau. Als wir diese ungewöhnliche Kombination bei unserer Grenzwanderung in den Norden bei Altmannstein sahen, waren wir einigermaßen verdutzt. Auf der Karte war östlich von Altmannstein beim Kreutberg eine Wacholderheide als Naturschutzgebiet ausgeschrieben, das musste doch eine Oasen-Expedition wert sein! Um vor Ort gleich besser zurechtzukommen, holten wir Romina vom Team LOWA als Guide mit ins Boot holen, denn sie kennt sich in der Gegend um Riedenburg sehr gut aus.

Und nun stehen wir Anfang August am Wanderparkplatz beim Kreutberg. Die erste Tatsache, die man sich einmal klar machen muss, ist, dass wir uns hier im Naturpark Altmühltal befinden. Über Riedenburg und Altmannstein spitzelt er bis Mindelstetten mit seiner östlichen Flanke in den Norden der Hallertau hinein. Nicht nur ist er der größte Naturpark Bayerns, sondern auch einer der größten Deutschlands. Er ist ein Ausläufer der Frankenalb und in seiner südlichsten Ausbreitung überschneidet er sich mit der Hallertau. Im Hopfenland gibt es kein zweites Kalkvorkommen dieser Art, eine Besonderheit, die sich auch auf die Vegetation auswirkt. Seine Trockenrasen, Felsen und Wacholderheiden sind selbst von der A9 aus zu sehen und sind gemeinsam mit den Feuchtwiesen, Karsthöhlen und Steinbrüchen wesentliche Landschaftsmerkmale.

Wie die Nöttinger Heide ist die Wacholderheide eine uralte Kulturlandschaft. Wir nehmen den Feldweg in südöstliche Richtung, der im Taleinschnitt verläuft. Links und rechts steigen die trockenen, kargen und mageren Hangflächen an, die kaum mehr als Beweidung durch Schafe, Ziegen oder Rinder zulassen. Diese halten die wohlschmeckenden Pflanzen kurz, übrig bleiben stachelige Vertreter wie Wacholder, Silberdisteln oder Küchenschellen. Dazwischen: meterhohe, bizarr geformte Felsen, die über das Tal wachen. Diese geologischen Strukturen sind das Überbleibsel von Korallen, Schwämmen und Bakterien.

Ihr Wachstum in einem warmen Urmeer sorgte für eine gigantische Produktion an Calciumcarbonat. Ein Vorgang, wie er heute in den tropischen Korallenriffen stattfindet. Auch weite Teile der Hallertau waren einst von einem seichten, warmen Randmeer des Tethys-Ozeans bedeckt. Das ist nun aber schon über 200 Millionen Jahren her. Es war die Zeit, als noch riesige Dinosaurier unseren Planeten beherrschten. Neben den Felsen strecken vereinzelte Königskerzen ihren gelben Blütenstand über einen Meter in die Höhe. Knorrige Wacholdersträucher und -bäume verleihen der Fläche ein parkähnliches Antlitz.

Bald treffen wir auch diejenigen, die für den Erhalt des Heidecharakters verantwortlich sind. Noch bevor wir sie sehen können, riechen und hören wir sie: eine Herde Schafe. Blökend genießen sie die reiche Auswahl an Kräutern. „Die trifft man hier wieder regelmäßig an", freut sich Romina. War die Schafbeweidung früher die einzige Möglichkeit, diese mageren Flächen landwirtschaftlich zu nutzen, dient sie heute zur extensiven Landschaftspflege.

Bei sanfter Steigung steigen wir die 60 Höhenmeter des Rundwegs hinauf, bis wir von der südlichen Flanke des Kreutbergs einen wunderbaren Ausblick über das umliegende Hügelland haben. Unser Weg ist mittlerweile zu einem schmalen Trampelpfad geworden, der über eine Wiese führt, vorbei an dichten Schlehenhecken und alleinstehenden Eichen. Hier kann man Heckenbrüter wie Neuntöter und Goldammer noch beobachten, wie sie ihr Revier besingen. Doch in der intensiven Agrarlandschaft nehmen ihre Bestände seit Jahrzehnten ab. Mit jedem weiteren Meter werden die Schlehen nun mehr und mehr von Bäumen verdrängt und ehe wir uns versehen, stehen wir in einem hellen, warmen Wald. Dieser wird von Kiefern dominiert, die den trockenen und sandigen Boden anzeigen. Nun befinden wir uns oberhalb der Heidefläche, erst jetzt können wir sie wirklich aus der Nähe erkunden.

Zu Beginn fällt sofort auf, wie viele Schmetterlinge vor uns herumflattern: Bläulinge, Schachbrettfalter, Landkärtchen, Perlmuttfalter, Tagpfauenauge, Weißlinge, Dickkopffalter und viele mehr. Manche von ihnen leuchten kupferfarben oder sind fast so groß wie ein kleiner Vogel. In Kombination mit vielfältig strahlenden Blumen wirkt die ungewohnte Szenerie fast schon kitschig-paradiesisch. „Eigentlich muss man bei jedem Schritt ein schlechtes Gewissen haben, wenn gleich so viele Heuschrecken und Schmetterlinge vor uns fliehen", scherzt Romina. Der Insektenreichtum ist in der Tat enorm. Daheim sehe ich auf den überdüngten, mehrmals im Jahr gemähten Wiesen kaum noch Insekten. Doch hier muss ich nur einmal mit dem Arm ausholen und schon springen Heuschrecken hoch, brummen Käfer los und fliegen Falter davon. Wir schauen genauer hin und entdecken ein paar Schönheiten: die Blauflügelige Ödlandschrecke etwa ist auf felsigem Untergrund perfekt getarnt. Fliegt sie aber davon, zeigt sie auf ihren Flügeln strahlend blaue Flecken. Unzählige Kartäusernelken, Skabiosen, Wegwarten und Glockenblumen bilden einen Blumenteppich, der jedes Blumenbeet alt aussehen lässt. Verrückt! Unten vom Tal aus wirkte dieser Geröllhang nahezu unbelebt.

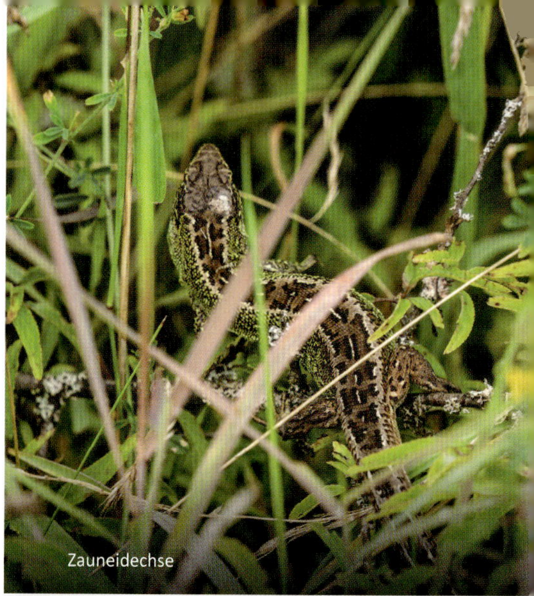

Zauneidechse

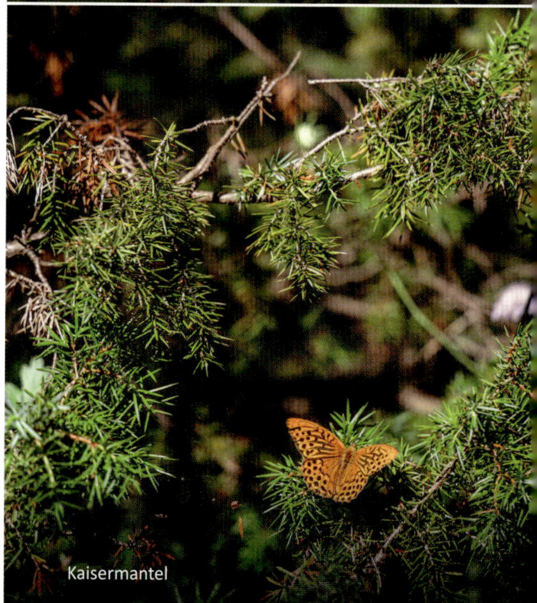

Kaisermantel

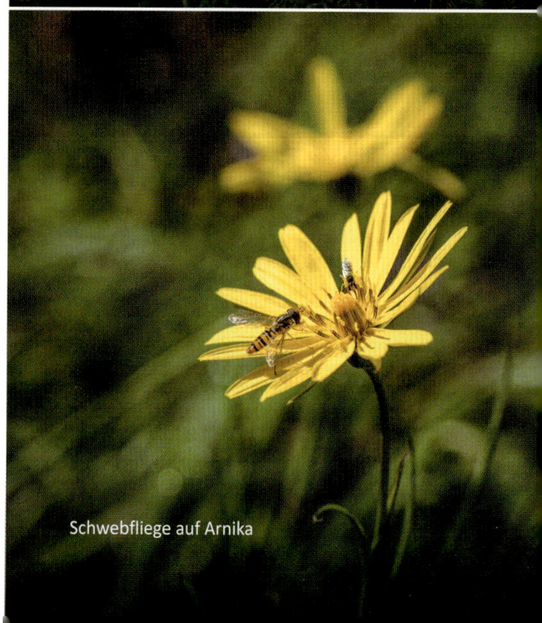

Schwebfliege auf Arnika

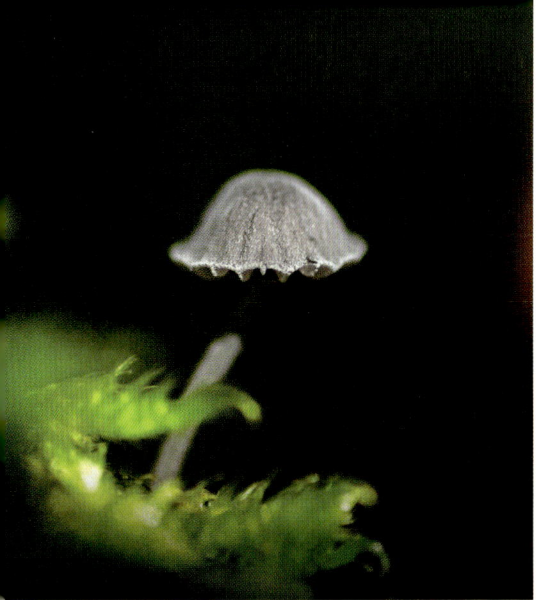

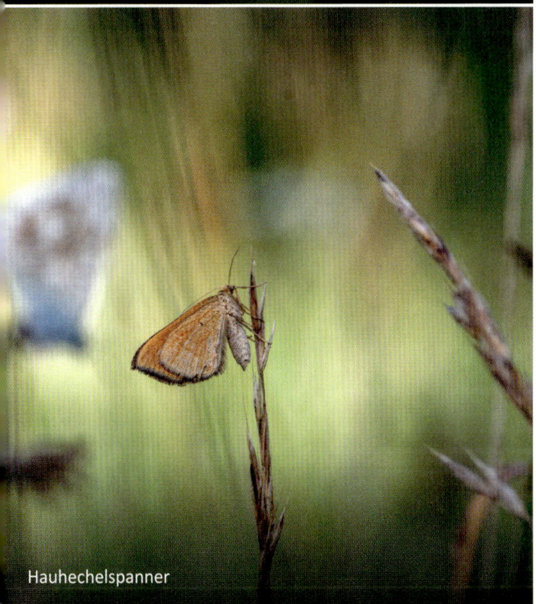

Hauhechelspanner

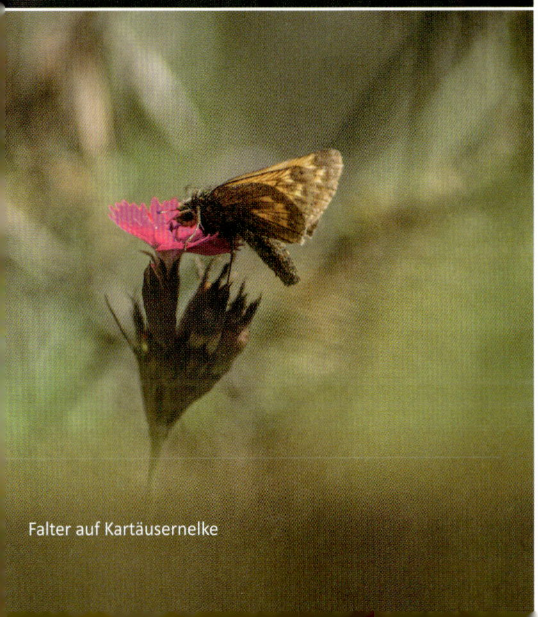

Falter auf Kartäusernelke

Ich beuge mich tief hinab, um einen Zitronenfalter beim Nektar-Saugen an einer Kartäusernelke zu beobachten. „Schon irre, wie dieser große Schmetterling an dieser fragilen Pflanze hängt", staunt Mike. Überhaupt ist es interessant, wie wenig Blattgrün die Kartäusernelke hat und wie viele Blüten sie im Verhältnis dazu sprießen lässt. Ein Bauplan, der sich bei vielen Blumen wiederholt. Die Rundblättrige Glockenblume treibt es dabei auf die Spitze, denn im Grunde besteht sie fast nur aus Blüten. Erst bei genauerem Hinsehen findet man einen grünen Stängel und ein paar verkümmerte Blätter. Die Pflanzen investieren ganz offensichtlich all ihre Energie nicht in Wachstumstriebe oder Ableger, sondern hauptsächlich in die Blüte.

Der Kampf um Nährstoffe und Wasser ist an diesem Trockenhang ohnehin kräftezehrend, da kann man keinen Konkurrenten in der Nachbarschaft gebrauchen. Das Heranwachsen von Sprösslingen wäre also ein gänzlich ungeeigneter Vorgang. Stattdessen sollen die Nachkömmlinge weit hinaus in die Welt gebracht werden – nämlich durch Sämereien, die eine befruchtete Blüte bedingen. Die Samen der Kartäusernelke beispielsweise sind klein und haben außen herum eine Art Tragflügel, die als Angriffsfläche für den Wind dient. Auch die Rundblättrige Glockenblume verfolgt eine ähnliche Strategie. Anstatt mit ausgeklügelten Tragflügeln ausgestattet zu sein, sind ihre Samen einfach nur rund. Dafür aber sehr leicht und so winzig, dass man sie nicht einmal mit der Pinzette greifen kann. So verrät uns die Pflanzenanatomie einiges über die Beschaffenheit der Landschaft.

Als wir uns neben einem Aussichtsfelsen eine kleine Stärkung gönnen, entdecken wir im Halbschatten eine sich wärmende Eidechse. Ein „Mini-Dino" quasi auf Jura-Fels, ein passendes Bild für diesen Lebensraum. Daneben nutzen Wildbienen den spärlich bewachsenen Boden, um Bruthöhlen für ihren Nachwuchs zu graben. Allgemein mangelt es den Wildbienen nicht nur an Nektar, sondern viel mehr an geeigneten Brutstuben. In dieser Oase aber finden sie glücklicherweise beides in Hülle und Fülle. Von unserem Felsen ist es nicht mehr weit zum Wanderparkplatz, wir haben also noch jede Menge Zeit, den sommerlichen Zauber dieser Spätnachmittagsstimmung wirken zu lassen. Inzwischen hat sich die Schafherde aus dem Tal verabschiedet und grast beständig den gegenüberliegenden Hang hinauf. Gut so – pflegt fleißig diesen wundervollen Fleck Erde. Wacholderheiden sind die artenreichsten Biotope in Mitteleuropa – und wir haben sogar ein paar davon in der Hallertau.

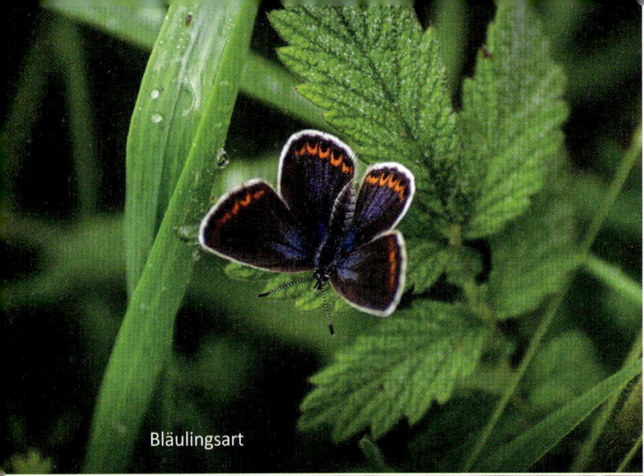
Bläulingsart

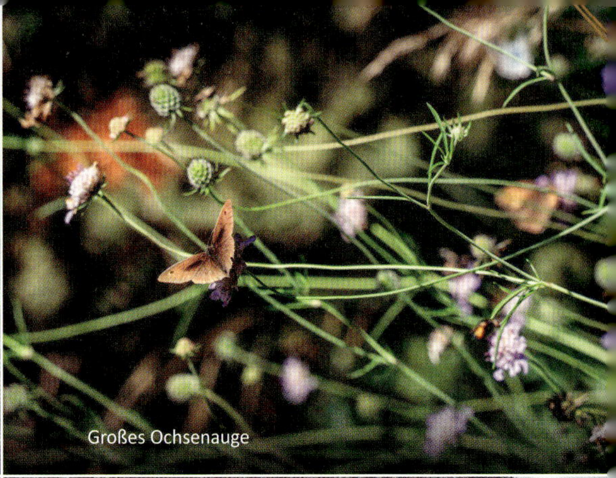
Großes Ochsenauge

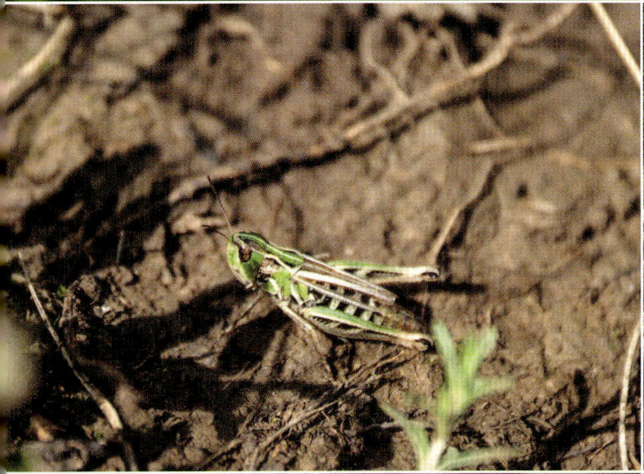

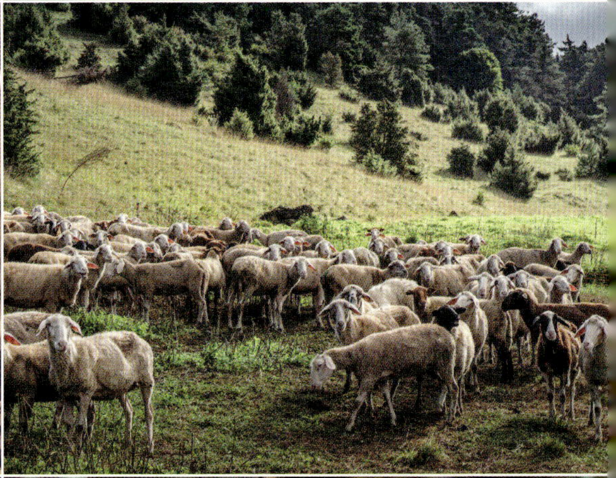

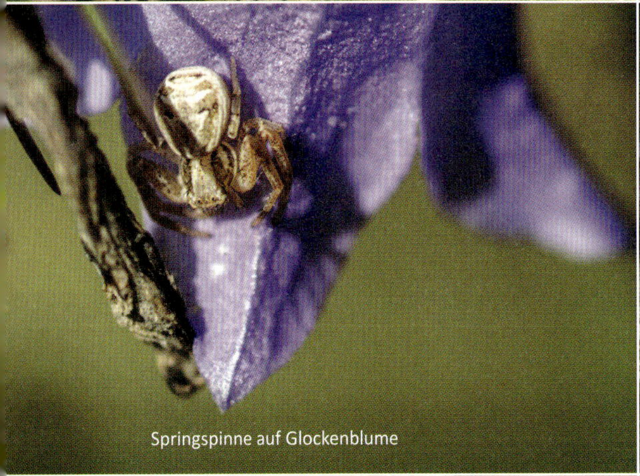
Springspinne auf Glockenblume

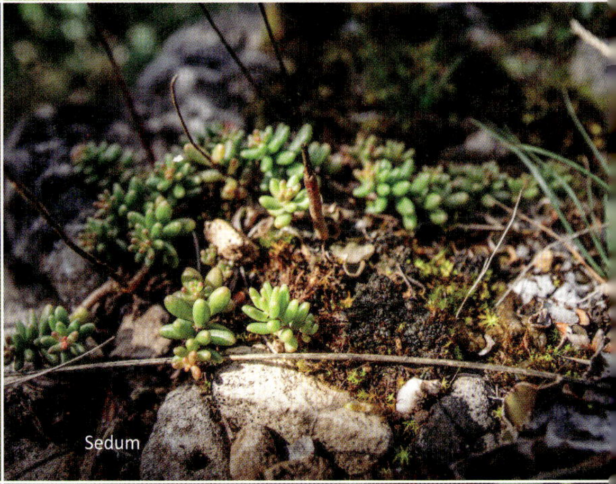
Sedum

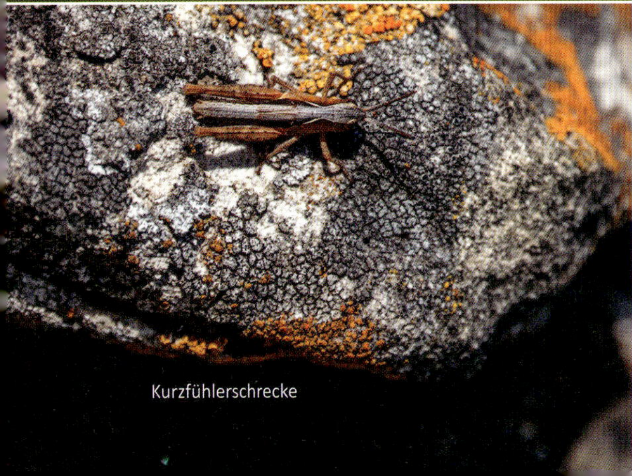
Kurzfühlerschrecke

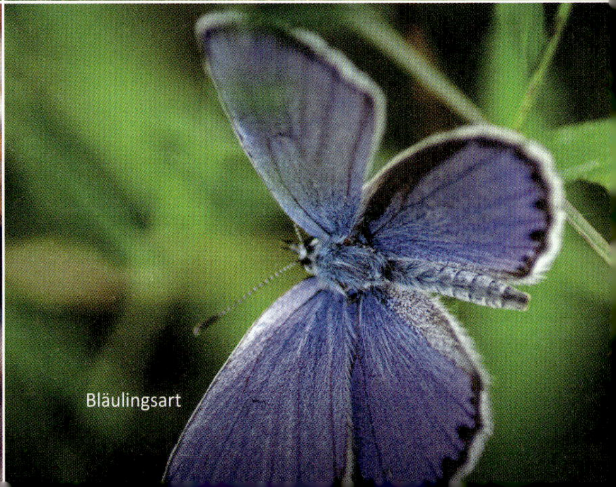
Bläulingsart

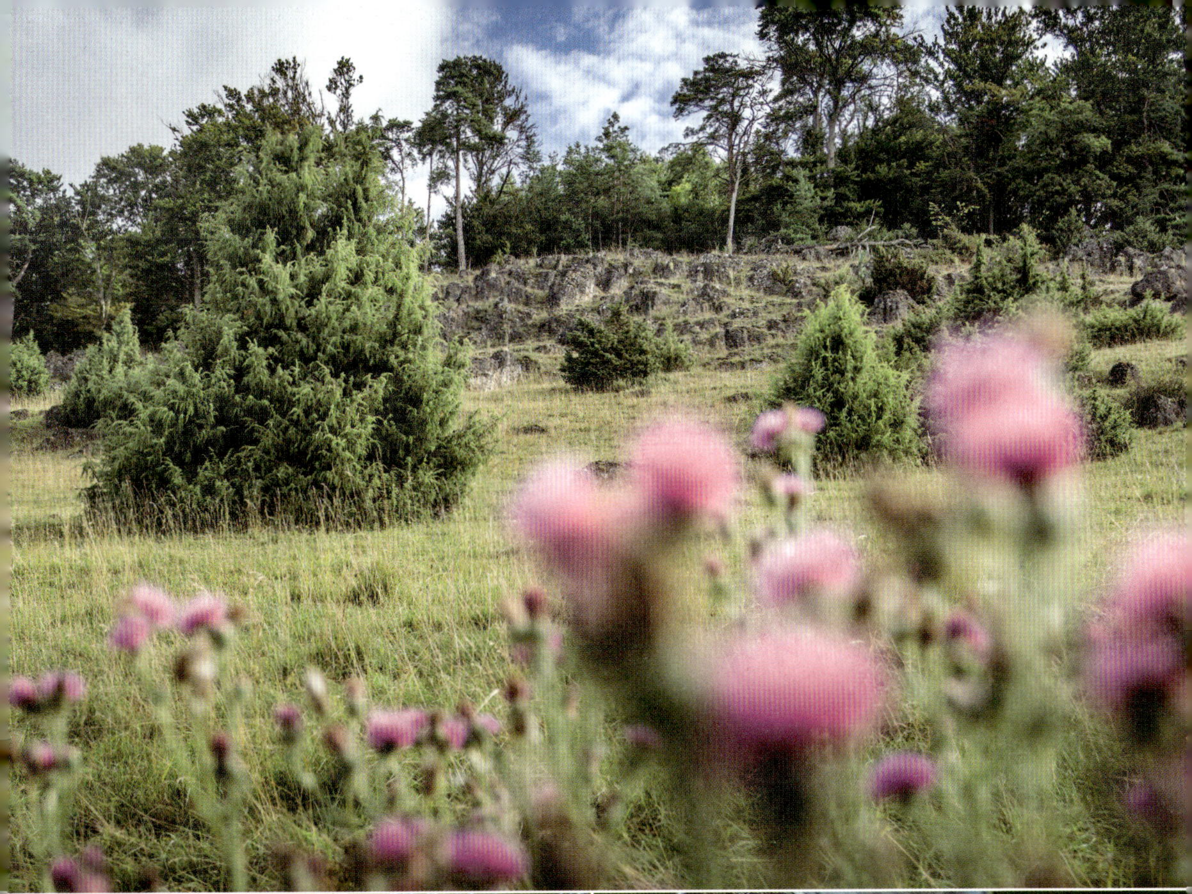

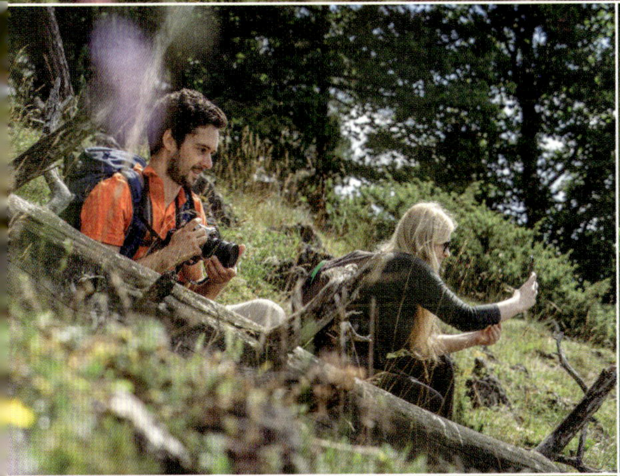

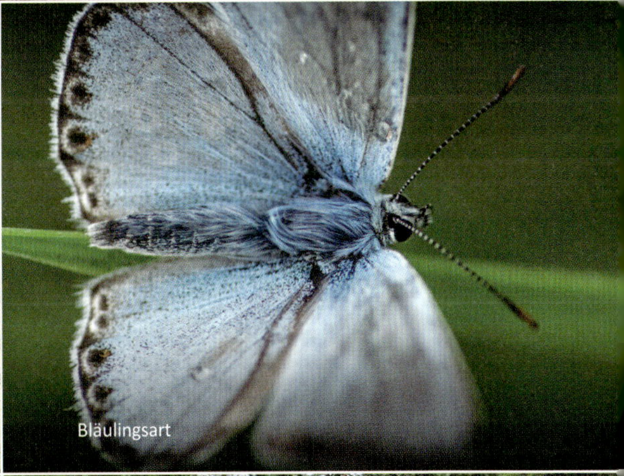

Bläulingsart

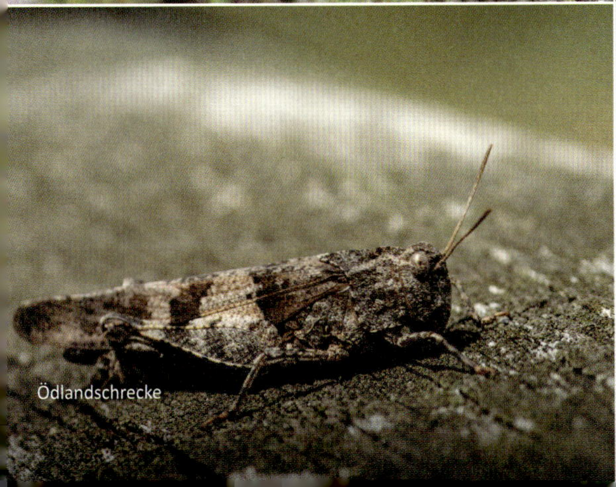

Ödlandschrecke

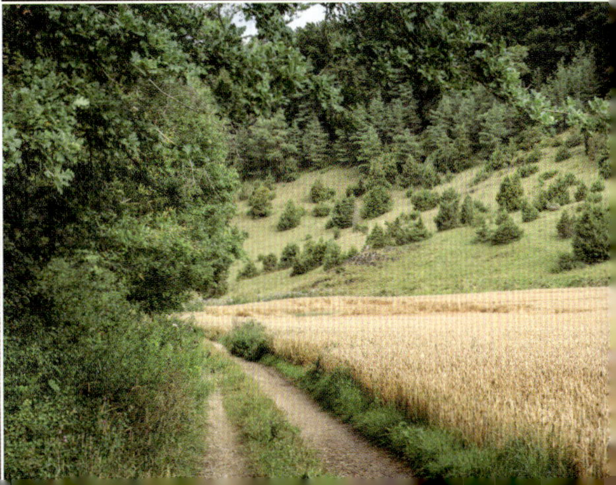

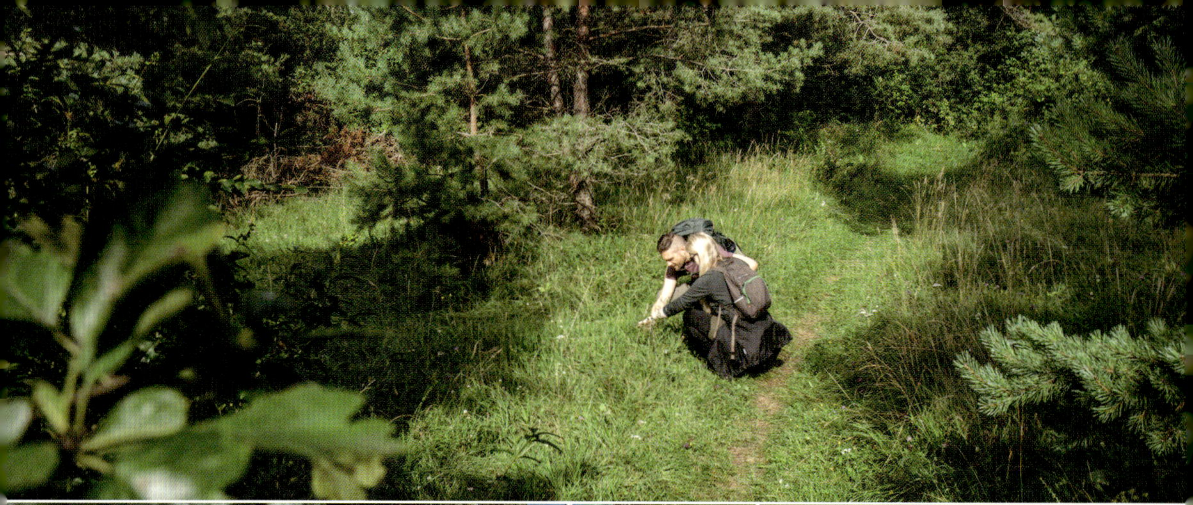

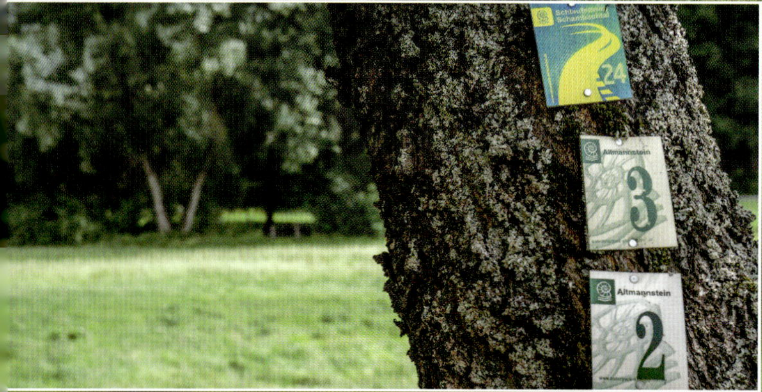

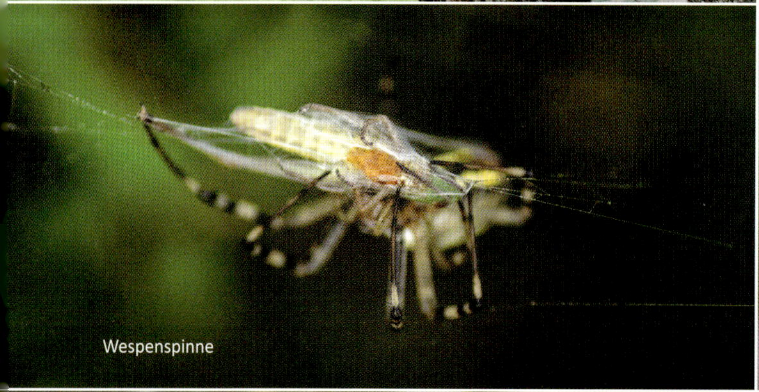

Wespenspinne

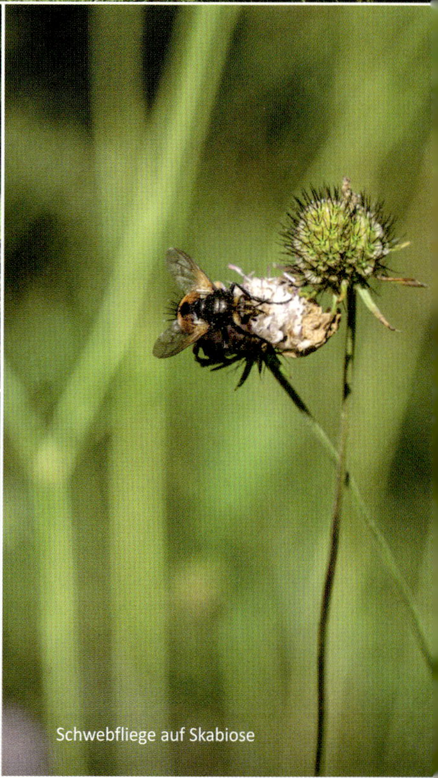

Schwebfliege auf Skabiose

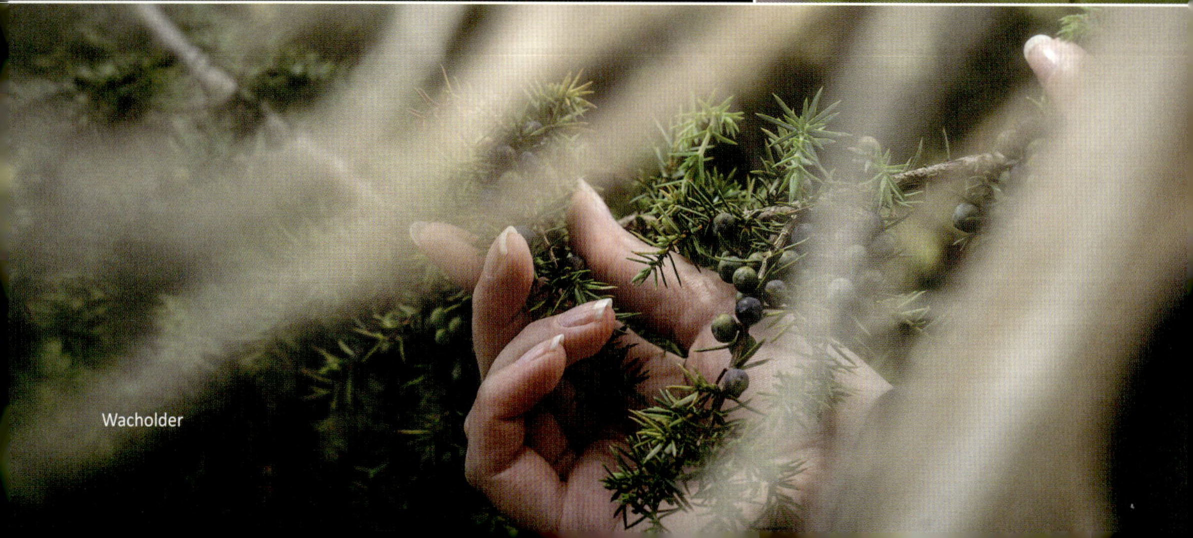

Wacholder

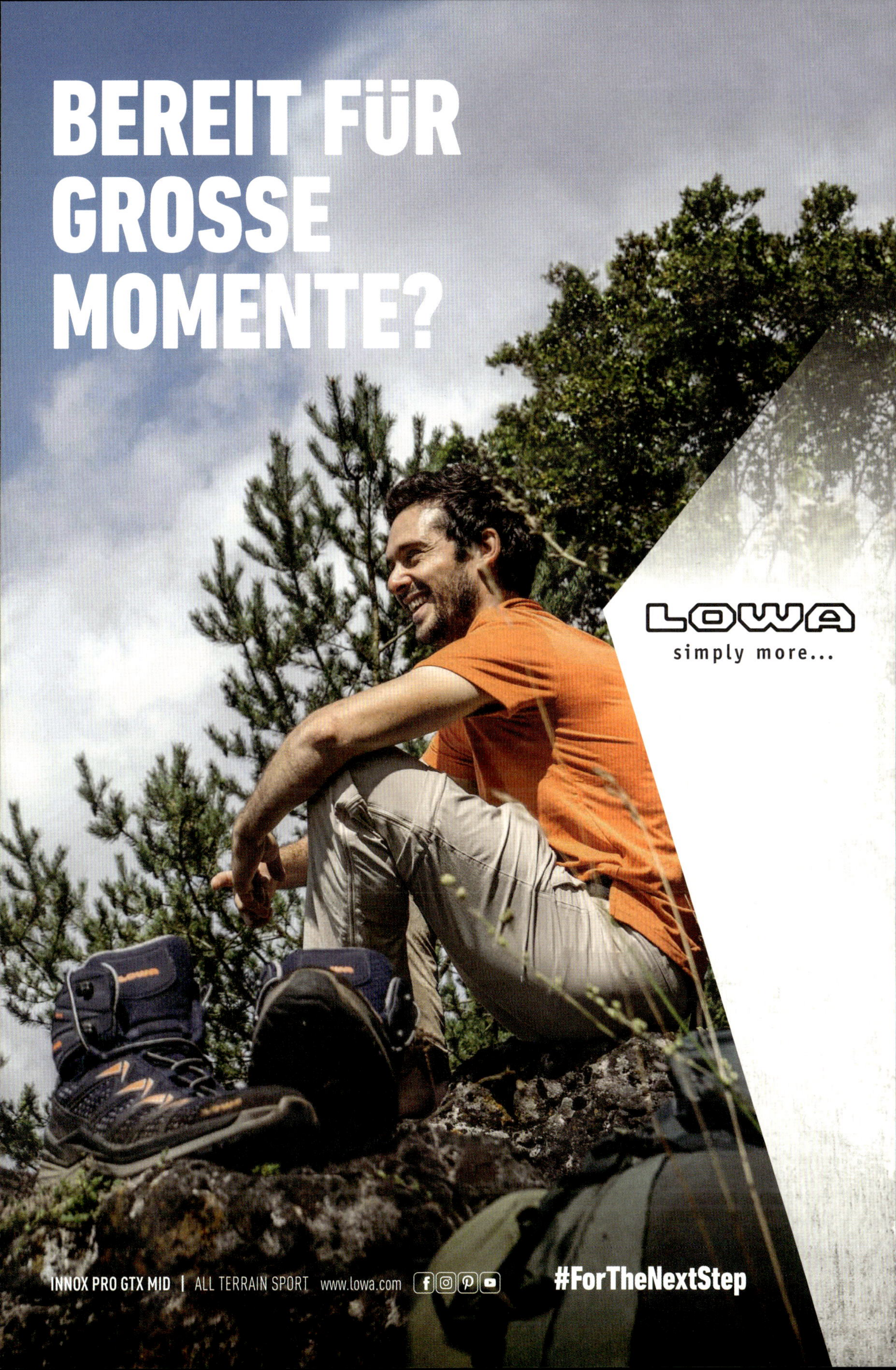
BEREIT FÜR GROSSE MOMENTE?
LOWA
simply more...
INNOX PRO GTX MID | ALL TERRAIN SPORT www.lowa.com
#ForTheNextStep

OASEN DER HALLERTAU:

SIPPENAUER UND NIEDERLEIERN-DORFER MOORE

Autor:TR

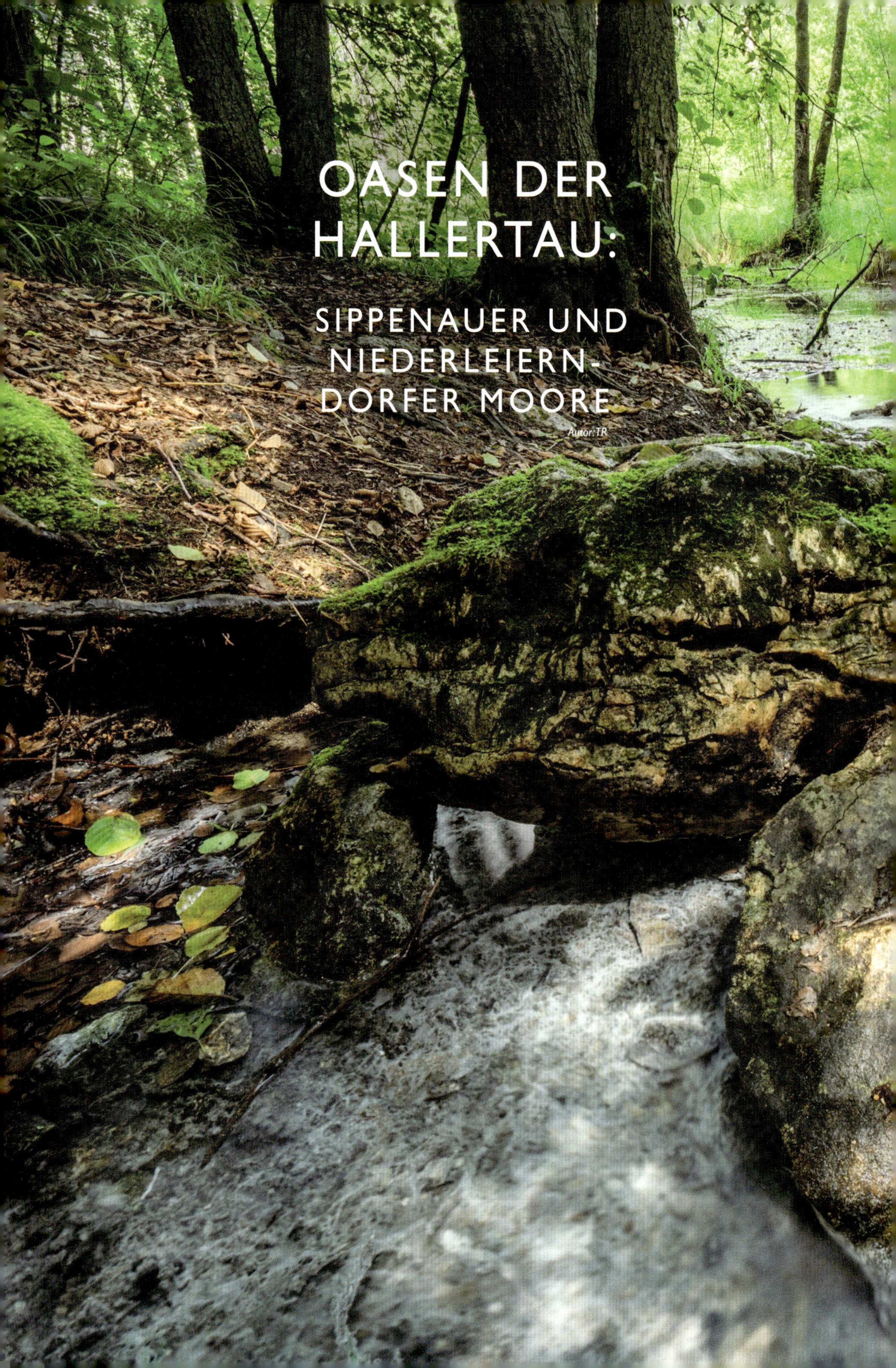

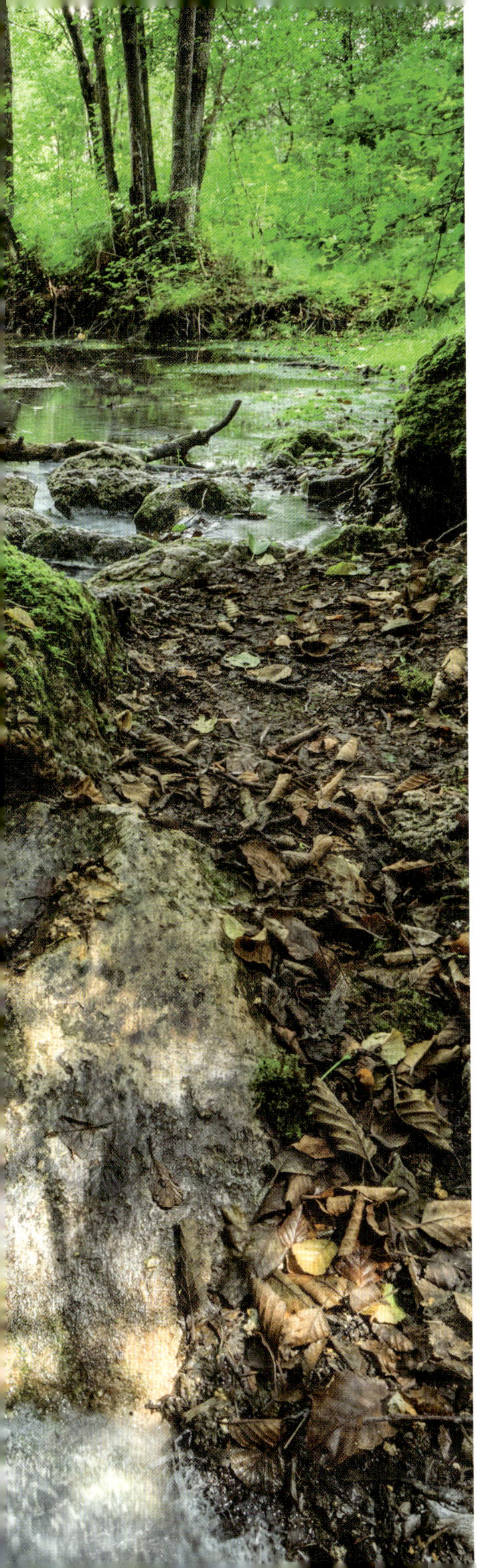

Schon in Altmannstein war zu sehen, wie der Mensch eine ausbalancierte Kulturlandschaft formen kann. Bei bestimmten, geologischen Voraussetzungen trägt sie massiv zur Artenvielfalt bei. Im Altmühltal sind es die heißen, nach Süden ausgerichteten Trockenhänge, die sich aus landwirtschaftlicher Sicht kaum lohnen. Lediglich als extensives Weideland konnte man die Flächen gebrauchen. Seit jeher ist dies die Grundlage für den dortigen Artenreichtum. Was aber, wenn extensive Bewirtschaftung nicht an trockenen Hängen praktiziert wird, sondern dort, wo es feucht und eben ist? Genau dieser Frage wollen wir im Nordosten der Hallertau nachgehen, denn hier liegen zwei gänzlich unterschiedliche Moore nur wenige Kilometer voneinander entfernt.

Dies ist zum einen das Niedermoor unterhalb Niederleierndorf und zum anderen das von einer Schwefelwasserquelle gespeiste Sippenauer Moor. Letzteres liegt zwischen Langquaid und Kelheim und hat eine überschaubare Fläche von 17 Hektar (circa 24 Fussballfelder). Unsere Erkundungstour des Naturdenkmals beginnt am kleinen Besucherparkplatz südlich von Mitterfecking. Der in Steinen gefasste Brotzeitplatz samt Infotafel verrät es schon zu Beginn: Jura-Fels und andere geologische Besonderheiten treten hier zu Tage. Wir sind gespannt und begeben uns in das seit 1939 ausgewiesene Naturschutzgebiet.

Eines überrascht uns gleich vom Start weg: Moore haben ja den Ruf, schaurige und düstere Orte zu sein, aber hier stellt sich die Lage anders dar. Sah das Moor von außen wie eine etwas wildere, von höheren Gräsern bewachsene Fläche aus, offenbart es sich beim Hineingehen als ein buntes, prächtiges Grünland: Mädesüß, Sumpf-Storchschnabel und viele seltene Orchideen-Arten blühen auf den Wiesen. Der hier wachsende Kammfarn ist das einzige Vorkommen in ganz Niederbayern. Dutzende Schmetterlinge tanzen über die Fläche, saugen Nektar und tanken Wärme. „Ich hätte nie gedacht, dass hier solch seltene Pflanzen vorkommen“, wundert sich Mike und spielt damit auf die unter Naturschutz stehende, rot-lila bis blassrosa blühende Mehlprimel an. Diese dürfte man außerhalb des Moores kaum antreffen, denn sie kommt in Deutschland – außerhalb des Alpenraumes – nur noch vereinzelt als Relikt aus der eiszeitlichen Vergletscherung Mitteleuropas vor. Nach dem Rückzug der Eismassen hat sie auf feuchten, kalkhaltigen Böden, wie es sie in Flachmooren, an Bachufern oder in Quellfluren gibt, überdauert.

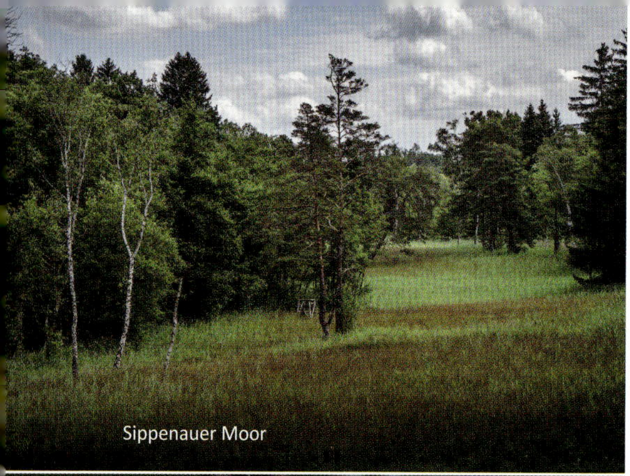

Sippenauer Moor

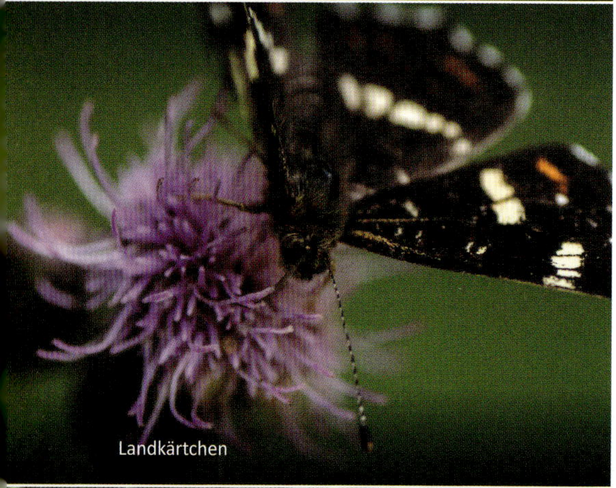

Landkärtchen

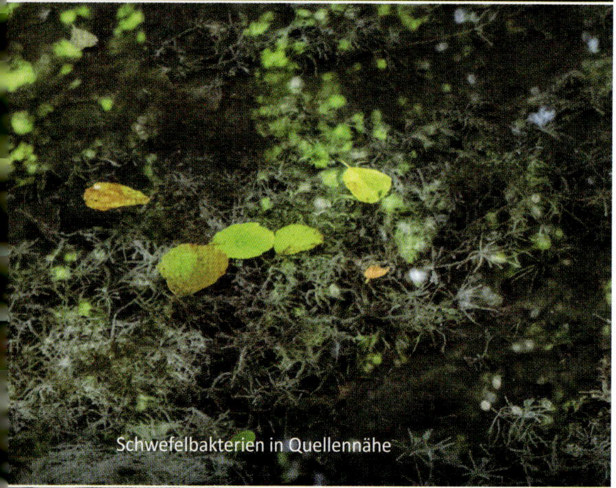

Schwefelbakterien in Quellennähe

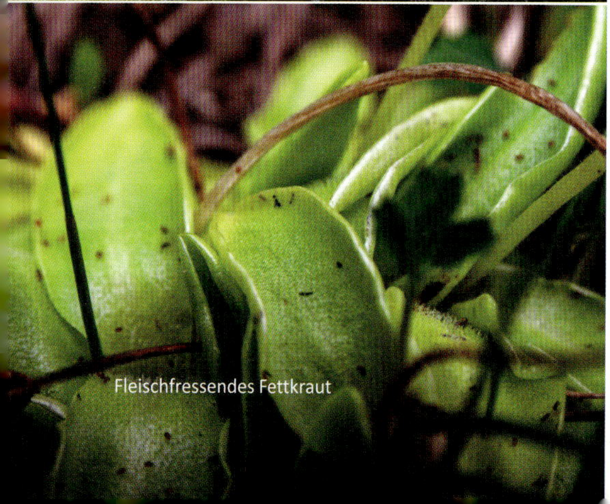

Fleischfressendes Fettkraut

An botanischen Highlights können auch bizarre Arten mit außergewöhnlichen Fähigkeiten gefunden werden, nämlich fleischfressende Pflanzen. Mehrere Sonnentau-Arten sowie das Fettkraut nutzen ihre Blattdrüsen, um sich wegen des nährstoffarmen Moorbodens zusätzliche Nährstoffe aus der Luft zu holen. Mangel als evolutionärer Booster – ein schönes Beispiel für dieses Naturgesetz. Ohne die Herbst-Mahd würde diese Fläche aber bald von Schilf überwuchert sein und lichtbedürftige Pflanzen würden verdrängt werden. Dann würde es wirklich düsterer werden.

Nach den Moorwiesen sind wir umso neugieriger auf die Schwefelquellen, die das Biotop speisen und eine Besonderheit im gesamten bayerischen Raum sein dürften. Die ersten Meter des Waldweges sind vielversprechend: Moosbewachsene Bäume, grün leuchtende Farne und dunkle Tümpel sorgen für ein mystisches Flair. Dann beginnt es zu plätschern und linkerhand fällt der Weg direkt an einer Felskante einige Meter in eine urige, kleine Sumpflandschaft ab. Wir sind baff. Jetzt wohnen wir schon ein paar Jahrzehnte in der Hallertau, aber so einen Fleck – so klein er auch sein mag – haben wir hier noch nicht gesehen. Aus der Felswand tritt aus mehreren Rissen und Löchern Quellwasser hervor. Der darin enthaltene Kalk und die Schwefelbakterien haben sich an Zweigen, Steinen und Laub korallenartig abgelagert, das Ganze erstreckt sich wie ein Organismus aus einer anderen Welt mehrere Meter in die urtümliche Sumpflandschaft hinein. Der Wasserlauf schimmert in geisterhaftem Weiß-Blau, drumherum knotige Baumwurzeln, Farn und grünes Buschwerk. Beim Näherkommen wird auch der faulige Schwefelgeruch immer stärker. Stammen könnte der Schwefel aus Braunkohlevorkommen des Tertiärs im Alpenvorland oder aus Pyritknollen im angrenzenden Malmkalk. Vom Alter her wird das Sippenauer Schwefelwasser auf 8000 bis 20000 Jahre geschätzt.

Als wir die Nase im wahrsten Sinne des Wortes voll haben, gehen wir weiter in süd-östlicher Richtung. Nach ein paar hundert Metern wird der Wald lichter und heller, bis er den Blick auf eine Wiese freigibt. Dort, im Übergangsbereich, erspähe ich Fahrspuren, die mit Wasser gefüllt sind. „Da wird doch wohl nicht... oder etwa doch?“, stottere ich vor Begeisterung. Irgendwie habe ich es schon vermutet. In dieser Pfütze, diesem unscheinbaren, aber überaus wertvollen Kleinstbiotop, lebt ein sonderbarer Froschlurch. Die Rede ist von der seltenen und stark gefährdeten Gelbbauchunke. Ihre Pupille ist nicht rund, sondern herzförmig. Die

„DAS SIPPENAUER MOOR ALS AUSSENPOSTEN FÜR PFLANZEN AUS DEM ALPENRAUM? KAUM ZU GLAUBEN, ABER WAHR.“

Körperoberseite ist schlammfarben, genau wie die Pfütze selbst. Die Bauchunterseite dagegen ist knallgelb. Droht Gefahr, macht die Gelbbauchunke ein Hohlkreuz, wodurch die Gliedmaßeninnenseiten und die Bauchränder sichtbar werden, die eine hellgelbe Warnfarbe aufweisen. Dies deutet dem Angreifer an: „Achtung, ich bin giftig!“. Für den Menschen ist das Gift nicht gefährlich, allerdings stark schleimhautreizend. Das Sippenauer Moor ist für unseren Froschlurch ein perfekter Zufluchtsort. Auf all unseren Touren war dies das einzige Mal, dass wir eine Gelbbauchunke gesehen haben. Der Fund macht deutlich: Dieses Naturschutzgebiet ist dank seiner geologischen Besonderheit ein Refugium für sonst kaum noch vorkommende Tier- und Pflanzenarten mit außergewöhnlichen Überlebensstrategien. Vollmotiviert geht es zur nächsten Station, dem Niedermoor südlich von Niederleierndorf.

Schon bei der Ankunft ist ersichtlich, dass dieses Moor hier kein kleines Biotop am Rande ist, sondern dass es einen ganzen Landstrich prägt. Weitläufige Überschwemmungswiesen erstrecken sich entlang der Alten Laber. Sie sind seit 1984 als Naturschutzgebiet ausgewiesen und umfassen gut 60 Hektar. Deutlich grenzt es sich von der Umgebung mit seinen Mais- und Getreidefeldern und Wirtschaftswäldern ab. Das Niedermoor ist groß genug, um als Nahrungsfläche vom Storch oder als Brutfläche von Kiebitz und Bekassine genutzt zu werden. Ähnlich wie ein ruhender See wirkt diese weite Ebene entspannend fürs Auge. „Was fliegt da für ein Vogel?“, deutet Mike in den Himmel. „Ein Neuntöter. Das ist kein Wiesenbrüter, hier müssen also irgendwo Schlehen sein“, vermute ich. Und siehe da, in der Ferne erkennen wir kreisrunde, von Bäumen durchsetzte Schlehenhecken. Deren inselartiges Vorkommen wirkt hübsch, aber nicht wirklich natürlich. „Überhaupt, warum steht hier kein Auwald?“, wundern wir uns.

Wer glaubt, ein Niedermoor sei ein natürlich gewachsenes Blumen-Meer, der irrt, und zwar gewaltig. Der Großteil der Niedermoore entstand durch Roden des vorherrschenden Erlenbruchwaldes. Die feuchten, sumpfigen Wiesen waren schwierig zu bewirtschaften und so wurden sie lediglich extensiv

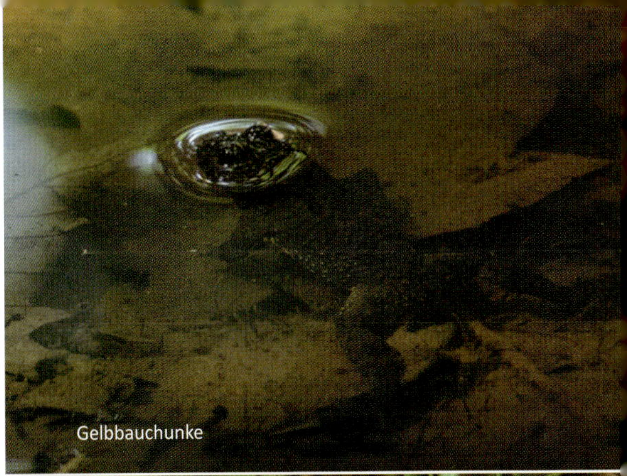
Gelbbauchunke

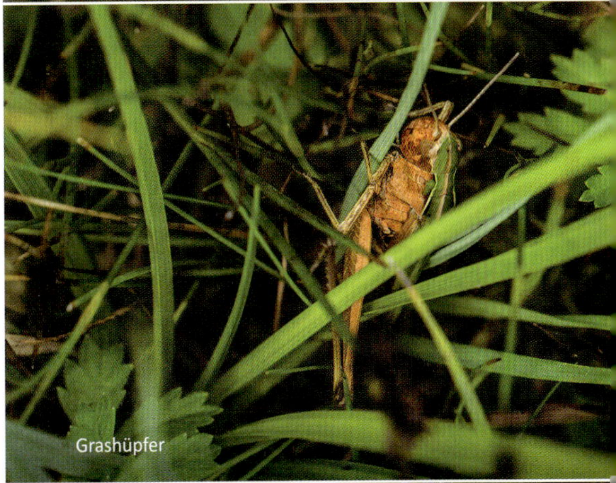
Grashüpfer

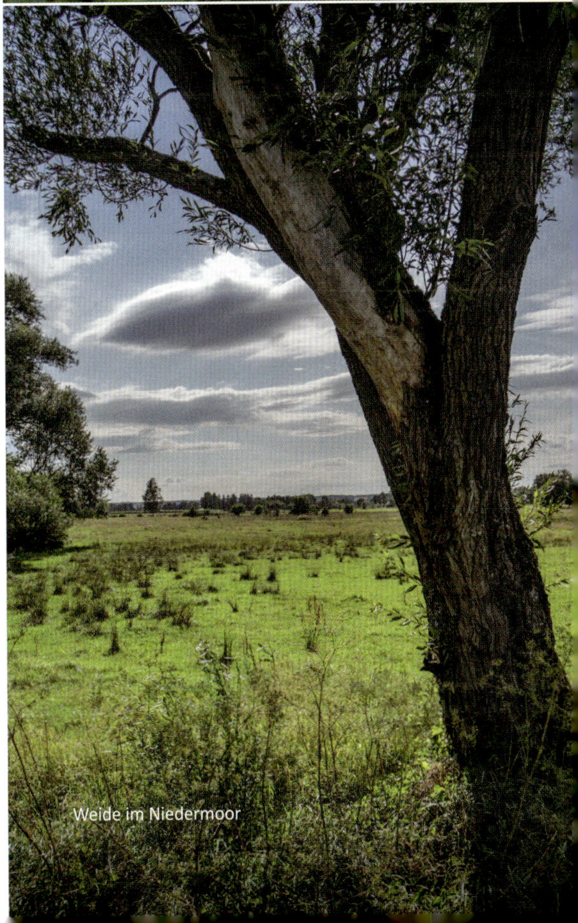
Weide im Niedermoor

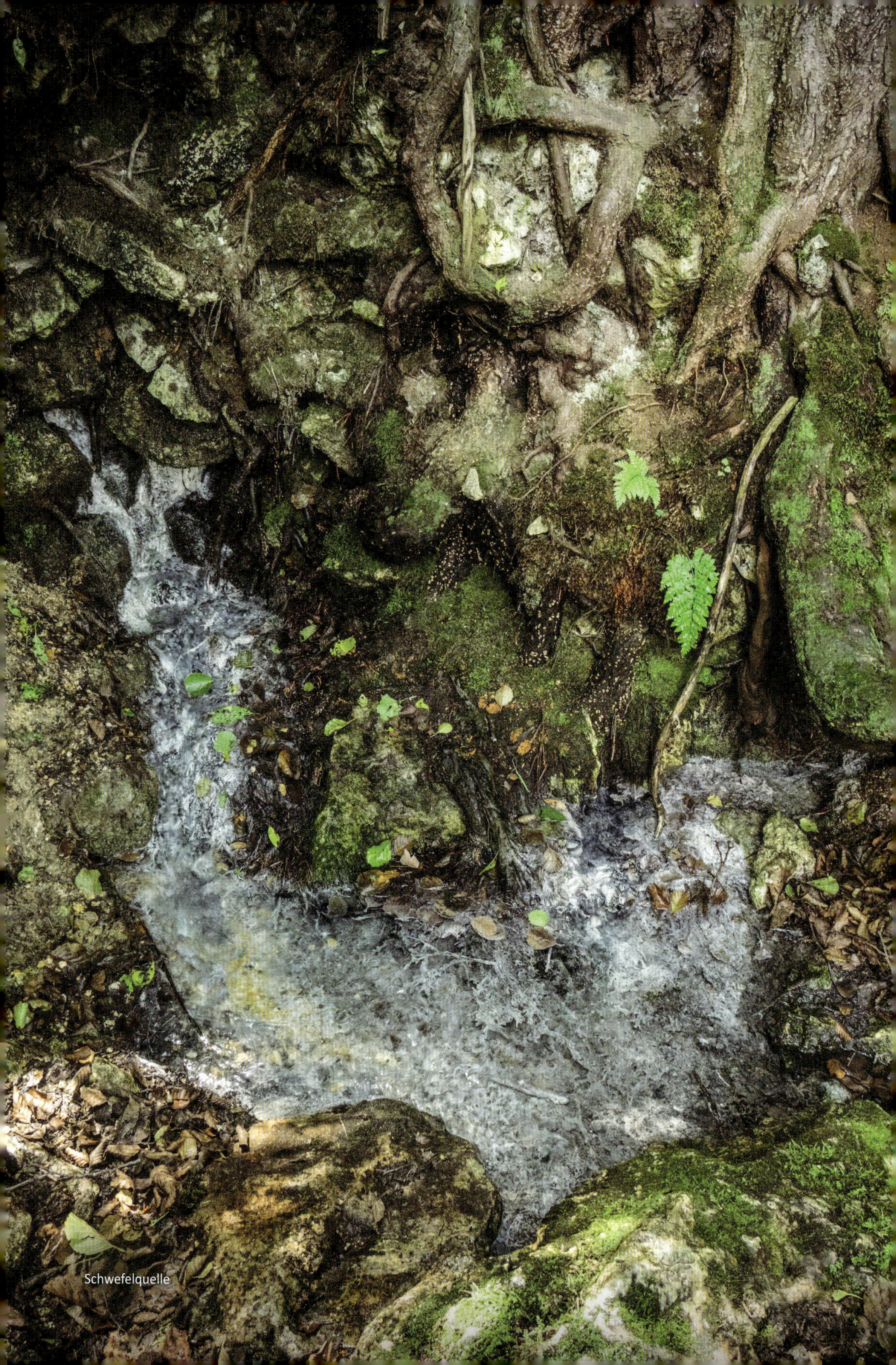

Schwefelquelle

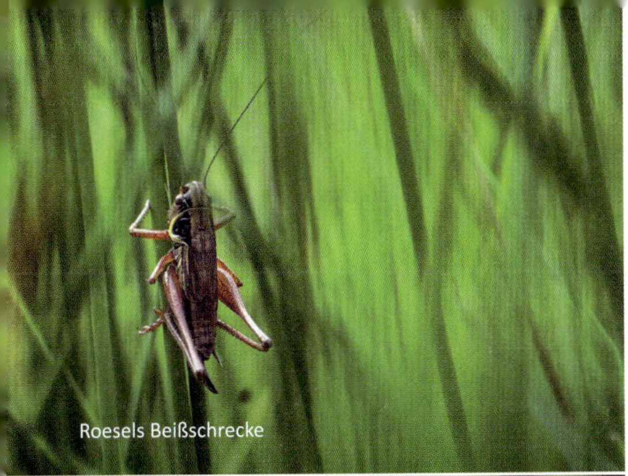
Roesels Beißschrecke

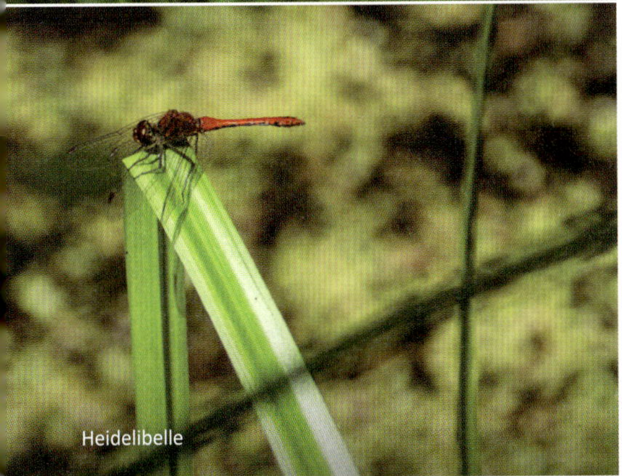
Heidelibelle

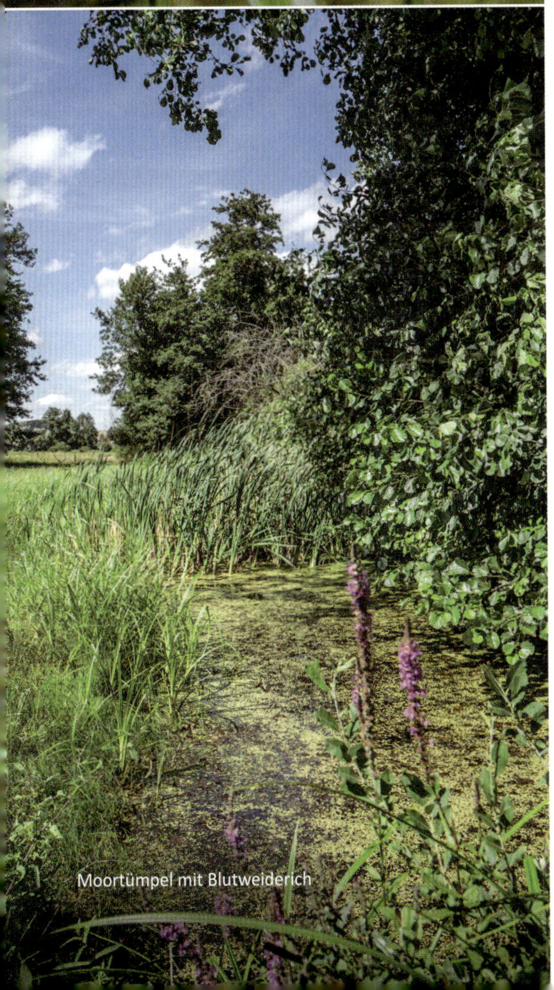
Moortümpel mit Blutweiderich

genutzt. Sauergras-Gesellschaften etablierten sich. Das daraus gewonnene Mähgut hatte wenig Nährstoffe, sodass es oft nur als Einstreu für Tierställe diente. Über einen langen Zeitraum hat sich die uns heute sichtbare Pflanzenwelt angesiedelt. Die Trollblumenblüte soll hier angeblich besonders schön zur Geltung kommen, ihre Blüte haben wir allerdings um ein paar Wochen verpasst. Dazu gesellen sich purpurne Orchideen-Arten und zarte Gräser. Die Geräuschkulisse wird nicht nur vom Gesang brütender Vögel bestimmt, sondern auch von allerlei Heuschrecken und Grillen, darunter der rar gewordenen Sumpfschrecke.

Die vorhandene Vielfalt steht und fällt mit der traditionellen Nutzung: der einmaligen, herbstlichen Streu-Mahd. Würde zu einem anderen Zeitpunkt oder mehrmals im Jahr gemäht werden, würden die vorhandenen Arten innerhalb eines Jahrzehnts verschwinden. Am gravierendsten wirkt sich freilich das Trockenlegen solcher Wiesen aus. Dies führte dazu, dass in der Vergangenheit nur noch ein Bruchteil der intakten Niedermoore erhalten werden konnte. Als wir den Wiesenweg entlangschlendern, fallen uns die verstreuten Hecken und Gebüsche ins Auge, die jedes Jahr durch aufwendige Arbeitseinsätze gebändigt werden müssen.

Für heute aber wollen wir noch der sich nördlich vorbeischlängelnden Alten Laber einen Besuch abstatten, schließlich ist sie neben dem Menschen der Hauptkonstrukteur dieser einmaligen Oase. Auf dem Weg dorthin sehen wir am Wegesrand noch einen Moortümpel. „Endlich!", freue ich mich. An solchen Stellen präsentiert sich das Moor von seiner schönsten Seite: Wir erhalten Besuch von einer scharlachroten Libelle, Frösche blinzeln aus dem Wasser und ulkige Taumelkäfer schwimmen ins Blickfeld. Am Rande des Gewässers können wir das Moor sogar spüren: Der Boden federt bei jedem Schritt. An der Ostgrenze des Naturschutzgebiets wandelt sich die Landschaft abrupt: Statt Feuchtwiesen dominiert hier der Ackerbau, nur am Flusslauf der Alten Laber hat sich ein kleines, dichtes grünes Paradies erhalten. Einige Erlen dieser Auenlandschaft sind umgestürzt und bilden zwischen übermannshohem Springkraut Brücken über das Wasser. Gedankenverloren schauen wir dem vorbeiziehenden Treibgut nach und beobachten den über uns herumhüpfenden Grauschnäpper. Gesucht haben wir Moor-Oasen und gefunden haben wir am Ende noch einmal ganz unverhofft einen der bisher schönsten Plätze, die wir die letzten Jahre gesehen haben.

OASEN DER HALLERTAU

AMPERAUEN

Autor: TR & MU

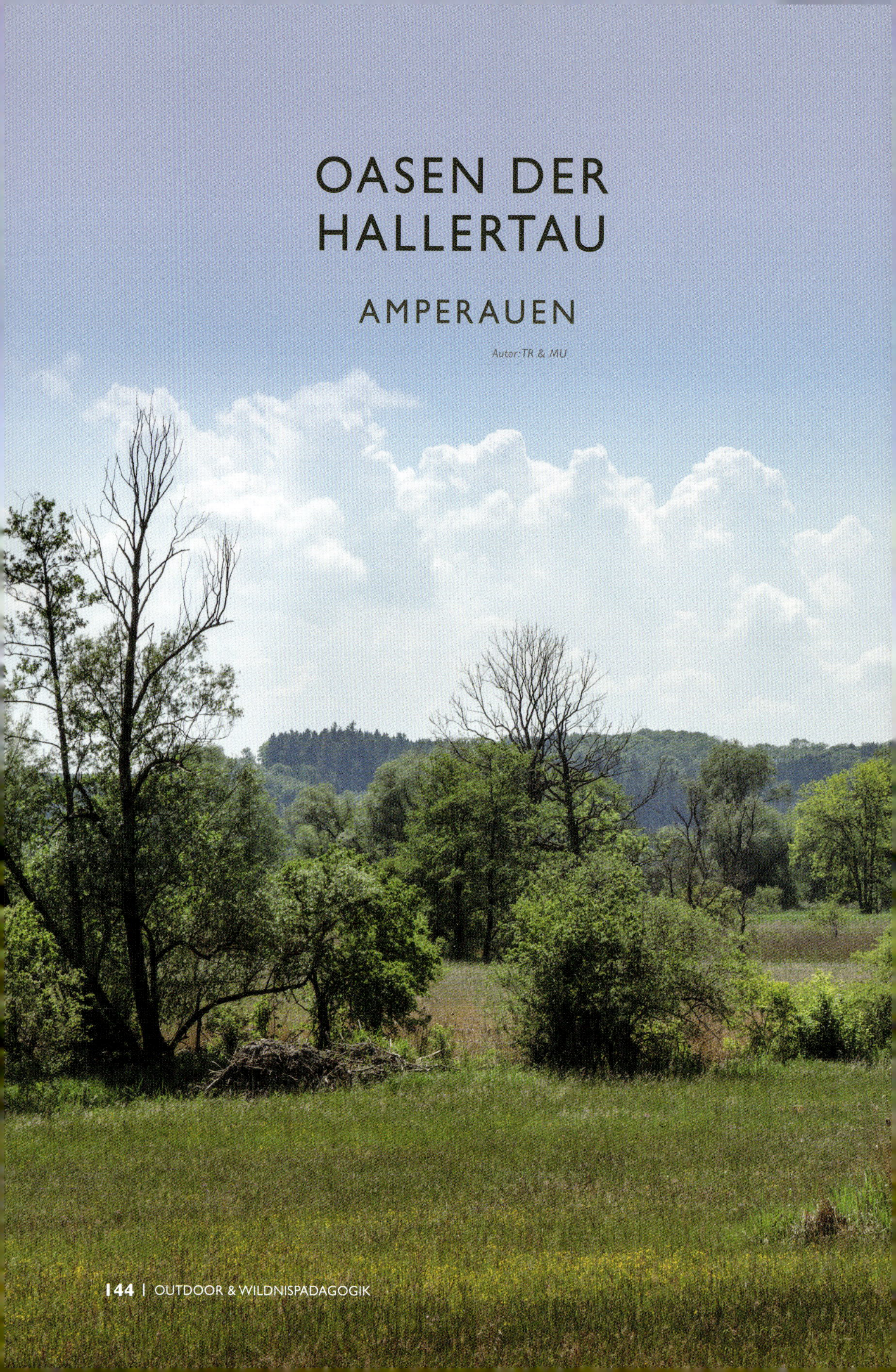

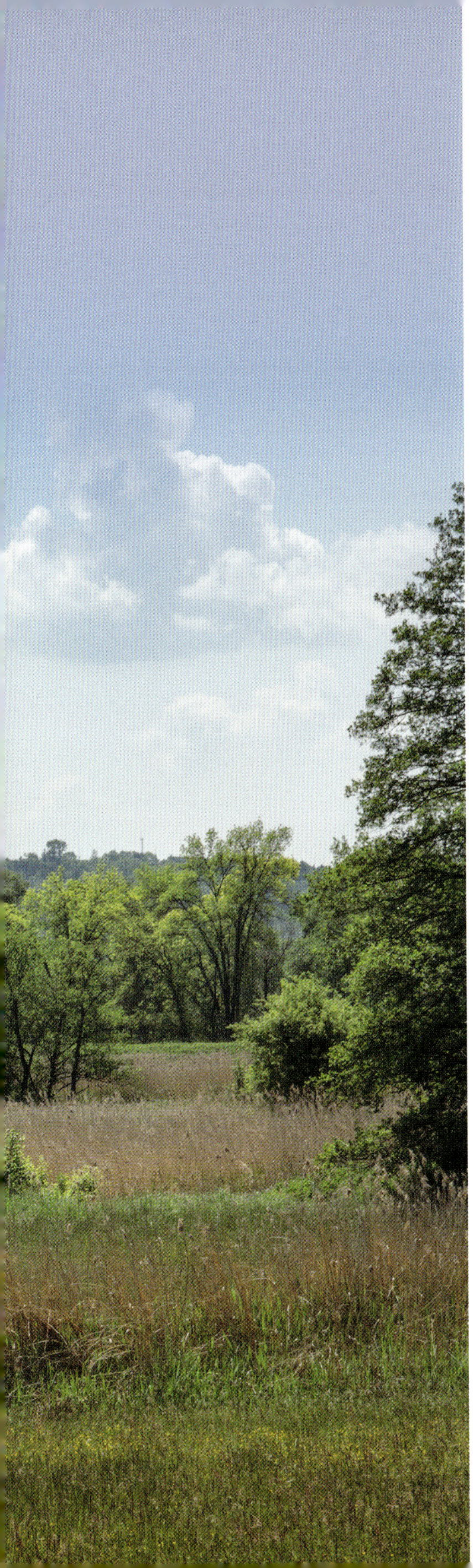

So wie am nördlichsten Rand der Hallertau die Altmühl ein Stück entlangfließt, stattet die Amper der Hallertau an der Südgrenze einen etwa 17 Kilometer langen Besuch ab. Als wir bei unserer Recherche herausfanden, dass auf diesem Abschnitt das 64 Hektar große Naturschutzgebiet „Amperauen mit Altwasser bei Palzing" liegt, war klar, dass wir dort eine Oasen-Expedition unternehmen müssen.

Bereits bei der Ankunft im Ampertal beeindruckt uns die etwa zwei Kilometer breite, flache Tallandschaft, die rund 60 Meter niedriger liegt als die Hügelketten des nördlichen und südlichen Talrands. Die Beschaffenheit der Landschaft spiegelt sich auch in den Flurnamen wider. Im Flusstal gibt es Landstriche, die Unteres und Oberes Moos, Großweidsee, Wildmoos und Mooswiesen heißen. Drumherum viele „Berge" (Lerchenberg, Eichelberg, Galgenberg oder Weißberg) und „Leiten" (Amperleiten, Striegelleiten). Dazwischen liegen Dörfer, Weiler und Felder.

Der Begriff „Leiten" (Abhang, Böschung, Berghang) macht uns beim Lesen etwas stutzig, den kennen wir normalerweise nur aus den Bergen. Dieses Phänomen wollen wir uns genauer anschauen – das klingt nach einer interessanten Übergangszone, die das Ampertal mit dem tertiären Hügelland vernetzt. Wir studieren die Karte und finden mit etwas Glück eine Leite, die sich als ein traumhaftes, teils brachgefallenes Seitental mit einigen offenen Hängen entpuppt. Hier wurden gezielt Landschaftspflegemaßnahmen umgesetzt. Die verstreuten Hecken, in die Schneeball und Pfaffenhütchen gepflanzt wurden, bieten Rehen, Hasen und Fasanen Unterstand. Für Vögel sind sie ein Paradies, Tobi erspäht insgesamt: einen Neuntöter, eine Garten- und eine Mönchsgrasmücke, eine Heckenbraunelle und eine Goldammer. An der einen Talflanke sehen wir eine Streuobstwiese mit Bienenstöcken, gegenüber am Horizont eine Schafherde, die oben am Steilhang vor sich hingrast. Wir marschieren an einem kleinen, mit Brennnesseln und Schilf bestandenen Graben in das ansteigende Tal („prrri-prrri-prüprri" grüßt uns ein Sumpfrohrsänger) und werden bald von Kohlweißling, Motten und Bläulingen umflattert. Die männlichen Feldgrillen sind voll im Zeitplan und erfüllen die hüfthohen, sich sanft im Wind wiegenden Wiesen mit ihrem Zirpen. Schließlich ist es Anfang Juni und es gilt die Damenwelt auf sich aufmerksam zu machen. Über uns kreist ein Bussard.

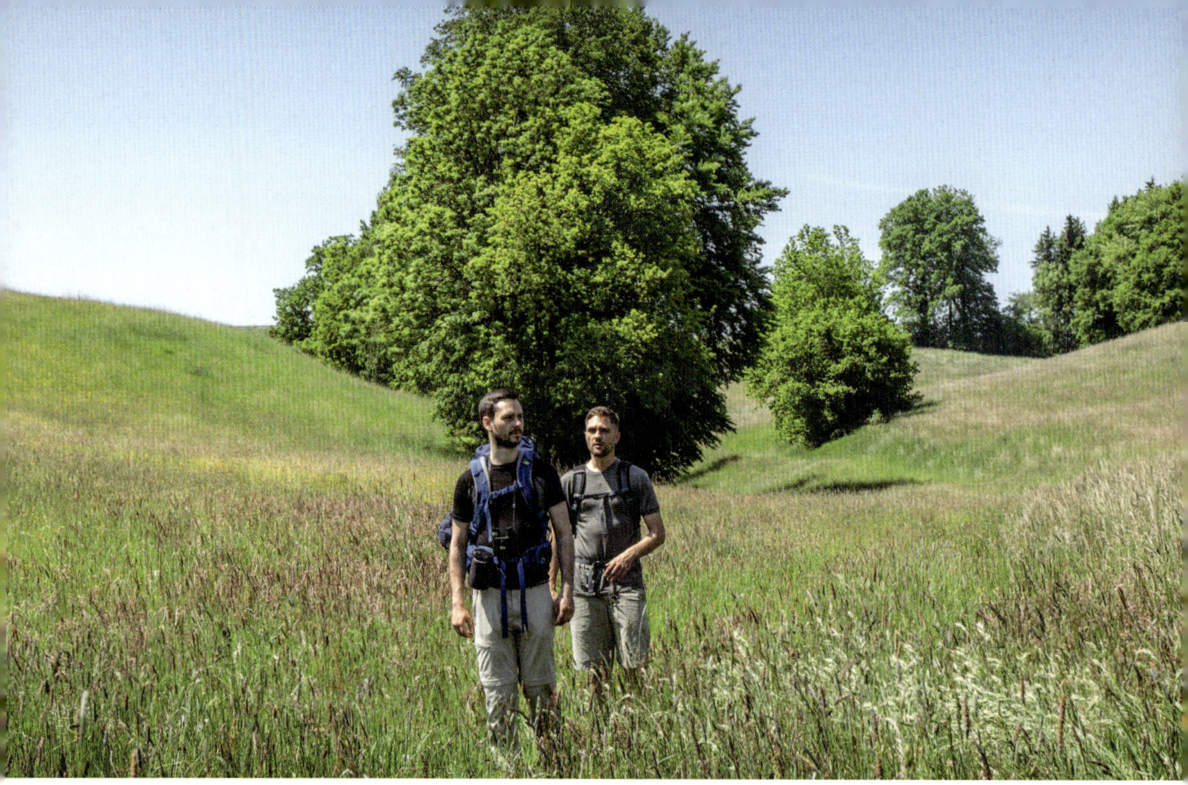

Oben angekommen machen wir an einem Waldstreifen halt, der vielseitiger nicht sein könnte: Ahorn, Wildkirsche, Vogelbeere, Eiche, Buche, Holunder, Weide und Lärche stehen hier dicht an dicht und bieten Zaunkönig und Buchfink Unterschlupf. Beim Blick zurück entfaltet das Tal seinen ganzen Charme. Die Magerwiese zu unseren Füßen ist übersät mit gelben und violetten Blüten – zwischen Hahnenfuß, Glockenblume und Beinwell steht der gelb blühende Klappertopf, der mittlerweile auf der Roten Liste der bedrohten Blütenpflanzen steht. Nebenan am Hang weiden die Schafe, darunter steht ein eingewachsener Geräteschuppen. Und jetzt können wir es auch benennen: Da weht ein bisserl Alm-Feeling den Leitenhang herauf! Was gut passt, denn schließlich entspringt die Ammer, der obere Teil des 185 Kilometer langen Ammer-Amper-Flusssystems, in den Ammergauer Alpen.

Wir wechseln hinunter ins Ampertal, wo es einen kleinen Nachschlag in Sachen Alm-Feeling gibt. Ein paar hundert Meter nördlich der Amper entdecken wir einen weiteren Abhang, der uns mit seinen blühenden Karthäusernelken, Klappertöpfen, Habichtskrautblumen, Margeriten und Kleepflanzen nur so entgegenleuchtet. Im Gegensatz zum Leitenhang vorher ist das ein Südhang, der mehr Sonne abbekommt und so mager und trocken ist, dass man zwischen den Gräsern sogar das Erdreich sehen kann.

Ein paar Meter weiter Richtung Amper wechselt das Ökosystem dann schlagartig in die Auenlandschaft über. Auf einem Pfad schlendern wir in eine wilde Landschaft aus Feuchtwiesen, Hecken, Weiden, Erlen, Röhricht und blühendem Weißdorn. Immer wieder sehen wir wild umwucherte Altwasserbecken und -arme, in denen auch Totholz liegt. Als Abfluss des Ammersees fließt die Amper langsam ins flache Land hinaus, was zur Entstehung der charakteristischen Flussschlingen und Altwasserarme mit ihren Auwäldern geführt hat. Um die Hochwassergefahr zu reduzieren, Energie und landwirtschaftliche Flächen zu gewinnen, hat man seit dem 19. Jahrhundert den Fluss mit Deichen, Wehren und Kanälen reguliert, Auwälder gerodet und in Felder umgewandelt. Der Fluss wurde dadurch so stark gebremst, dass das Wasser wärmer wurde und bestimmte Fischarten (Forellen, Äschen), die nur in sauerstoffreichem und kühlerem Wasser leben können, verdrängt wurden. Die Amper zählt nun zur „Barben-Region", in der zum Beispiel Rotaugen, Hechte, eingebürgerte Aale und die seltenen Barben und Nasen leben. Aufgrund der schwächeren Strömung werden die

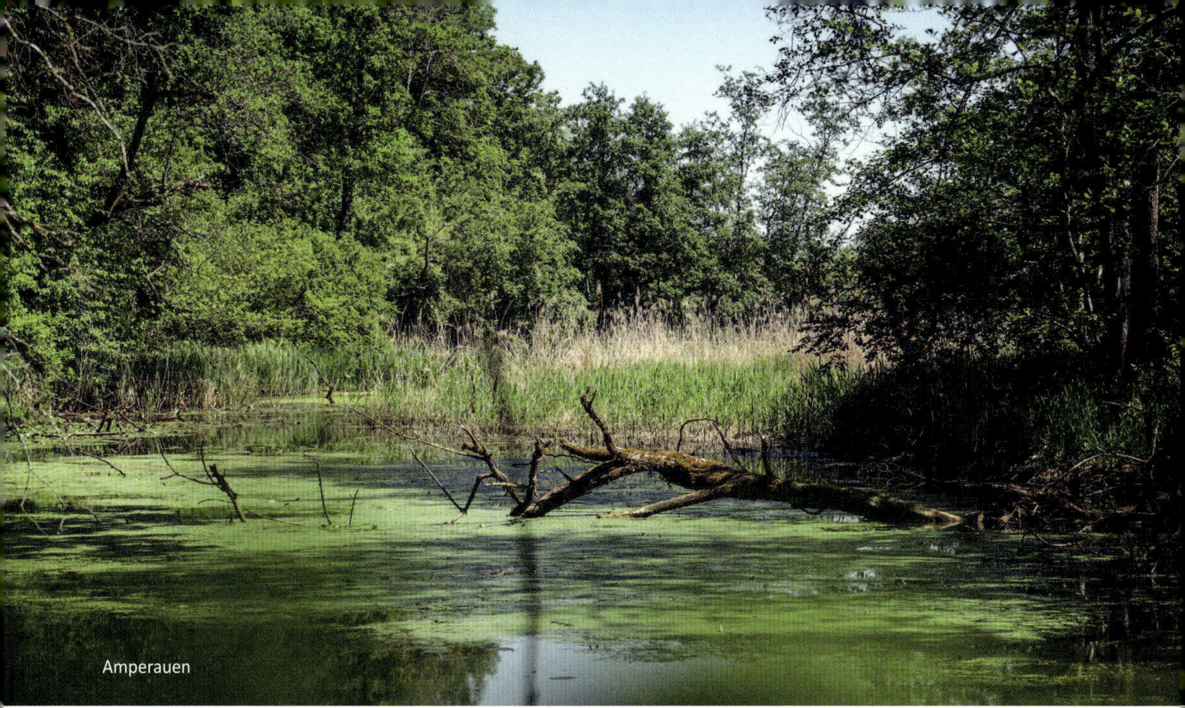

Amperauen

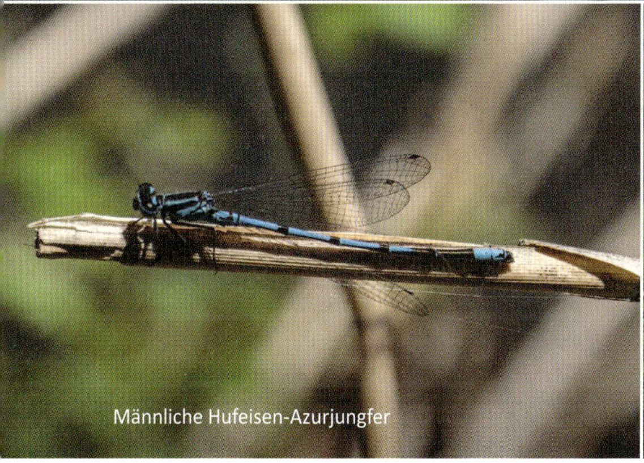

Männliche Hufeisen-Azurjungfer

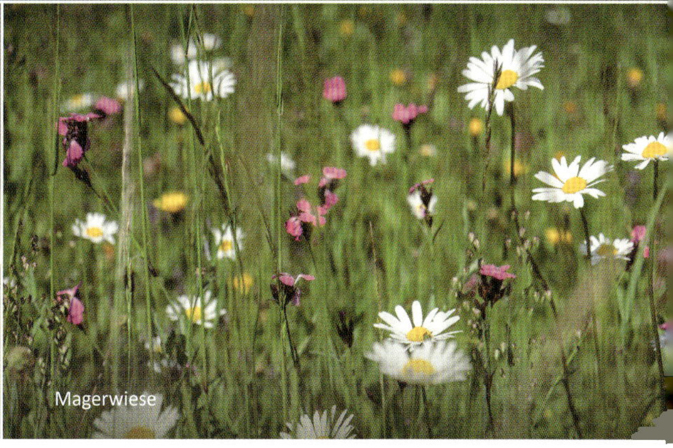

Magerwiese

Kiesbänke nur noch selten umgeschichtet, so dass sie zuwachsen. Das wiederum hat zur Folge, dass Vogelarten, die nur auf offenen Kiesflächen brüten können, verschwinden.

An der Amper angekommen folgen wir dem grün-braunen, bis zu 30 Meter breiten Fluss aufwärts. Unsere ständigen Begleiter: ein Kuckuck und allgegenwärtiges Vogelgezwitscher. Wir wandern durch Wiesen aus blühenden Gräsern, purpurfarbenem Klee, gelbem Hahnenfuß, rosaroten Kuckucks-Lichtnelken und weißen Gänseblümchen. Wir drehen eine fast zwei Kilometer lange Schleife, allein dabei hören oder sehen wir viele verschiedene Vögel (Eisvogel, Blässhuhn, Fitis, Rohrammer und den stark gefährdeten Drosselrohrsänger) und andere Tiere (Schwalbenschwanz sowie aus Osteuropa und Asien eingeschleppte Seefrösche, die konkurrenzschwächere, heimische Amphibien verdrängen). Vom Biber entdecken wir zumindest Spuren in Form von angenagten Stämmen. Die seltenen Libellenarten kriegen wir nicht zu sehen, dafür aber die Königslibelle, die gebänderte Prachtlibelle und die Azurlibelle.

Das Ampertal hat es uns angetan. Wir bleiben neugierig und holen noch einmal die Karte heraus. Weiter östlich entdecken wir noch einen kleinen Wald am Fluss (ebenfalls ein Naturschutzgebiet), das könnte eine Chance sein, einen guten Eindruck davon zu bekommen, wie die Auenlandschaft an der Amper ursprünglich einmal ausgesehen haben muss. Durch die Regulierung des Flusses sind die ausgedehnten Au- und Bruchwälder, die früher in den nassen Randbereichen des Ampertals entstanden waren, ausgetrocknet und größtenteils verschwunden. Wir müssen ein wenig nach dem Zugang suchen, aber schließlich finden wir einen Pfad, der uns durch einen kleinen Dschungel aus mannshohen Brennnesseln, hohen Pappeln, Ulmen, Weiden und vorbei an Seitenflussarmen zu einem kleinen Sand- und Kiesstrand bringt. Was für eine Überraschung! Nach ein wenig Almflair sind wir also am Strand angekommen. Wir erforschen das Ufer, lassen die Füße noch ein wenig im Wasser baumeln und verabschieden uns dann von den zahlreichen Mücken und einem Gelbspötter, der gerade lautstark sein Revier markiert.

Auf dem Rückweg finden wir wilden Hopfen – wie auch schon vorhin an den Seitenarmen der Amper. Ein Zeichen dafür, dass wir uns in der „Wildnis" und nicht mitten in der Kulturlandschaft der Hallertau befinden. Denn dort wird den männlichen Vertretern des Hopfens der Garaus gemacht, da sie die Qualität der weiblichen Blüte nach der Befruchtung negativ beeinflussen.

Als wir wieder am Ausgangspunkt sind, schauen wir auf die Uhr: Sieben Stunden sind wir unterwegs gewesen, die Zeit ist beim Erforschen regelrecht verflogen. Aber es hat sich absolut gelohnt, diesen Lebensraum weiträumiger einzukreisen: die Leitenhänge und ihre blühenden Magerwiesen, die feuchten Auwiesen mit den Flussschlingen und Altwasserbeständen sowie den kleinen, urtümlichen Auwald mit Kiesstrand und Bruchwald. Dieser Lebensraum und die in ihm vernetzten Biotope bieten Dutzenden seltenen Tieren und Pflanzen eine Heimat, allen voran schilfbrütenden Vögeln. Aber auch andere Bewohner, die man normalerweise kaum zu Gesicht bekommt, fühlen sich hier wohl, zum Beispiel Süßwasser-Quallen, die Europäische Sumpfschildkröte, Zauneidechsen, Blindschleichen, Kreuzottern sowie Ringel- und Schlingennattern. Wir erspähen einen Rotmilan am Himmel. Dass er hier zu sehen ist, bestätigt unseren Eindruck: Diese Oase gilt es mit Argusaugen zu hüten.

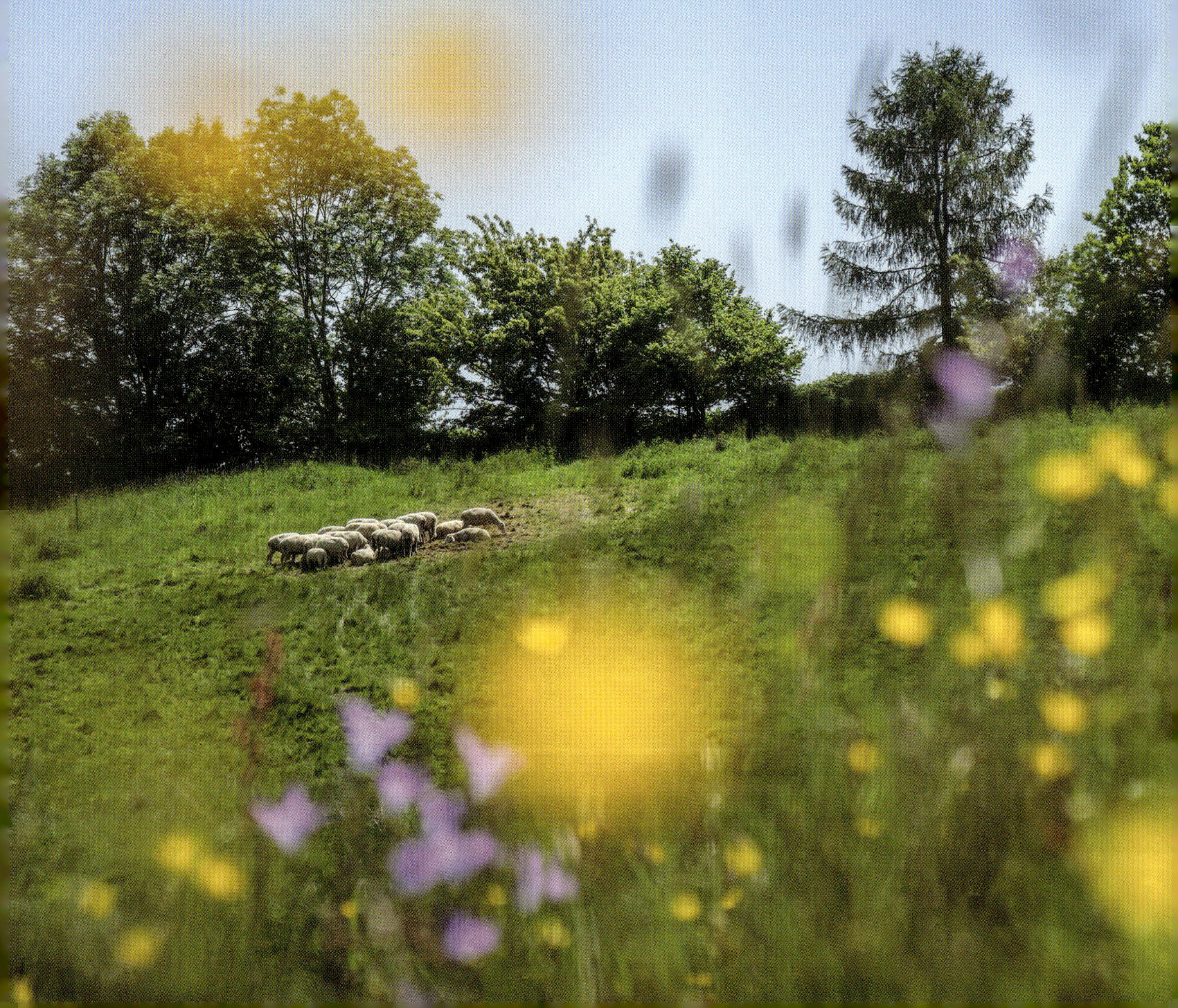

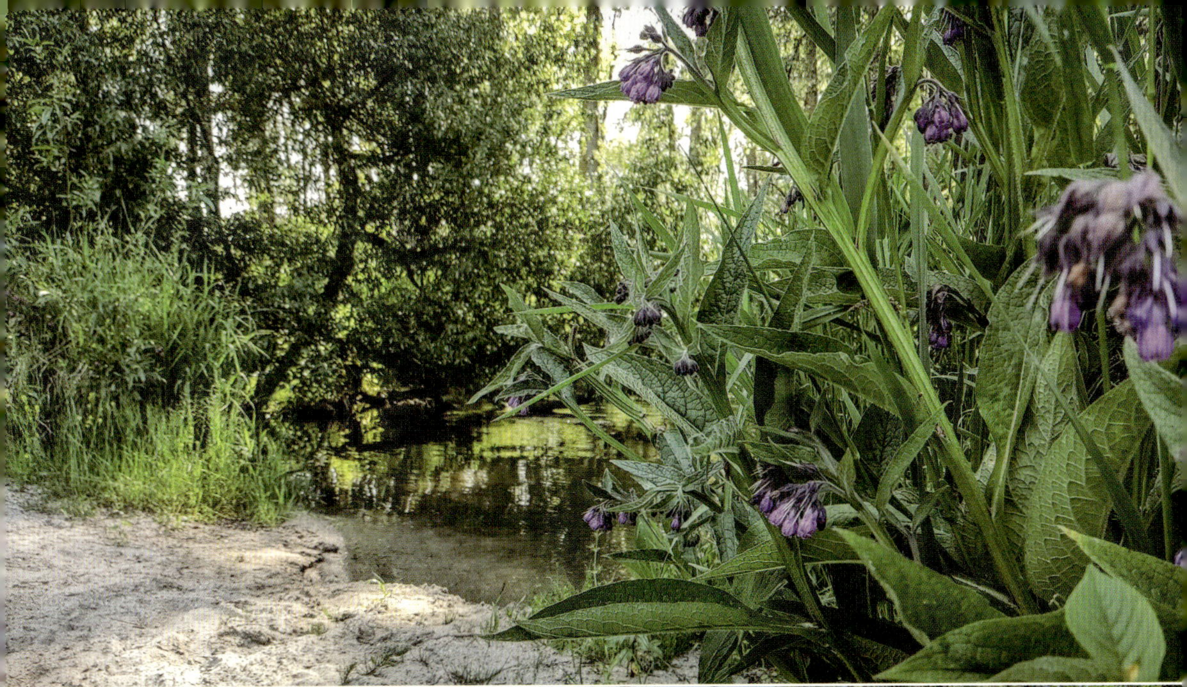

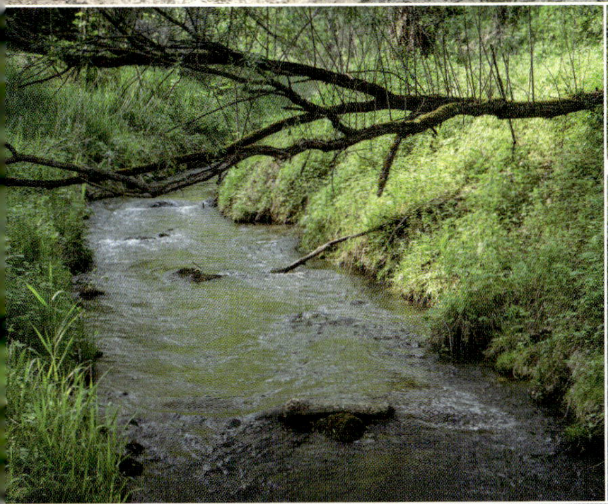

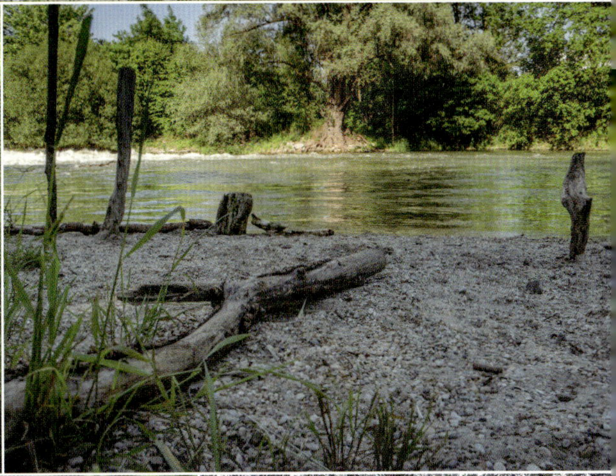

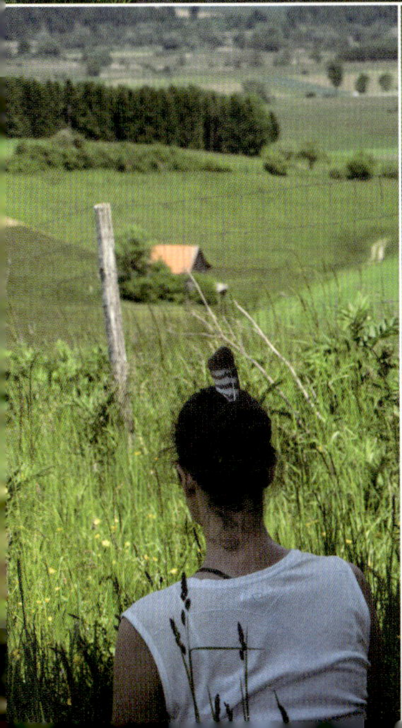

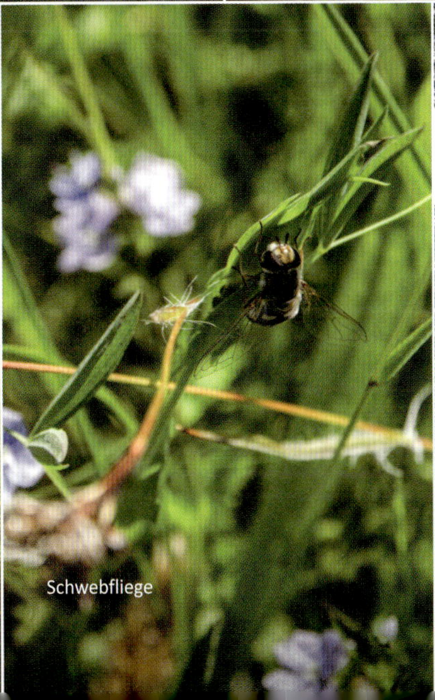

Schwebfliege

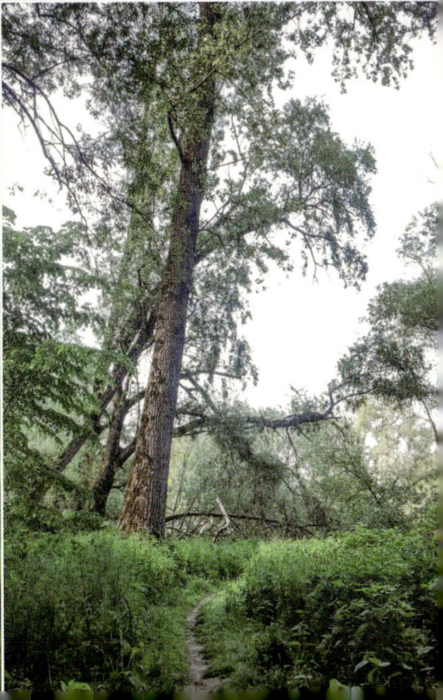

ABENTEUER NATURSCHUTZ

Dauer:	**je ca. 2 h**
Ort:	**Seenlandschaft, reich strukturierte Mischgebiete (z. B. Staudenflure, Heide)**
Schwierigkeitsgrad:	**leicht bis mittel**
Fortbewegung:	**zu Fuß, mit dem Rad, mit dem Auto**
Ausrüstung:	**aufblasbares Kajak, Werkzeug, Fernglas, Rebhuhn-Audio-Datei, Lautsprecher**

Autor: TR

Mal muss man in die Dämmerung oder Nacht hinaus. Mal auf Bäume klettern oder aufs Wasser hinaus. Mal auf die Suche gehen, oft nur mit einer vagen Ahnung. Mal Lebensräume pflegen und gestalten und hoffen, dass sich die richtigen Tiere und Pflanzen ansiedeln. Naturschutz ist vielseitig und kann definitiv abenteuerlich sein. Oft ist Erfindungsreichtum gefragt, um den dauernden Herausforderungen durch Klimawandel, Umweltverschmutzung und Urbanisierung zu begegnen. Wie kaum bei einer anderen Aktivität taucht man dabei in verschiedene Landschaftsarten und Milieus ein und lernt viel Neues. Wir geben auch zwei Beispiele aus 2020.

Von der hohen See bis zum Bergwald

Kalter Wind bläst beständig über die Wasseroberfläche und treibt unser Boot Richtung Ufer. Wellen prallen gegen den Bug, die aufgewirbelte Gischt peitscht uns ins Gesicht. Mittelmeermöwen kreisen mit schrillen Rufen über unseren Köpfen. Synchron zur sich hebenden und senkenden Wasseroberfläche pendelt das Schilf am Ufer hin und her. Die Insel vor uns ist schon ganz nah und als wir endlich ankommen, können wir auf den Kiesbänken in Ruhe die Spuren und noch allerlei von den auf der Insel lebenden Tieren studieren: Federn, Fischgräten, Nester, Eier, Vogelskelette und Muscheln. Gespannt schauen wir auf das Display der vor Ort installierten Wildtierkamera. Die hat über Monate hinweg das Geschehen auf der Insel festgehalten und dabei vor allem den Brutbestand von Seeschwalben dokumentiert.

Das klingt nicht nach Hallertau und doch kann man auch hier bei uns mit ein wenig Fantasie auf den Spuren von Naturforschern wie Alexander von Humboldt wandeln. Zumindest im Kleinen, denn die wippende Insel ist ein Brut-Floß im Feilenmoos, zu dem ich Mike Anfang März mitgenommen habe. Für die einst gefährdete Flussseeschwalbe wurde von der Pfaffenhofener Kreisgruppe des Landesbundes für Vogelschutz (LBV) eine schwimmende Plattform als Ersatzlebensraum errichtet, da die Alpenflüsse durch Verbauung gezähmt werden und es kaum noch die zum Brüten notwendigen Kiesbänke gibt. Regelmäßig besuchen Naturschützer dieses Brut-

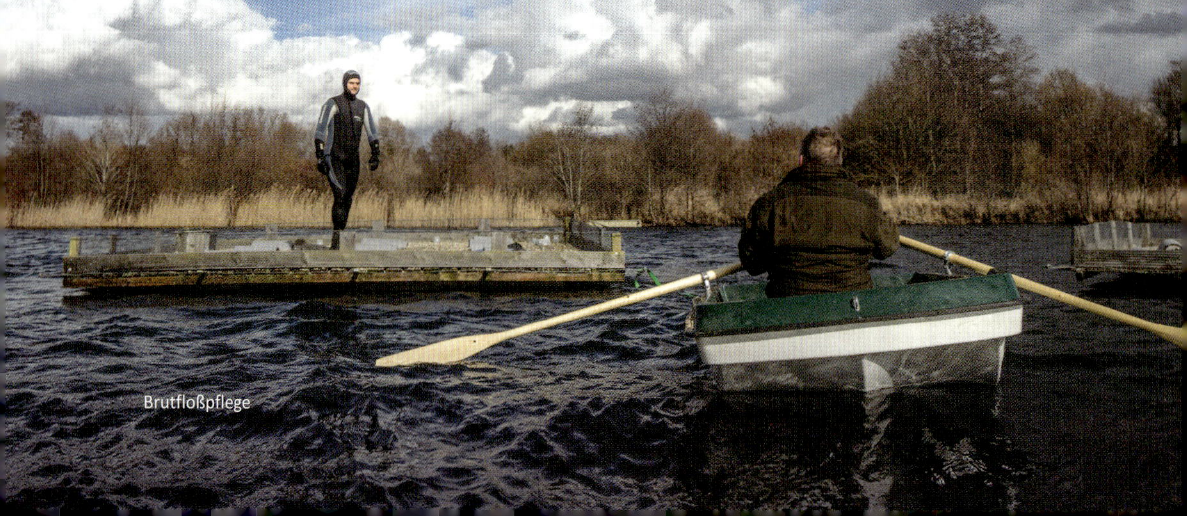

Brutfloßpflege

floß, um Schäden zu beseitigen, Bilder auszuwerten und Spaß bei einer kleinen Boots-Tour zu haben.

Schöne Naturschutz-Erlebnisse beschränken sich jedoch keineswegs auf derart spezialisierte Arbeitseinsätze. Ein Wäldchen voll mit Nistkästen kann ebenso faszinieren, ein kooperierender Waldbesitzer findet sich eigentlich immer. Es ist erstaunlich, was es an einem Nistkasten so alles zu beobachten gibt. Nehmen wir zum Beispiel die Nöttinger Viehweide, einen der schönsten Auwälder in der Hallertau. Bei der Reinigung der dort aufgehängten Nistkästen – eigentlich als Brutstube für den seltenen Trauerschnäpper gedacht – schauen Christian und ich eines Tages verdutzt auf ein zu Eis verklumptes Gebilde, bestehend aus Fröschen, Maulwürfen und Singvögeln. Welches Tier legt denn so einen Nahrungsvorrat an? Für Christian, den Ornithologen und LBV-Vorstandsvorsitzenden, ist der Fall klar und er fängt an zu pfeifen. Nicht etwa vor Freude, sondern um ein Tier anzulocken, das für solch ein Verhalten in Frage kommt: den Sperlingskauz.

Der Versuch startet mit einem nachahmenden „Tjiü-tjiü-tjiü". Zunächst bleibt es still. Dann beginnen Meisen, Baumläufer und Finken auf ihren Fressfeind zu schimpfen. Schon mal ein erster Hinweis auf ein Revier dieser heimlichen Eulen-Art. Noch ein Versuch. „Tjiü-tjiü-tjiü". Dann plötzlich kommt aus einer nah gelegenen Baumkrone die erhoffte Antwort! Von einem Vogel, der eigentlich im Bergwald lebt und irgendwie den Weg in die Hallertau gefunden hat, die ihn offenbar an ein Mittelgebirge erinnert. Herzlich willkommen im Hopfenland! Auch außerhalb der „Wildnis" können sich in einem gewöhnlichen Meisenkasten Überraschungen auftun: Fledermäuse, Hornissen und andere Lebewesen können es sich je nach Saison dort gemütlich machen.

Die Suche nach dem Rebhuhn

Zwischen 1980 und 2015 ist die Rebhuhnpopulation in Europa um mehr als 90 Prozent zurückgegangen, in Deutschland ist das Rebhuhn auf der Roten Liste als „stark gefährdet" eingestuft. Die flurbereinigten und intensiv mit großen Maschinen bewirtschafteten und mit Monokulturen bepflanzten Flächen sind die Hauptursache dafür. Noch gibt es in der Hallertau den Wechsel aus Feldern, Wiesen, Hecken und Rainen, der Rebhühnern Lebensraum bietet. Deswegen bin ich Mitte März im Rahmen eines LBV-Projektes bei Untermettenbach, östlich von Geisenfeld, auf „Mission Rebhuhnkartierung". Ziel ist es, herauszufinden und festzuhalten, wo noch Bestände und Brutpaare aufzufinden sind, um dann gezielte Schutzmaßnahmen einleiten zu können.

Von meinen Standort aus habe ich einen traumhaften Ausblick auf die Hügellandschaft der Hallertau, der vom Ilmtal bis hinüber zum Altmühltal reicht. Während die Sonne untergeht, höre ich die letzten Feldlerchen des Tages. Zu meinen Füßen liegt die Stadt Geisenfeld, dahinter schließt sich das Feilenmoos an. Durch das Fernglas erkenne ich die Vororte von Ingolstadt. In der fortschreitenden Dämmerung funkeln immer klarer die Lichter des Manchinger Flughafens, ein künstlicher Gegenpol zu den Sternen am Firmament. Der perfekte Moment, für den Einsatz meiner Klangattrappe, deren Abspielen für solche registrierten Vogelzählungen ausnahmsweise erlaubt ist.

Wer den Ruf des Rebhuhns nicht kennt, wird meinen, der Lautsprecher sei defekt. Es ertönt ein scharfes, schnarrendes „Girrhäk" – im ersten Moment hört sich das wirklich nicht schön an, aber auch hier ist ein wenig Fantasie gefragt: Ich stelle mir vor, diesen Laut irgendwo in der asiatischen Steppe, der Heimat des Rebhuhns zu hören, während ich gerade am Lagerfeuer vor meiner Jurte sitze und den sternenklaren Himmel beobachte. Das Blöken meiner Schafherde brauche ich mir gar nicht vorzustellen, denn gegenüber stehen sogar welche in einem Stall. Als das Kartierungsfenster nach einer knappen Stunde schon fast geschlossen ist, erreicht mich „Girrhäk" aus großer Entfernung. Der Ruf verhallt in der weiten, dunkel gewordenen Landschaft. Träume ich? Nach vielen Jahren als aktiver Ornithologe habe ich heuer zum ersten Mal Rebhühner gehört. Heute habe ich meine 16. Antwort nach insgesamt 180 Verhörstopps innerhalb von zwei Monaten bekommen. Faszinierend und erfüllend zu gleich. Es gibt sie noch.

SELBER DIE NATUR SCHÜTZEN

- Interessierte Laien können sich dem Thema Naturschutz auch von der wissenschaftlichen Seite annähern. Das Stichwort lautet **Citizen Science** und umfasst Forschungsprojekte, bei denen zum Beispiel systematisch Flora und Fauna kartiert werden. Jeder kann mithelfen, flächendeckend Daten zu sammeln und Erkenntnisse zu gewinnen. Der Einstieg ist einfach, denn bei der artenspezifischen Kartierung reicht es, nur einen Ruf bestimmen zu können.
- Falls ihr Laune bekommen habt, euch zu engagieren und raus zu gehen, geht zu Seite 117 („Join the Pros" – Oase: Nachtfalterkartierung).

HOPFENSCHNUPPERN BEI DÄMMERUNG

Dauer:	ca. 3 h
Distanz:	3 – 4 km
Schwierigkeitsgrad:	leicht
Fortbewegungsmittel:	zu Fuß, mit dem Rad

Autor: MU

Neben der „Hopfengartenrallye" wollen wir der Kulturpflanze, die die Hallertau prägt, ein zweites Abenteuer widmen. Da wir die Zeit im Spätsommer lieben, wenn während der Ernte zwei bis vier Wochen lang der würzige Hopfenduft des Lupulins in der Luft liegt, gehen wir kurzerhand auf unser erstes duftgesteuertes Abenteuer. Der Plan ist, eine per Zufall ausgewählte Runde in der Umgebung zu drehen, einen Ort zu finden, der uns mit seiner Lupulin-Note fesselt, und dort einen schönen, feierlichen Spaziergang in den Sonnenuntergang zu machen.

Die Abendzeit haben wir uns aufgrund der aktuellen Wetterlage herausgesucht. Die schlierigen, exotischen Collagen aus Gelb, Rosa, Orange und Blau während des Sonnenuntergangs sind dem Saharastaub zu verdanken. Fünf bis 15 Mal im Jahr geht der feine Staub aus der größten Trockenwüste auf weite Teile Bayerns nieder. Vor circa 8000 Jahren trug er dazu dabei, unsere Böden nährstoffreicher zu machen. Er zerstreut in der Atmosphäre die blauen und roten Lichtstrahlen und gibt dem Abendhimmel einen warmen Orangeton. In unserer Fantasie würde unser würziges Abenteuer durch das orientalisch angehauchte Farbspiel am Abendhimmel eine besondere Note erhalten.

Die Voraussetzungen dafür sind Mitte September schon einmal gut, tagsüber hatte es gut warme 27 Grad. Wir passieren einige Ortschaften, sichten die Landschaft nach schönen Ausblicken in den Westen, Richtung Sonnenuntergang, und bleiben schließlich in einer heftigen Lupulinfahne in Rohr hängen, einem kleinen Nest mit 180 Einwohnern, das nach unserer Einschätzung immerhin noch mindestens drei Hopfenbauern hat. Heutzutage sicher keine Selbstverständlichkeit mehr, denn weitaus größere Ortschaften haben oft gar keinen Hopfenbetrieb mehr.

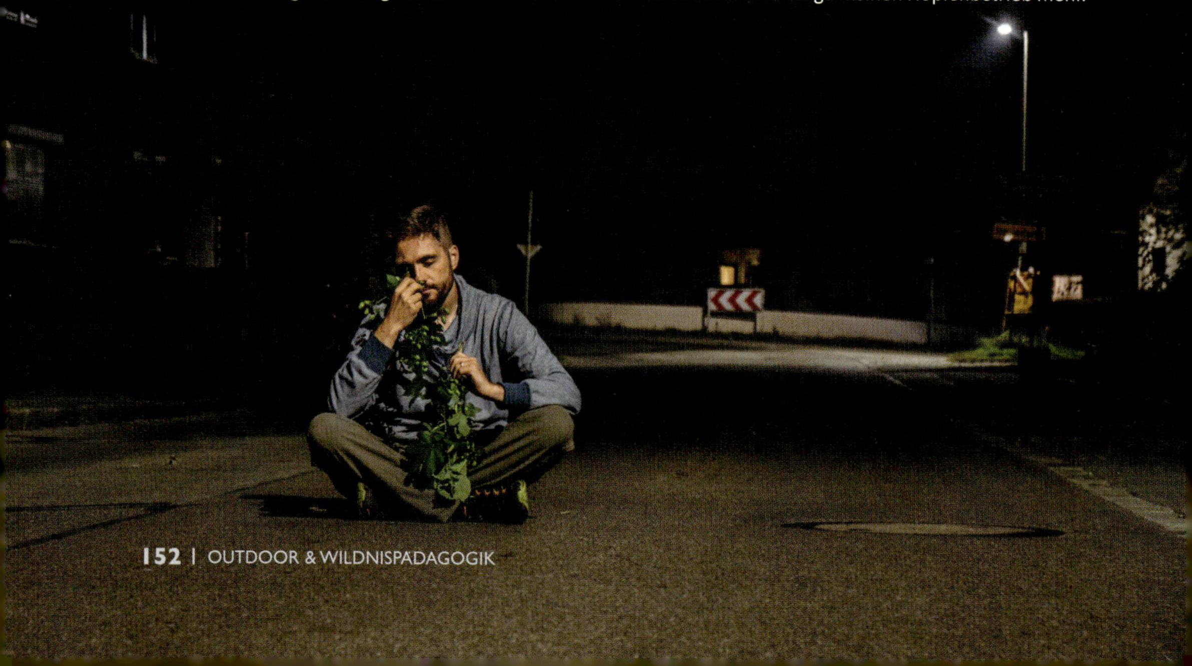

Der Hopfenanbau in Rohr hat auch das Erscheinungsbild des Ortes geprägt, ein Förderband führt von der Hopfenerntemaschine in die höher gelegene Hopfendarre auf der anderen Straßenseite. Dahinter die große Kirche, über der gerade der Mond aufgeht. Oh ja, das ist jetzt schon ein feiner Abend! Bereits kurz nach unserer Ankunft um 18:00 Uhr sind wir voll im Abenteuermodus, im Reinspüren, im Hinschauen und -hören, im Vergessen der großen Welt und Erinnern der kleinen.

Der Hopfengeruch ist so intensiv, man könnte fast high davon werden. Das Lupulin ist der stark mit ätherischen Ölen durchsetzte Pollen der reifen Hopfendolde. Es liegt in feiner, gelblicher Pulverform vor und sitzt in den Drüsenhaaren der weiblichen Blüten. Seine entspannende und schlaffördernde Wirkung wurde von unseren Vorfahren bereits in Form von Räucherstoff genutzt. Und vor allem verpasst es dem Bier seinen frischen, leicht herben Geschmack, macht es haltbar und sorgt für den Schaum auf der Flüssigkeit.

Aber wir brauchen nicht nur unserer Nase zu folgen. Das Summen, Quietschen, Klappern und Schnackeln der Hopfenmaschinen erfüllt den Ort und weist uns den Weg zum Deiterhof, wo wir coolerweise fotografieren dürfen. Wie sich herausstellt, ist der offenherzige Senior-Landwirt, der „Miche", mit der sympathischen Rita verheiratet, die zufällig Wurzeln in Haslach hat. Was wiederum mein Heimatort ist. Außerdem kennt sie zwei Jungs sehr gut, mit denen ich Abitur gemacht habe. Wie klein die Welt ist... Man darf nur nie aufhören, rauszugehen und sie zu erkunden. Besonders im Gedächtnis bleibt mir Ritas Schuhwerk: Sandalen und Socken, die komplett mit Hopfenpollen und Doldenschnipseln übersät sind. „Stiefel sind mir zu schwer. So kann ich alles machen, kochen und dann gleich zum Darren hochgehen."

Während Tobi schon vorauskundschaftet, um einen Platz zum Genießen des Sonnenuntergangs zu finden, bekomme ich eine Führung über den gepflegten und wunderbar mit Blumen bepflanzten Hof. Ich darf sogar in die dampfende Darre hochsteigen, wo es zu heiß zum Fotografieren ist. Dafür kann ich dort das Hopfenaroma aus nächster Nähe in vollen Zügen einsaugen. Wie in einer Schatzkammer breitet sich eine kleine Hügellandschaft aus abertausenden von grünen Dolden am Dachboden aus. Mit einem Schlag fühle ich mich wieder in meine Kindheit zurückversetzt, als wir auf den Bauernhöfen im Dorf überall herumstrawanzen durften. Wow. Schön, dass es solch kleine Betriebe noch gibt und die netten Leute obendrein. Eine solche Begegnung hätten wir niemals planen können. Wir haben etwas gefunden, das wir gar nicht gesucht haben.

„Nur mit solcher Leidenschaft können die kleineren Hopfenbauern als Familienbetriebe im Nebenerwerb noch überleben."

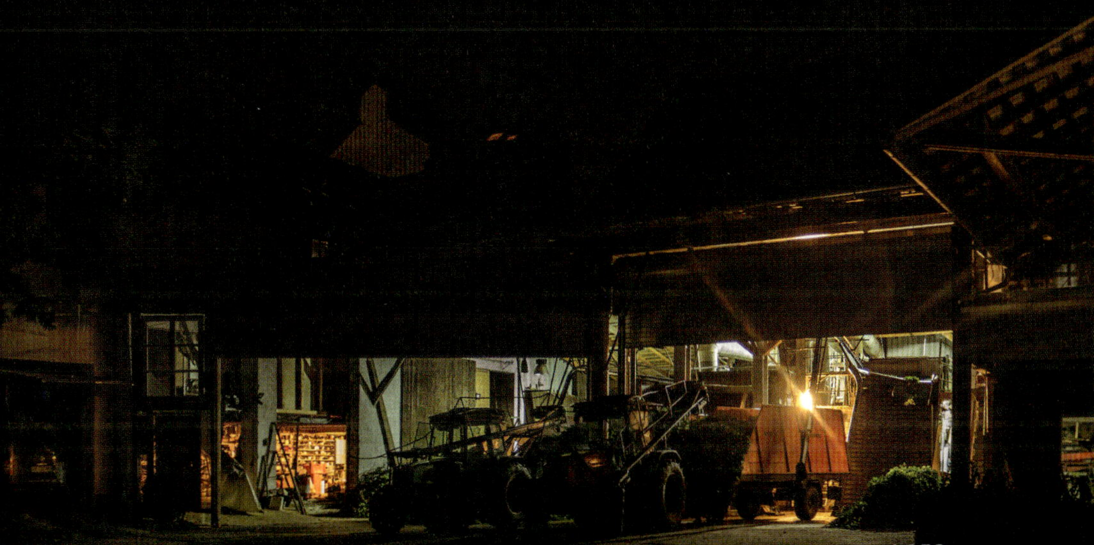

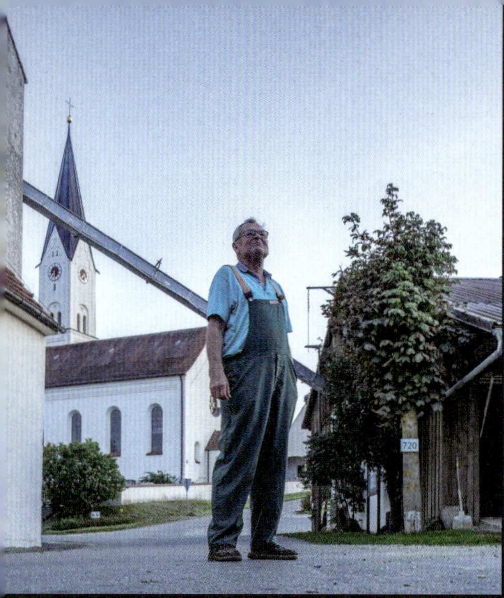

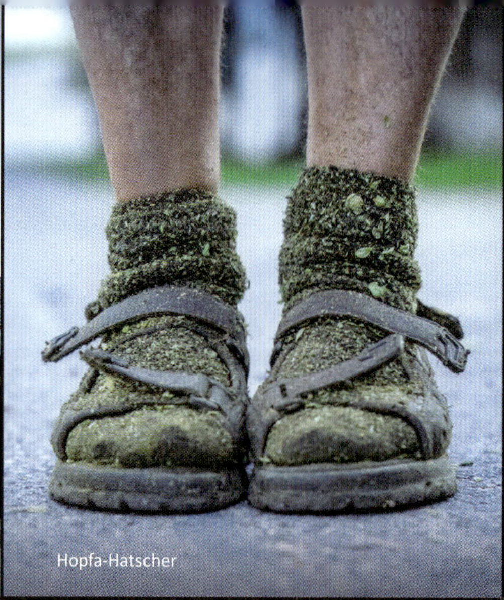

Hopfa-Hatscher

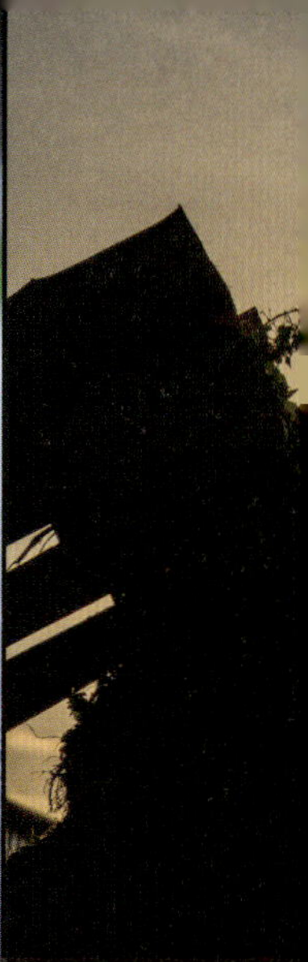

Es geht auf halb acht zu, der Sonnenuntergang naht mit Siebenmeilenstiefeln. Tobi lotst mich zu seinem Standort, er hat einen Hang im Nordosten von Rohr gefunden, von dem aus wir den Sonnenuntergang beobachten wollen. Rohr liegt in einer Talsenke am Rohrbächlein, umgeben von steilen, idyllischen Hügelland. Durch ein LEADER-Projekt sind hier ein paar Wander- und Laufrouten ausgezeichnet. Die Nähe zum Ilmtal und zum Wasser ist durch den Namen „Rohr" verankert, was auf den Begriff „Röhricht" hinweist. Röhricht ist eine Biotopart im Flachwasser- und Uferrandbereich, die aus großwüchsigen, schilfartigen Pflanzen besteht. Durch meinen Exkurs am Deiterhof komme ich erst mit dem 20:00-Uhr-Läuten bei Tobi an. Entgegen seiner Aussage, ich würde nur noch ein Skelett auf der Anhöhe vorfinden, die Reste eines von massiven Mückenstichen übermannten Abenteurers, finde ich meinen Spezl samt aufgebauter Kamera am Rand eines Hopfengartens vor – gegenüber der blaue Abendhimmel mit grau-violetten Wolkenschlieren und einem Sonnenuntergang, der in Blutorange am Horizont zerfließt. „Unreal", würde der Ami sagen. Traumhaft. Wie Tausendundeine Nacht.

Eine Stunde später machen wir bei der Dorfkastanie auf der Treppe eines alten Lagerhauses Brotzeit. Unser Apfelstrudel schmeckt auch im Dunkeln. Nach der Stärkung drehen wir eine kleine Runde durch die ruhig gewordene Ortschaft. Der gelb-orange Mond ist von einem diesigen Halo umgeben, unheimlich scheint er auf uns herab. Wir

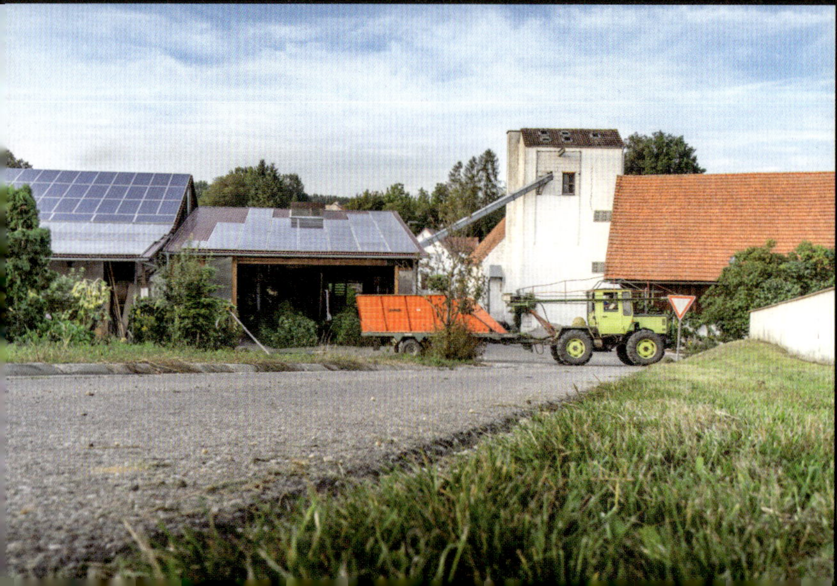

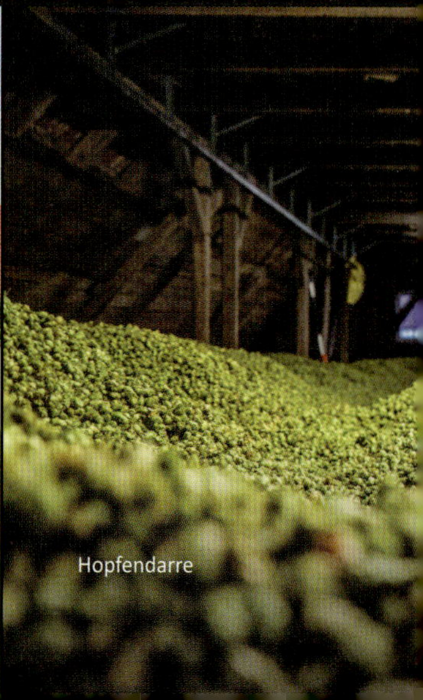

Hopfendarre

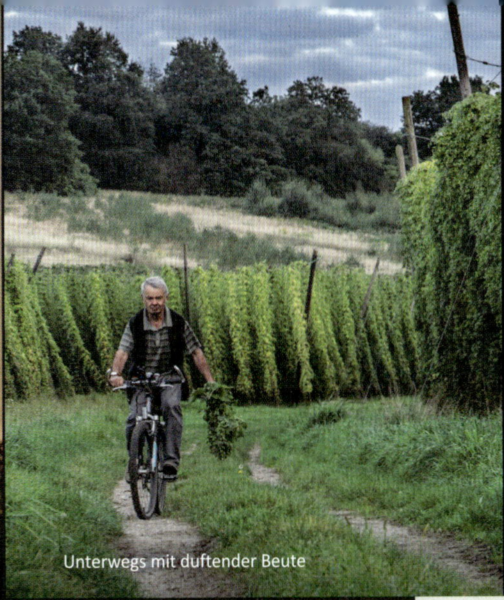

Unterwegs mit duftender Beute

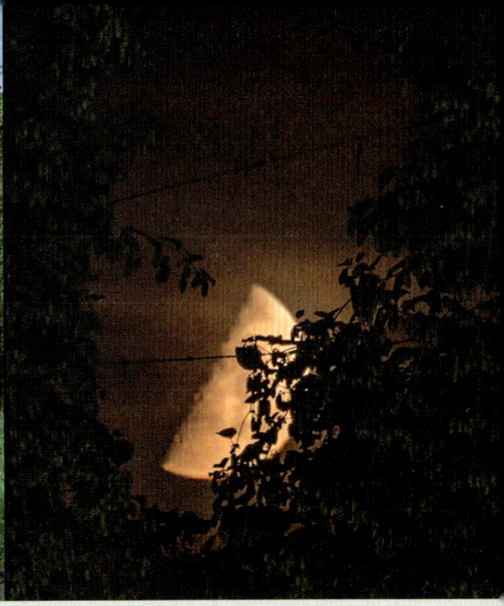

stolpern über eine Wiese mit frisch gemähtem Gras, die uns definitiv eine Schnuppereinheit wert ist. Beim Flanieren passieren wir noch zwei Hopfenbetriebe, die friedlich daliegen. Bei einem sind die Werkstatt und Hopfenmaschine noch beleuchtet. Das gelbe, warme Licht, das aus den Toren in die Dunkelheit dringt, erinnert an das feierliche Flair einer weihnachtlichen Krippe. Statt Ochse und Pferd stehen zwei voll beladene Erntegespanne vor der offenen Scheune. Auf dem Nachhauseweg verliert ein Erntegespann vor uns noch eine Hopfenrebe auf der Straße. Wohlgemerkt, um 21:48 Uhr. Erntezeit eben. Für uns der perfekte Abschluss, denn mit der Rebe im Gepäck begleitet uns der wohlige Hopfenduft nicht nur bis ins eigene Wohnzimmer, sondern bis in den nächsten Tag.

WEITERE GERUCHSABENTEUER

Je nachdem, in welcher Region ihr wohnt, gibt es sicherlich auch andere Pflanzen wie Rosen, Nelken, Lilien und Flieder, die zu einer bestimmten Jahreszeit oder Tageszeit ihre wunderbaren Gerüche verströmen. Oder ihr geht Waldbaden und schnuppert das Harz verschiedener Bäume. Oder spürt den Geruch von Regen auf warmem Asphalt auf. Oder ihr forscht in jeder Jahreszeit nach charakteristischen Gerüchen. Oder ihr geht einfach mal raus und zählt, wie viele verschiedene Gerüche ihr bei einer Runde in eurem Ort wahrnehmen könnt.

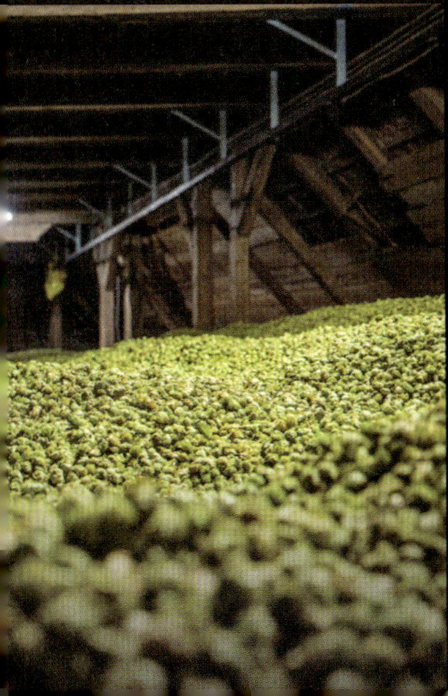

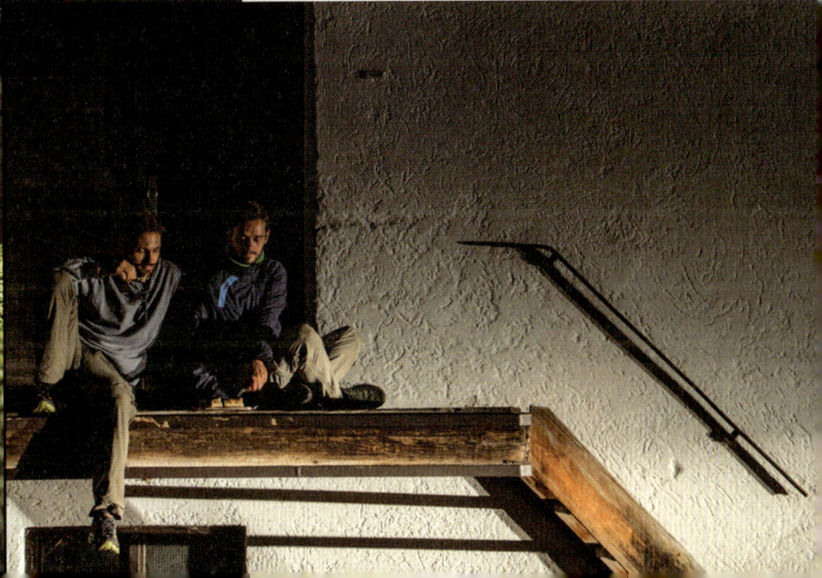

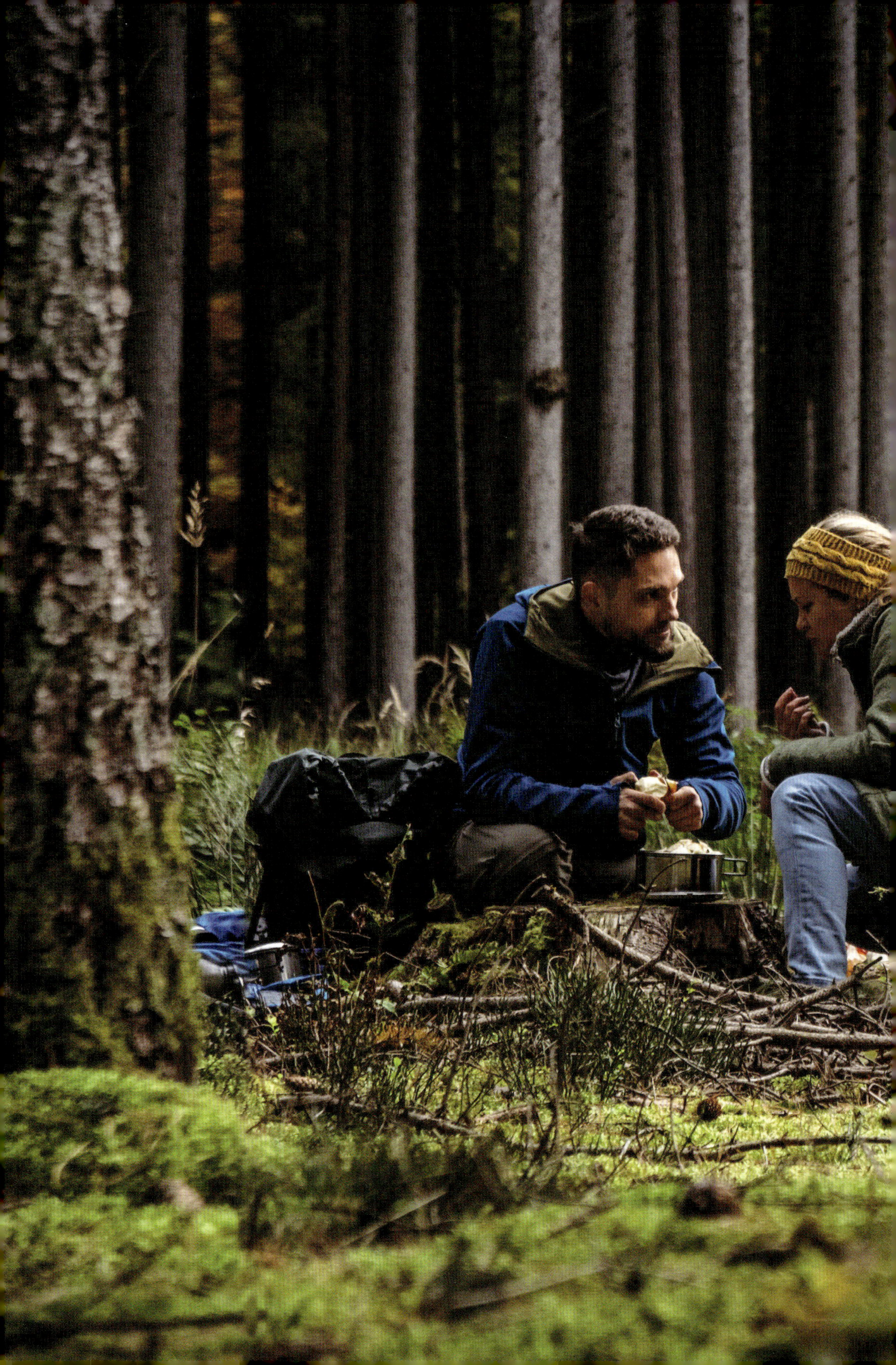

ESSEN & TRINKEN

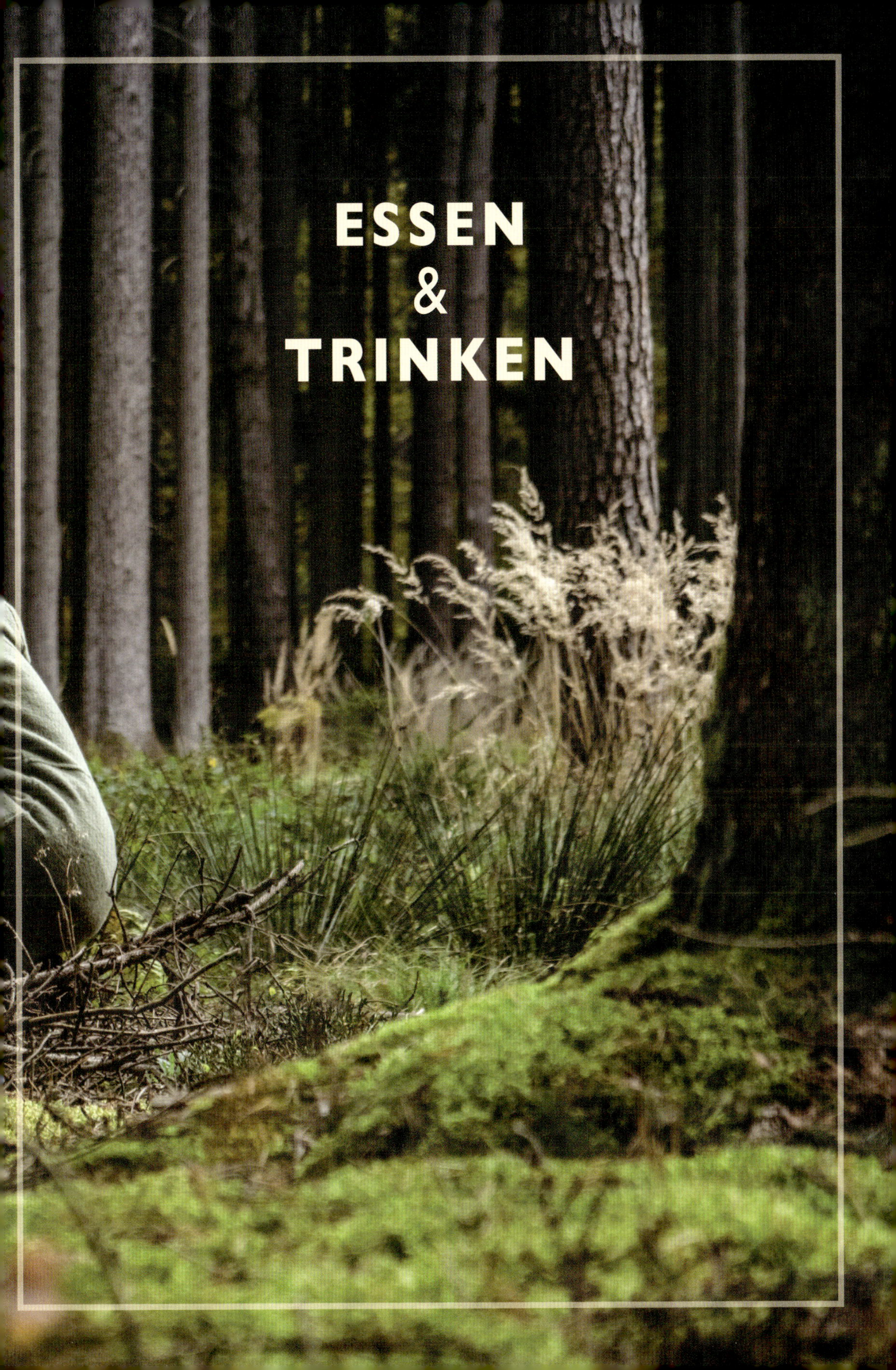

WILDER WINTERSALAT

Dauer:	ca. 2 – 3 h
Ort:	Ränder von Teichen, Quellen und fließenden Gewässern mit nährstoffreichem Wasser
Schwierigkeitsgrad:	leicht
Fortbewegung:	zu Fuß, mit dem Rad
Ausrüstung:	Stofftasche, Papiertüten, Handschuhe, kleine Schere und Bestimmungsbuch

Autor: TR & MU

Keine Frage: Die große Mehrheit von uns hätte heutzutage Riesenprobleme damit, in freier Wildbahn mehr als ein paar Tage über die Runden zu kommen. Nässe, Kälte und Hunger sind Gegner, die den Ungeübten schnell verzweifeln, krank werden und Fehler machen lassen. Hinzu kommt, dass unsere Ernährung mittlerweile stark von Zucker und Kohlenhydraten geprägt ist und wir uns erst einmal gewaltig umstellen müssten. Wer nicht jagen, fischen oder Feuer machen kann, muss sich mit Basics wie Wasser, Insekten, Samen, Wurzeln, Blütengräsern und Beeren begnügen. Um sich ein wenig dieser ursprünglichen Selbstversorgung anzunähern, wagen wir Mitte Februar ein kleines Abenteuer: Wir wollen schauen, ob wir nicht auch im Winter etwas Essbares in der freien Natur finden können.

An einem Montagnachmittag um 14:00 Uhr brechen wir zur „Kurzmission Brunnenkresse und Feldsalat“ auf. „Kurz“ deswegen, weil es draußen eisige 11 Grad minus hat und wir später wieder zurück an den Schreibtisch müssen. Brunnenkresse und wilder Feldsalat können schon im Winter geerntet werden und waren früher wichtige Vitamin-C-Lieferanten zu dieser Jahreszeit. Das am nächsten gelegene Fließgewässer ist die Wolnzach, die bei Gosseltshausen ein nicht mehr als ein drei Meter breiter Bach ist. Wir finden dort ein paar ein-

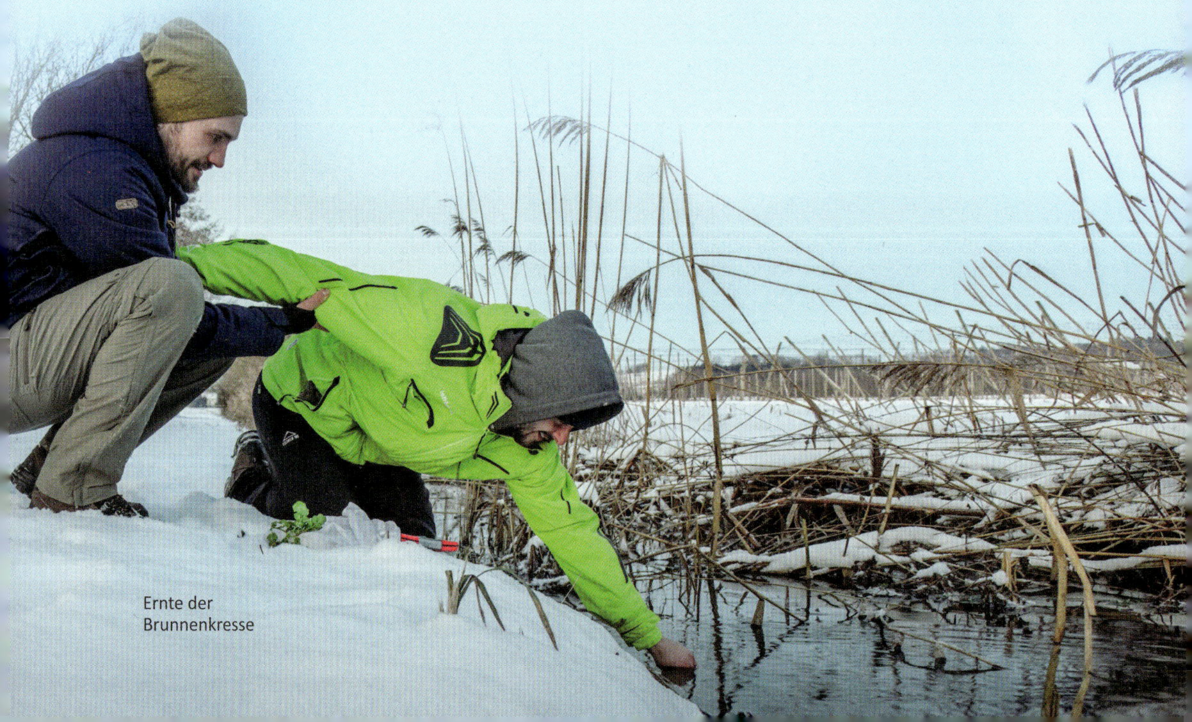

Ernte der Brunnenkresse

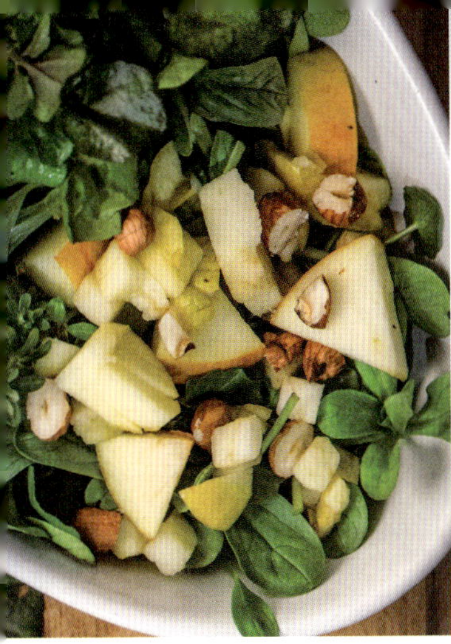

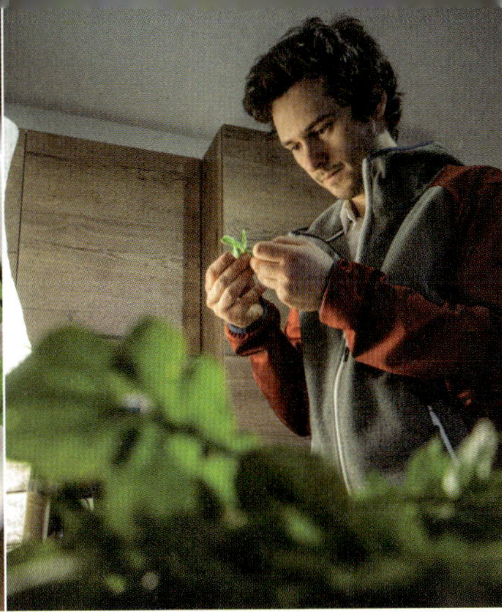

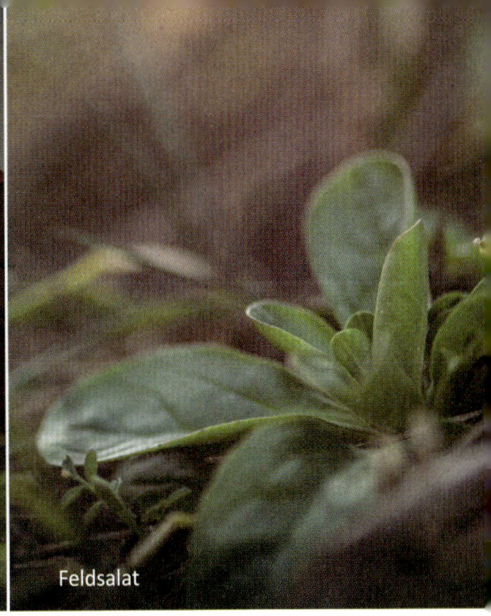

Feldsalat

fach erreichbare Brunnenkresse-Bestände am Ufer, doch die Ernte fällt mau aus. Wir versuchen es an einem parallel verlaufenden Rinnsal und siehe da: Dort gibt es dichte Teppiche, die allerdings direkt im fließenden Wasser wachsen. Vorsichtig taucht Tobi die Hand ins Wasser, im ersten Moment fühlt es sich gar nicht so kalt an, schließlich dürfte es circa 15 Grad wärmer sein als die Außentemperatur. Erst als er die Hand wieder aus dem Wasser zieht, beißt die Kälte schmerzhaft zu. Die geerntete Brunnenkresse an Land beginnt recht rasch zu gefrieren. Davon lassen wir uns aber nicht beirren, schließlich soll wenigstens eine mittelgroße Schüssel Salat zustande kommen.

Für den wilden Feldsalat steuern wir nach Süden ausgerichtete Ranken an. Hier wirken die noch flach einfallenden Sonnenstrahlen schon recht intensiv, sodass man leichter Flecken findet, die frei von Schnee sind. Nach einem halben Kilometer Fußmarsch sind wir an den Hügeln westlich von Gosseltshausen angelangt und machen uns auf die Suche. Der krautig wachsende Feldsalat wird nur 5 bis 15 Zentimeter hoch, knapp über der Wurzel schneiden wir ihn ab. Zu zweit haben wir tatsächlich schnell eine ordentliche Portion gesammelt, die es nun zu essen gilt, bevor die Blätter welken und ihre Inhaltsstoffe und Aromen verlieren.

Daheim angekommen ergänzen wir das gesammelte Grünfutter mit im Herbst gesammelten Haselnüssen und eingelagerten Boskop-Äpfel. Das wird eine hausgemachte, regionale Mineral- und Vitaminbombe – und das im Winter! Die Brunnenkresse kann man geschmacklich am ehesten mit Rettich vergleichen. Ihr kräftiger, herber Geschmack hat eine leicht scharfe Senfnote. Der Feldsalat schmeckt mild, steckt voller ätherischer Öle und passt mit seinem intensiven nussigen Geschmack gut zu den Haselnüssen und fruchtigen Äpfeln. Mit Suchen, Ernten, Waschen und Zubereiten hat unser Wilder Wintersalat etwa zwei bis drei Stunden Zeit und ein paar klamme Finger gekostet.

„BELOHNT WERDEN WIR FÜR UNSEREN AUSFLUG IN DIE JÄGER-UND-SAMMLER-VERGANGENHEIT MIT EINEM GESCHMACK, DER MIT DER WARE AUS DEM SUPERMARKT NICHT ZU BEKOMMEN IST.“

SELBER SAMMELN

- Beginnen könnt ihr mit einem Bestimmungsbuch und deutlich unterscheidbaren Pflanzen. Weiterführendes Wissen gibt es bei Wildkräuterpädagogen und Kräuterwanderungen.
- Schaut euch auch gut das Umfeld an, ob in der Nähe eine Verschmutzungsquelle sein könnte, die Schadstoffe an die Umwelt abgibt oder Parasiten mit sich bringt.
- Wilde Pflanzen anfangs nicht in rauen Mengen genießen, da der Körper sich erst an sie gewöhnen muss.
- Nur essen, was ihr auch wirklich kennt.

WINTER-TEA-TIME

Dauer:	ca. 2 h
Ort:	Bauernhof, Garten, offizielle Feuerstelle
Schwierigkeitsgrad:	mittel
Ausrüstung:	Tee, Muffins, gute Freunde

Autor: MU

Einmal so richtig das winterliche Flair mitnehmen. Warmer Feuerschein, der die Kälte etwas fernhält und den Schnee leuchten lässt. Ein Hang oder ein paar Bäume, die den Wind abhalten und eine heimelige Atmosphäre schaffen. Dazu ein Hauch von Weihnacht in Form von duftendem, mit Honig gesüßtem Tee und Muffins mit Zimt und Kirschen. Soweit unsere romantischen Vorstellungen wie dieses Abenteuer ablaufen sollte. Die Realität sah etwas anders aus.

Am Schnee hat es allerdings nicht gelegen. Die letzten Winter waren wärmer oder trockener und kamen nicht mehr an die weiß gemalten Erinnerungen meiner Kindheit heran. Aber nun hatte es Mitte Februar doch noch mal richtig geschneit – wir müssen unsere Chance ergreifen! Kurzerhand ziehen wir an einem Sonntagnachmittag um 17:00 Uhr los, es geht nach Niederbayern zum Hof eines guten Freundes, der uns für unser Vorhaben sein rund 5 Hektar großes Grundstück zur Verfügung stellt. Dieses

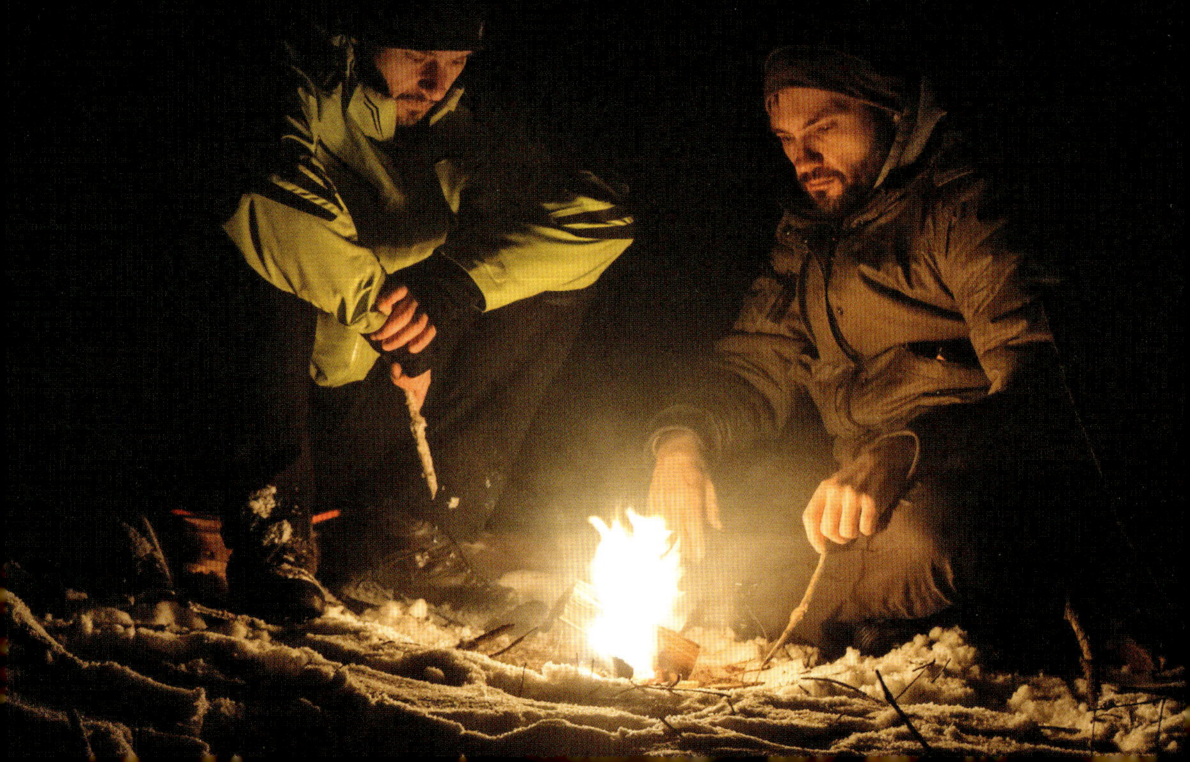

„SOWEIT UNSERE ROMANTISCHEN VORSTELLUNGEN WIE DIESES ABENTEUER ABLAUFEN SOLLTE. DIE REALITÄT SAH ETWAS ANDERS AUS."

war früher mal ein Bauernhof, ist ein kleines Idyll für sich und perfekt geeignet, um in unser Vorhaben eine Portion Wildnis miteinfließen zu lassen. An der linken Flanke zieht sich ein alter Ranken mit Mischwald, Kirschbäumen, Schlehen und einer kleinen Streuobstwiese etwa 150 Meter eine Steigung hinauf. Daran schließt im rechten Winkel ein Schwimmteich mit dicht bepflanzten Nadelbäumen, einer kleinen Hütte, einer Wiese und zahlreichen Haselnusssträuchern an.

Es hat frische 5 Grad minus, in der Nacht soll die Temperatur sogar bis auf 11 Grad minus fallen. Über die winterlichen Konditionen können wir uns schon einmal nicht beschweren. Es wird schnell einsam und ruhig, als wir den Hang hinaufstapfen. Als Lichtquelle haben wir Fackeln dabei, die Schatten tanzen lassen, als wir die mit dicken Schneepolstern beladenen Nadelbäume passieren. Nachdem wir eine geeignete, heimelige Stelle gefunden haben, bereitet uns unser Feuerlein so seine Schwierigkeiten – der Boden ist kalt, wir haben nur wenig Holz dabei, das obendrein schlecht brennt. Den Cheat-Modus einlegen und Hilfsmittel vom Hof nutzen, haben wir vorher ausgeschlossen. Das war's dann mit Fotografieren zur blauen Stunde. Immerhin haben wir nach etlichen Rauchhustern und brennenden Augen genügend Licht, um ein paar Bilder zu machen und unseren Tee am Feuer aus der Thermoskanne zu trinken.

Schweigen stellt sich ein. Etwas ernüchtert kauen wir unsere Muffins. Bis ich den Blick nach oben wandern lasse und an den Baumwipfeln vorbei die golden und silbern funkelnden Sterne in der Tiefe des Nachthimmels erblicke. Die urtümliche, mystische Stimmung der Situation fängt mich ein. Eine Teepause am Lagerfeuer, um uns herum die Winterlandschaft, darüber der Sternenhimmel – das habe ich auf diese Weise noch nie erlebt. Es hat sich gelohnt. Ich stupse Tobi an und wir schauen in den Himmel, bis sich Genickstarre bemerkbar macht.

Für einen längeren Winterausflug habe ich nicht die richtige Kleidung an und so drängt uns die Kälte bald zum Ende unserer Tee-Auszeit. Unglücklicherweise verschütte ich beim Aufräumen noch Fackelöl über meine Hände. Das Waschen im Schnee beißt ordentlich und lässt meine Pfoten taub werden. Nun wird es wirklich Zeit für unsere Rückkehr. Diese bleibt auch einem Waldkauz nicht unbemerkt, der unserem winterlichen Abenteuer einen passenden Ausklang gibt. „Huu-hu-huhuhuhuu."

Findet im Anhang die Spielregeln fürs Feuermachen (S. 210).

WILDER KRÄUTER- UND BEEREN-SMOOTHIE

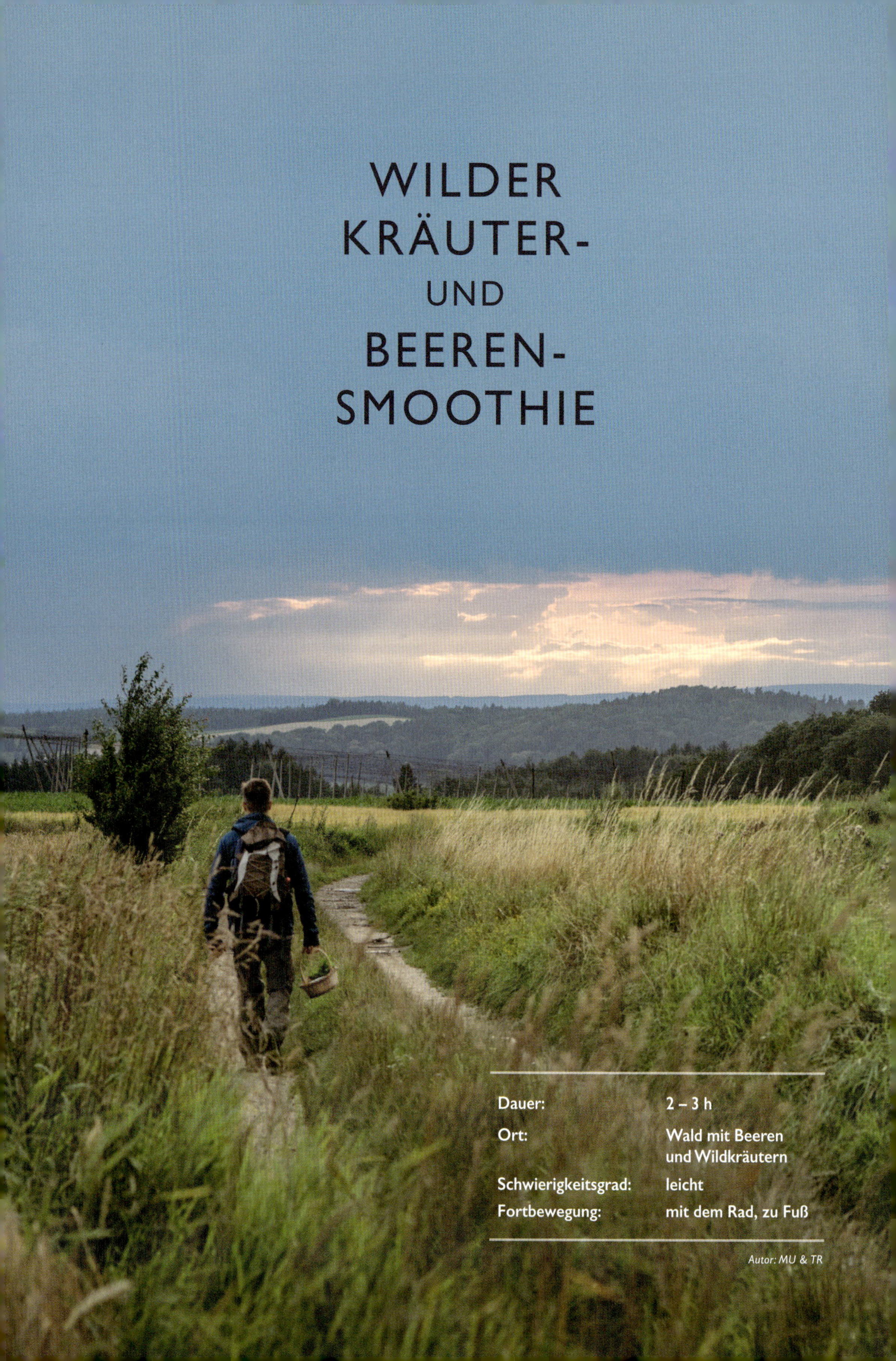

Dauer:	**2 – 3 h**
Ort:	**Wald mit Beeren und Wildkräutern**
Schwierigkeitsgrad:	**leicht**
Fortbewegung:	**mit dem Rad, zu Fuß**

Autor: MU & TR

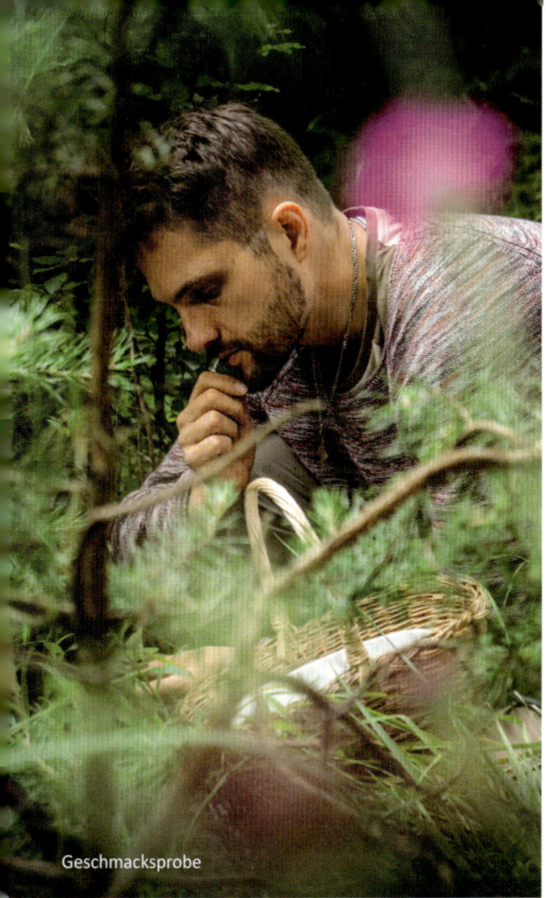

Geschmacksprobe

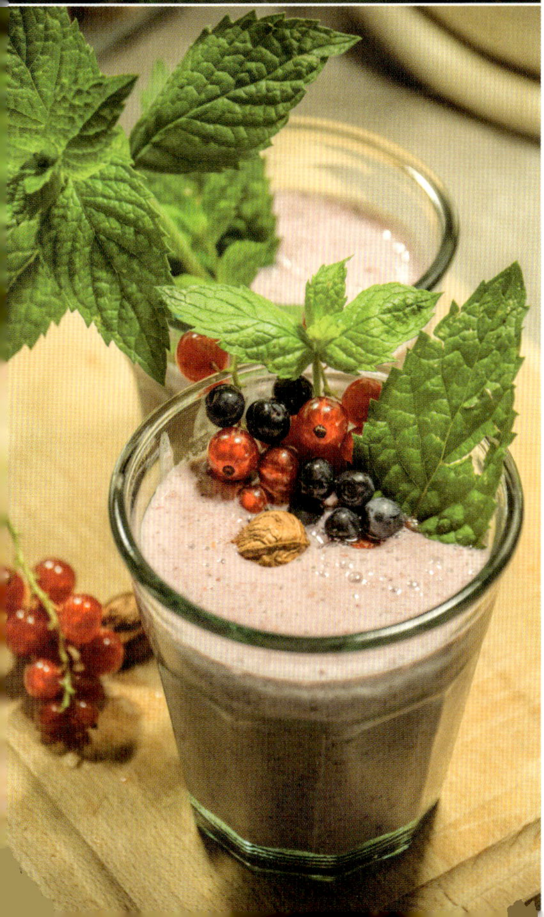

In der freien Natur auf Nahrungssuche zu gehen, ist für uns immer ein willkommenes Abenteuer. Man muss wissen, was wann wo wächst, man darf die Pflanzen nicht verwechseln, man muss genügend sammeln und man braucht auch noch eine Idee, was sich daraus Genießbares machen lässt. Und dann sollte das Wetter noch passen. Ihr seht schon, da kann mehr schief gehen, als man denkt. Im Prinzip ist es eine Art saisonale Schnitzeljagd mit sofortiger, schmackhafter Belohnung – nur dass es nie Schnitzel gibt, wir sind schließlich keine Jäger. Dieses Mal soll es etwas Reichhaltiges zu trinken sein. Es ist Sommer und wir haben Durst!

Es beginnt mit dem Foto einer Waldlichtung samt Koordinaten, die ich Tobi schicke. Dazu ein paar grinsende Smileys und dem Daumen nach oben. „Was willst Du mir damit sagen?", kommt zurück. „Heidelbeeren und Himbeeren für einen Smoothie, Oida!" „Aaah, perfekt, ich habe da gestern zufällig was gefunden, das da wunderbar dazu passt ..." Und schon geht's los, so schnell geht es manchmal in ein spontanes Micro Adventure. Dass es schon 17:30 Uhr ist, als wir aufbrechen, ist kein Hindernis. Wir sind „on fire" und gespannt, wie der Abend verlaufen wird und ob wir am Ende miteinander anstoßen können.

Als Erstes gehen wir Tobis Fund nach, er hat nämlich wilde Minze und Zitronenmelisse in einem Wald in der Nähe von Gosseltshausen gefunden. Es ist schwül und bewölkt, die Sonne scheint mit einem fahlen Rosa im Nordwesten nur noch durch ein großes, tiefstehendes Loch in den blauen Wolken. Eine seltsam aufgeladene Stimmung. Wir passieren Hopfengärten, die Reben sind jetzt, Mitte Juli, schon ganz oben angekommen. Auf einem Draht sitzt einer der farbenprächtigsten Vögel Deutschlands: ein Bienenfresser. Eigentlich ein Südländer, aber durch den Klimawandel nimmt sein Vorkommen bei uns deutlich zu. Mit seinen rot umrandeten Augen wie auch der Farbpalette seines Gefieders von Dunkelblau, Zitronengelb, Türkis, Mintgrün, Weiß und Kupfer wirkt er wie ein wunderschönes Kunstwerk über dem gleichmäßig grünen Hopfen-Vorhang. Das Getreide wird langsam reif und die Blühflächen daneben zeigen sich von ihrer besten Seite. Alles wächst und gedeiht – beste Vorzeichen für unsere eigene „Futtersuche".

Der Feldweg mündet in einen Waldweg und Tobi führt uns zielsicher zu den Kräutern. Die sollen ordentlich herbe Frische und ein bisserl Schärfe in unseren Drink bringen. Die Minze finden wir an einer schattigen Kreuzung, sie mag feucht-nassen, stickstoffhaltigen Boden. „Boah, wie intensiv die Minze riecht ... Wahnsinn!", rufe ich Tobi begeistert zu, als ich ein paar Blätter zwischen den Fingern zerreibe.

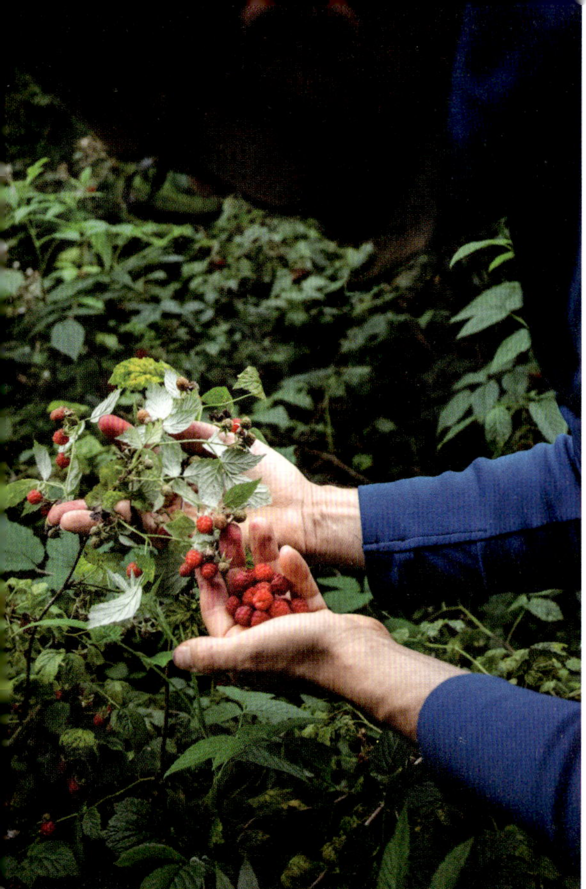

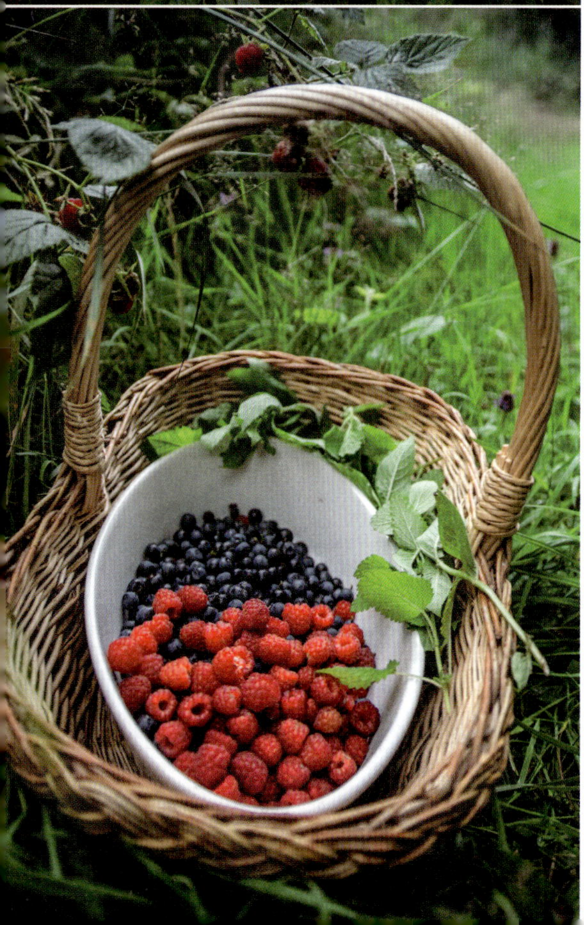

„Na, dann komm mal mit“, dirigiert Tobi mich den Forstweg entlang zu einer trockeneren Stelle mit jungen Kiefern. Dort wächst am Wegrand Zitronenmelisse, die nährstoffreiche, warme und trockene Standorte bevorzugt. Ein paar Handvoll Kräuter haben wir also schon mal. Wir drehen eine kleine Schleife und finden sogar wilde Johannisbeeren. Leider wachsen die genau neben einem Hopfengarten und scheiden damit für unser Vorhaben aus. Von wilden Früchten, die zu nah an mit Pflanzenschutzmitteln behandelten Flächen wachsen, ist abzuraten.

Im Nachbarwald führe ich Tobi zu den Heidel- und Himbeeren, die praktischerweise fast nebeneinander wachsen. Nachdem wir uns einen Überblick verschafft haben, wird klar, dass die Himbeeren weiter unten am Hang nichts taugen. Die Staunässe hat sie wohl verschrumpeln lassen, sie sind schon verschimmelt. Ein paar Meter weiter hangaufwärts gibt es allerdings jede Menge davon. Ganz im Gegensatz zu den Heidelbeeren, davon gibt es nur sehr wenige. Ich war sowieso erstaunt, hier bei uns überhaupt welche zu finden. Heidelbeeren mögen es sonnig bis halbschattig an feuchten Standorten auf sauren und humusreichen Böden. Wir finden die Moor- und Waldpflanze im Moos unter hohen Fichten. Es ist schon halb acht, es dämmert langsam und ein leichtes Hungergefühl macht sich auch schon bemerkbar. Wir müssen also schneller werden und beginnen zu zweit zu sammeln. Wilde Beeren sind natürlich viel kleiner als kultivierte. Weg mit der Kamera, jetzt geht's ans Eingemachte. Mit Volldampf sammeln wir rote und lila Beeren, bis wir jeweils zwei, drei Handvoll zusammen haben.

Daheim angekommen ist Improvisieren angesagt. Wir packen unsere Reserven an, die wir die letzten Monate angesammelt und getrocknet haben. Äpfel aus dem eigenen Garten, Möhren und Johannisbeeren von Muttern, Haselnüsse von der Tante. Selbst der Honig kommt aus der Hallertau. Nur der Skyr, der unserem Drink noch zusätzliche Substanz verleihen soll, ist zugekauft. Waschen, schneiden, pürieren, abschmecken – und genießen? Wir sind schon gespannt. Der Smoothie schmeckt dann auch so, wie er aussieht (Gott sei Dank, es ist schon 21:50 Uhr, Food-Fotografie ist eine Kunst für sich und braucht ihre Zeit). Nicht zu süß, sondern frisch, herzhaft und fruchtig. Einfach „leiwand“. Cremig, aber mit ein paar Nuss-Stückchen, die dem Ganzen ein wenig Biss verleihen. Und das Schönste ist: Dieser Drink ist mit Sicherheit das Gesündeste, was wir die ganze Woche zu uns genommen haben. Und wir konnten dafür in die freie Natur gehen. Genial. Den Rest frieren wir einfach als Eis ein. Falls beim nächsten Mal vielleicht nicht alles so smooth geht.

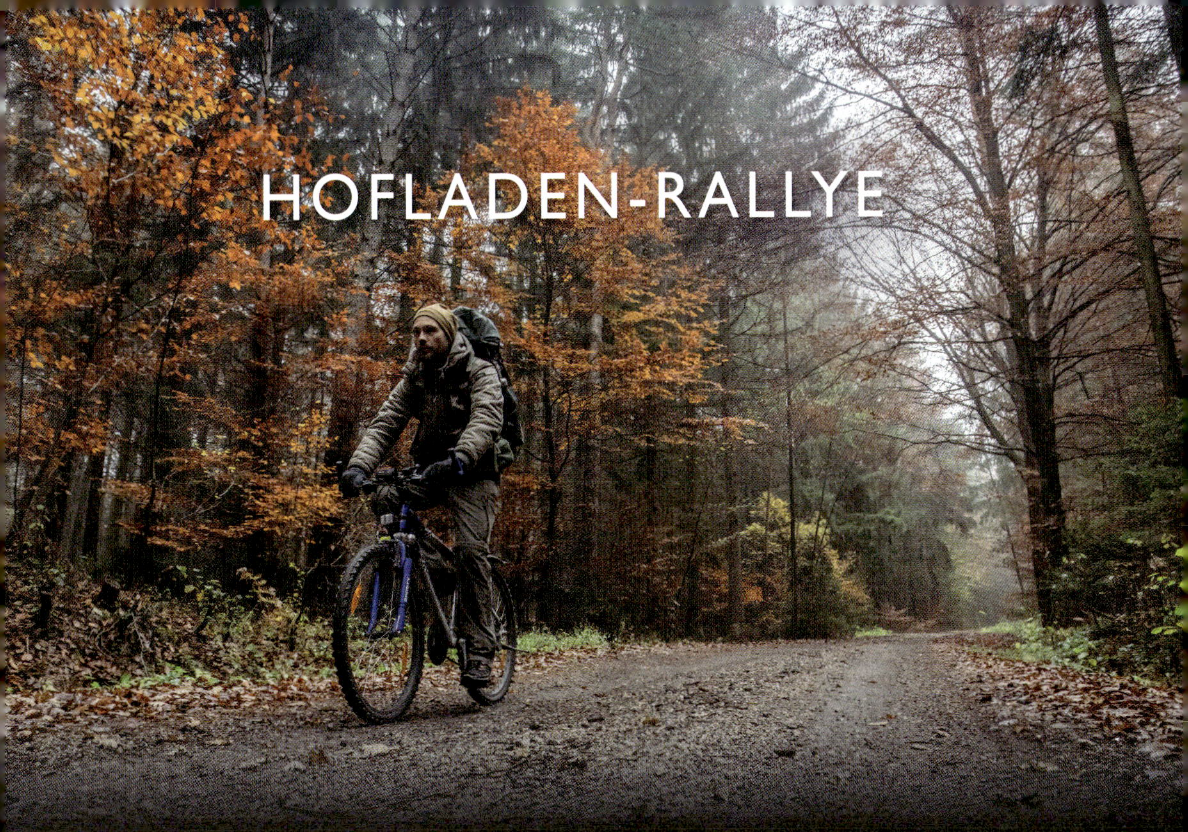

HOFLADEN-RALLYE

Dauer:	ca. 5 h
Ort:	Region nördlich von Rohr i. NB.
Schwierigkeitsgrad:	leicht, aber etwas Vorausplanung nötig
Fortbewegung:	mit dem Rad
Ausrüstung:	Besteck, Schneidebrett, Gaskocher, Öl

Autor: TR & MU

„ALSO WARUM NICHT PER SCHATZSUCHE EINE NEUE GEGEND KENNENLERNEN, EIN PAAR LÄDEN ABRADELN ODER -WANDERN UND IM ANSCHLUSS EINEN GEEIGNETEN PLATZ FINDEN, AN DEM WIR AUS DEN ERSTANDENEN ZUTATEN EINE MAHLZEIT AUF DEM GASKOCHER IMPROVISIEREN KÖNNEN? BESSER KANN MAN IN EINE REGION GAR NICHT EINTAUCHEN."

Damals, in einer Vollmondnacht an einer Milchtankstelle zwischen Au und Nandlstadt, sind wir direkt mit der Nase drauf gestoßen. Denn dort gab es nicht nur frische Milch, sondern auch jede Menge anderer feiner Schätze aus der Region: Nudeln, Marmelade, Eier, Honig und Käse. Und das brachte uns auf eine Idee für ein geschmacklich orientiertes Micro Adventure. Also warum nicht per Schatzsuche eine neue Gegend kennenlernen, ein paar Läden abradeln oder -wandern und im Anschluss einen geeigneten Platz finden, an dem wir aus den erstandenen Zutaten eine Mahlzeit auf dem Gaskocher improvisieren können? Besser kann man in eine Region gar nicht eintauchen.

Die Wahl fiel schnell auf den Nordosten der Hallertau, schließlich gab es dort für uns noch genügend weiße Flecken zu erforschen. Die Entscheidung erwies sich als Glücksgriff, denn Niederbayern (116 Einwohner/km²) ist zwar im Vergleich zu Gesamtbayern (168 Einwohner/km²) um 22 Prozent geringer besiedelt, ist dafür aber die führende Agrarregion Bayerns. Hier gibt es fast doppelt so viele Haupterwerbslandwirte (7 Prozent) wie im ganz Bayern (3,8 Prozent). Es fiel also nicht schwer, eine Tour innerhalb des Dreiecks Abensberg – Langquaid – Rohr zusammenzustellen, auch wenn uns die Namen der Ortschaften rein gar nichts sagten. Unser Ziel war, von Birka aus eine Runde über Helchenbach und Adlhausen zu drehen, mit der Option in Rohr oder Kirchdorf weitere Läden anzusteuern, falls uns noch etwas fehlen würde.

Und so kam es, dass wir an einem nebligen Freitagnachmittag Mitte November an der Hofeinfahrt von Familie Spreider mit unseren Fahrrädern aufschlugen. Die erste Begrüßung ist ein Muhen der Kühe. Im Eingang des Hofladens finden wir dann Junior-Chefin Steffi, die uns den Laden zeigt, für den ein alter Stall mit seinem rustikalen Gewölbe umfunktioniert wurde. Seit 1858 gibt es diesen Hof und seit über 70 Jahren werden hier Kartoffeln verkauft. Ebenso aus eigener Erzeugung stammen die Freiland-Eier. Manche Waren sind zugekauft und zwar aus dem ganz einfachen Grund: „Die Pflanzen sollen da wachsen, wo sie am besten wachsen können“, begründet Steffi die Herkunft ihrer „Moor-Rüben“. Sie stammen aus der Schleißheimer Gegend und wachsen in den moorigen Böden des Münchner Nordens besonders gut. Wir überzeugen uns selbst davon und tatsächlich: Schmackhaftere Möhren haben wir schon lange nicht mehr gegessen. Ein guter Auftakt!

Leider fordert unser Abenteuer ein gewisses Maß an Zurückhaltung: Wir haben nicht unendlich Transportkapazitäten und wollen in verschiedenen Läden etwas kaufen, das am Ende dann auch zusammenpasst. Also fangen wir mit Zwiebeln, Knoblauch und ein paar geschenkten Möhren an, was uns noch einige Optionen offenhält. Allerdings bunkern wir in Birka ein paar Kilo Kartoffeln und Karotten für zuhause, denn wir wollen unsere Runde auch hier wieder beenden. So urig der Laden und so freundlich die Spreiders auch sind, wir müssen nun in die Pedale treten und weiter zum Einsiedlerhof nach Höfel.

Auf dem Weg dorthin hat Mike die glänzende Idee, dass wir unser Abendessen aufpeppen sollten: „So ein trüber Herbsttag braucht eigentlich ein bisschen Spice, irgendein Highlight ... Vielleicht finden wir noch eine coole Nachspeise!“ Nach dem Spannhofholz kommen wir an einer Koppel vorbei, auf der sich genüsslich grunzende Freilandschweine tummeln, die uns verschmitzt durch eine Hecke entgegenlinsen. Vielleicht schon ein Vorzeichen auf die zu erwartende Ware am Hofladen der Winters? Gleich darauf läuft uns Florian Winter über den Weg. Er sperrt uns eine gemütliche Stube auf, die Hof- und Dorfladen zugleich ist. Fertige Bio-Produkte wie Brotaufstriche und Süßigkeiten werden ebenso angeboten wie der Bio-Tofu, den die Familie Winter schon seit 1987 herstellt. Bio-Tofu. In der Hallertau. Seit 1987! Wieder einmal bestätigt sich, wieviel man erfahren kann, wenn man mit ein bisschen Fantasie seine Heimat erforscht. Florians Mama galt

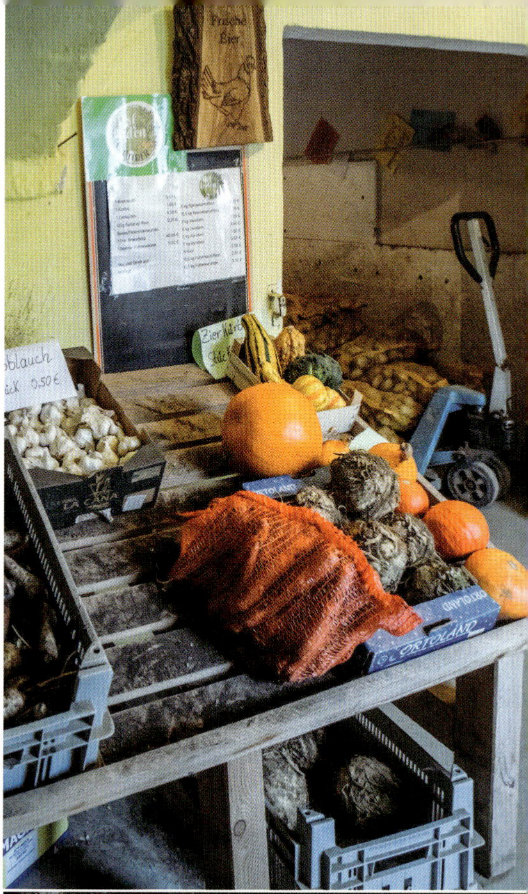

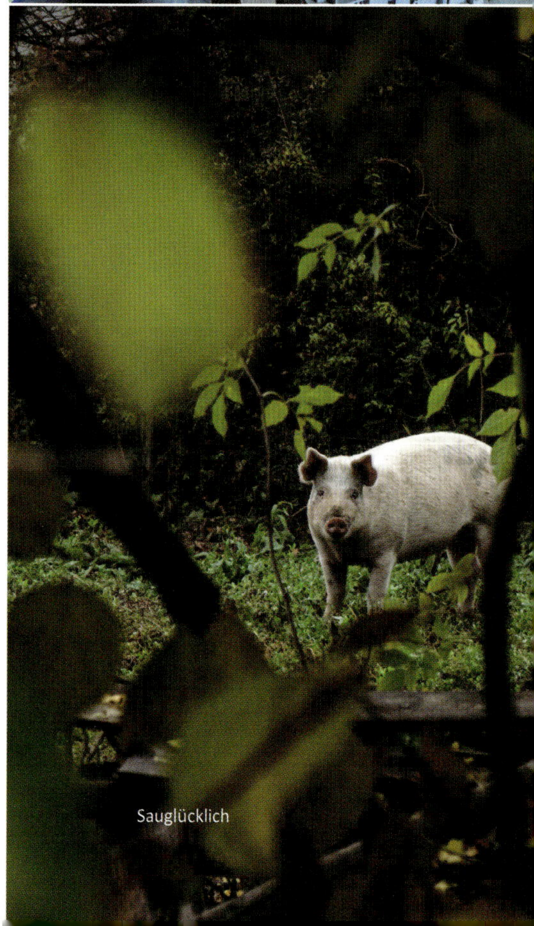

Sauglücklich

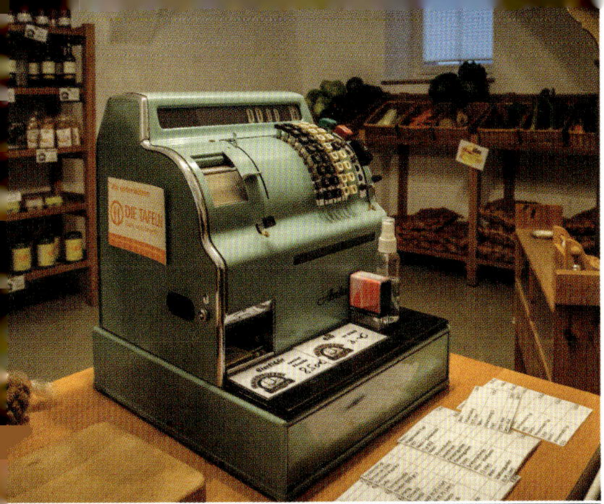

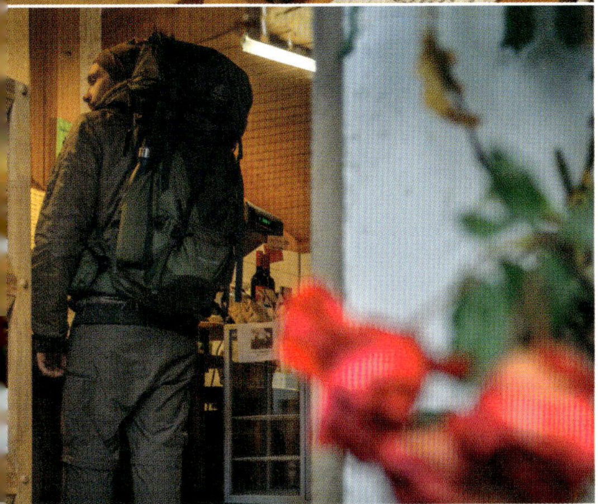

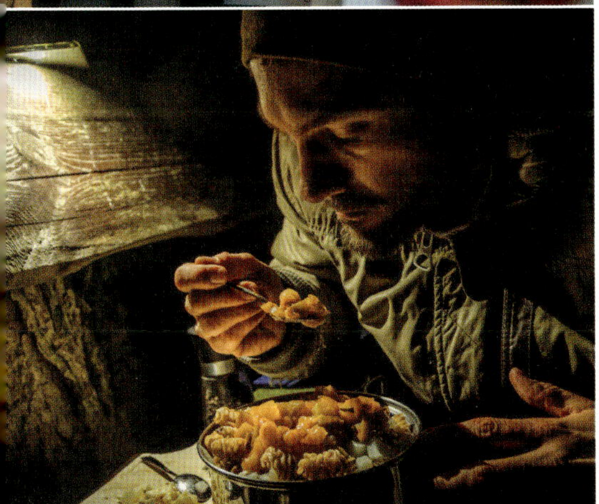

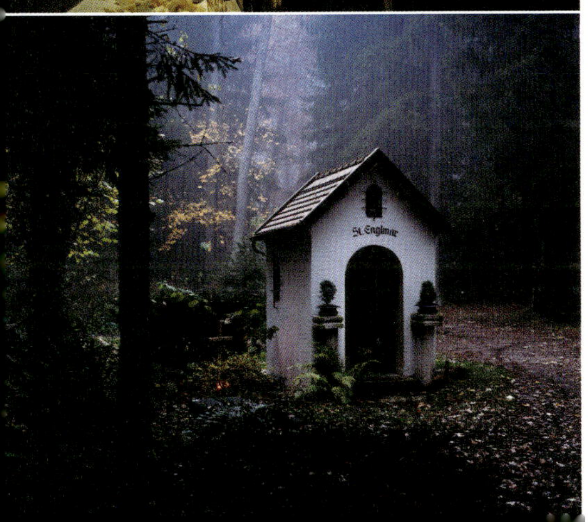

schon damals als Bio-Pionierin, das Angebot wurde stets gut angenommen. All das erzählt Florian mit einer gewissen Selbstverständlichkeit und ich muss feststellen: Vegan und Bio sind mehr als ein Trend – das gibt es schon seit Jahrzehnten. Man muss nur wissen wo.

„BIO-TOFU. IN DER HALLERTAU. SEIT 1987! WIEDER EINMAL BESTÄTIGT SICH, WIEVIEL MAN ERFAHREN KANN, WENN MAN MIT EIN BISSCHEN FANTASIE SEINE HEIMAT ERFORSCHT.“

Mit dieser Erkenntnis, einem Gemüseaufstrich, ein bisschen Obst und Zimt-Schoko-Mandeln (was für ein perfekter Fang als Einstimmung auf Weihnachten!) im Gepäck radeln wir durch das nahegelegene Frauenholz Richtung Helchenbach. Glitzernde Wassertröpfchen hängen an den Spinnweben, kein Sonnenstrahl dringt durch den Nebel. Die Stille und die Farben des Herbstes strahlen eine gewisse Feierlichkeit aus, während unsere Stopps in den Hofläden von Wärme, Licht, Ratschen und der Nähe zum Essen geprägt sind – also von Gemütlichkeit. Eine seltsame Mischung, wir sind schon gespannt, was das für ein Ende nimmt. Kurz vor Adlhausen erspähen wir im Nebel einen einsamen Fischersmann, der am „Großen Weiher“ sein Abendessen mit der Angel erbeuten will.

Es dauert nicht lang, dann sind wir beim nächsten Stopp: dem Hofladen Frauenhofer in Adlhausen, der hauptsächlich Kartoffeln verkauft, aber auch Wintergemüse (Wirsing, Weißkraut, Blaukraut, Rosenkohl) und einige andere Waren von gleichgesinnten Betrieben per Zukauf im Sortiment hat. Obwohl er viel heller und geräumiger ist als die vorigen, hat dieser Hofladen nicht weniger Charme. Elegante Säulen stützen eine perfekt erhaltene Gewölbedecke. Unter dieser kommen die hölzernen Regale und die uralte Kasse gut zur Geltung. Das Angebot an Selbstgemachtem ist überaus vielfältig, doch zuerst müssen wir eine kleine Bestandsaufnahme machen: Wir haben schon einmal Knoblauch, Karotten und Zwiebeln, das sorgt für eine würzige Schärfe, dazu brauchen wir noch irgendwas Magenfüllendes.

Eines steht schon mal fest: Dies ist unsere letzte Haltestelle, denn ab hier tun sich zwei Optionen auf. Entweder wir kaufen hier Brot und Eier und gehen mit dem Gemüseaufstrich Richtung Brotzeit mit

Spiegeleiern. Oder wir geben dem selbstgemachten Zucchini-Paprika-Chutney von Senior-Chefin Sophie Frauenhofer eine Chance. „Schau mal, Tobi, Nudeln aus Neufahrn in Niederbayern, also quasi aus der Gegend." Mike hält gleich die große Packung in der Hand. „Perfekt! Dort drüben liegt noch Allgäuer Käse mit Bockshornklee", runde ich das gerade entstehende Rezept ab. Die Sache ist beschlossen. Es gibt Nudeln mit Chutney und geschmolzenem Käse. Außerdem erweitert sich unsere Nachspeise um die selbstgemachten Zuckerhörnchen, die uns die Senior-Chefin noch schenkt. Vielleicht ist ja doch schon Weihnachten? Einen guten Tipp für unser abendliches Ambiente hat Sophie auch noch: die Sankt-Englmar-Kapelle am Rande des Sinsbucher Forstes nordwestlich von Adlhausen.

Draußen in der frischen, feuchten Abendluft strampeln wir zügig unserem Essen entgegen. In gebührendem Abstand vom Wald schmeißen wir für die Nudeln den Gaskocher an und würfeln Zwiebeln, Knoblauch und Käse. Da es nur mickrige 2, 3 Grad hat, dauert es allerdings eine halbe Ewigkeit, bis das Wasser kocht. Es wird immer dunkler und unsere Zehen fühlen sich bald an wie Eiszapfen. Jacke, Besteck und Kamera werden zunehmend vom herabsinkenden Nebel benetzt. „Verdammt, es war doch vorher alles noch so feierlich ... Wo ist denn das alles hin?", fange ich zu mosern an. Mittlerweile befinden wir uns eher an einem unheimlichen Schauplatz eines Sherlock-Holmes-Krimis, *Der Hund von Baskerville* kommt uns in den Sinn. Um noch einen draufzusetzen, fällt auch noch der Topf vom Kocher, das fast schon kochende Wasser versickert im Boden. Einen Versuch haben wir noch, sonst ist unser Wasser alle.

20 stille Minuten später, die nur von gelegentlichen spontanen Schimpfeinlagen unterbrochen wurden, sitzen dann zwei durchgefrorene „Meisterköche" auf einer Holzbank am Waldrand. Die verwunschene Birkenallee vor uns verschwindet im Nebel und in der Finsternis. So hatten wir uns den Höhepunkt unserer Hofladen-Rallye in der Hallertau nicht vorgestellt. Unser heißer Nudel-Topf mit Gemüse und Käse stimmt uns allerdings wieder freundlicher. Das Ganze schmeckt sehr anständig und bringt uns Wärme zurück. Aber ganz entspannen können wir nicht. Immer wieder schauen wir über die Schultern in die tiefe Dunkelheit des Waldes. Da müssen wir noch durch, um auf dem schnellsten Weg nach Birka zurückzukehren. Eilig essen wir den Topf leer, werfen zur Motivation noch ein paar Zimt-Schoko-Mandeln ein und radeln los.

Gleich zu Beginn passieren wir die Sankt-Englmar-Kapelle. Das kleine brennende Kerzlein an der Kapelle macht noch einmal Mut, bevor es direkt in die Dunkelheit geht. Die Lichtkegel unserer Fahrradlampen sind recht dürftig, der Weg ist holprig, aber nach ein paar Minuten nehmen wir das Ganze mit Galgenhumor. Doch Konzentration ist gefragt. Aus der Dunkelheit auftauchende Fichtenzweige streichen uns wie Geisterhände über Arme und Schultern. Und mit den Wurzeln auf dem Waldweg ist nicht zu spaßen. Der angeleuchtete Wald-Dunst umzingelt uns von allen Seiten. Die Stimmung ist so schaurig schön, dass wir die Navigation vernachlässigen und uns verfahren. „Wir müssen umdrehen", befürchtet Mike. „Oder da vorne an der Kreuzung links abbiegen", schlage ich vor. So oder so, ein Umweg ist nicht zu vermeiden. Als wir endlich wieder eine befestigte Straße erreichen, orientieren wir uns neu. Es ist noch ein guter Kilometer nach Birka, das geht. Es bleibt weiter einsam, nur ein einziges Mal kommt uns ein Auto entgegen. Gefühlt sind wir schon eine ganze Nacht lang unterwegs, doch in Birka zeigt uns die Uhr, wie sehr wir uns täuschen: Es ist gerade mal 19:00 Uhr.

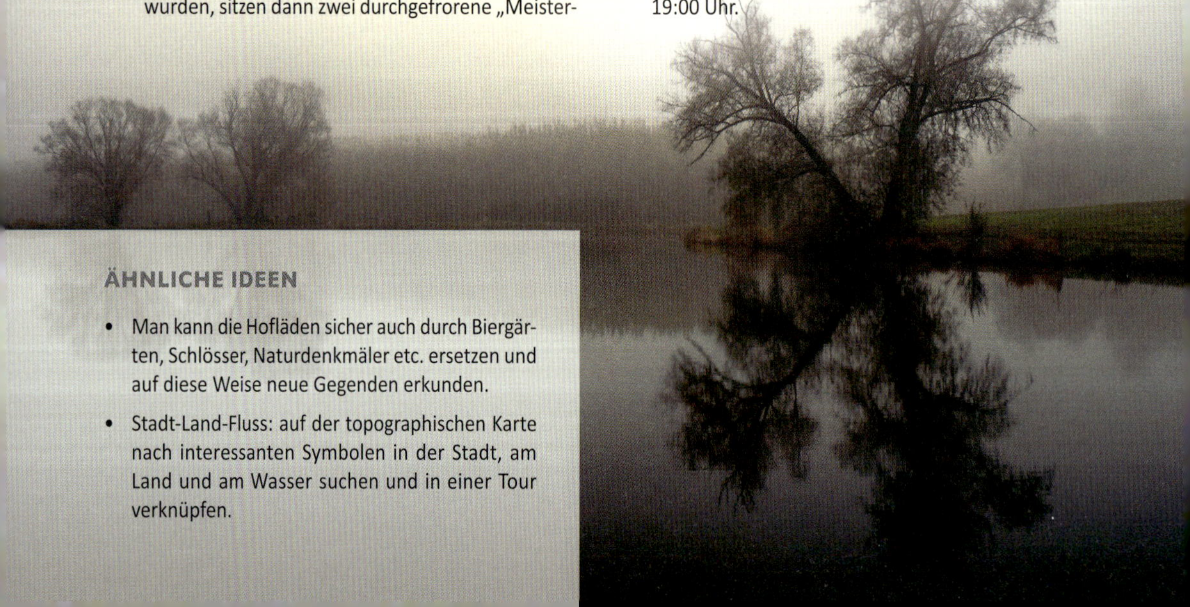

ÄHNLICHE IDEEN

- Man kann die Hofläden sicher auch durch Biergärten, Schlösser, Naturdenkmäler etc. ersetzen und auf diese Weise neue Gegenden erkunden.
- Stadt-Land-Fluss: auf der topographischen Karte nach interessanten Symbolen in der Stadt, am Land und am Wasser suchen und in einer Tour verknüpfen.

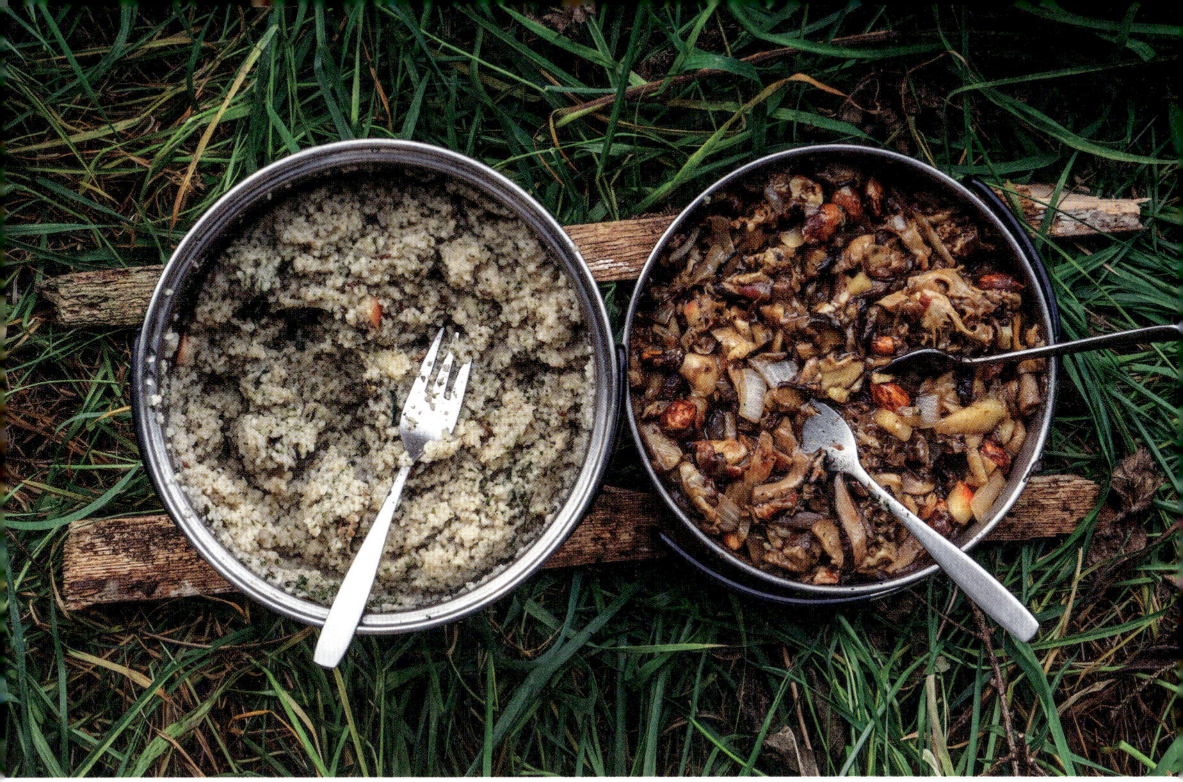

OUTDOOR-KITCHEN: WALDPILZ-COUSCOUS-RISOTTO

Das tertiäre Hügelland ist nicht nur eine gute Heimat für den Hopfen. Die warmen Sommer mit ausreichend Niederschlägen und das vielseitige Mikroklima der gemäßigten Breiten machen sich auch hinsichtlich der Zusammensetzung von Flora und Fauna in der Feldflur bemerkbar. Das heißt, wir können Obst, Pilze, Nüsse und allerlei Wildkräuter vor allem im Spätsommer reichlich sammeln und daraus ein Abenteuer mit Survival-Charakter machen! Dafür reichen unsere mittelmäßigen Erfahrungen mit wild wachsenden Schmankerln, denn glücklicherweise gibt es einige kaum zu verwechselnde Arten. Ausgestattet mit einem Gaskocher, etwas Salz, Couscous, Zwiebeln sowie Olivenöl wollen wir in Wald und Flur die passenden Beilagen finden.

Noch nicht ganz am Waldrand angekommen, entdecken wir schon allerlei Essbares. In einem Feld-

Dauer:	4 h
Ort:	Wald
Fortbewegung:	zu Fuß
Schwierigkeitsgrad:	mittel
Ausrüstung:	Korb, Messer, Gaskocher, Zutaten je nach Rezept, Pilzbuch

Autor: TR

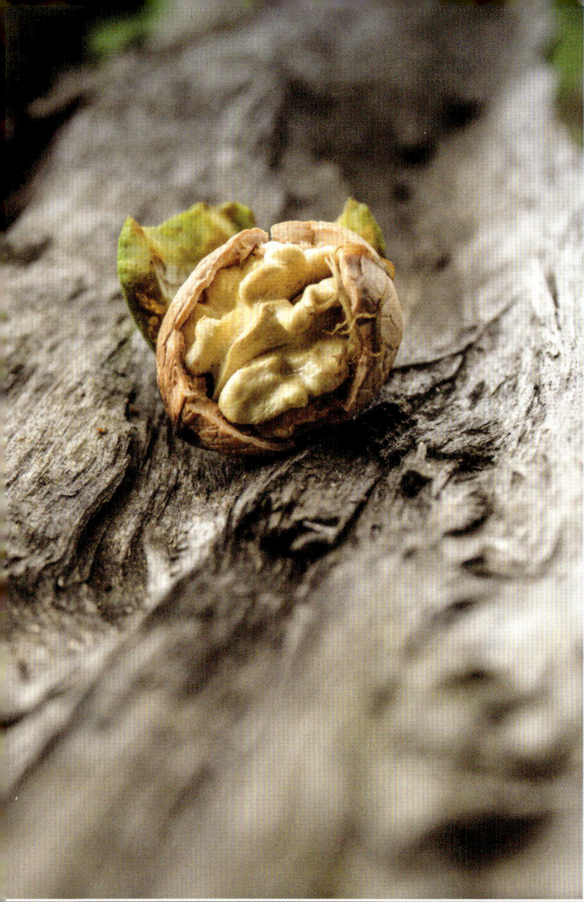
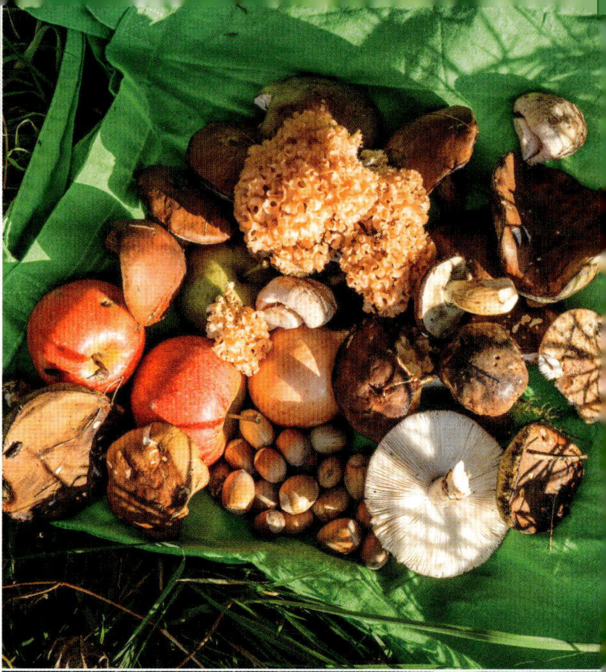
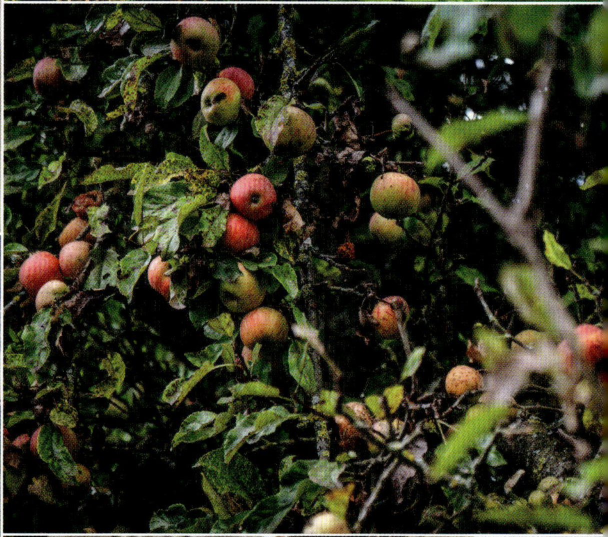
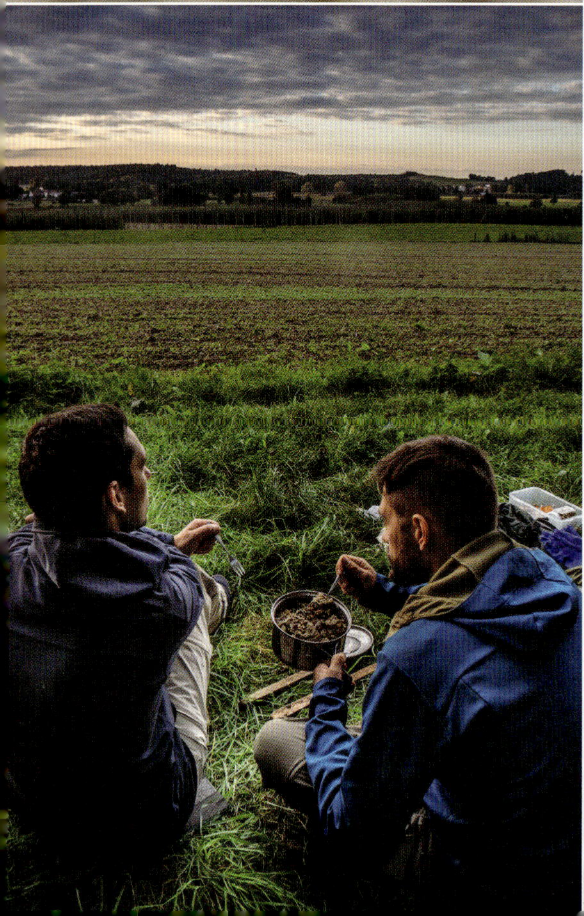
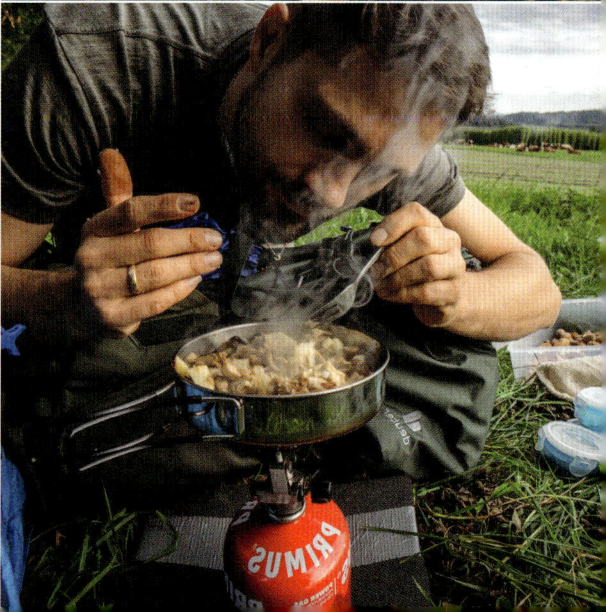
PRIMUS

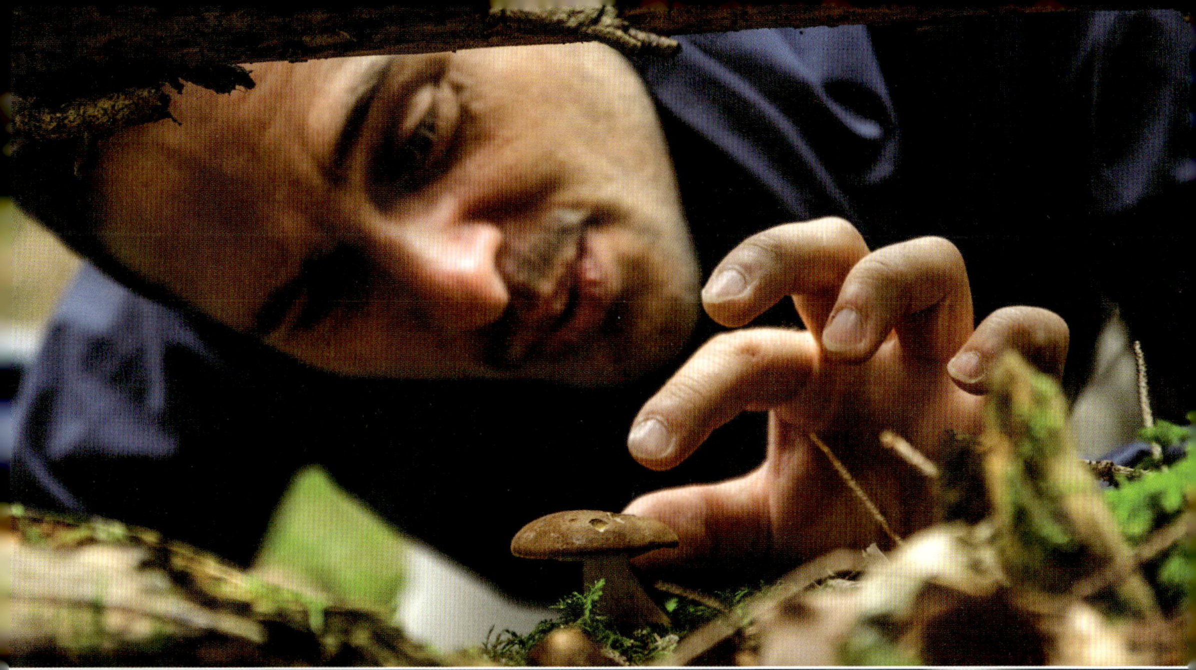

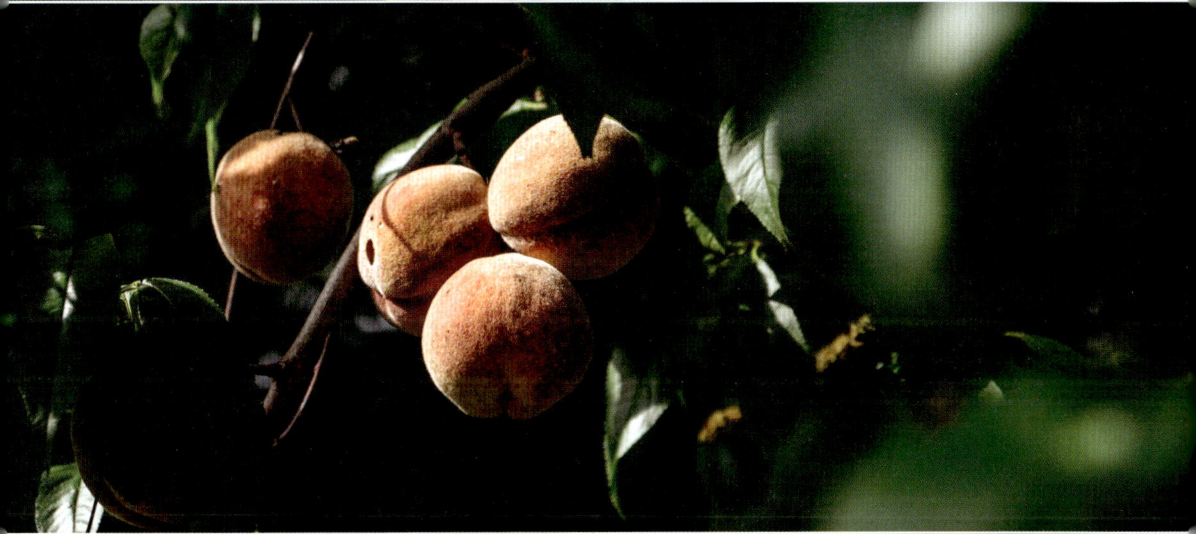

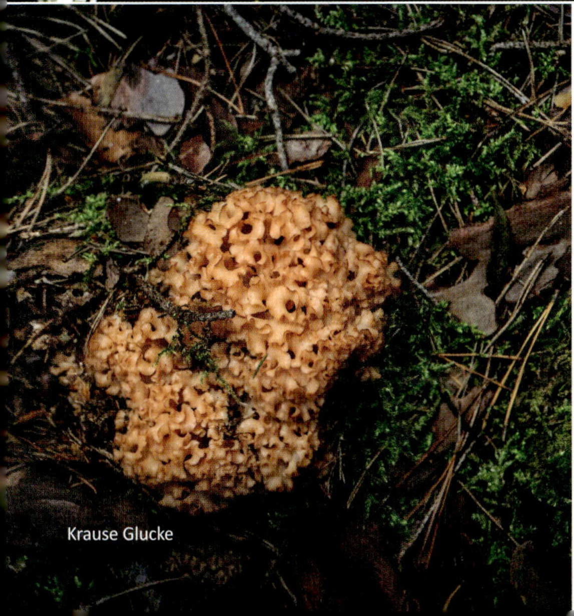

Krause Glucke

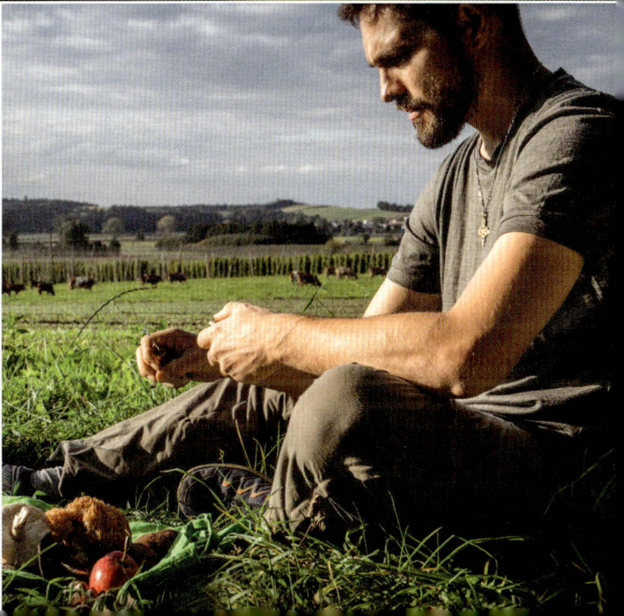

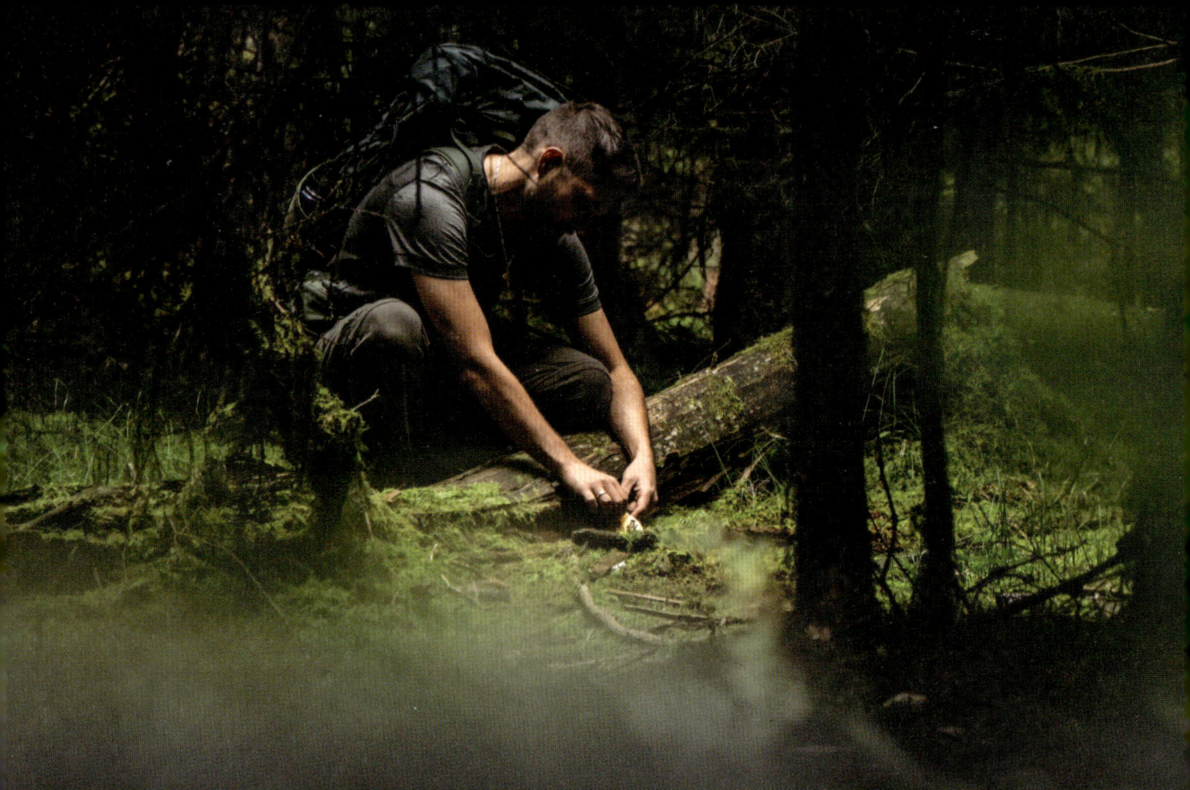

gehölz an einem Feldweg hat jemand einfach querbeet zwischen die Waldbäume ein paar Apfelbäume, einen Pfirsichbaum, einen Walnussbaum, Weinstöcke und einen Haselnussbaum gepflanzt. Der Waldstreifen mutet wie ein kleiner, wilder Garten Eden an: Schmetterlinge flattern um uns herum und, egal wohin wir blicken, bietet die Natur schmackhafte Früchte an. Sogar ein Blütenmeer aus Wegwarte und essbaren Topinamburpflanzen zeigt sich uns in voller Pracht. Wenigstens von den Früchten, die direkt in den Weg hängen oder schon am Wegesrand liegen, nehmen wir etwas mit: einen Pfirsich, zwei eingedrückte Äpfel und eine Handvoll Haselnüsse. Das sollte keinem wehtun, bereichert aber unser angedachtes Gericht enorm.

Nun können wir uns voll und ganz auf den Wald konzentrieren. Wir zweifeln etwas daran, dass wir genügend Pilze finden. Die letzten Tage waren außerordentlich trocken und sehr sonnig. Nach wenigen Schritten im schattigen Fichten-Forst stellen wir fest, dass die Luft dort immer noch dampfig und aromatisch ist. Bald sehen wir auch die ersten Pilze. Die meisten davon sind uns zwar nicht näher bekannte Lamellen-Pilze, aber immerhin ist Biomasse vorhanden. Dann eine erste Überraschung: ein Maronenröhrling! Viele steinpilzverwöhnte Pilze-Sammler lassen Maronenröhrlinge mitleidig lächelnd links liegen, wir dagegen freuen uns riesig über den schmackhaften Fund. Unweit davon entfernt stehen auch noch ein paar Rotfußröhrlinge und eine Gruppe aus Perlpilzen (Achtung, Verwechslungsgefahr mit dem giftigen Pantherpilz!). Ein Anfang ist gemacht.

Wir suchen weiter, dringen immer tiefer in den Koniferen-Dschungel vor. Eine ganze Zeit lang finden wir gar nichts. Um mir ein zwischenzeitliches Erfolgserlebnis zu verschaffen, wende ich mich den Kräutern zu. Knopfkraut ist am Rande der Fahrspuren reich vertreten, davon sammle ich ungefähr ein Dutzend Blätter und Blüten. Etwas versteckt zwischen zwei kräftigen Douglasien lugt eine von mir sehr begehrte Pflanze hervor: Waldziest. Getrocknet oder erhitzt entfaltet er einen dezenten Steinpilz-Geschmack. Wenn wir schon keine Steinpilze finden, dann eben so! Mike und ich haben uns beim Suchen aus den Augen verloren. „Hey, was tut sich bei dir?", rufe ich hoffnungsvoll in irgendeine Richtung. „Nur zwei weitere Maronenröhrlinge, mehr nicht ...", kommt etwas kraftlos zurück.

Zeit für einen Strategiewechsel: Von nun an flitzen wir von Kiefer zu Kiefer mit der Hoffnung, irgendwann eine Krause Glucke zu finden. Sie kann ein überaus stattlicher Pilz werden, der den Korb schnell zu füllen vermag. Ich komme mir ein bisschen vor wie ein Specht, der rastlos einen Baum nach dem anderen beäugt. Der Survival-Charakter ist jetzt deutlicher zu spüren. „Tobi, hier ist was Krausiges und Gluckiges", jubelt Mike. Der Korb ist mit diesem Exemplar tatsächlich voll, sodass wir uns langsam auf den Rückweg machen können.

Nun kehrt wieder etwas Lockerheit in die Unternehmung ein und – wie so oft – läuft es dann mit dem Sammeln erst recht: Ein wunderschöner, riesiger, flockenstieliger Hexenfußröhrling drängt sich uns regelrecht auf. Sein Schwamm ist rot gefärbt, das Fleisch dagegen gelb. Schneidet man ihn durch, läuft die Schnittstelle blau an. Ein delikates Farbenspektakel, das wir uns nicht entgehen lassen wollen. „Nun aber raus aus dem Wald, wir müssen schließlich noch kochen", dränge ich. Was sich schwieriger gestaltet als gedacht. Nicht nur dass wir genügend Abstand zum Waldrand brauchen, der Picknickplatz muss auch noch halbwegs windgeschützt sein. Nach ein wenig Umherstreifen finden wir einen offenbar selten genutzten Feldweg, der unsere Kriterien erfüllt. Der Wind ist hier zwar immer noch leicht zu spüren, aber dagegen bauen wir einfach einen Wall mit unseren Rucksäcken.

Endlich können wir es uns zum Kochen gemütlich machen. Mike schneidet die Zwiebeln und Schwammerl, ich werfe den Gasbrenner an und koche den Couscous vor. Vorsichtig füllen wir ihn nach dem Aufquellen um und widmen uns dann der Beilage. Der Moment, wenn aus dem heißen Topf das angenehme Geräusch brutzelnder Zwiebelstücke zu hören ist, ist für mich ein absoluter Genuss. In aller Ruhe sortieren und zerkleinern wir jetzt unsere Beute, blicken immer wieder verträumt in die Landschaft, über der sich ein spektakulärer Sonnenuntergang abspielt.

Mit jeder weiteren Zutat werden die Gerüche nicht nur intensiver, sondern auch vielfältiger. Für die Optik kommen ein paar Knopfkrautblüten obendrauf. Noch ein guter Schwung Salz, dann eine erste Kostprobe: Gut, sogar „sauguad"! Nicht nur, weil wir draußen improvisiert haben, wir sind wirklich überrascht. Es schmeckt halt doch immer besser, wenn man etwas für sein Essen getan hat. Der Apfel harmoniert ausgezeichnet mit der milden, leicht nussigen Krause Glucke und dem Couscous, die Gewürze holen aus den Pilzen das Maximum raus und die Nüsse verleihen dem Gericht ein wenig Biss.

Gedankenverloren essen wir vor uns hin, lassen den Blick über die Landschaft schweifen und genießen den Moment. Ein letzter Sonnenstrahl durchbricht die Wolkendecke und lässt die Kirche der Nachbarortschaft erstrahlen. Die Kühe vor uns haben sich in einer Gruppe zusammen hingelegt. Begleitet von dem nächtlichen Zirpen des eben munter gewordenen Heupferds. „Hey, weißt du noch, da drüben am Feilenforst?", deutet Mike übers Ilmtal. „Tatsächlich, da haben wir unsere allererste gemeinsame Wanderreportage gemacht!", erinnere ich mich. Wer hätte gedacht, dass daraus mal eine Freundschaft und Buchidee erwachsen würden.

ÄHNLICHE IDEEN

- Jahreszeiten-Challenge: in jeder Jahreszeit wenigstens eine essbare Sache in der freien Natur finden und damit eine Speise verfeinern. Natürlich erst, nachdem ihr euch entsprechend informiert habt.
- Wander-Kaffee: Jedes Wochenende mit einer Thermoskanne voll heißem Kaffee zu einem noch unbekannten Ort wandern und ihn mit einer duftenden Tasse genießen.
- Freunde mit Micro Adventures bekannt machen: Andere Menschen zum ersten Mal mit auf ein Micro Adventure nehmen, kann ein ganz eigenes Abenteuer sein. Das mit einem gemeinsamen Essen im Freien sicher noch mehr Spaß macht.
- Die Hofladen-Rallye auf Seite 165–168!

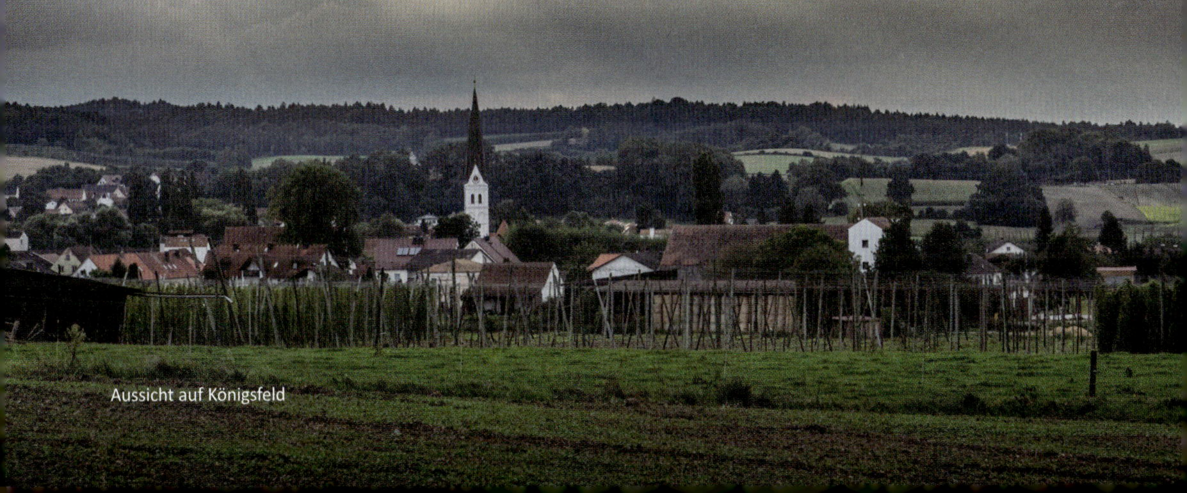

Aussicht auf Königsfeld

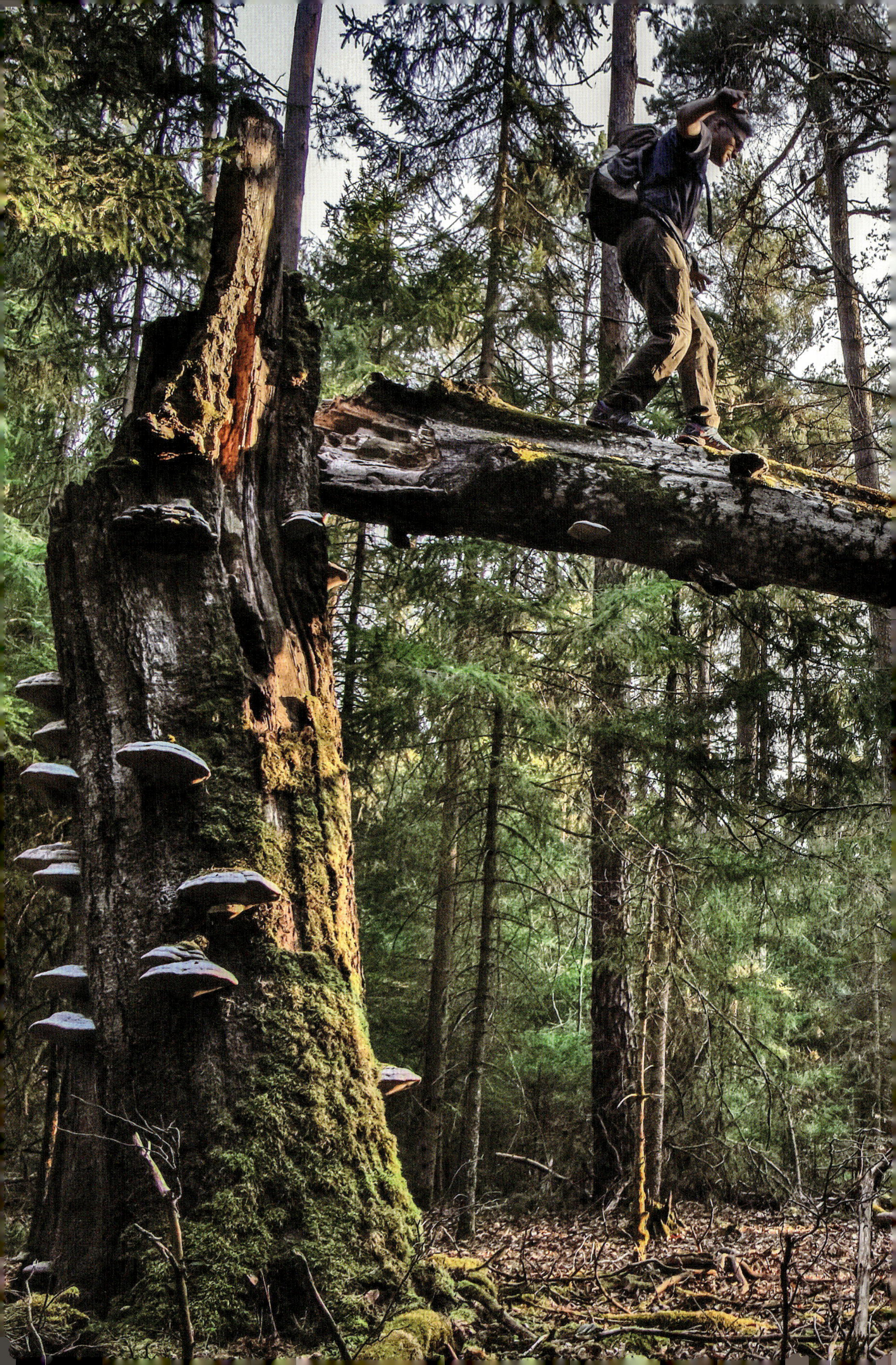

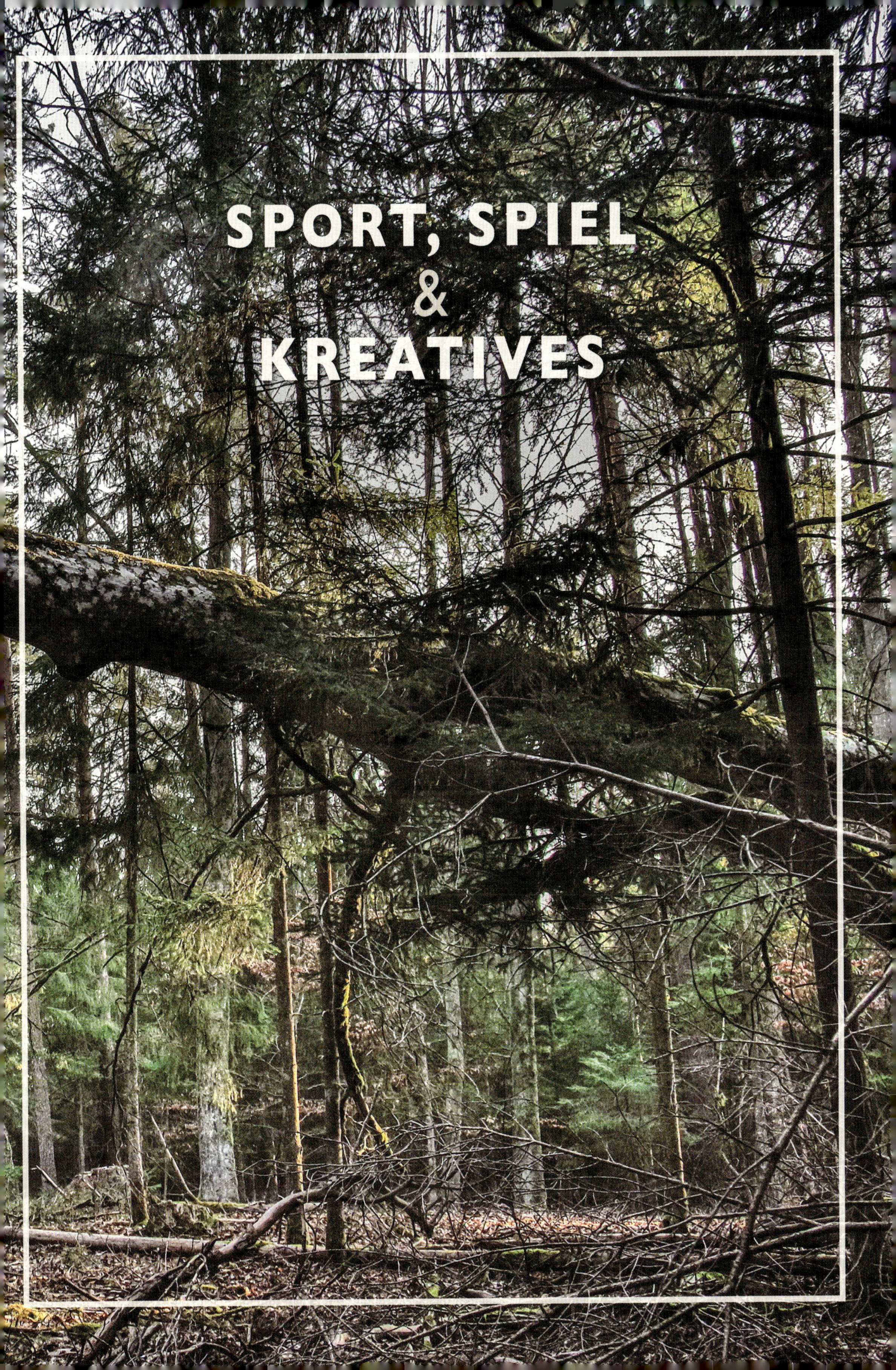
SPORT, SPIEL
&
KREATIVES

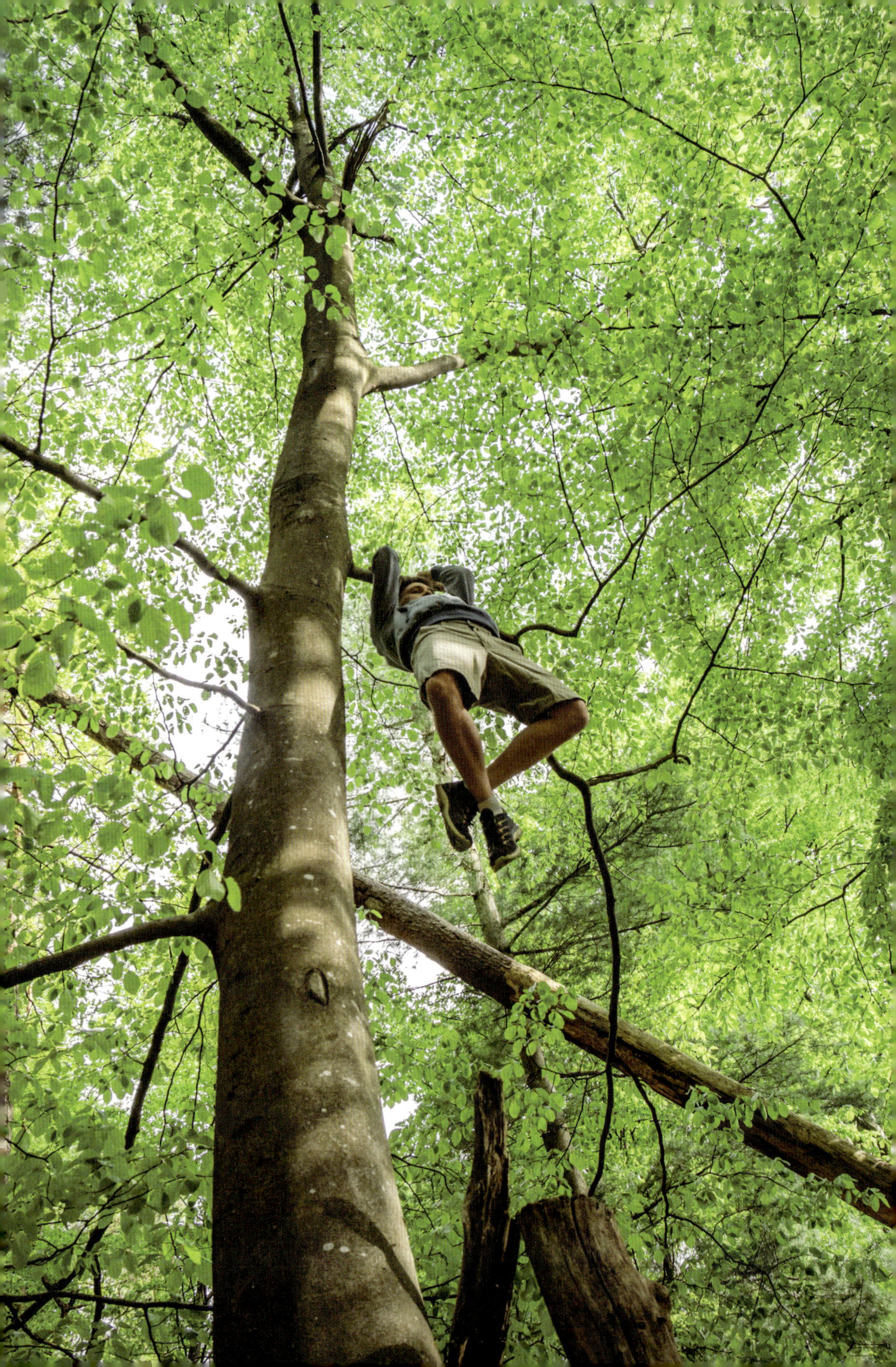

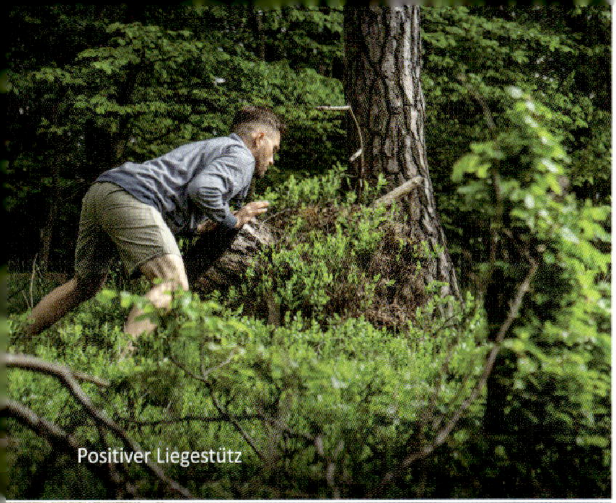

Positiver Liegestütz

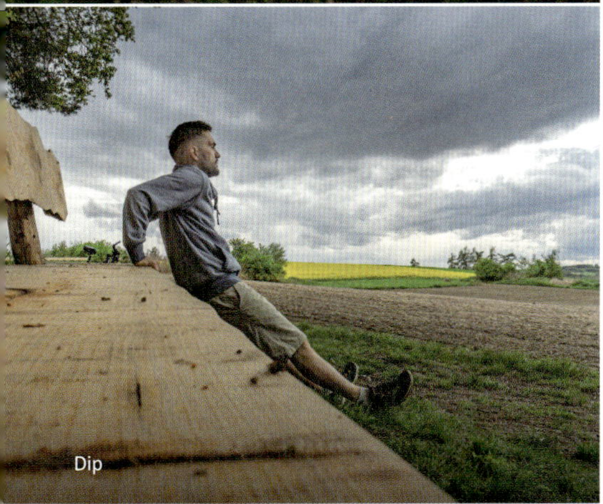

Dip

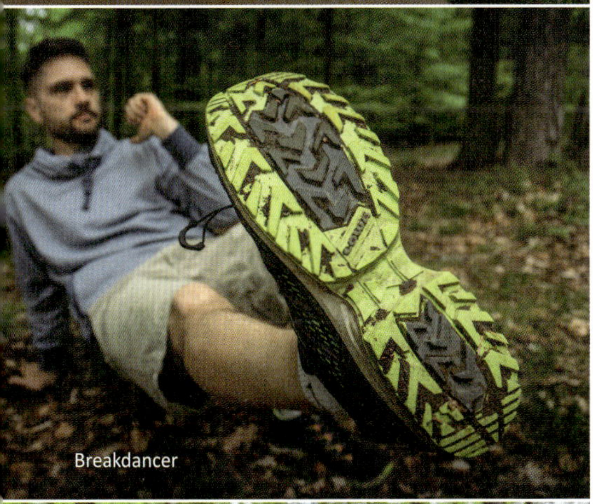

Breakdancer

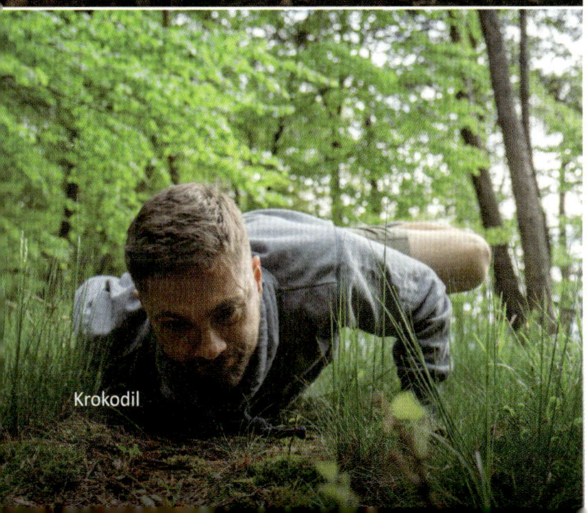

Krokodil

NATURAL FITNESS

Dauer:	60 – 90 min
Schwierigkeitsgrad:	individuell
Ort:	zufällig
Transportmittel:	gehen, joggen

Autor: MU

Bei einigen Abenteuern ist es hilfreich, wenn man sich auf seine Fitness verlassen kann, zum Beispiel bei längeren Wanderungen oder Radtouren, bei Kletterpartien und beim Wildschwimmen. Umwege und Hindernisse werden leichter weggesteckt, die Sicherheit verbessert sich und man regeneriert schneller. Andererseits, warum nicht mal ein Micro Adventure nutzen, um bewusst etwas für die Fitness zu tun?

Die Idee ist einfach: 20 Minuten an einen zufällig gewählten Ort joggen, an dem man noch nie war und dort ein Fitnessprogramm mit den dort vorhandenen Dingen machen – was eine neue Interaktion mit der Umwelt erlaubt und mir zumindest deutlich mehr Spaß macht als ein Fitnessstudio. Im Anschluss können wir dann wieder heimlaufen oder -gehen, je nachdem wie platt wir sind. Auf diese Weise sind wir erstens an der frischen Luft, haben zweitens eine Fitnesseinheit integriert und drittens durch den Zufallsfaktor ein kleines Abenteuer damit kombiniert.

Da schlägt mein Basketballtrainerherz gleich höher – eine Idee, die ich auch mit meiner Mannschaft einmal ausprobieren könnte! Ich höre jetzt schon die saftigen Kommentare ... aber am Ende bleiben solche Teamaktionen lebhaft in Erinnerung. Es wäre also auch eine Idee, die ihr gut mit Freunden umsetzen könnt. Gemeinsam leidet man besser. Hilfreich für solch eine Aktion ist ein kleines Repertoire an Fitnessübungen, für die notfalls flacher Boden und das eigene Körpergewicht reichen. Also für den Fall, dass man sich nach 20 Minuten blöderweise auf einem Feldweg befindet und neben sich nur eine Wiese oder einen leeren Parkplatz vorfindet.

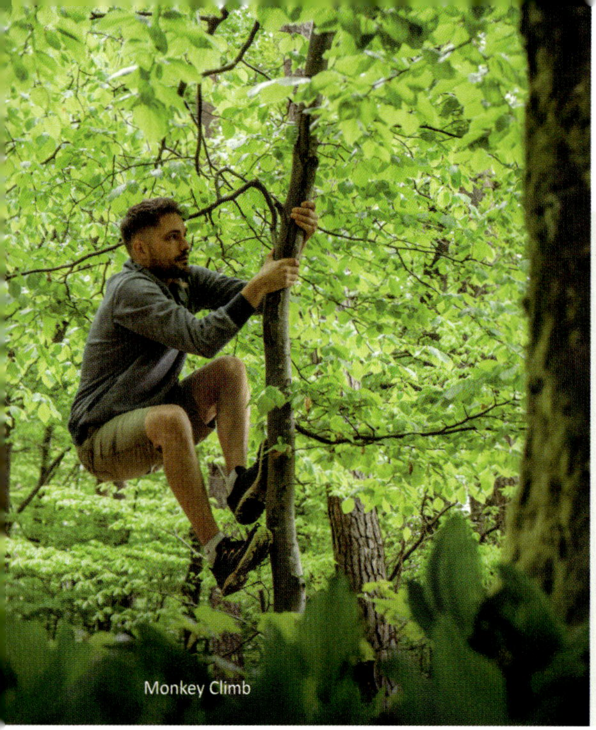
Monkey Climb

UNSER WORKOUT

20 sec Übung / 30 – 45 sec Pause, 3 Sätze, 2 min Pause zwischen den Sätzen)

- Warmup & Cooldown: 15 min Jogging
- Übungen:
  1) Krokodil
  2) Breakdancers
  3) Dynamischer Liegestütz
  4) Skorpion
  5) Monkey Climbs
  6) Dips
  7) Klimmzug
  8) Handstand

Dafür haben wir unser Repertoire mit Übungen aus dem Animal Fitness etwas aufgepimpt. Das sind Übungen, die an Bewegungen von bestimmten Tieren, aber auch aus dem Jiu-Jutsu oder Capoeira erinnern und besonders Mobilität und Stabilität fördern. In ihrer Essenz bestehen sie aus dem Wechsel zwischen Dehnen und Kräftigen. Je nach Skill-Level und Intensität kann man damit auch ordentlich an Koordination, Ausdauer und Kraft arbeiten. Im Prinzip reichen aber auch Liegestütz, Situps, Hampelmänner und ein paar Stabilisations-Geschichten – dieses Abenteuer ist wirklich beliebig an eure Bedürfnisse und Kenntnisse anzupassen. Oder ihr steckt euch einen Schlingentrainer, Thera-Bänder oder eine Yoga-Matte in einen leichten Rucksack und zieht mit euren eigenen Übungen los. Der Vorteil: Man hat gleich noch Platz für eine Wasserflasche, falls ihr länger unterwegs sein wollt.

Bei unserem ersten Versuch im Mai landen wir in einem wunderbaren Buchenhain, in dem wir ganz weiches Gras, einen alten Baumstumpf, stabiles Astwerk und eine nur 50 Meter entfernte Holzbank finden. Nicht nur bietet dieser Platz viele Möglichkeiten für Fitnessübungen, ihm wohnt auch ein traumhaftes grünes Frühlingsflair inne, das uns gleich zu einem vollen Workout inspiriert. Aufgewärmt sind wir schon durch die „Anreise“ per Jogging, jetzt gilt es noch, kurz die Lage zu sondieren, um auch nichts zu zerstören oder selbst Schaden zu nehmen.

Am Ende wird es ein Zirkeltraining aus acht Übungen. Den Anfang machen wir am Boden mit den einfacheren Übungen, die den ganzen Körper fordern und aktivieren, wie Alligator, Breakdancers und Skorpion (dynamische Stabilisationsübungen). Danach geht es an den Baumstumpf für positive (die Hände lagern höher als die Füße), dynamische Push-Ups. An einer jungen Buche mühe ich mich mit Monkey Climbs ab (Hinaufwandern des Stammes mit Händen und Füßen), was wegen der glatten Rinde aber ziemlich anspruchsvoll ist. Die Holzbank kann ich für Dips verwenden, im Anschluss mache ich mir die waagrechten Äste der Buche für Klimmzüge zunutze, so dass sich ziehende und drückende Bewegungen abwechseln. Zum Abschluss gibt es noch einen Handstand auf dem Waldweg, solange ich ihn eben halten kann (nach drei Runden dieser Übungen verwandelt sich das allerdings eher zu einer kurzen Koordinations- und Gaudi-Aktion). Zum Cool-down laufen wir langsam heim, wohlwissend, dass jede noch so kleine Regenerationsmaßnahme willkommen sein würde. Denn so viel war klar: Unsere überschäumende Frühlingsmotivation dürfte wohl einen tierischen Muskelkater nach sich ziehen.

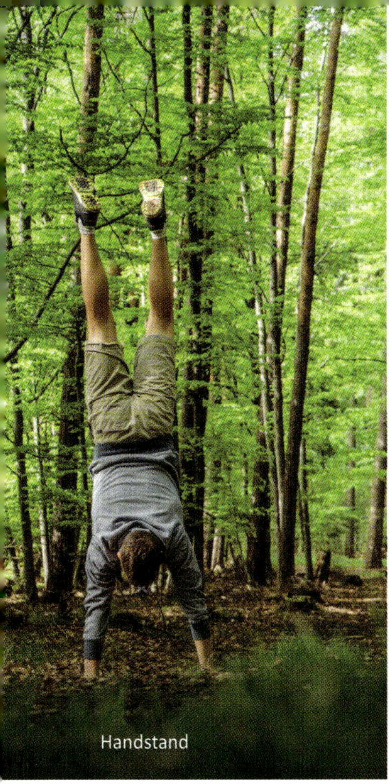

Handstand

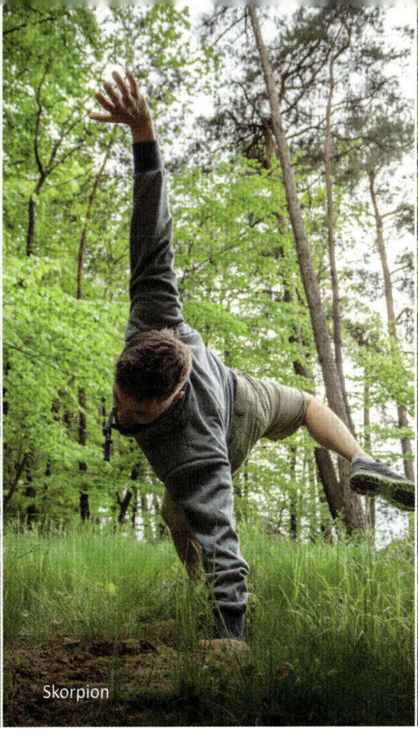

Skorpion

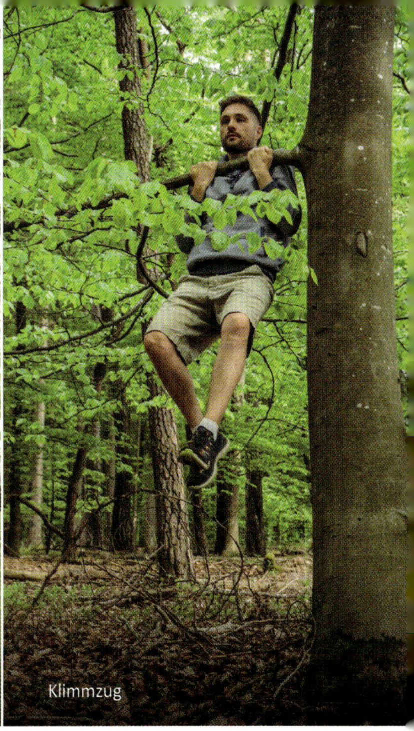

Klimmzug

TIPPS FÜR OUTDOOR-FITNESS

- Zeit nehmen, um die eigene Sicherheit zu gewährleisten, zum Beispiel beim Klettern oder bei Klimmzügen auf morsche Äste achten, den Boden nach Löchern oder rutschigen Stellen absuchen usw.
- Tiere nicht stören und Pflanzen nicht beschädigen.
- Auf saubere Ausführung der Übungen achten. Die Hilfe durch statische Geräte im Studio und die Aufsicht eines Trainers fallen weg.
- Beim Animal-Fitness sollten die Pausen zwischen den Übungen so lange sein, dass ihr ausgeruht in die neuen oder ungewohnten Bewegungen geht, das zentrale Nervensystem nicht überfordert wird und die Verletzungsgefahr minimiert ist.
- Wer bestimmte Aspekte trainieren will, Tipps zum Erleichtern/Erschweren von Übungen braucht und keine Vorkenntnisse hat, sollte sich unbedingt von einem Fitnesstrainer oder Sportlehrer einweisen lassen. „The Bioneer" gibt einen ganz guten Überblick zum Thema „Movement-Training" und zu verschiedenen Philosophien (YouTube-Video: *Movement Training Explained: Ido Portal, Animal Flow, and Primal Workouts*).

PFERDEMAGIE

Dauer:	ca. 2 h
Ort:	Bauernhof, Reitstall etc.
Schwierigkeitsgrad:	leicht/mittel
Fortbewegung:	mit dem Pferd

Autor: TR & MU

Wald, Hopfengarten, Wiese fliegen mit rund 40 Sachen an mir vorbei. Von der Landschaft bekomme ich kaum etwas mit. Der Wind pfeift mir um die Ohren, das Fahrwerk unter mir kommt mir auf einmal hart und windig vor, als wir über den Feldweg donnern. Mein Fokus ist allein darauf gerichtet, die halbe Tonne schnaubender Muskelkraft vor mir zu kontrollieren und nicht gleich von den herabhängenden Eichenästen, die auf uns zu rauschen, ordentlich abgewatscht zu werden. Dabei müsste ich doch nur mit dem Finger ein wenig ziehen an den Leinen und schon würde unser Pferd zum Ausweichkurs ansetzen.

So hat es mir nämlich Barbara gerade gezeigt. Babs sitzt neben mir auf dem Sulky und ist die Ruhe selbst. Sie trainiert seit über einem Jahrzehnt Traber und ist die Halterin von Rusalka (Spitzname „Rosi"), einem 25-jährigen, sehr lieben und geduldigen Trabrennpferd. Und Rosi hat gerade richtig Bock Gas zu geben! Nach ein paar Runden ist die Gute richtig warm geworden und man merkt ihr die Freude am Renntraben an. Den Eichenzweigen weichen wir durch Ducken aus, ich habe die Geschwindigkeit unterschätzt und war zu zaghaft mit meinen Steuerungsversuchen. Aber nur ein paar Kommandos später sind wir schon wieder langsamer und traben schnurstracks auf Tobi zu, der uns gerade fotografiert.

Der zuckt schon und wird nervös, weil er nicht sieht, wer die Leinen in der Hand hat. Als wir ei-

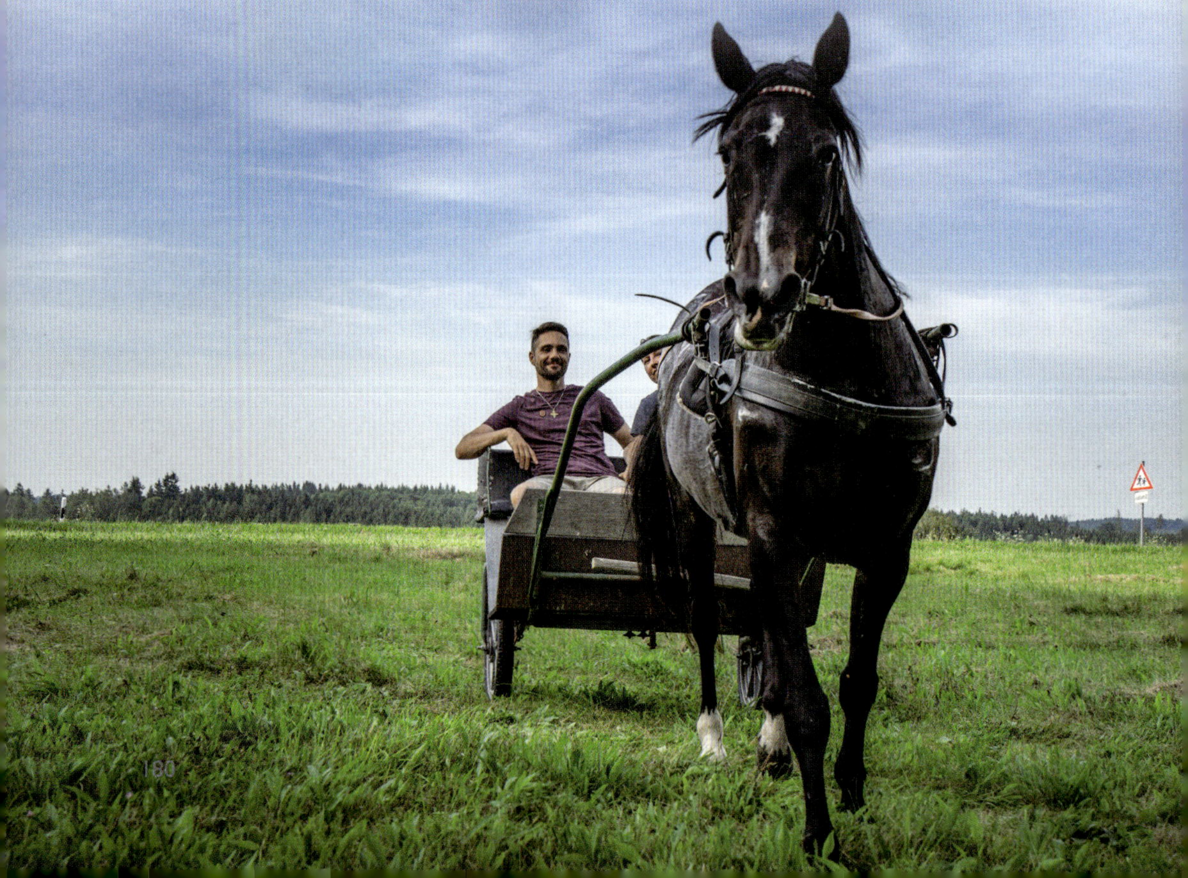

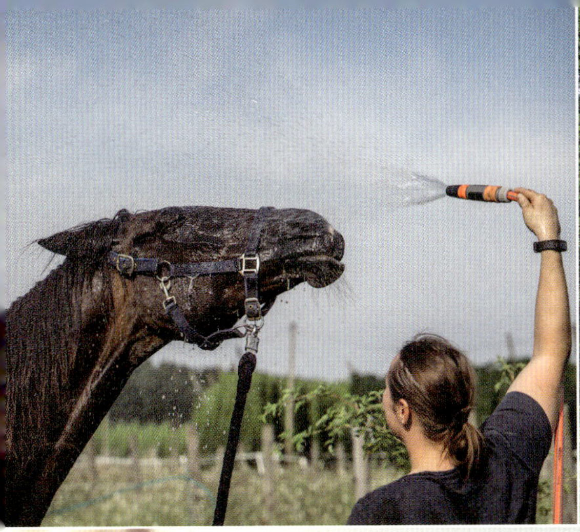
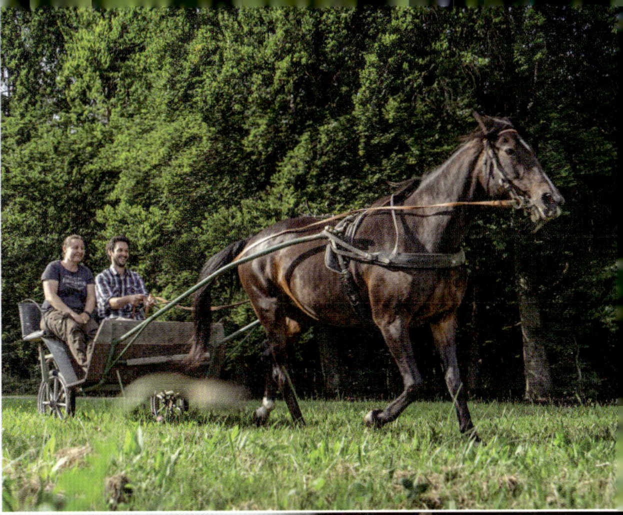
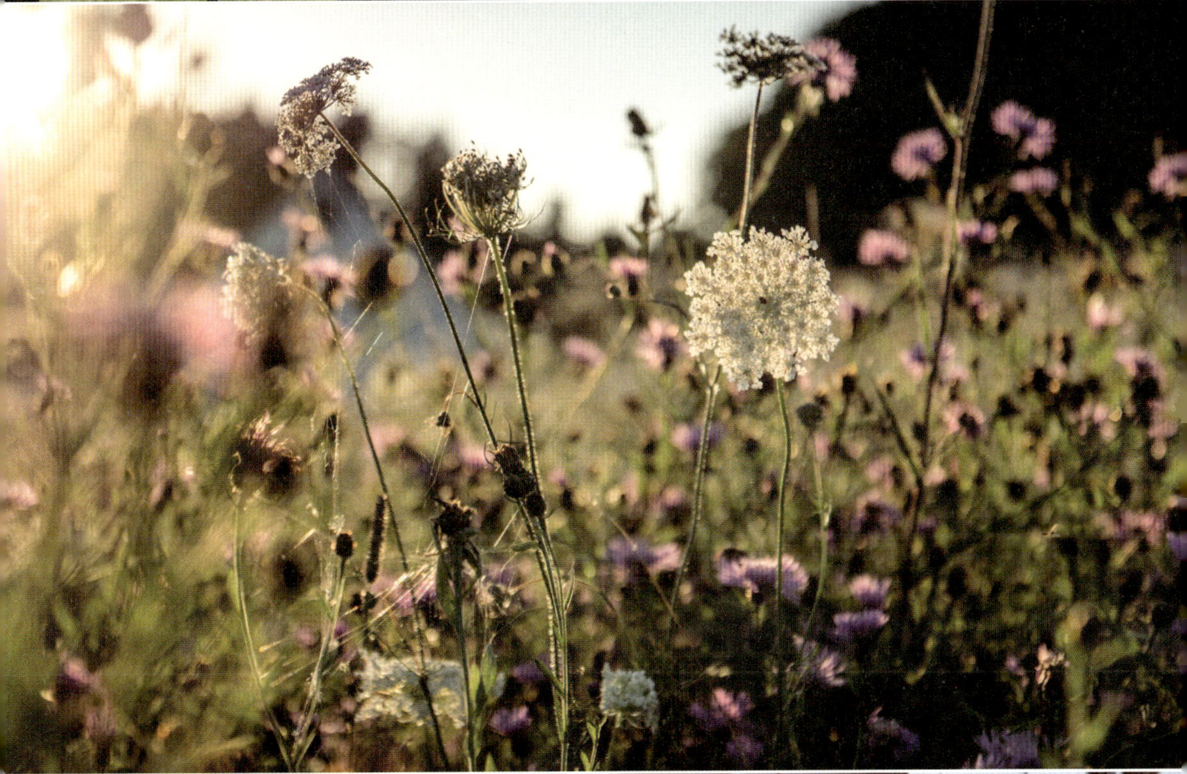
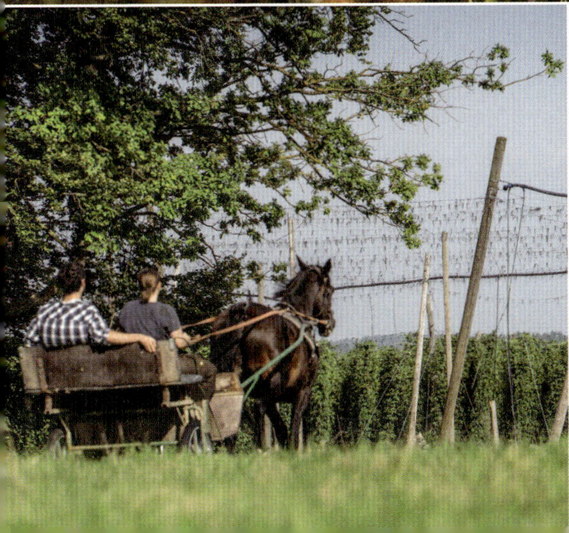
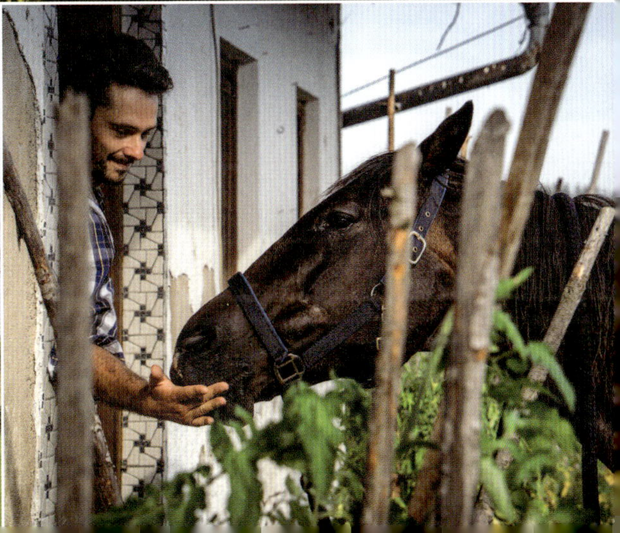

nen ganz engen Kreis um ihn herumfahren, ohne ihn auch nur zu touchieren, ist klar: Babs ist wieder am Steuer. Wahnsinn, diese Verbindung zwischen Mensch und Pferd, wie Kraft und Präzision nur über die Stimme und ein paar Leinen zusammenfinden. Wir wenden stehend im Kreis, das Pferd macht elegante Seitwärtsschritte und beweist die Vielseitigkeit der Traber. Dann tauschen Tobi und ich die Plätze und ich verarbeite erst einmal einen euphorischen Adrenalinschub. Wow – was für ein berauschendes und ursprüngliches Gefühl, so durch unser Hügelland zu jagen! Eine völlig neue Art der Fortbewegung für uns – und gleichzeitig können wir mit der Pferdetradition der Hallertau auf Tuchfüllung gehen.

Denn die Hallertau hat nicht nur viele Hopfengärten, sondern auch jede Menge Reitställe und Koppeln. Nachdem das Pferd als Arbeitskraft in der Landwirtschaft durch Motorkraft ersetzt wurde, hat sich seine Nutzung auf den Freizeitsektor verlegt. Die Menschen in den Metropolregionen Regensburg, Ingolstadt und München schätzen den Zugang zur Natur in der Hallertau und können es sich leisten, diesen auch mit einem Pferd zu erleben. Die Chance für mehr Abenteuer mit Pferd wäre also da gewesen, nur hatten Tobi und ich sie bisher noch nicht wahrgenommen. Uns waren die großen Vierbeiner eher unheimlich.

Als waschechte Abenteurer konnten wir aber nicht kneifen, als uns Babs spontan anbot, eine Runde mit Rosi zu drehen und selbst einmal das Gespann zu steuern. Eigentlich hatten wir nur Tobis schräge Idee von einem möglichen Titelbild für dieses Buch mit Hopfen UND Pferd umsetzen wollen. Das wäre die volle Ladung Hallertau gewesen. Ganz tapfer hat Rosi während des Shootings die Bremsen abgewehrt, Tobi vorsichtig aus der Hand gefressen und mich sogar auf ihrem Rücken liegen lassen. So eine Chance kriegt man nicht alle Tage. Jetzt verstehe ich auch die therapeutische Wirkung von Pferden deutlich besser. Die Mischung aus Kraft und Ruhe spendet Vertrauen und Geborgenheit. Tobi empfindet das Erlebnis mit dem Pferd als „Offenbarung". „So nah bin ich einem Pferd noch nie gekommen. Unfassbar, wie Babs das Pferd unter Kontrolle hat, mit nur ein, zwei Gesten, einem Zungenschnalzen, einem ‚Brr' und ein paar liebevollen, aber bestimmten Worten."

„Was passiert eigentlich, wenn man die Leinen einfach loslässt?", fragt Tobi am Ende unserer Spritztour leicht skeptisch. „Dann läuft Rosi einfach nach Hause in den Stall", entgegnet Babs ganz locker. Schlaues Pferd. Es weiß, wo es hingehört und was ihm guttut. Wie Rosi ihre Dusche nach unserer Rückkehr zum urigen Federlhof genießt, lässt uns dahinschmelzen. Genüsslich reckt sie sich dem Wasserstrahl entgegen, schließt die Augen, lässt sich verwöhnen und streicheln. Dann wirft uns Rosi einen wissenden Blick zu, der keine Widerrede duldet, und es geht mit frisch gewaschenem, glänzendem Fell zielsicher zum Grasen. Cooles Pferd. Schönes Pferd. Wir haben uns ein wenig verliebt, sind von Rosi alias Rusalka und ihrer Persönlichkeit verzaubert. Kein Wunder, schließlich verfügen die Rusalkas, mythologische Geister-Figuren des slawischen Raumes, über magische Fähigkeiten. Nomen est Omen.

WIE IHR EIN MICRO ADVENTURE MIT PFERD ERLEBEN KÖNNT

Wer keine Bekannten oder Freunde mit Pferden hat, die zufällig auch Qualitäten als Reitlehrer haben, muss sich kein Pferd kaufen. Man kann sich dem Thema Pferd über Schnupperkurse bei einem Reitverein oder einer Reitschule annähern. Wir garantieren eine Erweiterung der Komfortzone. Oder ihr wendet euch zum Beispiel an Hopfenland-Cowboy Christian Dörfler zum Wanderreiten rund um Au i. d. Hallertau (wanderreiten-hopfenlandcowboy.de). Dort lässt sich das Reiten gut mit Natur, Landschaft, Kultur, Geschichte, angenehmer Gesellschaft, kulinarischem Genuss und einem Hauch von Abenteuer kombinieren.

Erfahrt mehr zur Geschichte der Hallertau als Pferderegion auf Seite 204 im Kapitel „Wo die Hallertau aussieht wie in *„Der Herr der Ringe"* unter dem Punkt *„Rohan"* (Pferdeland).

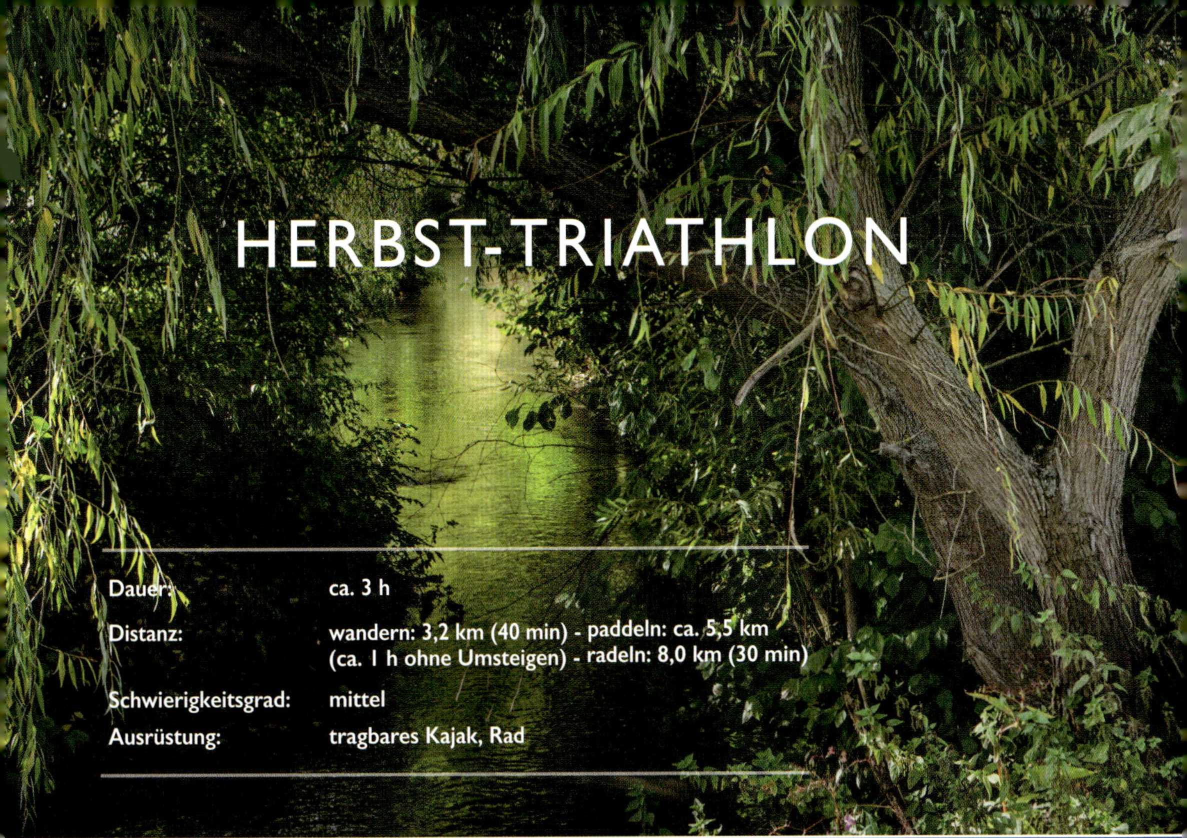

HERBST-TRIATHLON

Dauer:	ca. 3 h
Distanz:	wandern: 3,2 km (40 min) - paddeln: ca. 5,5 km (ca. 1 h ohne Umsteigen) - radeln: 8,0 km (30 min)
Schwierigkeitsgrad:	mittel
Ausrüstung:	tragbares Kajak, Rad

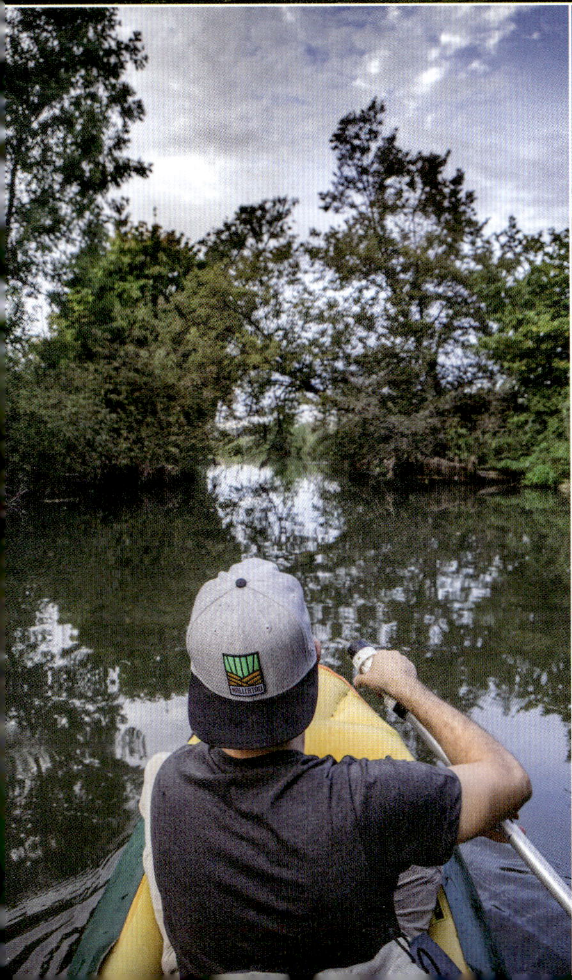

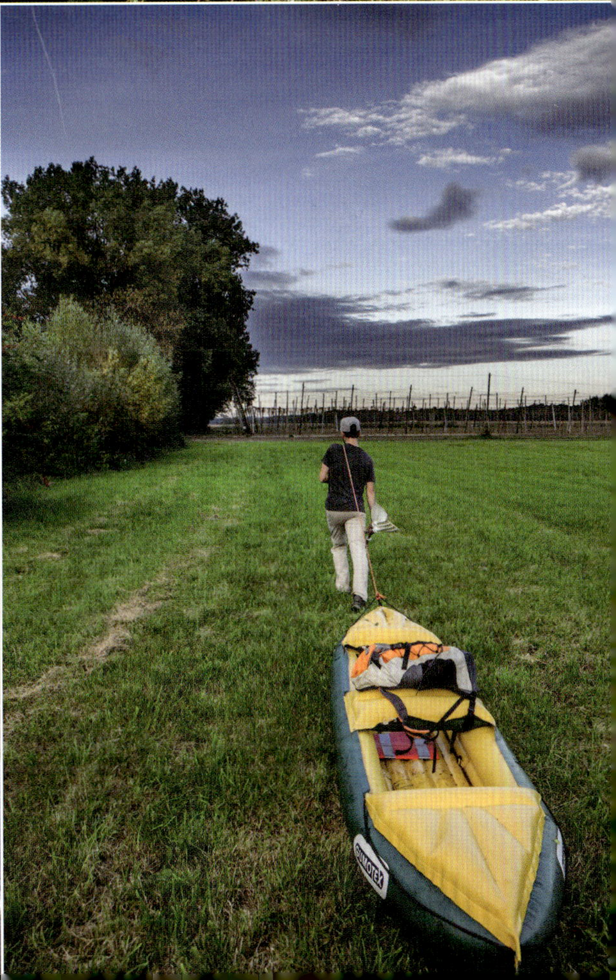

Da! 20, 30 Meter vor uns, da ist ein kobaltblauer Punkt. Automatisch hören wir beide gleichzeitig das Paddeln auf und lassen uns ganz leise auf ihn zugleiten. Endlich. Es ist das erste Mal, dass ich in der Hallertau einen ruhenden Eisvogel sehe. Er sitzt auf einem Stück Totholz, das über die Ilm ragt. Lange dauert es nicht, bis wir ihm zu nahe kommen, er sich in die Luft erhebt und davonfliegt. In einer geraden Linie schießt er durch den urwüchsigen, grünen Tunnel aus Erlen, Weiden, Brennnesseln und Schilf, der das dunkle Wasser umgibt, davon. Bis er wie eine kleine schillernde Sternschnuppe in der Ferne verschwunden ist. Ein überraschender, seltener Moment für mich, der lange anhält und doch zu schnell wieder vorbei ist. Und der sinnbildlich perfekt für dieses Abenteuer steht.

Der Eisvogel gilt aktuell in Europa als „dezimiert" und ist streng geschützt. Wären wir nicht leise und aufmerksam unterwegs gewesen, wären wir ihm wahrscheinlich nie begegnet. Das unterstreicht wieder einmal, dass es ist für ein Abenteuer gar nicht so entscheidend ist, wohin man reist, sondern wie man unterwegs ist. Diesen Satz habe ich mir aus Christo Foersters Buch („Raus und Machen. Die große Kraft des kleinen Abenteuers") gemerkt – und er traf hier perfekt zu. Die Einstellung, mit der man unterwegs ist, ist aber nur eine Seite der Medaille. Die tatsächliche Fortbewegungsweise die andere, denn auch damit kann man kreativ werden und neue Dimensionen erforschen. Die Idee eines kleinen Abenteuer-Triathlons vereint beide Seiten.

Die Kombination aus Wandern, Paddeln und Radeln versprach einen spannenden Perspektivenwechsel und bot eine logistische Herausforderung, denn wir wollten die Aktion an einem Nachmittag durchziehen und mussten die Räder im Vorhinein dort lagern, wo wir mit dem Kajak landen würden. Besonders auf das Paddeln mit Tobis Kajak freuten wir uns schon seit Monaten, auch wenn es das Element mit der größten Ungewissheit darstellt. Ursprünglich wollten wir die ganze Hallertau mit dem Kajak durchqueren, mussten aber andere Abenteuer vorziehen.

Nun ist es Anfang Oktober und nicht mehr ganz so warm. Allerdings können wir jetzt keine Brutvögel mehr stören. Durch den Outdoor-Boom der Coronazeit sind auch die Wasserwege häufiger befahren, manche Organisationen haben sich ein Ampelsystem überlegt, um die Gewässer nicht durch SUPs, Kajaks und Ähnliches zu überfordern. Das wird in der Hallertau allerdings eher selten passieren, die Gegend ist nicht gerade als Wildwasserparadies bekannt und während trockener Phasen kann ein Fluss wie die Ilm schon mal unbefahrbar sein. Die Stellen zum Umsetzen konnten wir nur ungefähr scouten, die Beschaffenheit des Wasserweges war uns auch nicht mehr ganz geläufig. Wir konnten nur schwer einschätzen, ob der Weg irgendwo blockiert sein würde und wie schnell wir auf dem Wasser vorwärtskommen würden.

Die Vorbereitung der Logistik frisst ein wenig mehr Zeit als erwartet, so dass wir erst um 15:00 Uhr

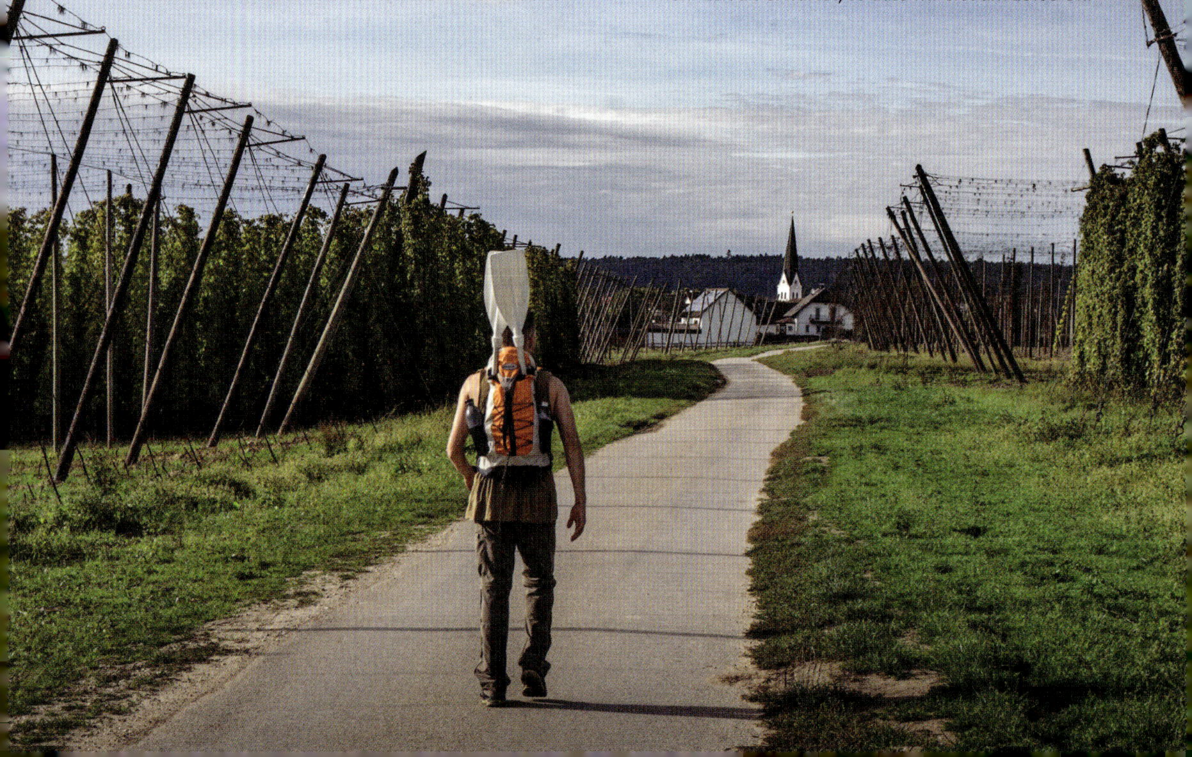

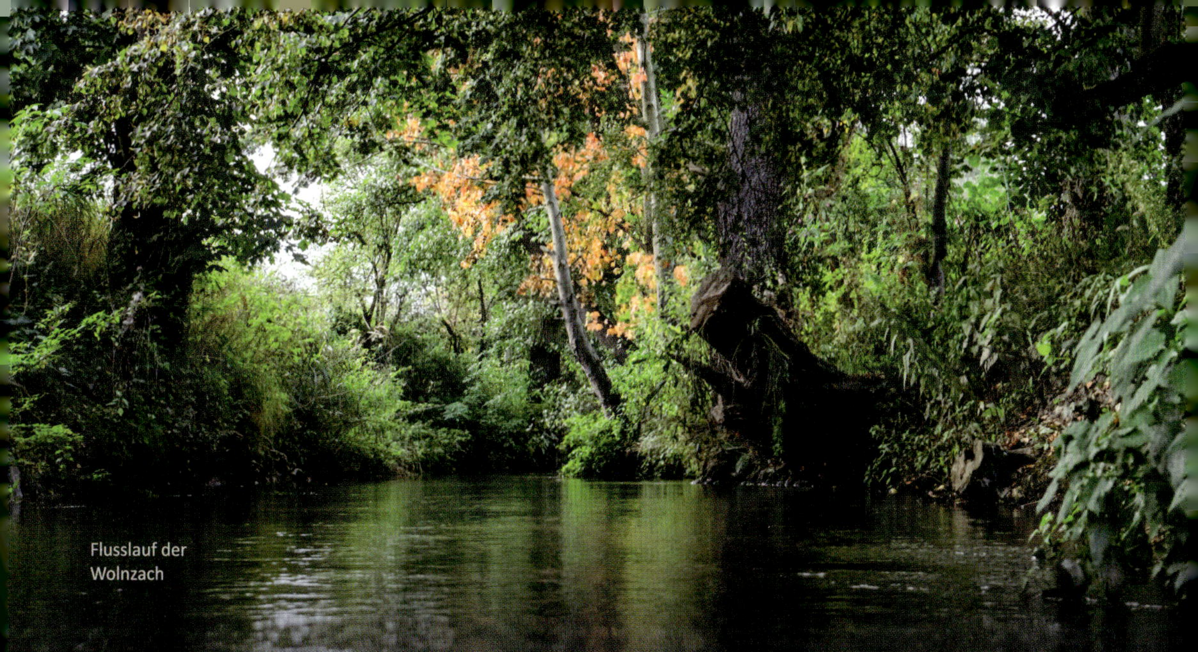

Flusslauf der Wolnzach

loswandern. Wir sind minimalistisch ausgerüstet, um auf dem Boot alles unterzukriegen. Die Voraussetzungen sind bestens: Es ist ein perfekter Herbsttag mit sommerlichen 24 Grad und Sonnenschein. Die erste Etappe ist eine kleine Wanderung von Gosseltshausen nach Königsfeld, 3 Kilometer und ein paar Zerquetschte. Nicht zu unterschätzen ist jedoch das Tragen des 13 Kilogramm schweren, sperrigen, aufblasbaren Kajaks, der Paddel und der Luftpumpe, der wasserdicht verstauten Kameraausrüstung sowie eines kleinen Reiseproviants.

Das Überqueren der Wolnzach und Passieren des denkmalgeschützten Wasserschlosses in Starzhausen sind quasi Vorboten auf die Wasseretappe. Wäre es nicht cool, vor der Haustür in die Wolnzach einzusteigen, auf die Ilm zu paddeln und von dort zur Donau? Geht leider wohl nur bei idealen Bedingungen und hohem Wasserstand, es wären wohl so grob 40 Kilometer zu paddeln. Aber es ist eine Idee, die uns im Kopf bleibt. Auf dem Weg nach Königsfeld kommen wir noch an zwei grünen Hopfengärten vorbei, obwohl schon 95 Prozent des Hopfens abgeerntet sind. Es zaubert uns ein Grinsen ins Gesicht, dass wir das Grüne Gold noch einmal draußen vor die Nase bekommen. In Königsfeld fangen wir eine deftige Brise Hopfenaroma sowie ein überschwängliches Peace-Zeichen eines Hopfenarbeiters beim Einhängen der Reben ein. Wir grüßen zurück, checken aber erst ein paar Sekunden später, dass der Arbeiter nicht nur grüßt, sondern mit den Fingern die beiden Flossen nachahmt, die über meinen Rucksack hinausragen. Die haben wir vor lauter Hopfen schon wieder vergessen.

Wie wir hinter Königsfeld die 4, 5 Meter breite Wolnzach überqueren, bleiben wir wie gebannt stehen. Der Verlauf des kleinen Flusses sieht hier traumhaft aus! Schattig, verwunschen, von Weidenwurzeln gesäumt, mit Brennnesseln und Springkraut zugewachsen. Wir entscheiden spontan, unser Glück und den Einstieg ins Kajak gleich hier zu versuchen und nicht erst an der ursprünglich geplanten Stelle an der Ilm. Gesagt, getan. Sofort macht sich der Wechsel der Bewegungsart bemerkbar. Wir sind auf einmal ganz alleine unterwegs, keine Spaziergänger, Radlfahrer oder Traktoren – nur das Plätschern des Wassers begleitet uns. Wie schwerelos fühlen wir uns, als wir im Boot sitzen und nur noch die Arme zur Fortbewegung benutzen. Auch das Gewicht der Rucksäcke ist weggefallen, die sind im Boot verstaut. Bis auf eine kleine Barriere aus Ästen ist dies der idyllischste Teil unserer ganzen Tour, eine wundervolle, nur circa 80 Meter lange Überraschung, mit der wir nie gerechnet hätten. Wir freuen uns riesig, dass wir es endlich zu unserem Abenteuer mit dem Kajak geschafft haben und es gleich so gut anfängt.

Nach dem Start auf der kleinen Wolnzach wirkt die Ilm wie eine 20 Meter breite Bundesstraße. Das Wasser fließt träge, die Ufer sind zugewachsen und vermitteln eine urwüchsige Hallertau, wie man sie von außen nie vermuten würde. Ein Stück Dschungel direkt zwischen Hopfengärten und doch vor der Haustür. Weiden, Erlen und Robinien spannen ihre Äste übers Wasser, wir gleiten darunter hinweg. Bald setzen wir das erste Mal auf, es ist gar nicht so leicht, die flachen Stellen und Kiesbänke zu meiden. Hoffentlich reißt es uns das Boot nicht irgend-

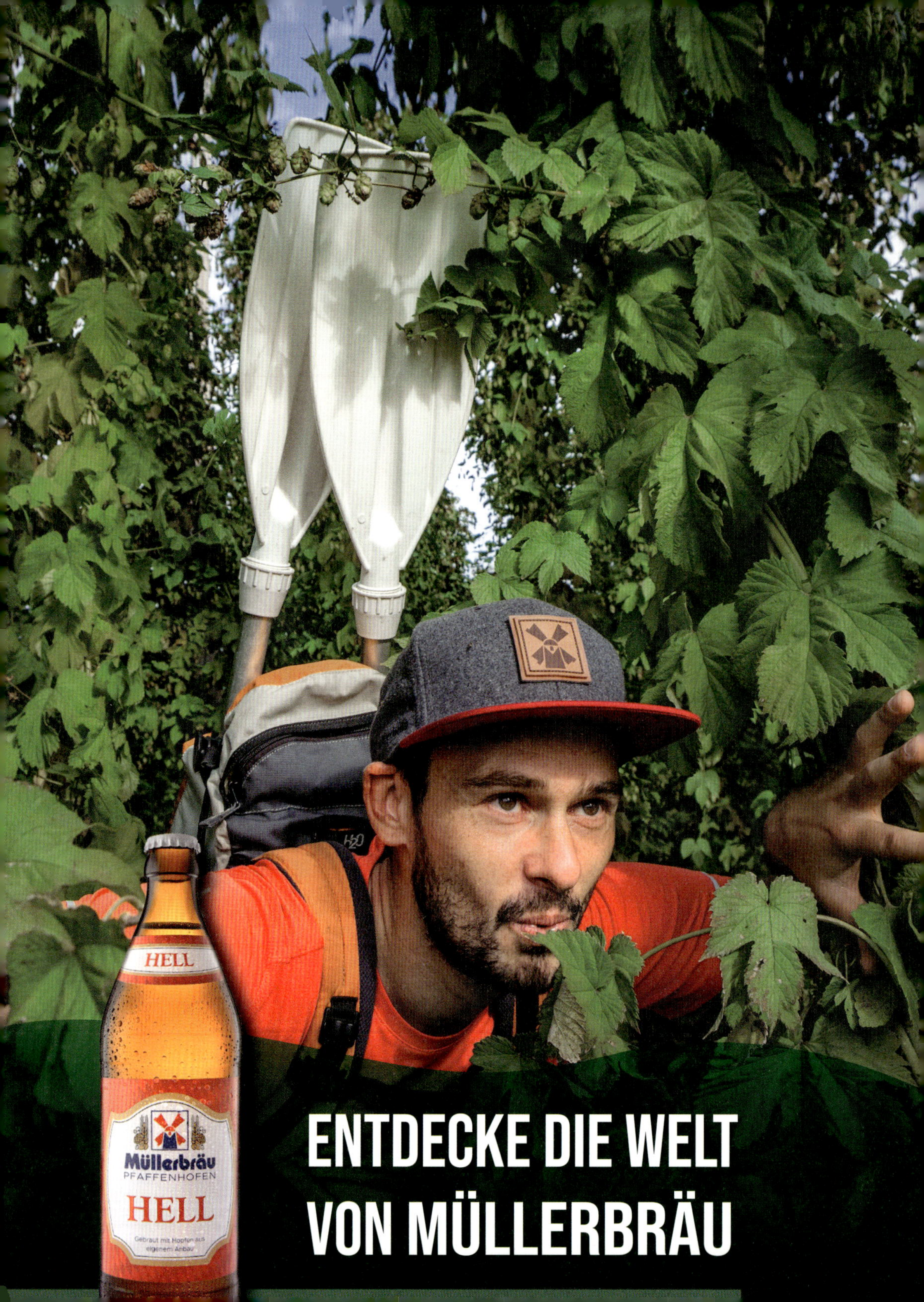
HELL
Müllerbräu
PFAFFENHOFEN
HELL
Gebraut mit Hopfen aus eigenem Anbau
ENTDECKE DIE WELT
VON MÜLLERBRÄU

wann auf. Das Wasser ist grünlich trüb und steht gerade hoch genug. Wenn man sich nebenbei aufs Fotografieren und Mitdiktieren konzentriert, leidet die Navigation entsprechend, da man beim Paddeln schon aufeinander abgestimmt sein muss. Die Zeit verfliegt, es wird 18:00 Uhr und langsam frisch und dunkel. Zeit für uns, einen Gang zuzulegen. Unterwegs treffen wir auf einige Blässhühner und den eingangs erwähnten Eisvogel. Zwei, drei schnellere Passagen mit Gefälle verlangen uns erneut volle Konzentration ab und sorgen für ein paar Turbulenzen. Als wir um 19:15 Uhr an der unscheinbaren Staustufe bei Ainau in Begleitung einiger Fischlein ankommen, sind wir von der Hüfte abwärts nass.

Die Unterhosen müssen runter, unsere Funktionshosen sollten beim Radfahren schnell trocknen. Wir kommen vom Wasser in das nächste Element, die Dunkelheit. Dadurch, dass wir nur den vom Licht beschienenen Flecken der Radlampen vor uns sehen, scheinen wir uns nicht vorwärts zu bewegen. Obwohl wir uns mit dem Rad drei bis vier Mal schneller vorwärtsbewegen als beim Wandern oder Paddeln. Wie eingetaucht in eine Riesenwanne von Finsternis rauschen wir durch die Landschaft und treten kräftig in die Pedale, damit uns warm wird. Die Beine konnten wir ja auf der mittleren Etappe schonen. Nur der Fahrtwind, einige überraschende Bodenunebenheiten und hier und da die Ahnung einer Silhouette gegen den Nachthimmel lassen unser Weiterkommen erahnen. Auf Höhe von Eichelberg hören wir noch eine Hopfenmaschine rattern, ebenso in Königsfeld, auch wenn hier die Scheunentore schon dicht sind. Das Lupulin hängt so schwer und würzig in der Luft, dass wir fast meinen, wir könnten im Vorbeifahren davon abbeißen.

Nach 30 bis 40 Minuten Radeln sind wir wieder daheim, in der Komfortzone. Wir müssen nichts mehr schleppen, sind nicht mehr nass und strampeln nicht mehr kurzsichtig durch die Dunkelheit. Nach ein paar Bissen Futter und mit trockenen Klamotten sieht die Welt gleich wieder anders aus. Daran merken wir erst, wie abwechslungsreich dieser „Triathlon" war. Er verlangte uns mehr Mitdenken und logistisches Handeln ab als andere Abenteuer, so dass manche Bilder und Eindrücke erst noch richtig verarbeitet werden wollen. Auch wenn es ganz anders kam als ursprünglich geplant: Wir haben unser erstes richtiges Kajakabenteuer hingelegt. Mit Anfang und Ende an der eigenen Haustür.

WEITERE IDEEN

- Natürlich kann man die Bewegungsarten kombinieren, wie man lustig ist. Alternativen wären Schwimmen, Laufen, Fliegen (wir sind an einem kleinen Segelflughafen vorbeigekommen!), Skaten oder Klettern – der Fantasie sind keine Grenzen gesetzt.
- Stand-up-Paddle-Boards (SUP-Boards) kann man sich zum Beispiel bei Sport Hammerschmid in Wolnzach ganz unkompliziert ausleihen (www.sport-hammerschmid.de/verleih).
- Der Surf-Club Geisenfeld (www.surfclub-geisenfeld.de) veranstaltet sogar SUP-Landkreismeisterschaften. Auch ein Rennen kann ein Abenteuer sein!

Grundsätzlich ist das Paddeln auf allen deutschen Fließgewässern erlaubt. Ausnahmen gelten für Kanufahrer an Talsperren oder Wasserflächen in Parkanlagen bzw. in Erholungsgebieten. SUP ist hingegen in Naturschutzgebieten, Schleusen, Trinkwasserschutzgebieten und Schwimmzonen verboten. Zu beachten sind aus Naturschutzgründen zahlreiche Befahrungsregelungen (siehe www.kanu.de). Hinweise zur Wasser-Etikette findet ihr auch auf Seite 209.

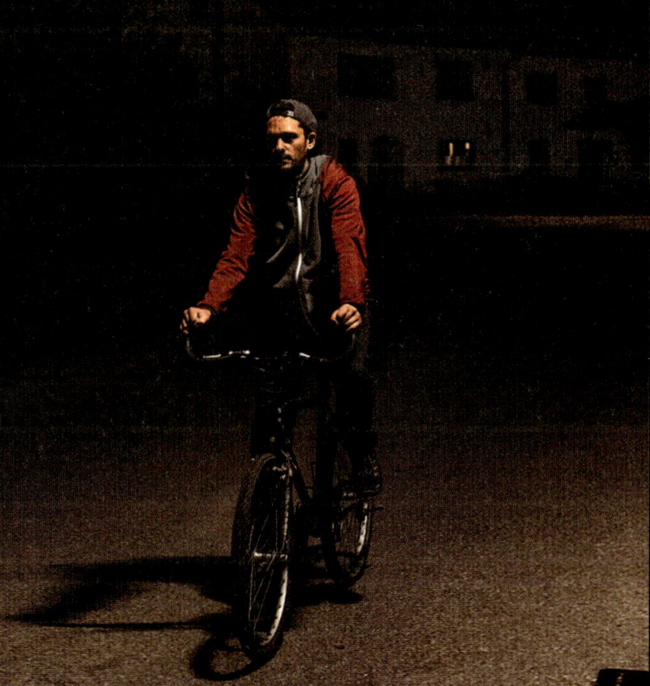

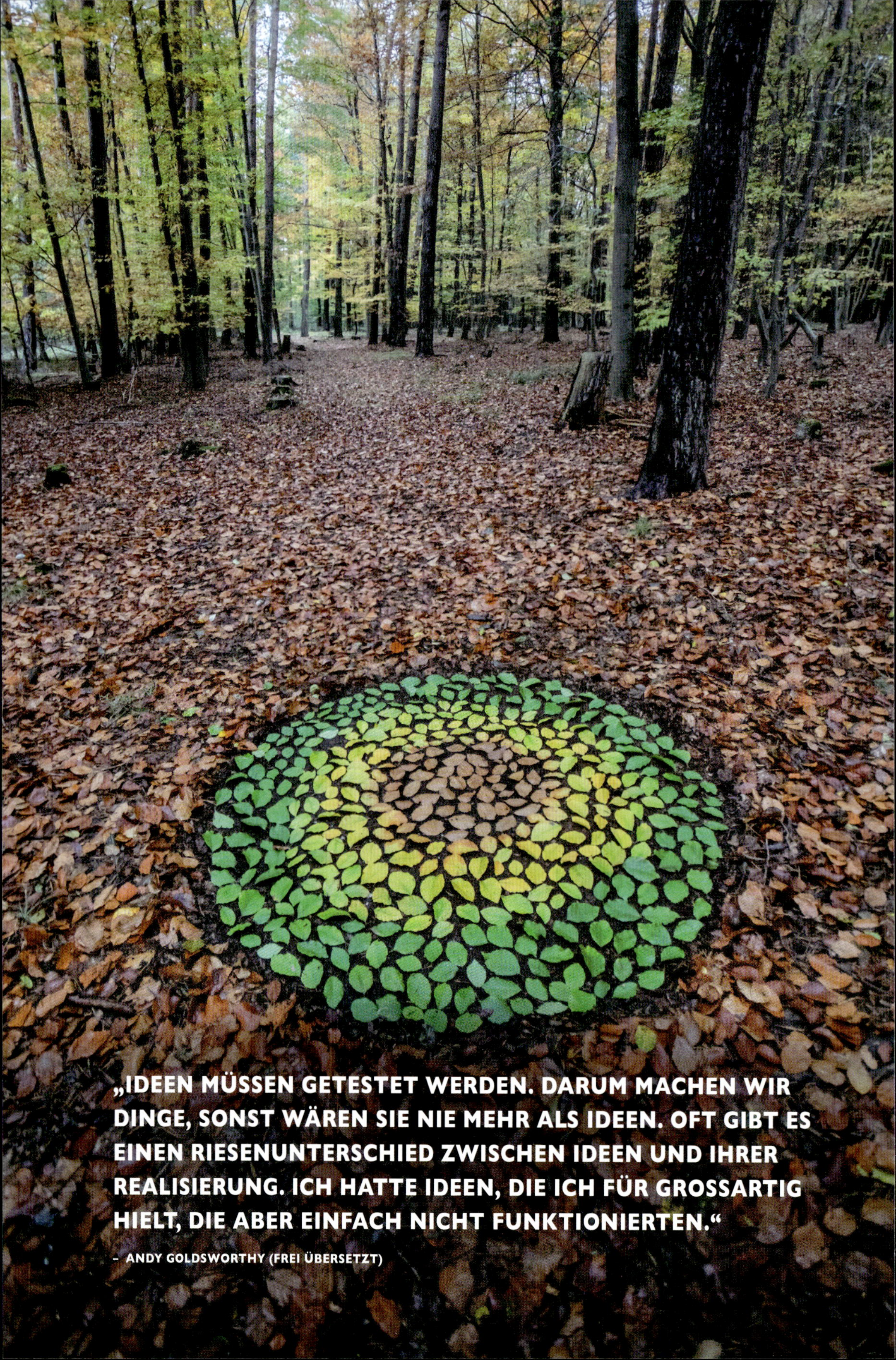

„IDEEN MÜSSEN GETESTET WERDEN. DARUM MACHEN WIR DINGE, SONST WÄREN SIE NIE MEHR ALS IDEEN. OFT GIBT ES EINEN RIESENUNTERSCHIED ZWISCHEN IDEEN UND IHRER REALISIERUNG. ICH HATTE IDEEN, DIE ICH FÜR GROSSARTIG HIELT, DIE ABER EINFACH NICHT FUNKTIONIERTEN."

– ANDY GOLDSWORTHY (FREI ÜBERSETZT)

NATUR-KUNST À LA GOLDSWORTHY

Dauer:	ca. 4 h
Ort:	Buchenwald
Schwierigkeitsgrad:	leicht bis schwierig (je nach Bedingungen)
Fortbewegung:	zu Fuß
Ausrüstung:	Handschuhe, Laubsack

Autor: MU

Rausgehen. Die Natur auf sich wirken lassen. Einen passenden Ort finden und dann seine Essenz mit natürlichen Mitteln herausarbeiten. Solange, bis ein Kunstwerk entsteht, das der nächste Windstoß, Sonnenaufgang oder der nächste Winter wieder vernichten können. Das ist der Wesenskern der Natur-Kunst. Einer ihrer prominentesten Vertreter ist der englische Künstler Andy Goldsworthy, der seit Jahrzehnten mit unterschiedlichsten Materialien großartige Werke schafft und fotografiert. Diese Kombination bescherte uns wohl das spannendste und emotionalste Micro Adventure.

Seit uns im Juli 2020 die Idee zu einem Natur-Kunst-Abenteuer kam, haben wir immer wieder Bilder von Goldsworthys Werken angeschaut. Unsere psychische Verfassung schwankte dabei zwischen Bewunderung, Ratlosigkeit, Trotz und Verzweiflung. So auch eines Mittwochnachts, mein Fazit damals: „S***** drauf. Wir machen es einfach wie Goldsworthy ... nur geiler." Was in einen der heftigsten Lach-Flashes mündete, den wir jemals hatten und der die arme Elena um 01:00 Uhr wieder aus dem Land der Träume holte. Wir haben sogar mit unseren Frauen den Film *Rivers and Tides* angeschaut, eine Doku über die Kunst des Engländers, die ich das erste Mal 2001 während eines Kunstkurses in den USA im Kino als Hausaufgabe schauen „musste". So lange schlummert die Idee schon in mir.

Goldsworthy beobachtet die Natur auf eine philosophische Art und gewinnt durch seine „Natur-Kunst" tiefgründige Erkenntnisse über die Gezeiten, Stein, Holz, Über- und Durchgänge, die Zeit oder den Wind. Er nutzt Dornen, Stöckchen oder Grasfasern, um zum Beispiel aus Ästen und Blättern ein Riesenmobile Stück für Stück an einen Baum zu hängen. Seine Werke sind filigran, gewagt, vergänglich und einfach ... verdammt gut. Im November 2021 überwinden wir endlich unsere Ehrfurchtsstarre, allerdings eher aus der Not heraus. Wir hatten schon einige Chancen versäumt, die leuchtenden Herbstfarben in einige unserer Abenteuer einfließen zu lassen. Da fallen uns Goldsworthys Laubkunstwerke wieder ein. Dafür müssten wir doch nur hinters Haus und in den nächstbesten Wald gehen, oder? In der Hallertau gibt es neben den immergrünen Fichtenwäldern auch immer wieder Lagen mit Buchen, deren Laub sich gerade mit einem herbstlichen Feuerwerk vom Sommer verabschiedet.

Also noch das Wichtigste in der Arbeit erledigt und dann nichts wie los! Es ist 14:45 Uhr an einem Donnerstag, wir haben weder etwas vorbereitet, noch bleibt viel Tageslicht übrig – es gibt nichts zu verlieren. Das ist wahrscheinlich genau die Einstellung, die wir gebraucht hatten, um dieses Abenteuer endlich anzugehen. Im Wald merken wir allerdings schnell, dass es gar nicht so einfach ist, die richtige Idee für den richtigen Ort zu finden – oder andersherum. Wir verwerfen die Idee, eine rote Linie aus Ahornblättern in eine Fichtenanpflanzung einzuflechten. Viel zu aufwendig.

Zurück zur anfänglichen Idee, wir einigen uns auf einen Kreis aus Buchenlaub, der durch seinen Farbverlauf den aktuellen Wechsel der Jahreszeit nachzeichnet. Fünf Farben benutzen wir dafür, suchen Blätter mit halben Farbtönen für die Übergänge. Meist bin ich am Laubsuchen und -beschaffen, während Tobi den Kreis legt – Blatt für Blatt, insgesamt rund 400 einzelne Teile in Braun, Gelb und Grün. Die konzentrischen Kreise hatten wir mit

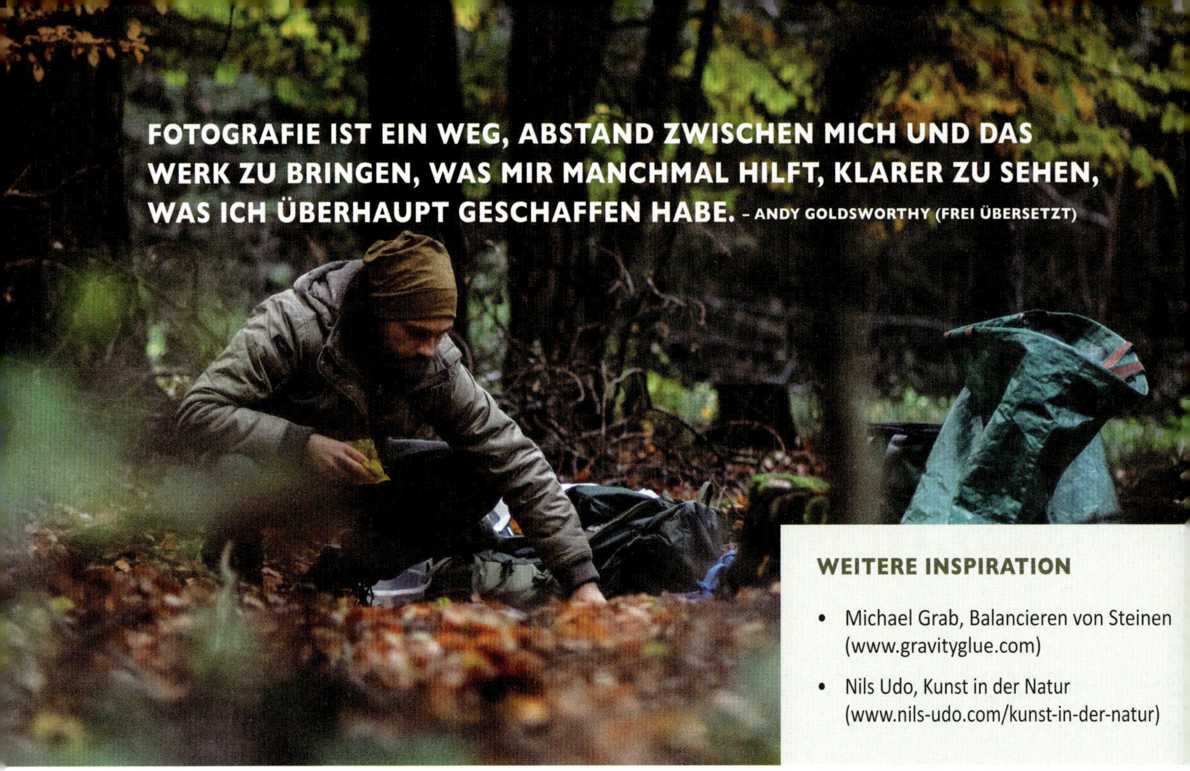

FOTOGRAFIE IST EIN WEG, ABSTAND ZWISCHEN MICH UND DAS WERK ZU BRINGEN, WAS MIR MANCHMAL HILFT, KLARER ZU SEHEN, WAS ICH ÜBERHAUPT GESCHAFFEN HABE. – ANDY GOLDSWORTHY (FREI ÜBERSETZT)

WEITERE INSPIRATION

- Michael Grab, Balancieren von Steinen (www.gravityglue.com)
- Nils Udo, Kunst in der Natur (www.nils-udo.com/kunst-in-der-natur)

einem herumliegenden Ast gezogen, erst viel zu spät machen wir uns Gedanken, wie wir das Ganze überhaupt vernünftig von oben fotografieren können, von wo der Wind herkommt, wann es zu dunkel zum Arbeiten wird. „Guad, ganz guad." Akademiker bei der Arbeit.

Alle paar Minuten höre ich den Wind in den Bäumen am Waldrand rascheln und bin höchst sensibilisiert. Jedes Mal antizipiere ich die ein paar Sekunden später an Tobis Baustelle auftretende Katastrophe. Manchmal höre ich ein verzweifeltes, jammerndes „Nein! Neeeein!" von Tobi, sammle aber stur weiter in der Hoffnung, dass der Windstoß schon nicht so schlimm war und nur ein paar Blätter umgedreht hat. Nur keine Zeit verschwenden, sonst ist es ohnehin gelaufen. Langsam werden die Finger und Füße kalt, es hat nur sechs, sieben Grad. Gott sei Dank nimmt der Wind in den nächsten ein, zwei Stunden immer mehr ab, unsere notdürftige Barriere aus Rucksäcken und Laubsack hätte keinen langfristigen Schutz geboten.

Das „Kunstwerk", das am Anfang noch nach schlechtem Kindergeburtstag aussah, hat immer mehr an Form und Wirkung gewonnen. Doch erst als wir das erste scharfe Foto davon haben, erlauben wir uns zu jubeln. Wir haben tatsächlich ein kleines, zufriedenstellendes Werk hingekriegt – beim ersten Versuch! Erleichtert fallen wir uns in die Arme und hüpfen wie verrückt im Kreis. „Es war, als würde ich das Finale einer Fußballweltmeisterschaft verfolgen, ich war richtig angespannt", strahlt Tobi. „Am Schluss war es, als hätte ich eine Trophäe gewonnen. So intensiv habe ich mich bei noch keinem Abenteuer gefreut." Obwohl der Laubkreis sicher in einigen Tagen wieder zerstört sein und dem natürlichen Lauf der Dinge folgen wird.

Auf jeden Fall können wir die Natur-Kunst auch allen nicht bildenden Künstlern nur empfehlen: Sie holte uns definitiv aus unserer Komfortzone heraus und zog uns immer mehr in die Natur und Kreativität, den Alltag hatten wir komplett vergessen. Die Aktion verlangte Fokus und kontextuelle Beobachtung zugleich, ebenso mussten wir handwerkliches Geschick, Auge, Hirn, Teamwork und Nerven beweisen. Wir haben auch allerhand über die Wegschneise im Buchenwald, ihre Beschaffenheiten und Materialien gelernt. In mancherlei Hinsicht ist diese Kunstform das Gegenteil zur Fotografie, die ohne direkte Berührung arbeitet und mit einem technischen Hilfsmittel per Knopfdruck Eindrücke haltbar macht. Wir werden jedenfalls in ein paar Tagen zurückkehren und schauen, was übriggeblieben ist, von unserem ersten vergänglichen Naturkunstwerk.

WINTER-CROSS-GAMING

Dauer:	**1 h oder länger**
Ort:	**verschiedene Terrains**
Schwierigkeitsgrad:	**leicht**
Fortbewegung:	**zu Fuß, mit dem Rad**
Ausrüstung:	**Kubb-Set, Frisbee**

Autor: MU

Tobi und ich lieben Spiele. Gebt uns einen Ball oder irgendein anderes Spielgerät und ihr könnt sicher sein, dass uns jede Menge Unsinn damit einfällt – auch im Winter. Es kann sogar ein einfacher Kiesel sein, mit dem man sich spielerisch die Zeit vertreibt. Wer auf dem Land aufwächst, muss öfter kreativ werden. Und wer das besonders gut kann, sind Kinder.

Ich erinnere mich an die Grundschulzeit und endlose Stunden, als mein Bruder Mathias aka „Hirse-Brei" aka „Hain Solo", unser gemeinsamer Freund Josef aka der „knechtige Yao-Zen" aka „das dritte Kind" und ich im Hof unseres umgebauten Bauernhofs saßen und mit Kieseln warfen. Unser Ziel: noch viel kleinere Kiesel. Durch eine Art telepathische Verbindung verstand jeder sofort, welches Exemplar im Kieselmeer unser nächstes Ziel sein sollte. Wir waren im Gaming-Mode. Erstaunlich war auch, wie gut die Trefferquote nach ein paar dutzend Würfen wurde.

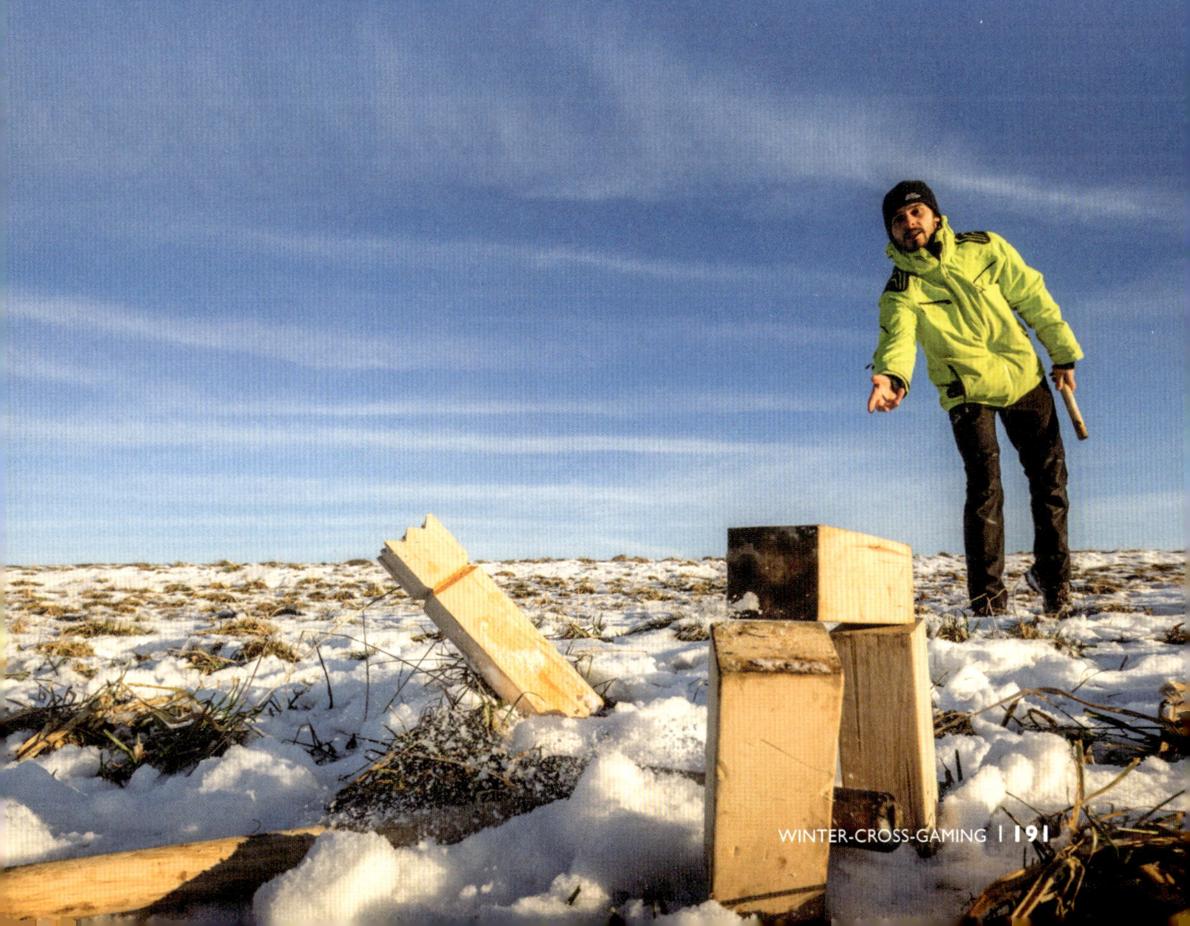

Obwohl wir viel Ausdauer bei so einer relativ gedankenleeren, manche würden sagen „hirnlosen“ Tätigkeit bewiesen, fand jedoch bald das kreative Element seinen Weg in die ganze Gaudi. Es manifestierte sich zum Beispiel in Form von Spitznamen und „Trash Talk“ (psychologische Kriegsführung, Wortwitze und Gefrotzel), aber auch immer trickreicheren, raffinierteren Herausforderungen. Mal musste man in Folge treffen, mal musste der Kiesel eine gewisse Flughöhe erreichen, mal hatte man nur eine begrenzte Anzahl an Steinen, mal musste man mit Bande werfen, mal durfte man versuchen, den Kiesel des anderen mit dem eigenen abzulenken. Hier besteht definitiv eine Parallele zum Thema Abenteuer, denn diese sind ja auch zu einem gewissen Maß künstlich konstruiert. Man erlegt sich selbst eine Hürde auf oder steckt sich ein einfallsreiches Ziel, um seine Grenzen zu testen, mehr Tiefgang aus einer Aktivität und Freude bei der erfolgreichen Umsetzung herauszuholen. Erst 2020 ließen wir unsere Kiesel-Tradition im Sommer vor dem Sternebeobachten wieder aufleben. Gestandene Männer, die Radiosender bauen, Vorstandsprofile entwickeln und Kommunikationsstrategien schreiben, in der Sonne beim Kieselwerfen, stundenlang. Zurück in der Stein-Zeit. Geschenkte Stunden.

Und somit kommen wir zum Punkt: Wie schnell und mit wieviel Spaß die Zeit beim Spielen doch vergehen kann. Es gibt die Theorie, dass der „spielende Mensch“, der Homo ludens, seine kulturellen Fähigkeiten durch das Spielen lernt. Wir setzen noch einen drauf. Wir wollen Spiele nutzen, um unsere Umgebung anders und besser kennen zu lernen, und zwar indem wir Spiele auch gerne mal in neuer Umgebung, als Crossover (als „Vermischungsvariante“) spielen. Dabei ist die Suche nach einem geeigneten Ort oft schon das halbe Abenteuer. Man sollte tunlichst vermeiden, die Umwelt zu beschädigen, jemanden zu stören und ohne Erlaubnis auf Privatgrund zu zocken. Aber ansonsten sind der Fantasie kaum Grenzen gesetzt. Mein Kubb-Spiel („Wikingerschach“) liegt immer bei mir im Kofferraum und kam schon in einem Bushäuschen, bei Mondschein, auf einem Feldweg, auf einem Fußballfeld, am Strand, im Regen oder auf einem Wiesenhang in der Toscana zum Ein-

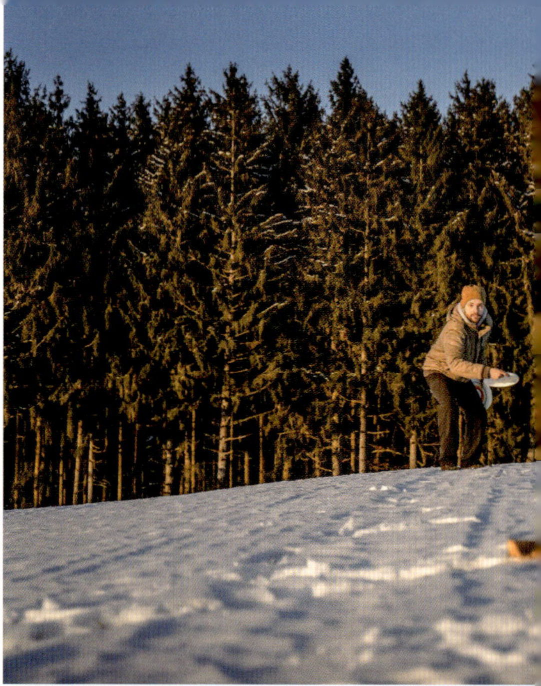

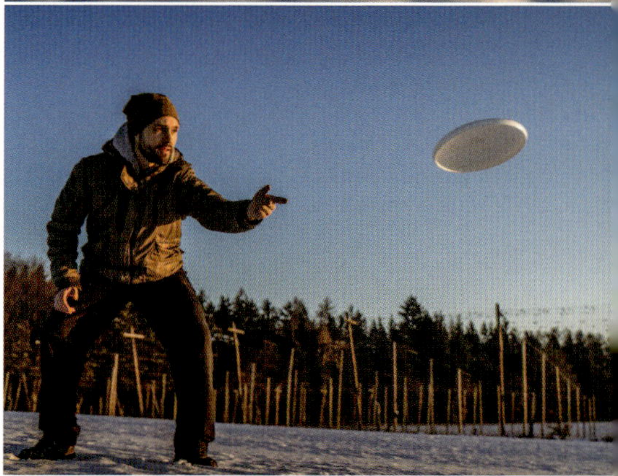

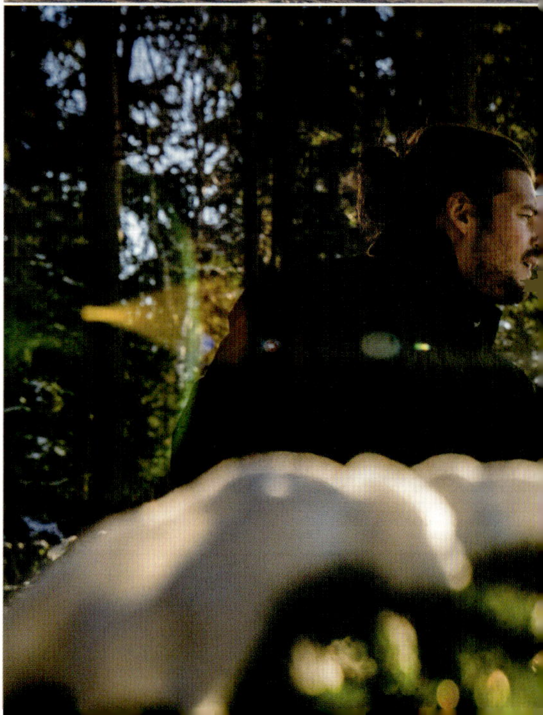

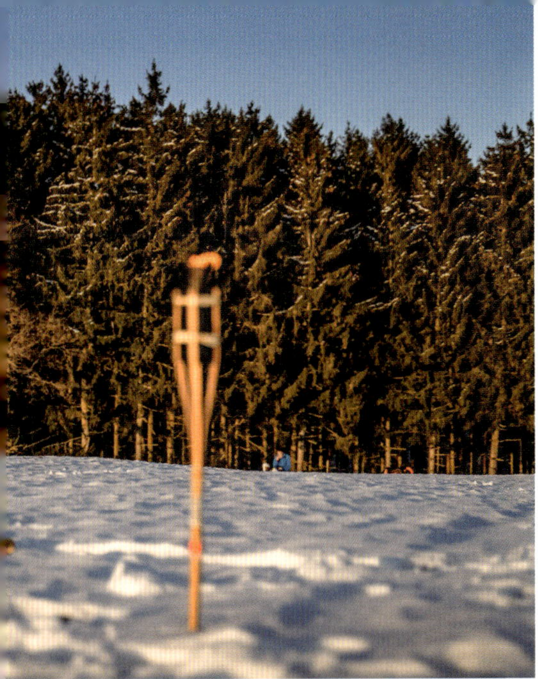

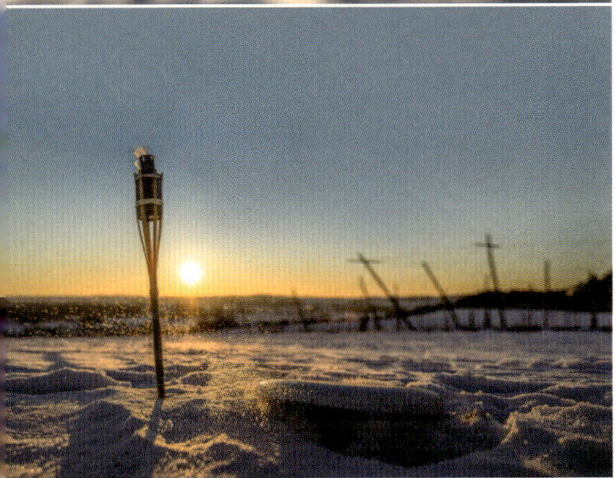

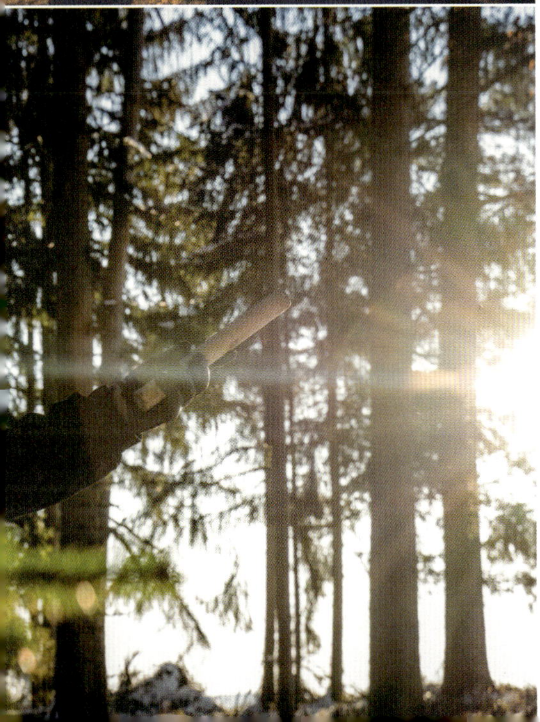

satz. Die Umstände verändern sich, das Ziel bleibt das gleiche: mit seinen runden Wurfhölzern die Holzquader des Gegners umzuwerfen und zum Schluss den König zu reißen.

Um euch noch eine andere sehr spaßige „Cross-Sportart“ vorzustellen, haben sich unser Spezl Mathias, Anna und ich bei bestem Winterwetter auf den Weg gemacht und sowohl Kubb als auch Frisbee-Golf in der Schneevariante ausprobiert. Frisbee-Golf funktioniert tatsächlich einfach wie Golf, nur mit einem Frisbee eben. Mit so wenigen Würfen wie möglich versucht man, von einem Ausgangspunkt in einem Korb, Kreis oder einer ähnlichen Markierung am Ende der Strecke zu landen. Gegebenenfalls kann man noch Hindernisse, ein Zeitlimit oder einen Parcours vorgeben, den es einzuhalten gilt. Die beiden Spiele eignen sich auch perfekt für Kids und können zu zweit, dritt oder zu zwölft – oder theoretisch sogar alleine – gespielt werden. Bei unseren Sessions mussten wir den Wind, die Neigung der Spielfläche, die dämpfende Wirkung des Schnees, die blendende Sonne und Bäume im Spielfeld einbeziehen. Und die vorbeispazierenden Beobachter, die manchmal besseren Trash-Talk auf Lager hatten als wir. Ein Heidenspaß.

WEITERE IDEEN

- Capture the Flag („Erobere die Flagge“) mit zwei Teams in einem Wald (Besitzer vorher fragen!), Park oder bei Nacht spielen.
- Die „4-Elemente-Challenge“: mit seinem Kubb oder Frisbee losziehen und vier verschiedene Terrains suchen, auf denen die Matches ausgetragen werden, zum Beispiel Asphalt, Gras, Sand, Holz, Kies oder Erde. Dabei kann man auch fremde Passanten einladen, um den Ungewissheitsfaktor weiter zu erhöhen.
- Wer in Sachen Trickshots kreative und unterhaltsame Inspiration sucht, kann gerne bei den absoluten Profis vorbeischauen: Dude Perfect (dudeperfect.com).

WO DIE HALLERTAU AUSSIEHT WIE IN DER HERR DER RINGE

Dauer:	individuell
Ort:	Hallertau
Schwierigkeitsgrad:	leicht bis schwierig
Fortbewegung:	zu Fuß, mit dem Rad
Ausrüstung:	eine Motivsammlung aus dem Film, Kamera Topographische Karte oder *geoportal.bayern.de/bayernatlas*

Autor: MU

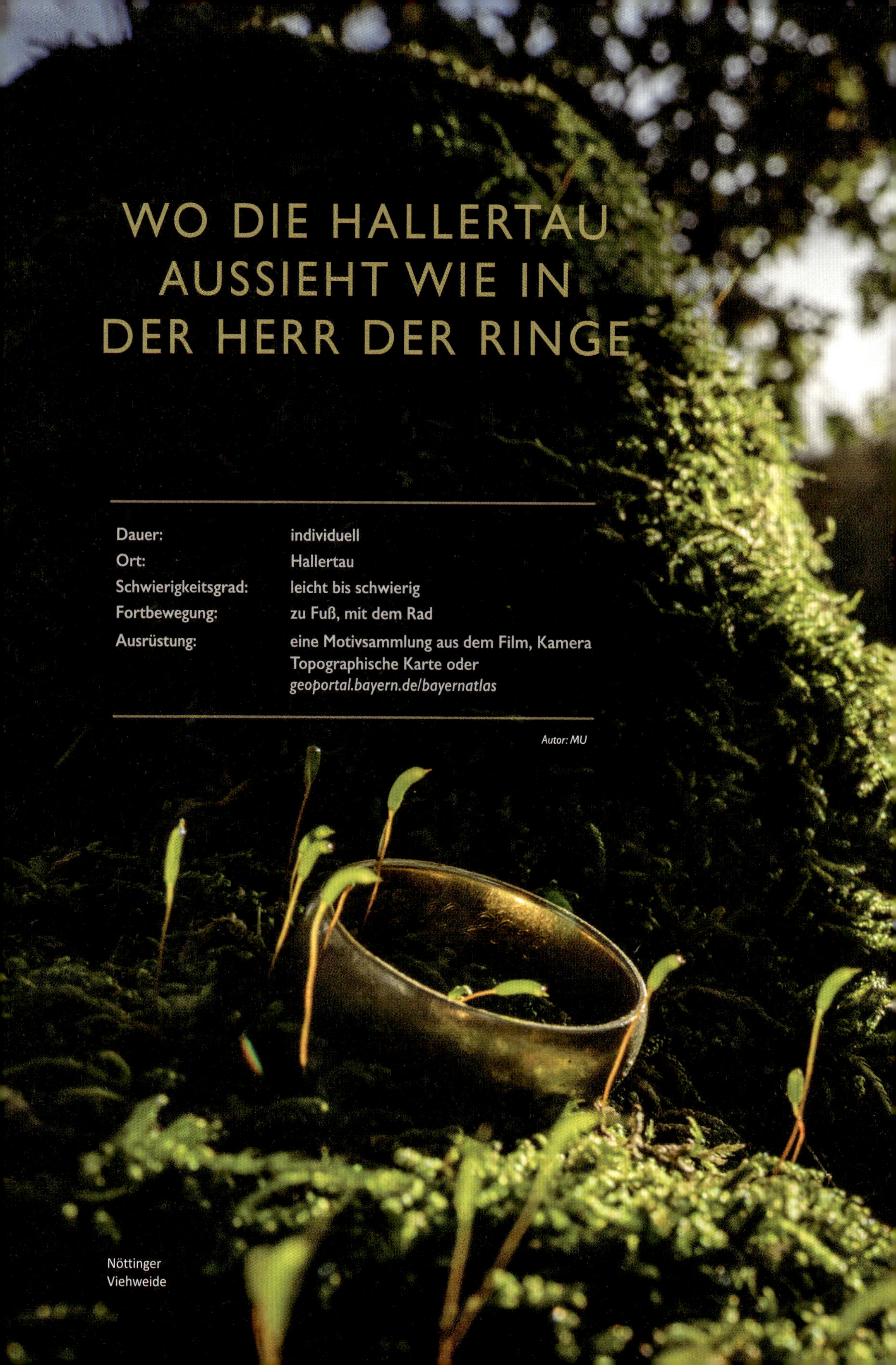

Nöttinger
Viehweide

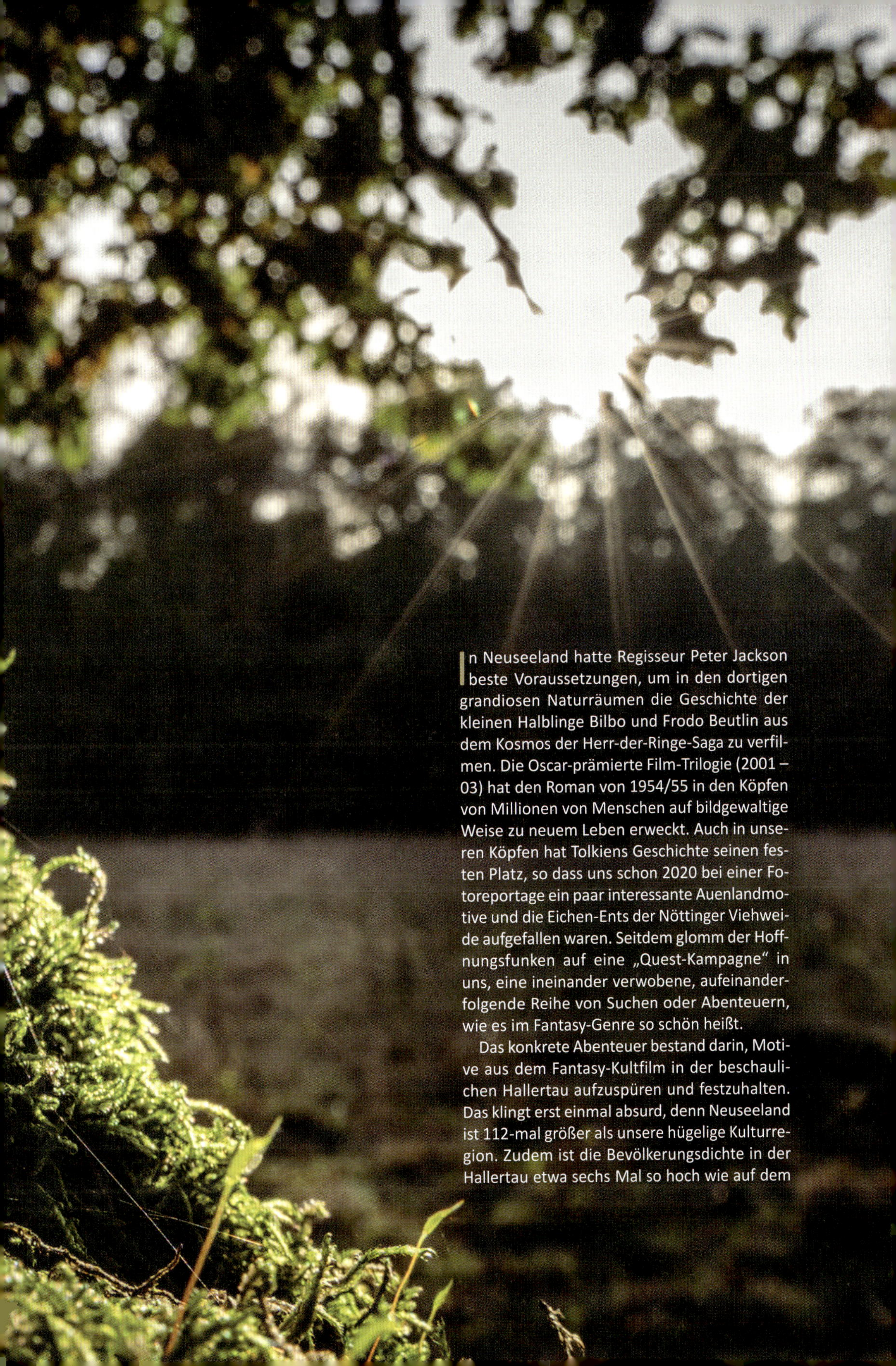

In Neuseeland hatte Regisseur Peter Jackson beste Voraussetzungen, um in den dortigen grandiosen Naturräumen die Geschichte der kleinen Halblinge Bilbo und Frodo Beutlin aus dem Kosmos der Herr-der-Ringe-Saga zu verfilmen. Die Oscar-prämierte Film-Trilogie (2001 – 03) hat den Roman von 1954/55 in den Köpfen von Millionen von Menschen auf bildgewaltige Weise zu neuem Leben erweckt. Auch in unseren Köpfen hat Tolkiens Geschichte seinen festen Platz, so dass uns schon 2020 bei einer Fotoreportage ein paar interessante Auenlandmotive und die Eichen-Ents der Nöttinger Viehweide aufgefallen waren. Seitdem glomm der Hoffnungsfunken auf eine „Quest-Kampagne“ in uns, eine ineinander verwobene, aufeinanderfolgende Reihe von Suchen oder Abenteuern, wie es im Fantasy-Genre so schön heißt.

Das konkrete Abenteuer bestand darin, Motive aus dem Fantasy-Kultfilm in der beschaulichen Hallertau aufzuspüren und festzuhalten. Das klingt erst einmal absurd, denn Neuseeland ist 112-mal größer als unsere hügelige Kulturregion. Zudem ist die Bevölkerungsdichte in der Hallertau etwa sechs Mal so hoch wie auf dem

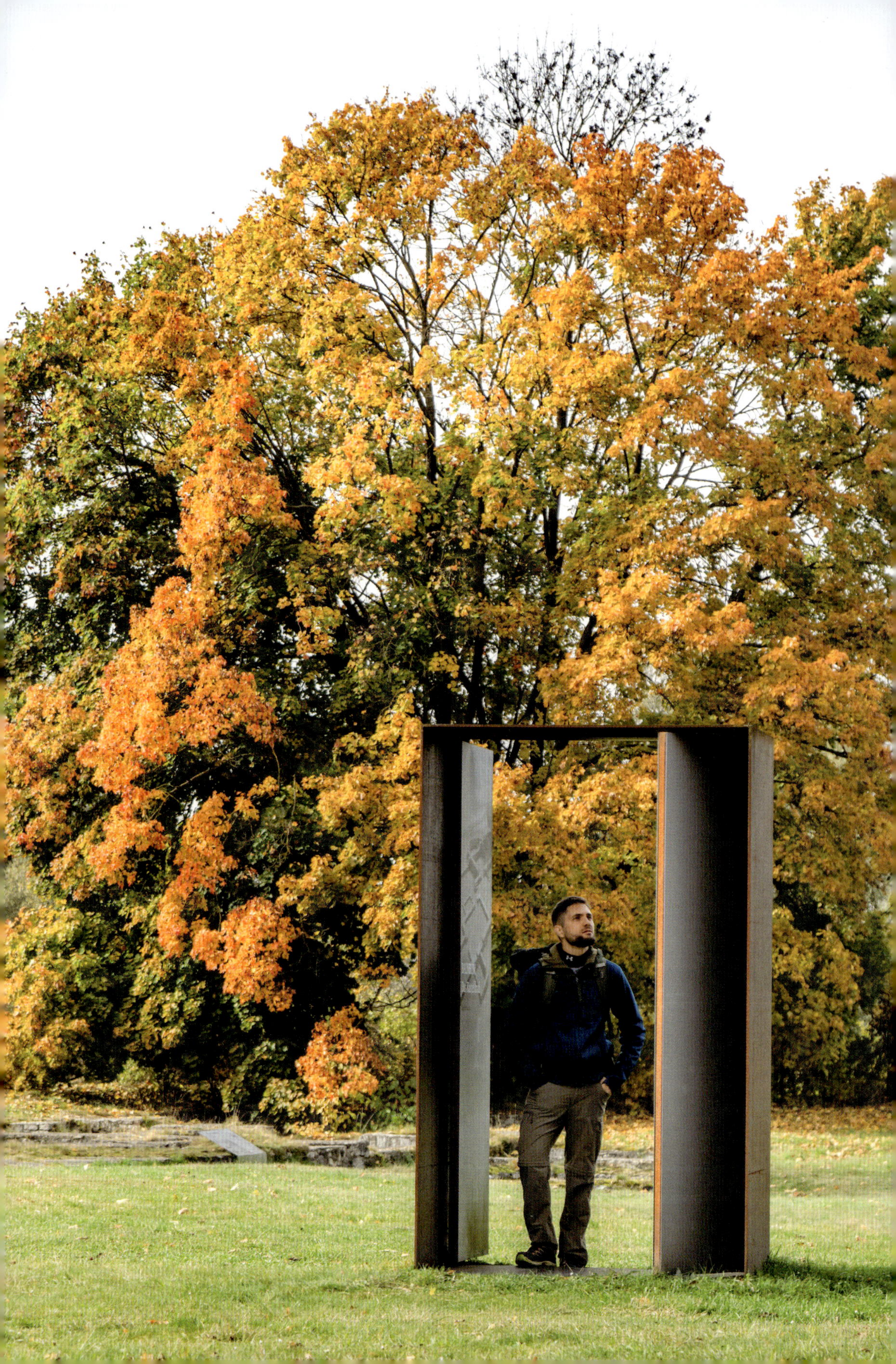

„ES IST EINE GEFÄHRLICHE SACHE, FRODO, AUS DEINER TÜR HINAUS ZU GEHEN. (...) DU BETRITTST DIE STRASSE, UND WENN DU NICHT AUF DEINE FÜSSE AUFPASST, KANN MAN NICHT WISSEN, WOHIN SIE DICH TRAGEN." – BILBO BEUTLIN

Inselstaat im Südpazifik – mit der großen Wildnis und berauschenden Naturspektakeln würde es schwierig werden. Aber die Idee ließ uns einfach nicht mehr los. Um Hinweise auf die Lage der Motive zu bekommen, konnten wir kundige Zeitgenossen befragen, topografische Karten studieren und Beiträge durchstöbern. Und dann mussten wir einfach sehr, sehr oft auf Erkundungstour gehen. Im Prinzip ist das Ganze eine Riesenschatzsuche, nur dass die Schätze eben bestimmte Bilder, Motive oder Locations sind. Derartige Abenteuer könnt ihr natürlich auch vor eurer eigenen Haustür durchführen, es sollte genügend geeignetes Referenzmaterial an Büchern, Serien und Filmen geben, die zu eurer Region passen. Detaillierte Karten zu unseren Funden wird es nicht geben, denn erstens sollen diese Orte geschont werden und zweitens macht allein das Suchen und Finden die Hälfte des Spaßes aus. Unser Anspruch war natürlich, so viele Impressionen zusammenzubekommen, dass ein handfestes Kapitel für dieses Buch herausspringen würde.

Außerdem musste in unserem Fall die Jagd nach Herr-der-Ringe-Motiven in der Hallertau über das Jahr hinweg parallel zu unseren anderen Abenteuern und Foto-Shootings immer im Hinterkopf mitlaufen. Zu groß war die Gefahr, bei so einem Riesenabenteuer Unmengen an Zeit zu verlieren und das Buch nicht fertig zu bekommen. Wer konnte schon wissen, ob wir überhaupt gerade das richtige Licht, Wetter und genügend Zeit haben würden, das Motiv entsprechend zu fotografieren – selbst wenn wir über eines stolpern würden? Oft hatten wir nur eine vage Ahnung, wo wir geeignete Motive finden konnten. Die Hallertau hat keine Gletscher, Sumpf- und Hochebenen, bergige Küstenlinien, subtropischen Regenwälder, großen Seen oder Vulkane. Die größte Gemeinsamkeit war der bewaldete Auenlandcharakter, der natürlich in der Hallertau viel kleinteiliger und zahmer ausfällt als im wilden und weitläufigen Neuseeland.

Nachdem unser Bildarchiv auf über 6.400 Dateien angewachsen war, stand aber fest: wir hatten tatsächlich einen kleinen, aber feinen Schatz an Herr-der-Ringe-Motiven beisammen, so dass wir euch die Hallertau einmal aus einer ganz anderen Sicht zeigen können. Mit *Der Herrn der Ringe* schloss sich für uns ein Kreis. Meine Eltern haben ihn meinem Bruder und mir schon zu Grundschulzeiten vorgelesen. Später habe ich sogar meine Magisterarbeit darüber verfasst („Die Macht und das Böse in der modernen Fantasy-Literatur anhand von Foucaults Panopticon" #nerdalert). Und nun sind wir selbst quasi als herumtollende, singende, lachende und staunende Hobbit-Gefährten auf Dutzende kleiner Abenteuer gegangen. Dabei haben wir viele Dinge und Orte durch die Herr-der-Ringe-Brille auf ganz beeindruckende und fantastische Weise (neu) entdeckt. Tolkiens Mittelerde rückte direkt vor unsere Gartentür, das Abenteuer war stets nur einen Schritt entfernt. So wie Bilbo es geliebt hätte.

„DAS IST DER SCHÖNSTE ALLER WOHNSITZE MEINES VOLKES. KEINE BÄUME SIND WIE DIE BÄUME JENES LANDES. DENN IM HERBST FALLEN IHRE BLÄTTER NICHT AB, SONDERN FÄRBEN SICH GOLDEN. ERST WENN DER FRÜHLING KOMMT UND DAS NEUE GRÜN SICH ÖFFNET, FALLEN SIE AB, UND DANN SIND DIE ZWEIGE ÜBERLADEN MIT GELBEN BLÜTEN. UND DER BODEN DES WALDES IST GOLDEN, UND GOLDEN IST DAS DACH, UND SEINE SÄULEN SIND AUS SILBER, DENN DIE RINDE DER BÄUME IST GLATT UND GRAU."

– DER ELB LEGOLAS ÜBER LOTHLÓRIEN, DEN GOLDENEN WALD

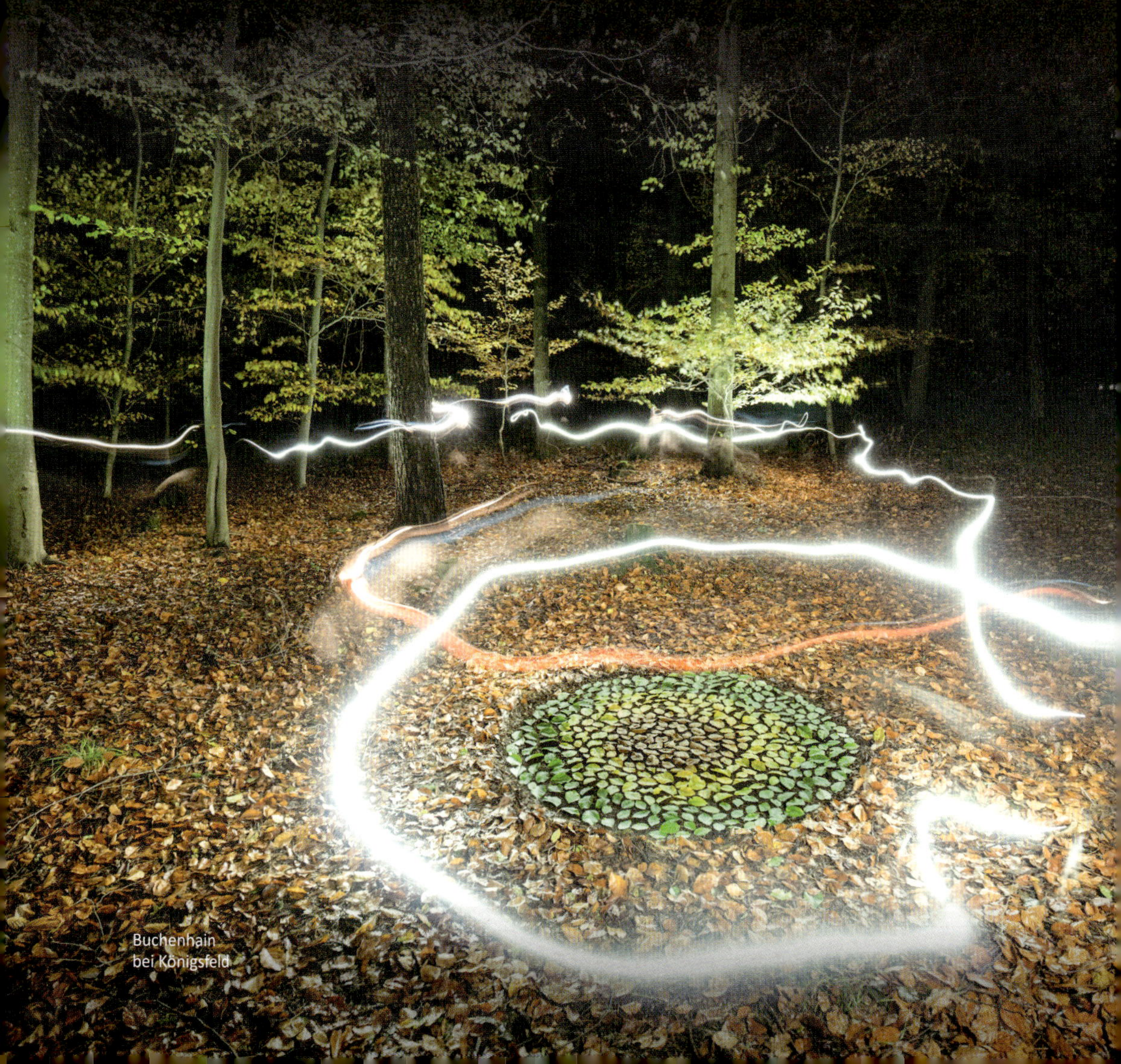

Buchenhain
bei Königsfeld

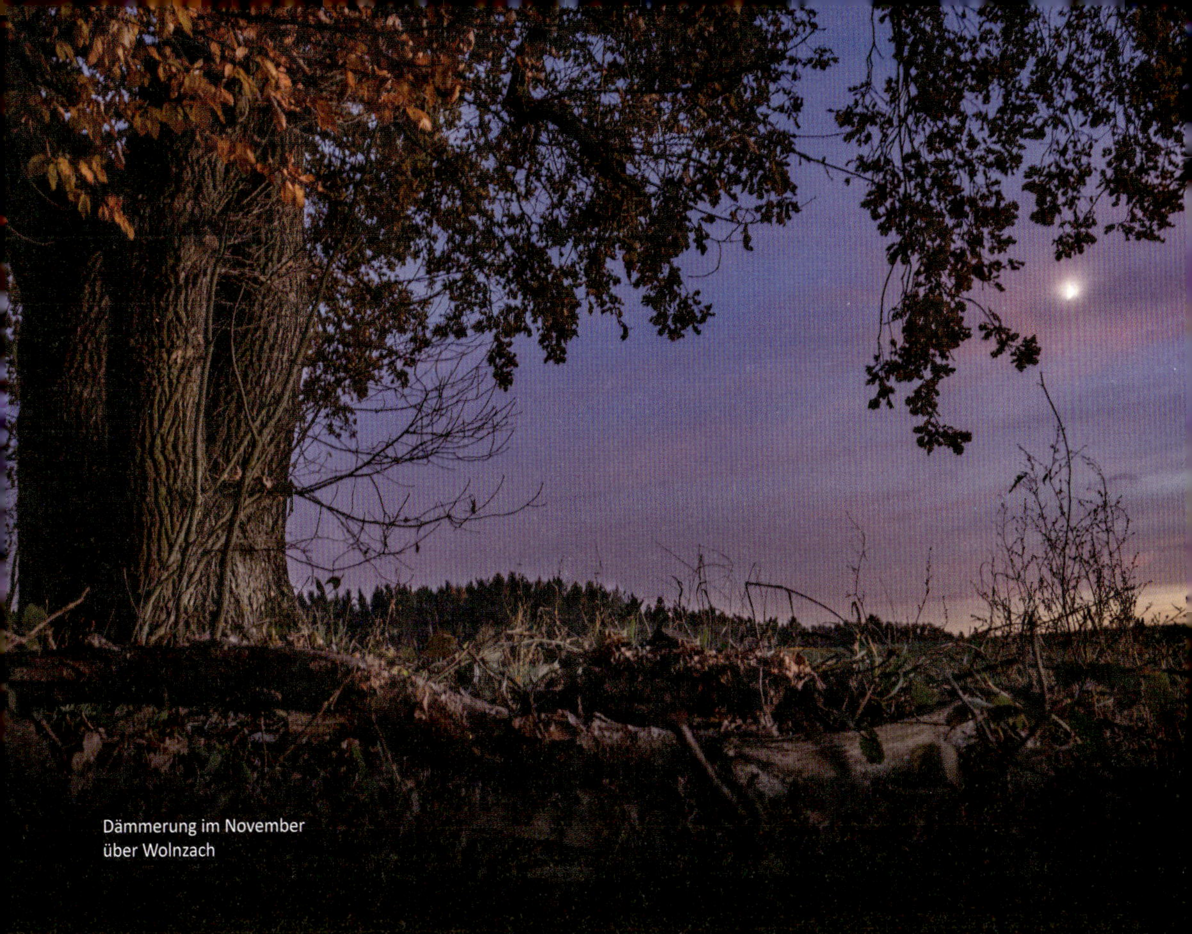

Dämmerung im November
über Wolnzach

BUCHENWALD | LOTHLÓRIEN

Als wir im Herbst ins Laubdach eines Mischwaldes geklettert waren, waren wir wie hypnotisiert: Wir waren umgeben von feinziseliertem, orange-goldenem Laubwerk. Wir konnten uns nicht satt sehen, denn wir befanden uns inmitten eines goldenen Raumes, während ein milchiger Mond an dem mit lila Schlieren überzogenen Horizont aufging. Was für ein Schauspiel. Es schien, als ob wir durch ein hohes Fenster gestiegen wären, das auf eine verschwundene Welt herabsah, um es mit Frodos Worten zu sagen. Unsere Gedanken schweiften nach Lothlórien (kurz: Lórien, der „Goldenen Wald") – ein Elbenreich in Tolkiens Mittelerde, das durch die Magie der Herrin Galadriel geschützt wurde. Es lag westlich des Flusses Anduin und war geprägt durch große Mallornbäume. Diese verfügten über goldenes Herbstlaub, eine grau-silberne, glatte Rinde und ähnelten auch von der Wuchsform unseren Buchen. Die Elben bauten ganze Häuser und Brücken in Mallornbäume, um Rückzugsorte zu schaffen.

Wie den Gefährten der Ringgemeinschaft ging auch uns beim Aufenthalt in solch zauberhaften Sphären oft das Gefühl für die Zeit verloren und wir kehrten oft erst zu später Stunde aus der feenhaften Dämmerung zurück. Wer ein bisschen sucht, findet auch in der Hallertau hier und dort Plätze, die von großen Buchen, aber auch von Eichen oder Ahorn geprägt sind, die mit wunderbar gelbem oder orangenem Laub im Herbst ihre Magie versprühen. Wir haben beim Kelten-Römer-Abenteuer östlich von Eining, bei unserem Baumkletterabenteuer, beim Goldsworthy-Naturkunstwerk oder bei der Keltenschanze in Au Buchenhaine entdeckt, die uns an Tolkiens Mallornbäume erinnerten.

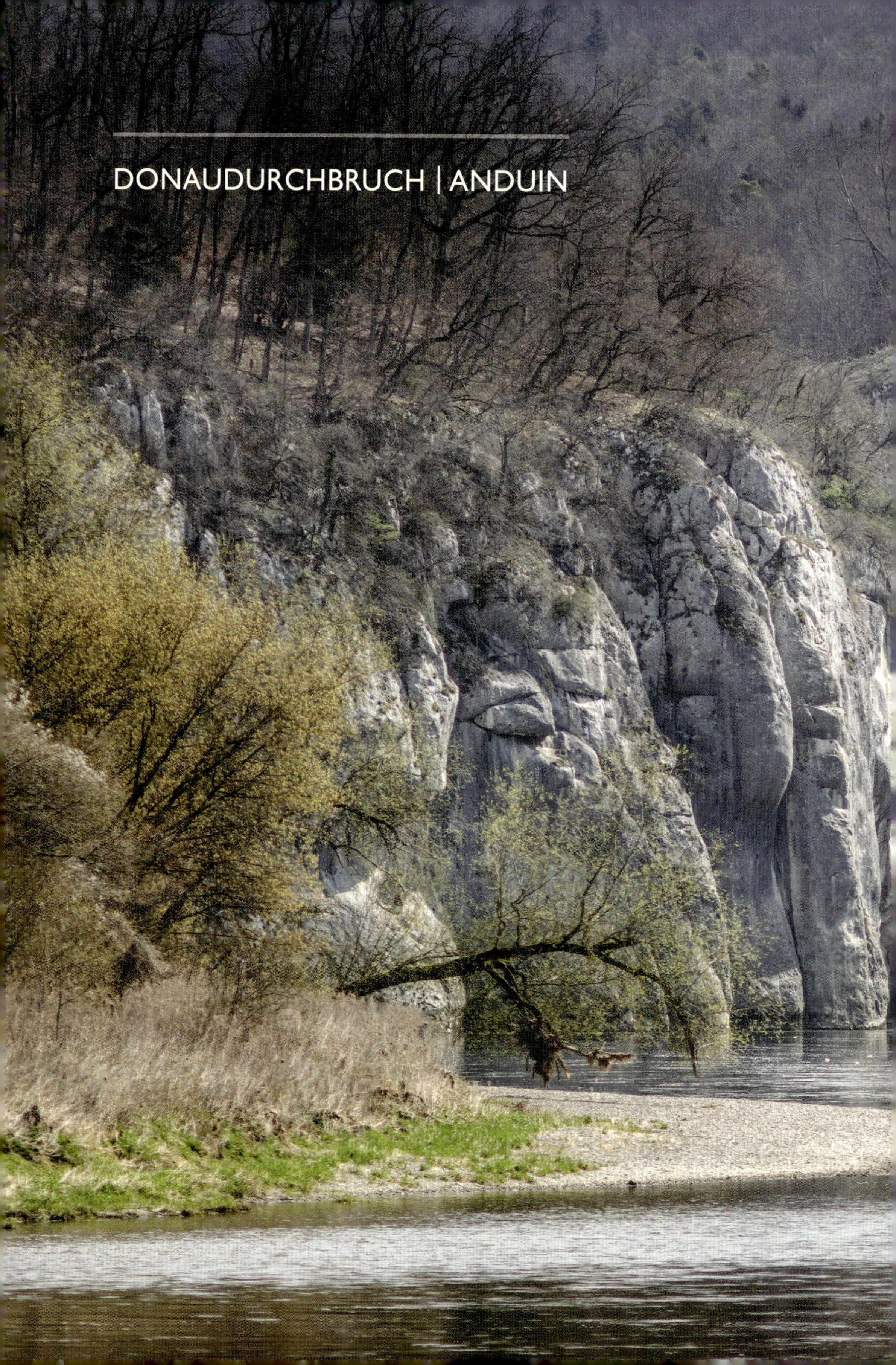

DONAUDURCHBRUCH | ANDUIN

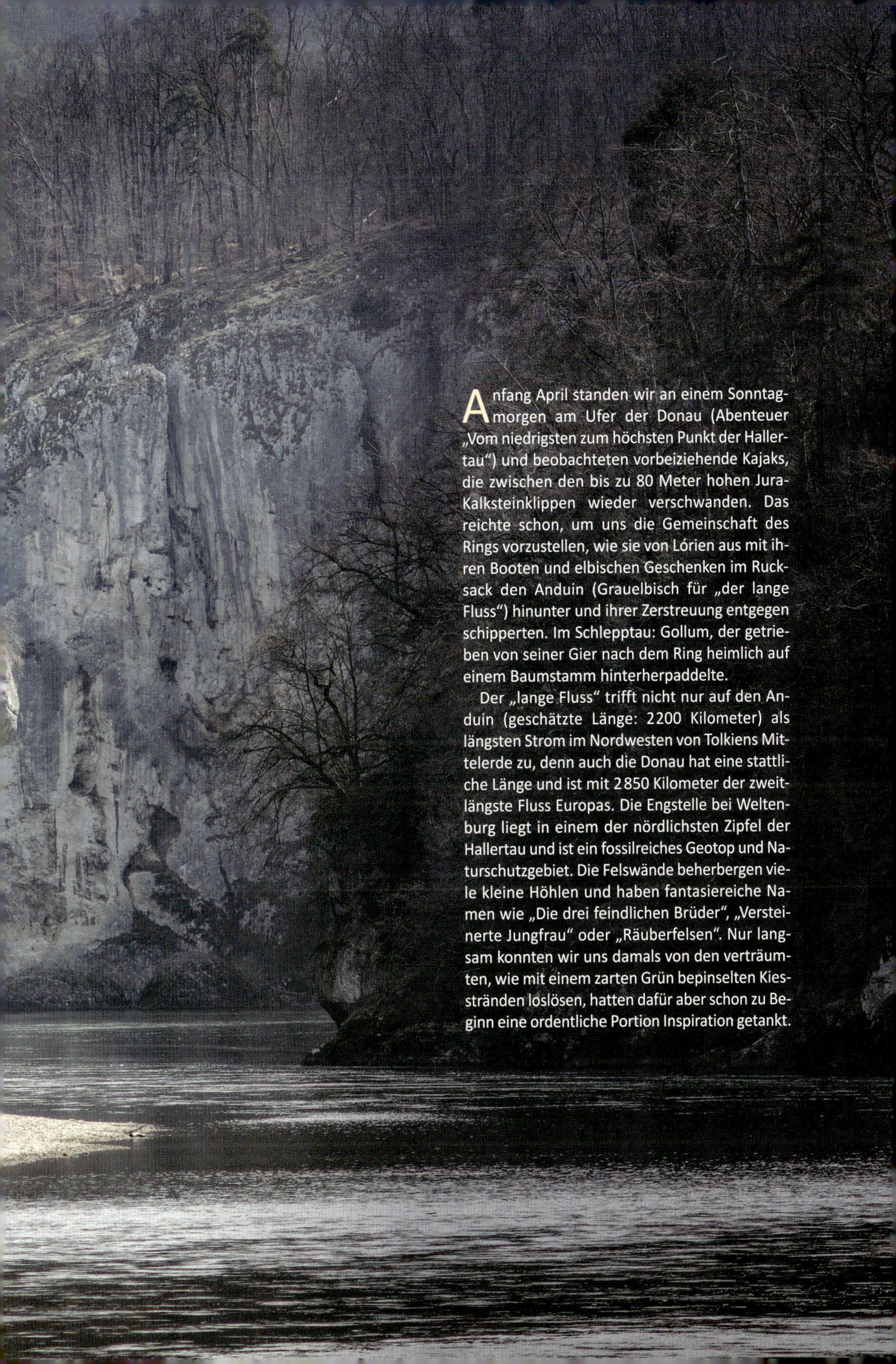

Anfang April standen wir an einem Sonntagmorgen am Ufer der Donau (Abenteuer „Vom niedrigsten zum höchsten Punkt der Hallertau“) und beobachteten vorbeiziehende Kajaks, die zwischen den bis zu 80 Meter hohen Jura-Kalksteinklippen wieder verschwanden. Das reichte schon, um uns die Gemeinschaft des Rings vorzustellen, wie sie von Lórien aus mit ihren Booten und elbischen Geschenken im Rucksack den Anduin (Grauelbisch für „der lange Fluss“) hinunter und ihrer Zerstreuung entgegen schipperten. Im Schlepptau: Gollum, der getrieben von seiner Gier nach dem Ring heimlich auf einem Baumstamm hinterherpaddelte.

Der „lange Fluss“ trifft nicht nur auf den Anduin (geschätzte Länge: 2200 Kilometer) als längsten Strom im Nordwesten von Tolkiens Mittelerde zu, denn auch die Donau hat eine stattliche Länge und ist mit 2850 Kilometer der zweitlängste Fluss Europas. Die Engstelle bei Weltenburg liegt in einem der nördlichsten Zipfel der Hallertau und ist ein fossilreiches Geotop und Naturschutzgebiet. Die Felswände beherbergen viele kleine Höhlen und haben fantasiereiche Namen wie „Die drei feindlichen Brüder“, „Versteinerte Jungfrau“ oder „Räuberfelsen“. Nur langsam konnten wir uns damals von den verträumten, wie mit einem zarten Grün bepinselten Kiesständen loslösen, hatten dafür aber schon zu Beginn eine ordentliche Portion Inspiration getankt.

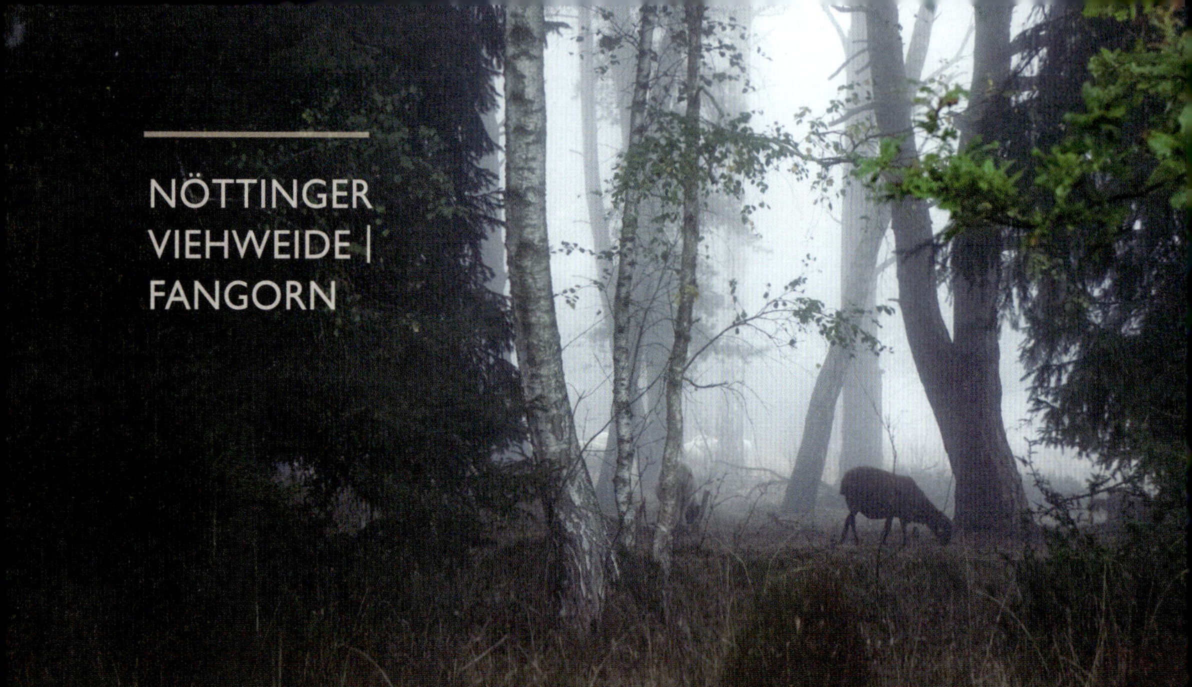

NÖTTINGER VIEHWEIDE | FANGORN

Trotz ihrer Zersiedelung und landwirtschaftlichen Nutzung hat sich die Hallertau ein paar wilde Ecken erhalten. Das Naturschutzgebiet der Nöttinger Viehweide mit seinem Auwald und seiner Jahrhunderte alten Heidelandschaft nimmt dabei eine zentrale Rolle ein. Zwischen Wacholderbüschen und Heidekraut stehen mächtige Solitärbäume, darunter Eichen, die mehr als 500 Jahre alt sein dürften. Diese urigen, knorrigen Riesen wirken, als ob sie über die Landschaft wachen oder durch sie hindurchschreiten, weshalb sie uns sofort die Ents, die urtümlichen Baumwesen aus dem Fangornwald, ins Gedächtnis riefen. Zuhause sind die Ents im Wald Fangorn („Baumnacht"), einem der letzten verbliebenen Urwälder Mittelerdes, der südwestlich von Lothlórien und westlich des Anduin liegt. Aus einigen Ecken und Tälern sind die Geheimnisse und die Dunkelheit nie gewichen. Beschützt wird der Wald vom Ent Baumbart, dem wohl ältesten Wesen Mittelerdes. Er verteidigt die letzten freien Bäume gegen Holzfäller, Straßenbauer und sich ausbreitende Orks, die der böse Zauberer Saruman auch gegen die Hobbits und Ringgefährten einsetzt.

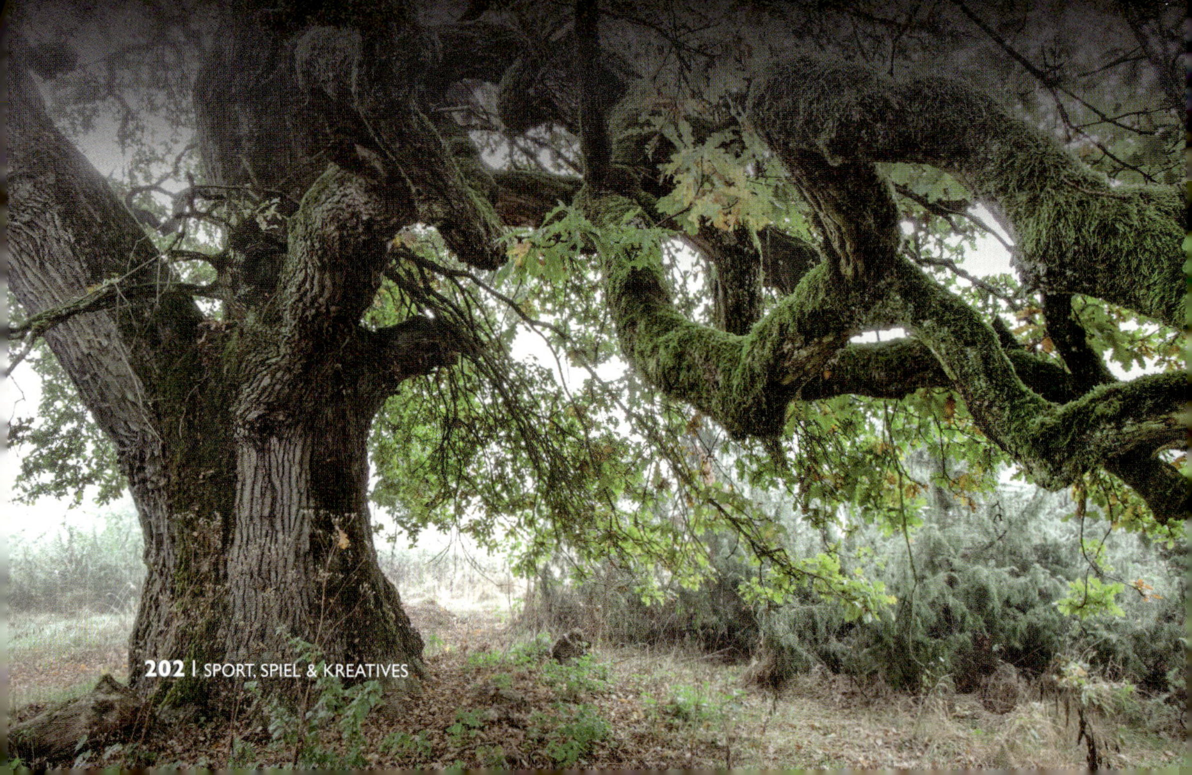

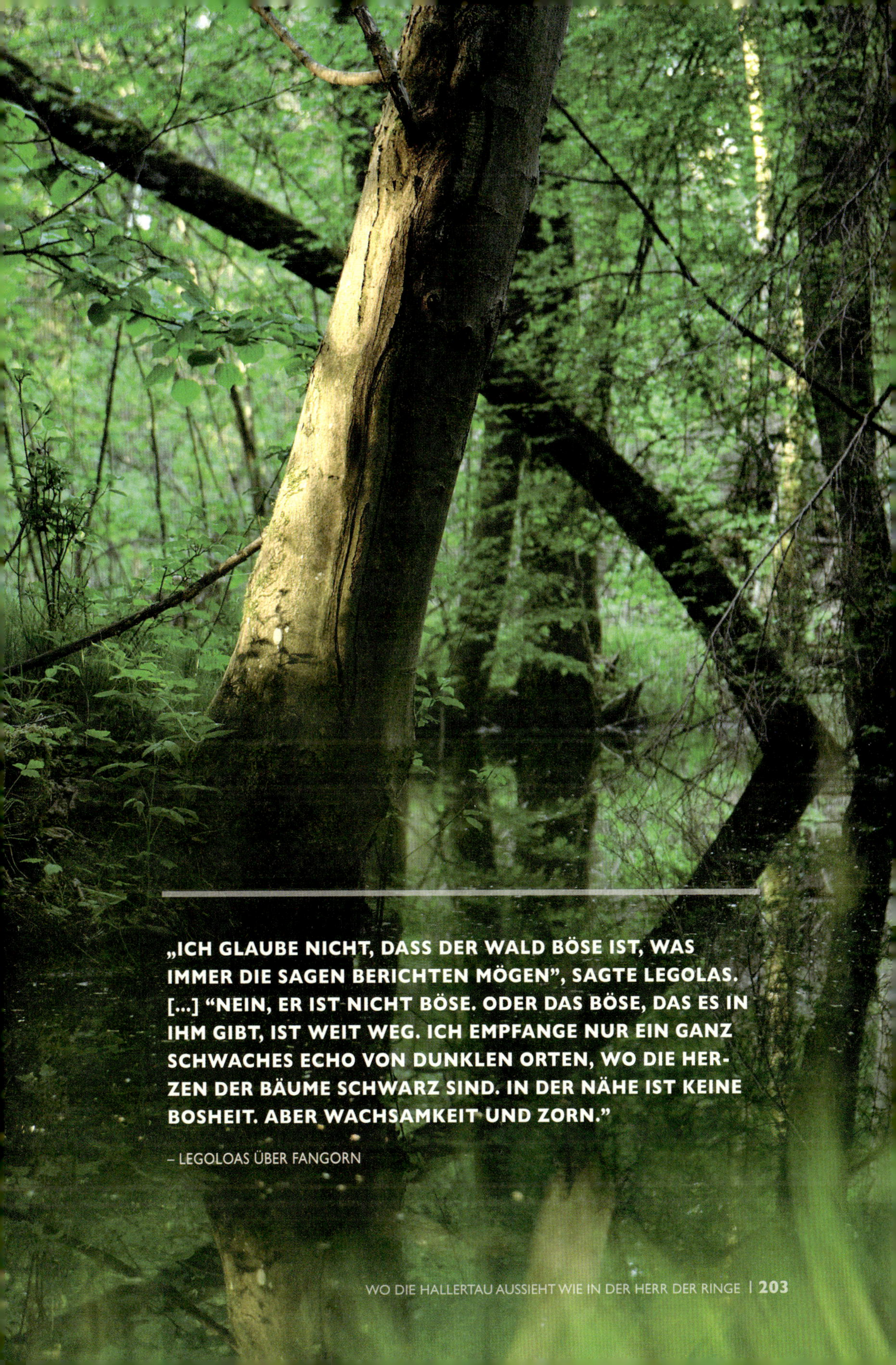

„ICH GLAUBE NICHT, DASS DER WALD BÖSE IST, WAS IMMER DIE SAGEN BERICHTEN MÖGEN", SAGTE LEGOLAS. [...] "NEIN, ER IST NICHT BÖSE. ODER DAS BÖSE, DAS ES IN IHM GIBT, IST WEIT WEG. ICH EMPFANGE NUR EIN GANZ SCHWACHES ECHO VON DUNKLEN ORTEN, WO DIE HERZEN DER BÄUME SCHWARZ SIND. IN DER NÄHE IST KEINE BOSHEIT. ABER WACHSAMKEIT UND ZORN."

– LEGOLOAS ÜBER FANGORN

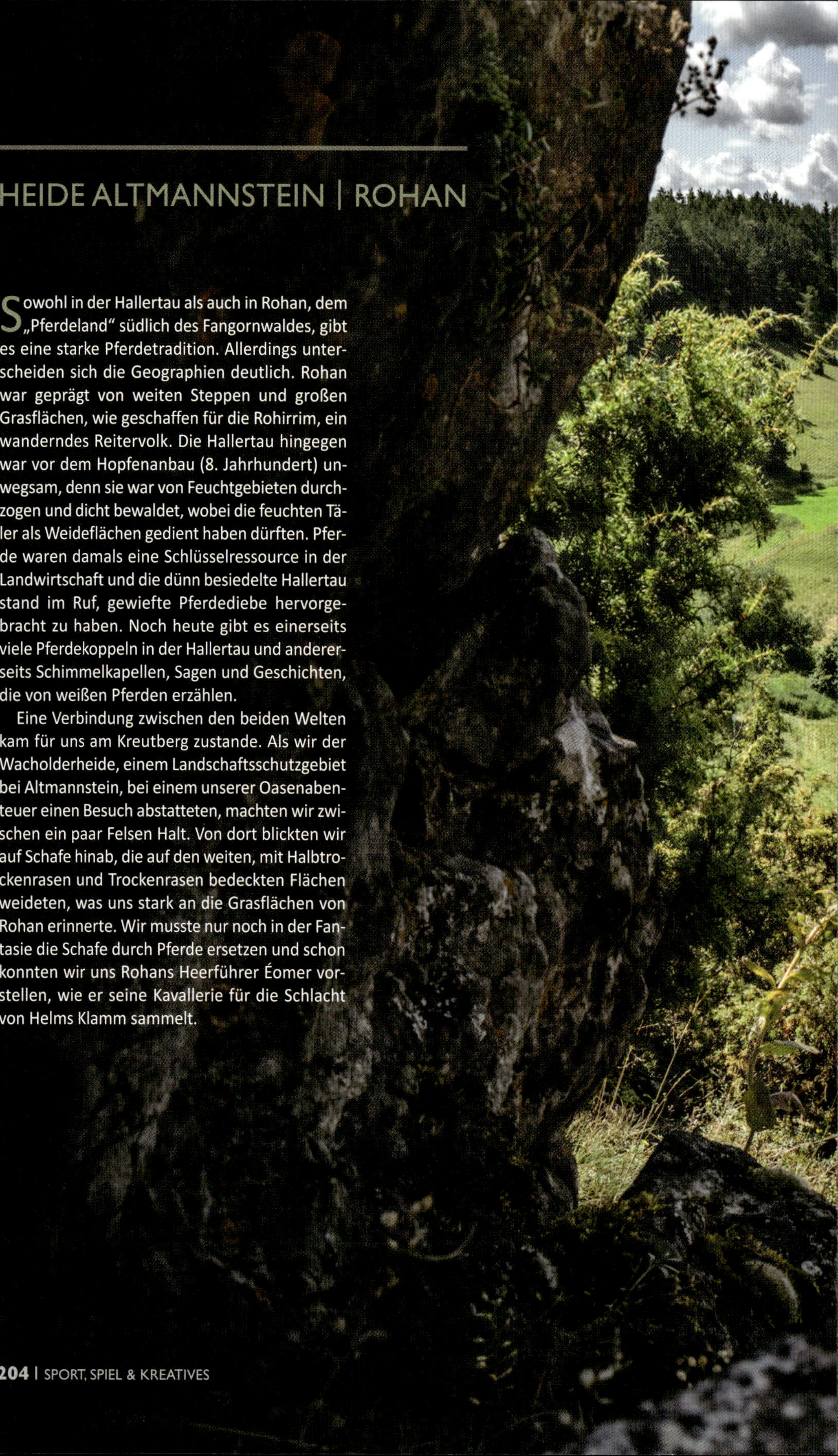

HEIDE ALTMANNSTEIN | ROHAN

Sowohl in der Hallertau als auch in Rohan, dem „Pferdeland" südlich des Fangornwaldes, gibt es eine starke Pferdetradition. Allerdings unterscheiden sich die Geographien deutlich. Rohan war geprägt von weiten Steppen und großen Grasflächen, wie geschaffen für die Rohirrim, ein wanderndes Reitervolk. Die Hallertau hingegen war vor dem Hopfenanbau (8. Jahrhundert) unwegsam, denn sie war von Feuchtgebieten durchzogen und dicht bewaldet, wobei die feuchten Täler als Weideflächen gedient haben dürften. Pferde waren damals eine Schlüsselressource in der Landwirtschaft und die dünn besiedelte Hallertau stand im Ruf, gewiefte Pferdediebe hervorgebracht zu haben. Noch heute gibt es einerseits viele Pferdekoppeln in der Hallertau und andererseits Schimmelkapellen, Sagen und Geschichten, die von weißen Pferden erzählen.

Eine Verbindung zwischen den beiden Welten kam für uns am Kreutberg zustande. Als wir der Wacholderheide, einem Landschaftsschutzgebiet bei Altmannstein, bei einem unserer Oasenabenteuer einen Besuch abstatteten, machten wir zwischen ein paar Felsen Halt. Von dort blickten wir auf Schafe hinab, die auf den weiten, mit Halbtrockenrasen und Trockenrasen bedeckten Flächen weideten, was uns stark an die Grasflächen von Rohan erinnerte. Wir musste nur noch in der Fantasie die Schafe durch Pferde ersetzen und schon konnten wir uns Rohans Heerführer Éomer vorstellen, wie er seine Kavallerie für die Schlacht von Helms Klamm sammelt.

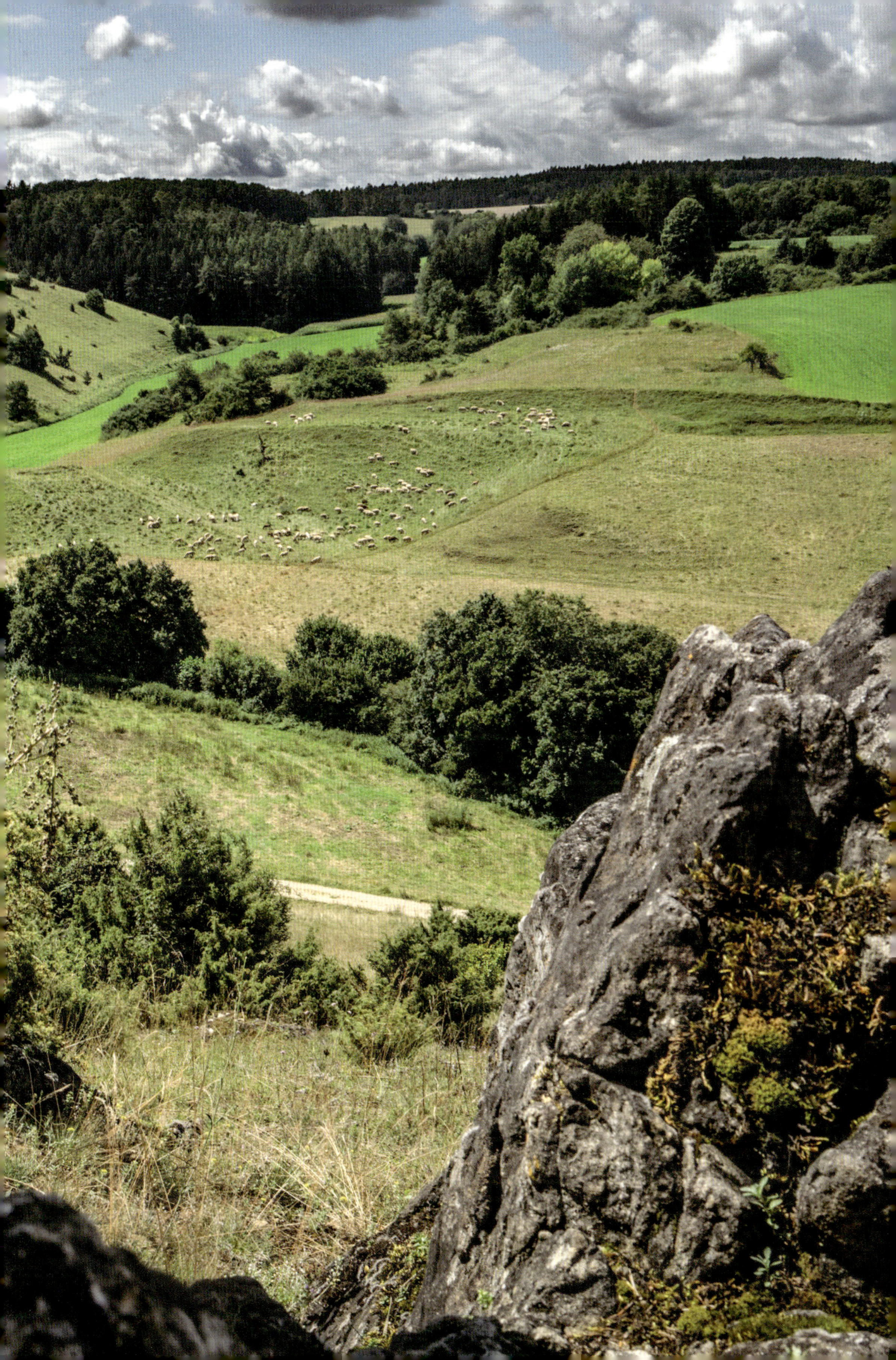

HÜGELLAND | AUENLAND

Wiesen, Wälder, Hügel – die Hallertau und das Auenland im Nordwesten von Mittelerde sind leicht auf einen Nenner zu bringen. Eine weitere Gemeinsamkeit ist die landwirtschaftliche Nutzung und beschauliche, genussvolle Lebensart der Bewohner. Das Auenland ist die Heimat der Hobbits und verfügt über Postämter, intakte Straßen und zahlreiche Tavernen, denn Hobbits essen und trinken gerne und gut. Mit dazu gehört auch die Expertise fürs Bier, laut Sam Gamdschie soll zum Beispiel das Gasthaus „Zum Tänzelnden Pony" in Bree „vortreffliches Bier" ausschenken. Tolkiens Halblinge hätten sich „sauwohl" in der Hallertau gefühlt.

Bei unseren Abenteuern haben wir viele Eindrücke gesammelt, die uns gedanklich ins Auenland getragen haben. Beim Sammeln von Pilzen – eine Delikatesse bei den Hobbits – für unser Outdoor-Kitchen-Abenteuer entdeckten wir geheimnisvolle Waldflecken. An der Oase Steinerskirchen verbrachten wir ein paar gestohlene Stunden an einem Quellwasserrad und schlenderten die urigen landwirtschaftlichen Flächen und am Hang gelegenen Streuobstwiesen entlang. Und dann gab es noch ein Highlight, das wir auf unserer Wanderung zur Ostgrenze der Hallertau gestreift haben: ein echtes Hobbithaus! Es liegt in Hohenthann und gehört dem Schreiner und Naturkünstler Alois Riederer, der es uns in bester auenländischer Gastfreundschaft gezeigt hat.

**EIN ALTER KRUG, EIN FRÖHLICHER KRUG
LEHNT GRAU AM GRAUEN HANG.
DORT BRAUEN SIE EIN BIER SO BRAUN,
DASS SELBST DER MANN IM MOND KAM SCHAUN
UND LAG IM RAUSCHE LANG.**

– FRODO BEUTLIN, DAS LIED IM GASTHAUS ZUM TÄNZELNDEN PONY

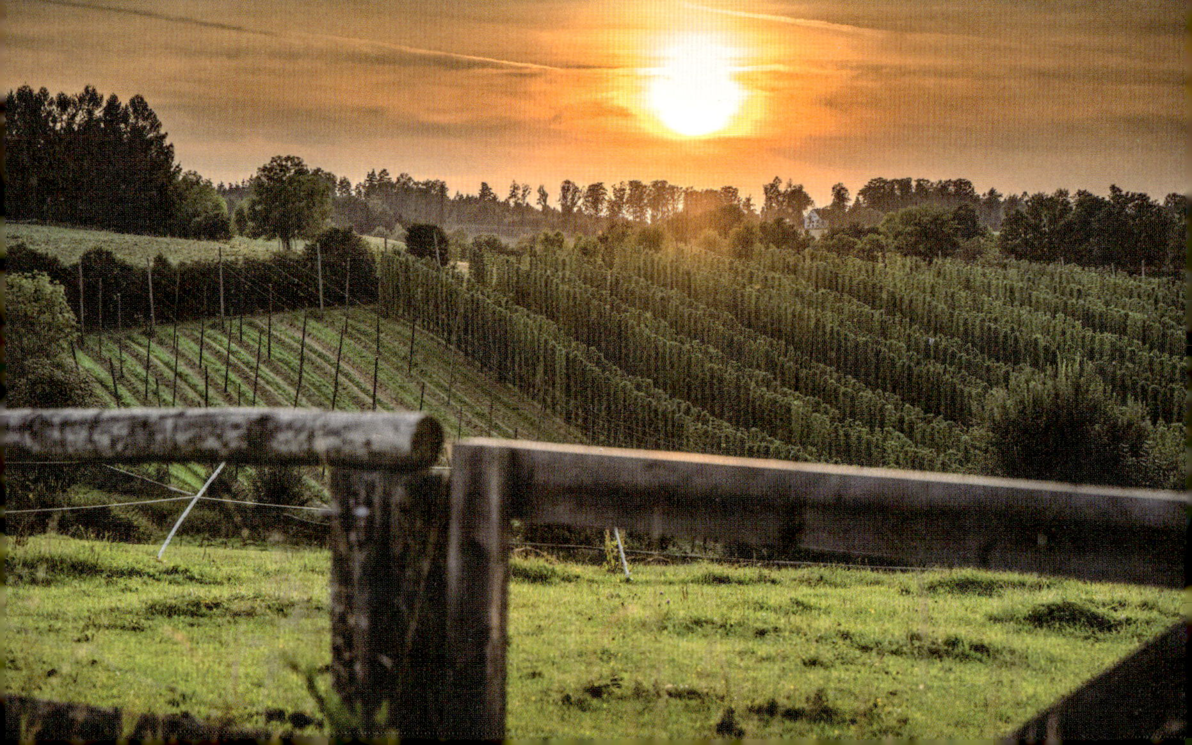

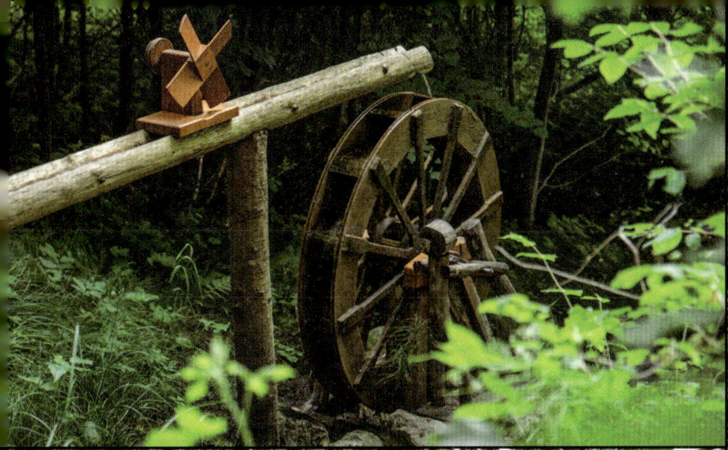

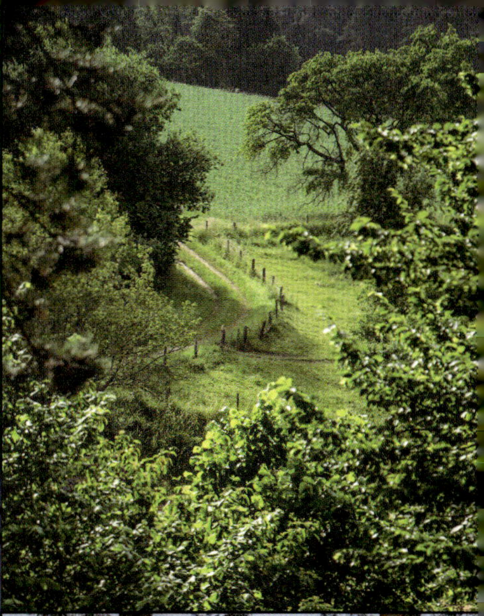

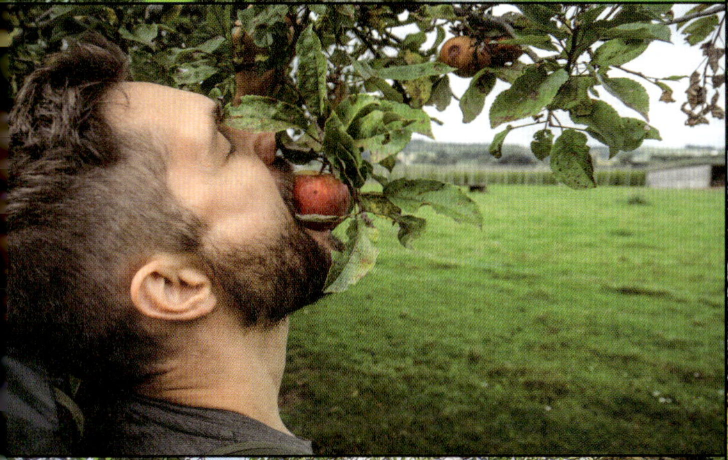

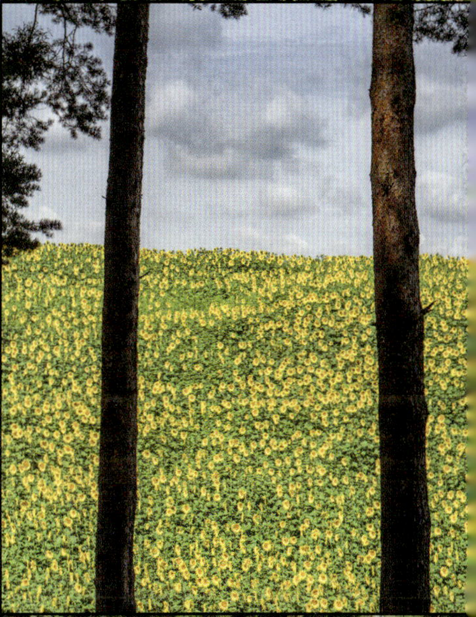

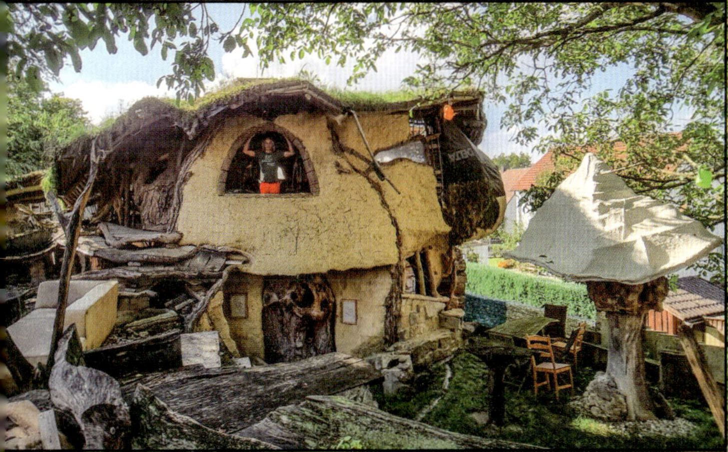

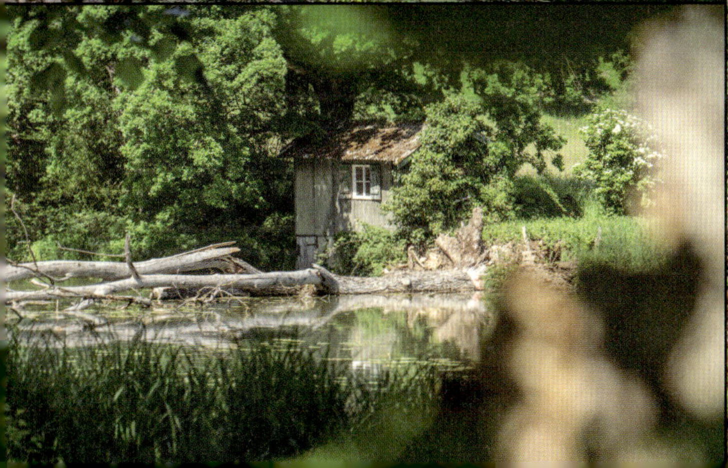

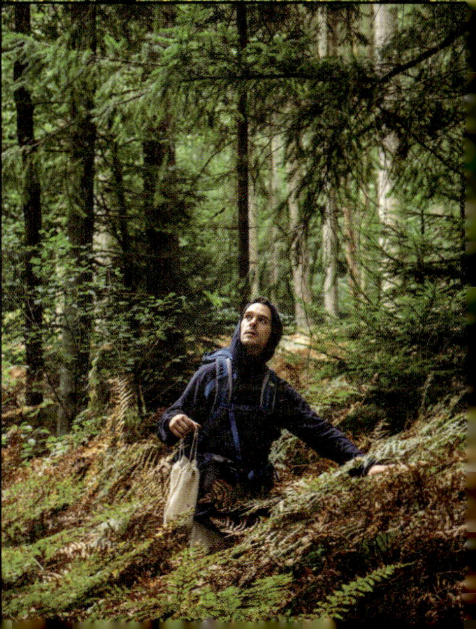

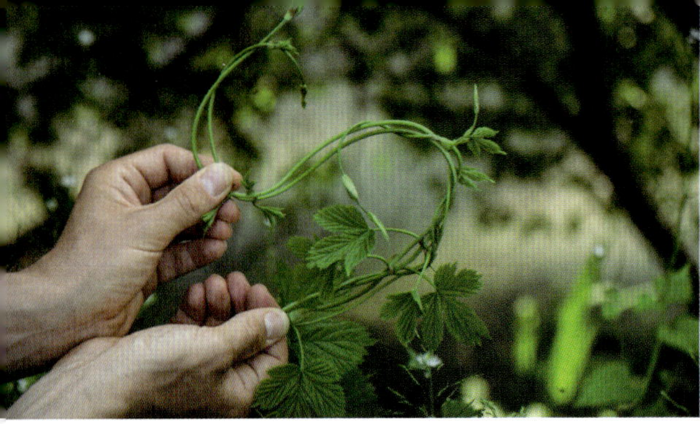 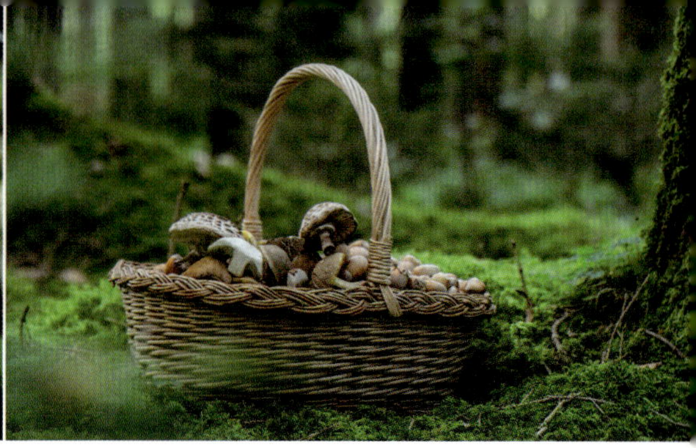

KLEINER OUTDOOR-GUIDE

Auf der einen Seite gibt es einen gesetzlichen Rahmen für das Betretungsrecht der Natur und den Gemeingebrauch an Gewässern. Dieser kann von Bundesland zu Bundesland unterschiedlich sein und ist teilweise recht komplex (Bundesnaturschutzgesetz, Bayerisches Naturschutzgesetz, Bayerisches Wassergesetz, Bayerisches Waldgesetz). Und auf der anderen Seite sind die Grundregeln für das Verhalten in der freien Natur ziemlich einfach: Verursache keinen Schaden an der Umwelt, belästige deine Mitmenschen nicht und folge Fußwegen so gut wie möglich. Wer noch dazu höflich, respektvoll, pragmatisch und diskret ist, sollte auf seinen Abenteuern stets gut unterwegs sein. Hier findet ihr einen kleinen Leitfaden, der euch dabei helfen kann.

1. OUTDOOR-ETIKETTE

1.1 BASICS

Wir alle sind nur Gast in der Natur, wir sind nur Nutzer und Verbraucher. Am besten bewegen wir uns so schonend wie möglich in ihr. Schließlich macht ein Abenteuer nur dann Spaß, wenn man ein gutes Gewissen hat. Hier also ein paar Tipps:

- **Verhalte dich ruhig**: Es sollte eigentlich eine Selbstverständlichkeit sein, dass Lärm und laute Musik nichts in der Natur verloren haben. Ihr tut nicht nur den Tieren und euren Mitmenschen einen Gefallen, sondern auch euch selbst: Die Sinne werden geschärft und das Adventure umso intensiver.
- **Lasst nichts in der Natur zurück** („leave no trace"): Hinsichtlich Plastik sind viele Menschen bereits sensibilisiert, doch auch Taschentücher und Essensreste müssen wieder mit nach Hause genommen werden. Wer draußen ein großes Geschäft verrichtet, sollte zumindest eine kleine Senke graben und nicht parfümiertes Toilettenpapier benutzen. Und wenn wir schon draußen sind: wieso nicht gleich Müll aus der Natur mit nach Hause nehmen? Selbst wenn es nur die Verpackung eines Müsli-Riegels ist. Die ist mit Sicherheit nicht stärker kontaminiert als ein Fichtenzapfen am Waldboden.
- **Was man der Natur entnehmen darf**: wild wachsende Pflanzen, Blüten, Zweige oder Blätter in Mengen, die nicht über einen Handstrauß hinausgehen. Außerdem darf man sich wild wachsende Waldfrüchte (Pilze, Beeren, Tee- und Heilkräuter, Nüsse) in ortsüblichem Umfang aneignen. Beides gilt nur für den eigenen Gebrauch und muss auf schonende Art passieren.
- **Was man der Natur nicht entnehmen darf**: gesetzlich geschützte Pflanzen (z. B. Orchideen, Schlüsselblumen, Seerosen, Wacholderzweige u. v. m.) und Pflanzen in Nationalparks/Naturschutzgebieten (außer in der Regel Beeren, Nüsse und Pilze zum Eigenverzehr), auf Flächen in Schutzgebieten oder mit behördlichem Betretungsverbot, auf vom Grundstücksberechtigten gesperrten Flächen, auf landwirtschaftlich genutzten Flächen während der Nutzungszeit und in gesperrten Forstkulturen. Wild lebende Tiere, diese fallen unter jagd- oder fischereirechtliche Bestimmungen.
- **Nimm Rücksicht**: Oft will man in der Natur zur Ruhe kommen und trifft doch auf mehr Men-

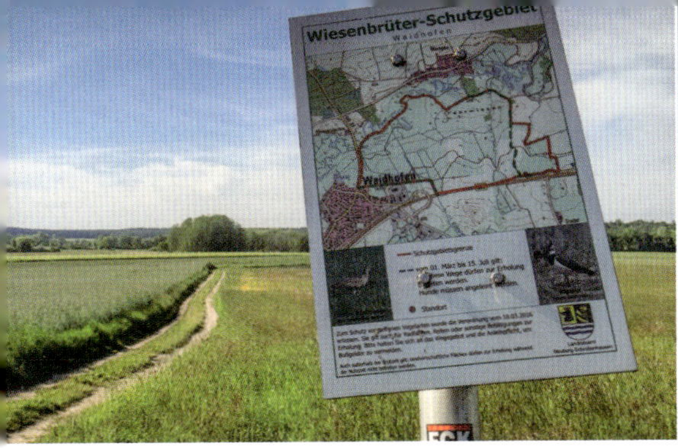

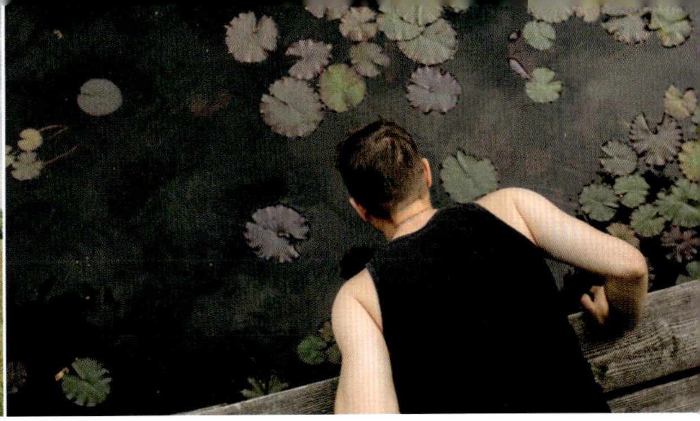

schen als erwartet. Trotzdem sind Freundlichkeit und Hilfsbereitschaft gefragt. Dies kann zu sehr bereichernden Gesprächen führen. Ausgerechnet dann, wenn man am wenigsten damit rechnet. Oft ist es eine ideale Gelegenheit, um auf das Thema Micro Adventures hinzuweisen, Begeisterung zu wecken und den umsichtigen Umgang mit der Natur zu betonen.

1.2 VERHALTEN IN SCHUTZGEBIETEN

Die vorhin genannten Punkte sind in **Schutzgebieten jeglicher Art** in besonderem Maß zu berücksichtigen. Hinzu kommen das ausnahmslose **Verbot für Feuer und Übernachtung** sowie das **Wegegebot**. Letzteres schafft nicht nur für Tiere einen Rückzugsort und Ruhezonen, sondern schont die trittempfindlichen Wildpflanzen.

Wendet nie unsere menschlichen Maßstäbe an. Viele Wiesenbrüter fühlen sich schon bei einem Abstand von unter 130 Metern gestört und verlassen ihre schutzlosen Nachkommen. Hat man einen Hund dabei, sind es sogar 150 Meter. Doch nicht nur die Distanz, sondern auch die Dauer der Störung spielt eine Rolle. Verhindert man, dass ein Vogel seine Nestlinge füttert, so können diese innerhalb weniger Minuten verhungern.

Manche Flächen werden für bestimmte Tierarten als **temporäre Schutzgebiete** ausgewiesen. Deshalb ist auf entsprechende Hinweisschilder zu achten. Wege dürfen dann nicht verlassen oder überhaupt nicht benutzt werden. Auch wenn es schwerfällt, bitte nehmt euch diese Hinweise zu Herzen. Es sind Versuche, die letzten Vorkommen bedrohter Arten zu sichern.

Was den Schutzstatus einer Fläche betrifft, so gibt es verschiedene Intensitäten. Neben Naturschutzgebieten und Nationalparks gibt es in Deutschland auch Biosphären-Reservate, Naturdenkmäler, Landschaftsschutzgebiete sowie FFH-Flächen (Flora-Fauna-Habitat) des Netzes „Natura 2000".

1.3 VERHALTEN AN GEWÄSSERN

Sowohl fließende als auch stille Gewässer sind Lebensräume, die so bedeutend sind, dass zu ihnen zusätzlich etwas gesagt werden muss.

- Egal ob vom Wasser oder vom Land aus, haltet **großzügigen Abstand** zu Röhrichten, Schilfgürteln, Kies- und Sandbänken, Uferabbrüchen, Feuchtwiesen und zur Ufervegetation. Sie alle sind das ganze Jahr über, vor allem in der Brutzeit von Ende Februar bis Anfang August, Lebensraum für höchst störungsempfindliche Vögel. Besonders Enten suchen in der Mauser (oft direkt nach der Brutzeit im Sommer und Herbst) ruhige Gewässer auf, da sie in dieser Zeit das Gefieder wechseln und flugunfähig sind. Leichte Beute also für Fuchs und Raubvögel. Darüber hinaus sind unsere Seen, Weiher und Teiche überlebenswichtige Rastplätze für Durchzügler und Wintergäste.
- Geht nicht in **seichtes Gewässer oder Pfützen**. Sie sind die einzigen Lebensräume, in denen sich seltene Molche und Frösche vermehren.
- **Verbote bezüglich Wassersport** sind unbedingt zu befolgen, auch wenn nicht immer gleich ersichtlich ist, was hier genau geschützt werden soll. Die untere Naturschutzbehörde (Landratsamt) gibt hierzu Informationen, sodass es viel lohnender sein kann, statt des Kajaks das Fernglas mitzunehmen.
- Legt nur dort an Land an, wo ihr keinen Schaden anrichten könnt. Oder noch besser: an dafür **vorgesehenen Landstellen**.
- Helft mit, das **Wasser sauber zu halten** (von Müll, Sonnencreme etc.). Nicht nur wegen der sichtbaren Umweltaspekte, sondern auch wegen der Tiere und Pflanzen, die unbedingt sauberes Wasser benötigen.

2. FEUER IM FREIEN

Im Freien darf offenes Feuer nur dort entfacht werden, wo es erlaubt ist. Ganz einfach, oder? Um euch nicht ganz im Regen stehen zu lassen, hier ein paar hilfreiche Tipps:

- Eine offene Flamme darf **weder im Wald noch in einem geringeren Abstand als 100 Meter vom Wald** entfacht werden.
- Wollt ihr dennoch im oder am Wald Feuer machen, müsst ihr offizielle Feuerstellen ausfindig machen oder ihr benötigt eine Genehmigung vom Landratsamt. Eine derartige Genehmigung wird kaum erteilt, die Mühe kann man sich sparen.
- Ist man weiter als 100 Meter vom Wald entfernt, braucht man die **Genehmigung des Grundstücksbesitzers**. Dies kann das Land, die Gemeinde oder eine Privatperson sein, was unterwegs nur schwer herauszufinden sein wird. Bei Feuern mit einer Höhe von über einem Meter, braucht man zusätzlich die Erlaubnis der zuständigen Behörde.
- Als **offene Flamme** zählt im Grunde alles, bei dem eine **Flamme sichtbar** ist. Bei einem kleinen Gaskocher oder einem windgeschützten Teelicht wird gelten: Wo kein Kläger, da kein Richter. Umso wichtiger ist es, den gesunden Menschenverstand einzuschalten. Das Thema darf **nicht unterschätzt** werden. Selbst in der nasskalten Jahreszeit kann die Humus-Schicht des Bodens lichterloh zu brennen beginnen, wenn darüber beständig ein Lagerfeuer brennt. Gar nicht erst auszumalen, wie schnell dies bei Wind oder im **trockenen Sommer** passieren kann. Der Funkenflug kann auch trockene Wiesen oder Felder in Brand stecken.
- Achtet auf Warnhinweise zu **Waldbrandstufen**.

3. ÜBERNACHTEN IM FREIEN

3.1 HINTERGRUND

Vorneweg: Die Gesetzeslage ist komplex. Im Grunde ist nichts erlaubt. Aber: Manches ist nicht explizit verboten. **Jeder Mensch hat in Deutschland das Recht, sich in der freien Landschaft auf ungenutzten Flächen zu erholen**. Zur Erholung gehört das Wandern ebenso wie Lesen, Meditieren oder eben auch das Schlafen. Bei einer längeren Tour kann Schlafen (in der Nacht) zur Erholung unvermeidlich sein. Es gibt hierzu auch keine zeitlichen Einschränkungen oder Vorgaben für die Ausrüstung. Eine Hängematte (mit entsprechenden Gurten) oder Isomatte und Schlafsack sind o.k., sogar unter Verwendung eines **Tarps (Schutzplane) oder Biwaksacks**. Zelten hingegen wird dem Campieren und Lagern zugeordnet und ist verboten, außer man hat nach **Rücksprache mit dem Grundeigentümer** die Erlaubnis. Habt ihr diese, seid ihr immer auf der sicheren Seite, egal ob Wiese, Ranken oder Wald.

Beim Einholen der Erlaubnis kann man auch gleich den zuständigen Jäger informieren, um unschöne Begegnungen zu vermeiden. Solltet ihr in der Dämmerung und Nacht durch ein Jagdrevier kommen, vermeidet es, durchs Dickicht zu schleichen und tragt helle Kleidung oder Reflektoren, damit ihr nicht mit Wild verwechselt werden könnt. Das Besteigen von Hochsitzen und Kanzeln ist verboten.

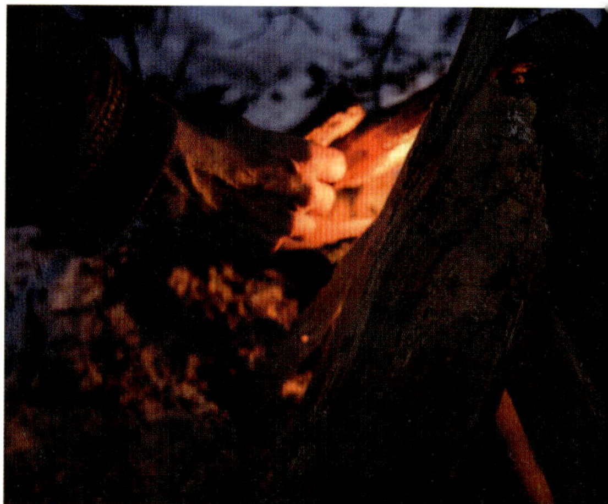

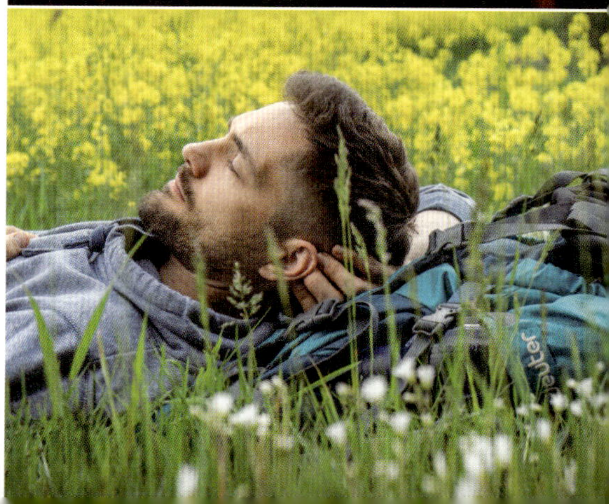

Abschließend sind erneut gesunder **Menschenverstand** und **Anstand** zu betonen. Am sichersten ist man, wenn man sich bereits im Hellen eine gute Schlafstelle sucht, wiederkommt, sobald es dunkel ist, und den Platz wieder verlässt, sobald es hell wird. Vom direkten Schlafen an einem Fluss, Bach oder in einer Wiese ist aufgrund der aufsteigenden Feuchtigkeit abzuraten. Letzteres wird auch der zuständige Landwirt nicht besonders lustig finden. Generell ist es hilfreich, dort zu schlafen, wo man **niemanden belästigen** und sein Abenteuer jederzeit **auch im Dunkeln abbrechen** kann.

3.2 AUSRÜSTUNG

Beim Packen des **Rucksacks** zählt jedes gesparte Gramm. Wenn ihr einen anstrengenden Marsch vor euch habt, lasst überflüssigen „Krempel" daheim. Ein Schlafsack, der besser zu warm als zu kalt ist, ist ein absolutes Muss. Auch die Isomatte darf stärker sein. All das wärmt mehr als eine heiße Mahlzeit. Ebenso empfehlen wir **Ersatzsocken und -hose** (z. B. Jogginghose oder lange Unterhose), damit ihr stets **trocken in den Schlafsack** schlüpft. Falls ihr einen passenden Platz fürs Zelten habt, nehmt einen **saugfähigen Lappen** mit, um nach dem Aufstehen Kondenswasser im Zelt zu beseitigen. Der Rest wie Taschen- oder Stirnlampe, Kopfkissen und Ähnliches ergibt sich beim **gewissenhaften Packen** von selbst. Geheimtipp: eine einfache Baumwollmütze, selbst für Sommernächte. Denn sie schützt den empfindlichen Kopf gegen Kälte und Wind und ihr könnt sie euch über die Augen ziehen, um bei mehr Dunkelheit schlafen zu können.

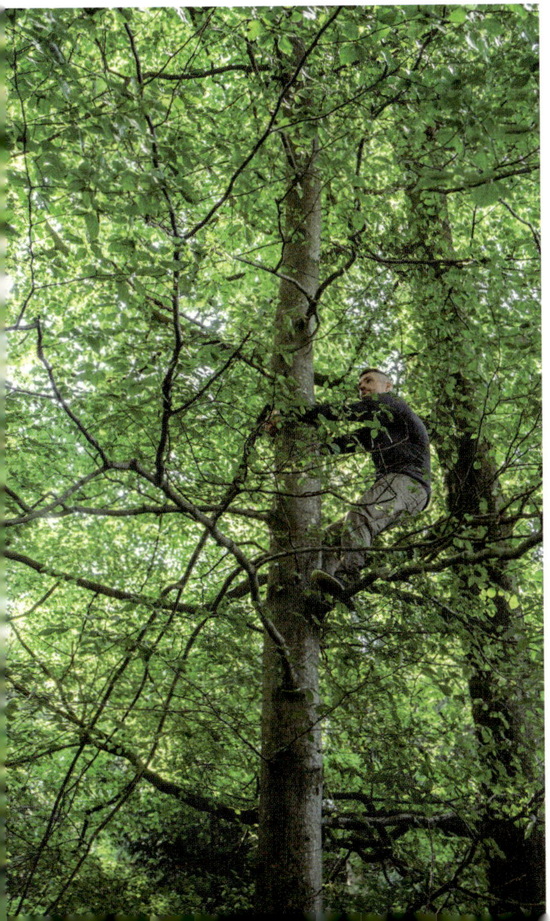

Es gibt noch ein paar Dinge, die sowohl bei einer Tagestour als auch einer Mehrtagestour nützlich sind. Ein **Fernglas** ermöglicht spannende Beobachtungen und völlig neue Eindrücke. Klein und leicht sollte es sein. Ein Feldstecher mit 8-facher Vergrößerung und 25 Millimeter Objektivdurchmesser genügt, er ist leicht und man spürt ihn kaum. Auf jeden Fall nützlich ist ein Untersitzer. Entweder gekauft oder aus Resten einer Iso-Matte zusammengebastelt ermöglicht er bequemes, trockenes und warmes Sitzen auf jedem **Untergrund**. Bei Bedarf lässt sich damit auch die eine oder andere Unebenheit des Schlafplatzes ausgleichen. Weiter empfiehlt sich ein **Schlauchschal**, den man zu einer Mütze umfunktionieren kann. Immer dabei haben solltet ihr ein **Taschenmesser**. Es gibt so viele Situationen, in denen ihr es brauchen könnt: eine Pinzette zur Entfernung eines Schiefers, eine Schere für Wildkräuter, ein Messer für die Brotzeit und vieles mehr.

4. BAUMKLETTERN

Grundsätzlich ist es in Deutschland erlaubt, auf Bäume zu klettern, solange man sich nicht rechtswidrig verhält und nichts zerstört. Ausnahmen sind geschützte Bäume, hier kann es im Schadensfall zu empfindlichen Strafen kommen.

Hochklettern ist oft leichter als Runterkommen. Bereits bei der Sichtung der Kletterroute sollte der Abstieg unbedingt mit in die Überlegungen einbezogen werden. Prüft bei jeder Bewegung, ob Hände und Füße **Grip am Baum** haben. Bemooste oder nasse Rinden und abgestorbene Äste sind nicht zu **unterschätzende Gefahren**. In der **Nähe des Stammes** befinden sich die meisten und stabilsten Tritt- und Greifmöglichkeiten. **Robuste, langärmlige Klei-**

dung kann einen enormen Unterschied machen, denn manche Bäume haben sehr raue oder scharfkantige Rinden.

Auf **Störungen** reagieren Vögel hochempfindlich. Also Augen und Ohren auf! Lautstarkes, mechanisch klingendes **Geschimpfe** von Vögeln (kein melodisches Gepfeife) zeigt, dass man hier unerwünscht ist. Lässt euch ein Vogel nicht mehr aus den Augen und hüpft auch noch unruhig in nächster Nähe um euch herum, so ist dies das Zeichen einer enormen Störung. Am schonendsten ist es, bereits vom Boden darauf zu achten, ob ein Vogel sich im oder in der Nähe des Baumes aufhält und mit seinem Gesang sein **Revier markiert**. In beiden Fällen müsst ihr sofort **vom Baum Abstand halten und ihn bis August meiden**. Erst dann ist das Brutgeschäft mit Gewissheit erledigt.

Ebenfalls ist auf im **Totholz lebende Insekten** Rücksicht zu nehmen. Nicht nur dass morsche Äste eine Gefahr beim Klettern darstellen, sie sind auch ein immer seltener werdender Lebensraum für eine Vielzahl von Insekten.

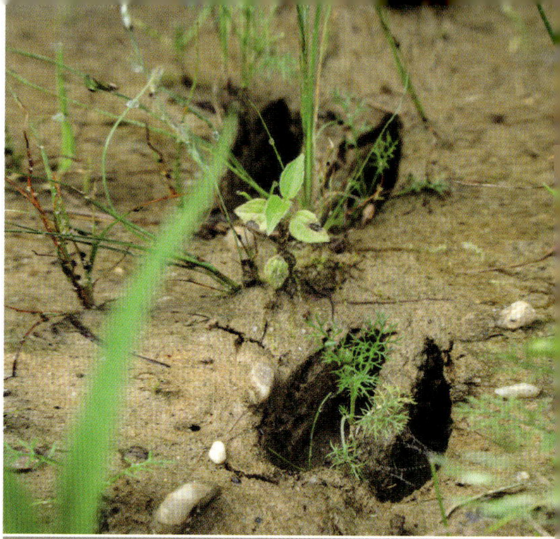

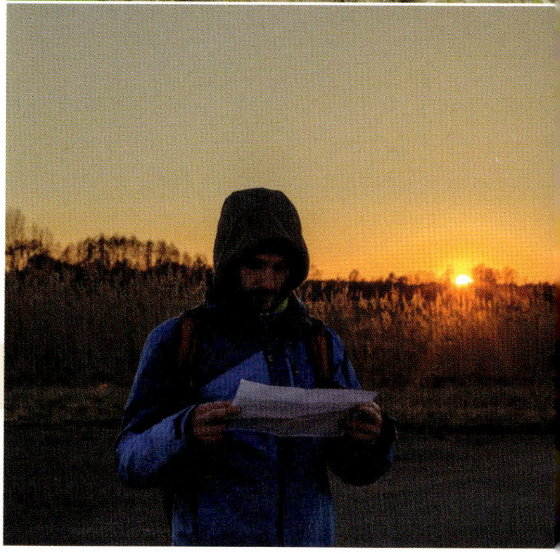

5. NAVIGIEREN

Navigieren ist nicht nur eine Notwendigkeit, es ist auch richtig spannend. Natürlich ist es verlockend und oft praktisch, eine App zu verwenden. Doch eine App braucht Strom, Empfang und zeigt viele Informationen gar nicht an. Eine **topografische Karte** dagegen braucht nur Licht und **beinhaltet auch Symbole** für Besonderheiten wie Kapellen, Denkmäler, Schlösser, Hügelgräber, mittelalterliche Wehranlagen und mehr. Außerdem macht es viel mehr Laune, sich am Abend bei Kerzenlicht und einem Bier vor die Karte zu setzen, die großen Zusammenhänge und Namen von Landstrichen zu studieren. Allein dabei lernt man schon etliches über die Geschichte und den Charakter einer Gegend!

Gleichgültig ob App oder Karte, entscheidend ist der **sichere Umgang** damit. Versucht ein Gefühl für Distanzen zu bekommen, markante Wegpunkte aufzuspüren und Höhenmeter vorauszuplanen. **Aber Vorsicht**: Eingezeichnete Gräben können ausgetrocknet sein und als Orientierungshilfe entfallen, ebenso kann ein Feldweg oder Hopfengarten neu hinzugekommen oder weggefallen sein. Keine App und keine Karte kann immer zu 100 Prozent aktuell sein.

Ergänzend kann euch ein **Kompass** unterstützen. Mit ihm lässt sich die Himmelsrichtung mit der Karte abgleichen. Habt dabei auch die Sonne im Blick, um ein Gefühl für Himmelsrichtungen zu entwickeln. Dass die Sonne im Osten auf- und im Westen untergeht, sollte jeder wissen. Beim Stand der Sonne ist zu beachten, dass sich die Richtung des Sonnenaufgangs und -untergangs zwischen Sommer und Winter deutlich unterscheidet.

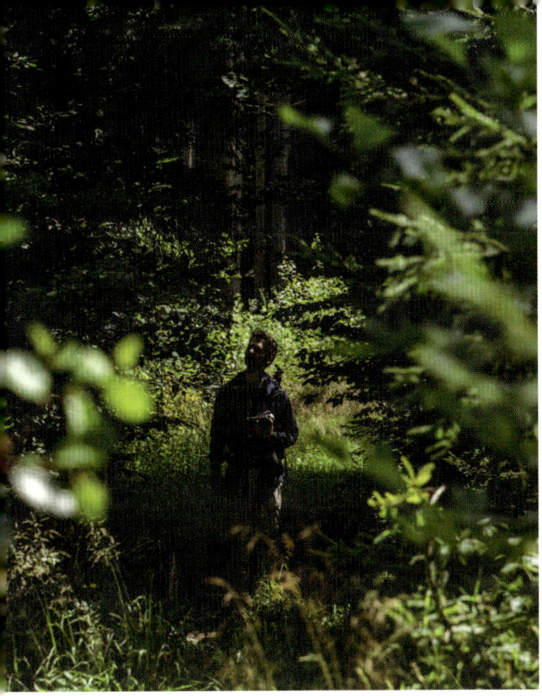

6. MÜCKEN UND ZECKEN

- Zecken können in Europa vor allem **FSME** (Frühsommer-Meningoenzephalitis) und die Lyme-**Borreliose** übertragen. Das Risiko, krank zu werden, ist zwar nicht extrem hoch, aber wer viel draußen ist, wird früher oder später einmal einen Zeckenstich abbekommen. Die Folgen einer Infektion sind nicht zu unterschätzen. Wer in Risikogebieten viel in der Natur unterwegs ist oder dort arbeitet (Förster, Jäger, Waldarbeiter, Guides, Naturfotografen etc.), wird als Vorsorgemaßnahme über eine FSME-Impfung nicht herumkommen, da es noch keine Medikamente gibt, die gegen das Virus helfen.
- Schutz vor Insektenstichen im Allgemeinen bietet **geschlossene, stichfeste und helle Kleidung**, auf der man die kleinen Blutsauger besser sehen kann. Je nach Temperaturentwicklung sind Zecken am aktivsten von Februar bis Oktober, Mücken von Juni bis September. Zecken halten sich meistens in Kniehöhe auf, feste Wege ohne Gräser und Büsche wären vorteilhaft, sind aber weder allgegenwärtig noch sonderlich abenteuerlich. Unbekleidete Körperstellen und die Kleidung bis zur Hüfte können mit Anti-Zecken-Mitteln eingerieben oder -gesprüht werden.
- Wart ihr in der Natur, solltet ihr möglichst schnell den **Körper absuchen**, vor allem die weichen Stellen der Haut, und **Zecken sauber entfernen**. Am besten informiert ihr euch über **Risikogebiete** für Zecken und meidet sie.
- Einheimische Mücken übertragen im Normalfall keine Krankheitserreger, die Stiche können aber **Schwellungen** und hartnäckigen **Juckreiz** nach sich ziehen. Kratzen macht das Ganze noch schlimmer. Helfen kann ein **Hitze-Stick** oder **Spitzwegerich**: Der Saft eines zerriebenen Blattes wirkt abschwellend und lindert den Juckreiz.
- Wenn ihr in Risikogebieten draußen übernachten wollt, schlaft unter einem **Moskitonetz** und sucht euch einen Schlaf- und Ruheplatz, der möglichst weit entfernt von **stehenden Gewässern** (Teiche, Pfützen, Wasserbecken etc.) ist, denn diese Wasserstellen sind oft Mückenbrutstätten.
- Hochwirksame **Moskitomittel** enthalten den Wirkstoff DEET oder Icardin (hautverträglicher), während ätherische Öle (Teebaum, Zitronellengras oder Lavendel) keine vergleichbare Wirkung haben und für Risikogebiete ungeeignet sind.

7. VORKEHRUNGEN FÜR DEN NOTFALL

Ein Abenteuer ist schief gegangen? Gut, das bedeutet, ihr habt eure derzeitige Grenze erreicht und werdet persönlich daran wachsen. Nicht zu spaßen ist allerdings mit Verletzungen, Vergiftungen (z. B. durch Pilze), Gewitter oder Orientierungslosigkeit – ja selbst durchnässte Kleidung kann **gefährlich** werden. Wichtig ist, eine **Vertrauensperson** über Beginn, Dauer und Ort eures Abenteuers zu **informieren**. Dringendst empfehlen wir, das **Wetter nochmal unmittelbar vor Beginn zu prüfen.** Wo genau wieviel Regen fallen wird, kann meist nur ein paar Minuten vorher gesagt werden. Es ist anzunehmen, dass extreme Wettererscheinungen zunehmen. Ein Tipp ist das Agrarwetter, das kleinteilig informiert und aufgrund von Erntearbeiten zeitnah aktualisiert wird.

PFLEGETIPPS

SO PFLEGST DU DEINE OUTDOOR-SCHUHE RICHTIG

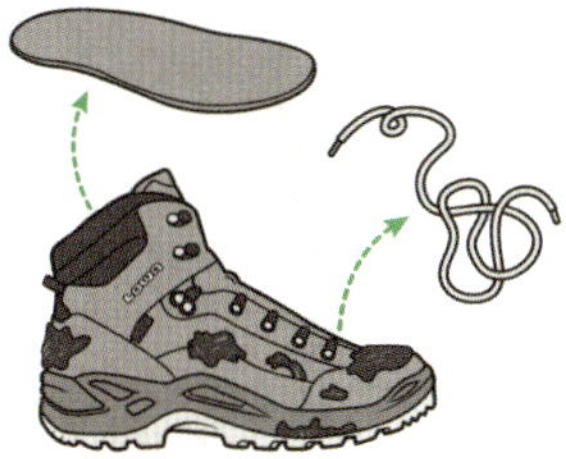

❶ Vorbereitung

Sind Deine Schuhe nass geworden, trockne sie in einem gut belüfteten Raum, aber nicht an Hitzequellen. Das Leder könnte vertrocknen oder brechen. Entferne die Schnürsenkel, damit die Pflegestoffe auch an die verdeckten Stellen Deines Schuhes gelangen können. Entnehme auch die Innensohle: Gerade in der Einlegesohle sammelt sich viel Feuchtigkeit.

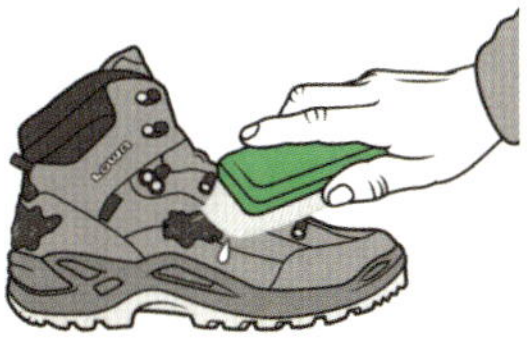

❷ Grundreinigung

Bürste Deine Schuhe ab, damit das Leder wieder atmungsaktiv wird. Reinige es dann mit warmen Wasser, einer Bürste und lauwarmer Seifenlauge oder einem Schuhreinigungsmittels (z. B. LOWA Shoe Clean). Das Reinigungsmittel öffnet die Poren des Leders und sollte mit Wasser ausgespült werden. Nun befindet sich das Leder in einem **ungeschützten Zustand:** Das Wasser wird vom Leder aufgesogen. Deshalb solltest Du den Schuh nach dem Antrocknen **unbedingt imprägnieren.**

Vorsicht beim Trocknen: Lasse die Schuhe in einem gut belüfteten Raum antrocknen, aber nicht an Hitzequellen.

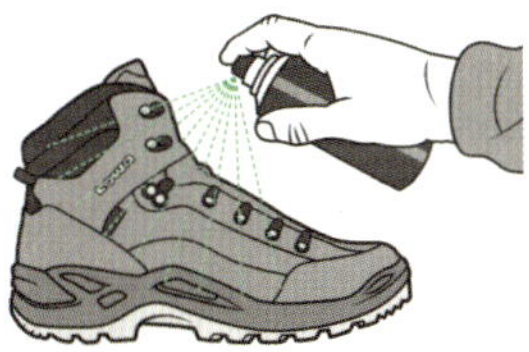

❸ Imprägnierung

Die Schuhe sollten leicht feucht sein, wenn Du sie mit dem Imprägnierspray (z. B. LOWA Water Stop PRO) besprühst. Durch die geöffneten Poren kann die Imprägnierung ins Material eindringen. Nach 24 Stunden entfaltet sie ihre volle Wirkung und deine Schuhe sind wasser- und schmutzabweisend. Nach ca. drei Wochen lässt die Wirkung nach. Gerade vor der nächsten Tour solltest Du Deine Schuhe nachimprägnieren.

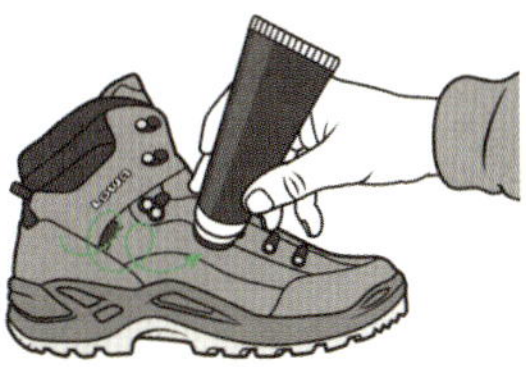

❹ Pflege

Reibe dafür eine Wachscreme (z. B. LOWA Active Cream) mit einer weichen Bürste (z. B. LOWA-Pflegebürste) ein, damit die Schuhe widerstandsfähig bleiben. Lasse Deinen Schuhen ausreichend Zeit zum Austrocknen. Verwende keine reinen Öle oder Fette; sie machen das Leder zwar sehr weich und nahezu wasserdicht, doch die Lederporen werden verschlossen und die Schuhe verlieren ihre Stabilität und Atmungsaktivität. Auch Verklebungen können sich lösen.

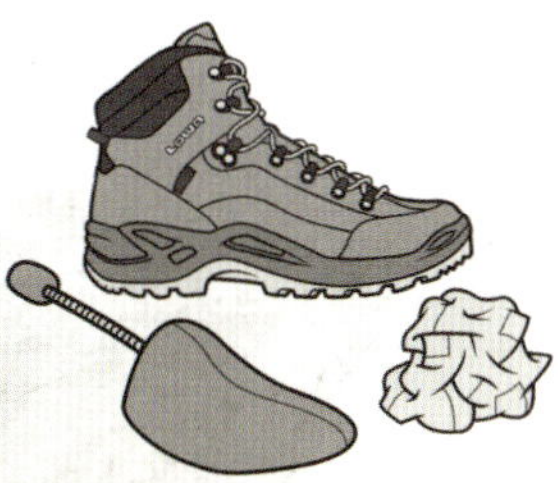

❺ Lagerung

Verstaue Deine Schuhe in einem Schuhbeutel oder im Karton an einem trockenen, luftigen Ort. Um die Form des Schuhs zu erhalten und Biegefalten zu verhindern, ist es ratsam, einen Holzschuhspanner zu verwenden.

DANKSAGUNG

Als Erstes bedanken wir uns bei unseren leidensfähigen Frauen, Anna und Elena, die nicht nur tapfere Abenteurgefährten waren, sondern uns auch ein Jahr den Rücken freigehalten haben, damit wir unsere verrückte Buchidee umsetzen konnten. „Schatz, wir sind dann mal weg und wissen nicht, wann wir heimkommen" wurde in dieser Zeit zum geflügelten Wort.

Danke an all unsere Freunde und Gäste (Mathias Esser, Dominik Kappelmeier, Luise Heine, Barbara Eder & Rusalka, Romina Neumaier, der LBV, Regina Stein, Franz Stiglmaier, Philip Reitsperger, Alois Riederer), die vor und hinter den Kulissen tatkräftig mitgewirkt haben. Ihr habt geholfen zu zeigen, was die Hallertau zu bieten hat. Ein liebes Dankeschön geht an das private Lektoratsbüro von Mikes Eltern, Renate und Johannes. Ohne euch wäre es wirklich „zach" geworden, wie man in Bayern so schön sagt.

Die folgenden Personen und/oder Unternehmen haben dieses Buchprojekt mit Material, Energie, Ratschlägen und Zeit unterstützt und an den Spirit der Micro Adventures geglaubt:

- LOWA mit Michael Frank und Romina Neumaier: Mike konnte mit euch den Gedanken der Micro Adventures reifen lassen. Seit der Stunde Null habt ihr uns zu 100 Prozent unterstützt.
- HiPP mit Clemens Preysing, Thomas Greifenstein und Armin Günter: Danke für das Abenteuer auf eurer Spiel- und Forschungswiese.
- Müllerbräu mit Christian Leibig: Danke für das schnelle Vertrauen und einen hopfigen Partner.
- Hopfenland Hallertau IG-Kanal mit Simon Westermair: Mehr Hallertau geht nicht.
- Deuter mit Angela Vögele: Danke für den wohl nettesten und unkompliziertesten Kontakt ever.
- Christo Foerster: Danke für dein Vertrauen und deine Zeit, uns ein Vorwort zu schreiben. Hammer.
- Alastair Humphreys: Ein Zitat vom Urvater der Micro Adventures zu bekommen, ist eine besondere Ehre.

Ein riesiges Dankeschön geht an die stets gut gelaunte Mannschaft des Battenberg Gietl Verlags, auch dort haben einige Menschen besonders viel Energie für uns aufgebracht. Am Anfang steht Verena Hönicke, die über ein Jahr hinweg immer wieder bei Mike angeklopft hat, dass er doch einen Wanderführer über die Hallertau machen könnte. (Gott sei Dank haben wir nicht auf sie gehört, denn den hat dann ein anderer gemacht.) Dass wir dann ein Abenteuerbuch umsetzen konnten, ist der Offenheit und Unternehmungslust von Josef Roidl und Manuela Bonfissuto zu verdanken. Manu hat zusammen mit Martina Bauer jede unserer tausend Fragen und Themen geklärt – vielen Dank für die stets sympathische und konstruktive Unterstützung sowie euer Vertrauen und die freie Hand, die ihr uns gewährt habt. Zuletzt ein großes Danke an die tapfere Luisa Mühl, die sich trotz herannahender Deadline mit unserem Mosaikwerk zurechtfand und es grafisch zum Leben erweckte.

Zu guter Letzt wollen wir uns bei der Natur vor unserer Haustüre bedanken und denjenigen, die sie hegen und pflegen. Was für ein Privileg, in solch friedlichen Zeiten zu leben und noch so viel „gesunde" Natur um sich herum zu haben. Der Mensch ist Teil dieser Natur und sollte auch dementsprechend in und mit ihr leben.